रोमां रोलां

मशहूर नाटककार, उपन्यासकार, निबन्धकार और कला इतिहासकार रोमां रोलां का जन्म 29 जनवरी, 1866 को फ्रांस में हुआ था। वे इतिहास के प्राध्यापक भी थे। रंगमंच को अधिक लोकतांत्रिक बनाने में उनका महत्त्वपूर्ण योगदान रहा है। मानवतावादी होने के नाते भारतीय विचारकों-दार्शनिकों जैसे रवीन्द्रनाथ टैगोर, महात्मा गांधी आदि के कार्यों से प्रभावित थे। वेदान्त दर्शन और स्वामी विवेकानन्द से विशेष रूप से प्रभावित रहे।

उनकी प्रमुख कृतियाँ हैं—'लाइफ़ ऑफ़ विवेकानन्द', 'लाइफ़ ऑफ़ रामाकृष्ण', 'महात्मा गांधी', 'दी पीपल्स थियेटर', 'मदर एंड चाइल्ड', 'द गेम ऑफ़ लव एंड डेथ', 'द रिवोल्ट ऑफ़ द मशीन्स', 'समर', 'द हम्बल लाइफ़ ऑफ़ द हीरो', 'अबव द बैटल' आदि।

उन्हें सन् 1915 में नोबेल पुरस्कार (साहित्य) से सम्मानित किया गया।

30 दिसम्बर, 1944 को उनका निधन हुआ।

प्रफुल्लचन्द्र ओझा 'मुक्त'

प्रफुल्लचन्द्र ओझा 'मुक्त' का जन्म 27 जनवरी, 1910 को इलाहाबाद, उत्तर प्रदेश में हुआ। कथा-साहित्य और काव्य-सौष्ठव के लिए विख्यात प्रफुल्ल चन्द्र ओझा 'मुक्त' समकालीन हिन्दी साहित्य के महत्त्वपूर्ण हस्ताक्षर थे। साहित्य की सभी विधाओं में उन्होंने अधिकारपूर्वक लिखा। लेखन के अलावा आकाशवाणी से जुड़े रहे। विभिन्न पत्र-पत्रिकाओं का सम्पादन किया जिसमें अज्ञेय और मुक्त के संयुक्त सम्पादन में निकलने वाली मासिक 'आरती' ने कीर्तिमान बनाया।

सन् 1995 में उनका निधन हुआ।

महात्मा गांधी
जीवन और दर्शन

रोमां रोलां

अनुवादक
प्रफुल्लचन्द्र ओझा 'मुक्त'

साहित्य अकादेमी की ओर से

लोकभारती पेपरबैक्स

Mahatma Gandhi : Jeevan Aur Darshan : Hindi, Translation of Romain Rolland's *Mahatma Gandhi* and the excerpts on Gandhi from his diari *L'inde.* Translated in Hindi by Prafulla Chandra Ojha 'Mukt', published by Lokbharti Prakashan, Allahabad-211001 on behalf of Sahitya Akademy, New Delhi.

साहित्य अकादेमी की ओर से

लोकभारती पेपरबैक्स में
पहला संस्करण : 2014
आठवाँ संस्करण : 2026

लोकभारती पेपरबैक्स : उत्कृष्ट साहित्य के लोकप्रिय संस्करण

लोकभारती प्रकाशन
पहली मंजिल, दरबारी बिल्डिंग, महात्मा गांधी मार्ग
प्रयागराज-211 001
द्वारा प्रकाशित

वेबसाइट : www.lokbhartiprakashan.com
ई-मेल : info@lokbhartiprakashan.com

शाखाएँ : 1-बी, नेताजी सुभाष मार्ग, दरियागंज, नई दिल्ली-110 002
अशोक राजपथ, साइंस कॉलेज के सामने, पटना-800 006
1, अनमोल सोराबजी संतुक लेन, धोबी तलाव, मरीन लाइंस, मुम्बई-400 002

बी.के. ऑफसेट
नवीन शाहदरा, दिल्ली-110 032
द्वारा मुद्रित

मूल्य : ₹350

MAHATMA GANDHI : JEEVAN AUR DARSHAN
by Romain Rolland
Translated by Prafulla Chandra Ojha 'Mukt'

ISBN : 978-81-8031-223-6

भूमिका

यह पुस्तक रोमां रोलां की कृति महात्मा गांधी की जीवनी से, जो अंग्रेज़ी तथा अन्य पाश्चात्य भाषाओं में उपलब्ध है, बहुत कुछ अधिक है क्योंकि इसमें न केवल वह जीवनी है बल्कि रोमां रोलां ने महात्मा गांधी पर अपनी फ्रेंच डायरी ''ल' इंदे' में जो कुछ लिखा है उसका अधिकांश भी इसमें समाविष्ट है। इस डायरी का कोई भी अंश अब तक अन्य भारतीय भाषाओं में तो क्या, अंग्रेज़ी में भी प्रकाशित नहीं हुआ है।

—र. श. केलकर
साहित्य अकादेमी, नई दिल्ली

1

महात्मा जिन्होंने विश्व सत्ता के साथ अपने को एकाकार कर दिया है।

शान्त, काली आँखें। छोटा क़द, दुबला शरीर, लम्बोतरा चेहरा, सूप-जैसे कान। माथे पर सफ़ेद टोपी, पहनावे में साफ़ धुले कपड़े, पैर नंगे। भोजन में भात और फल, पानी के सिवा और कुछ नहीं पीते। लेटते हैं ज़मीन पर, सोते हैं कम, काम करते हैं लगातार। शरीर की तो जैसे खोज-ख़बर ही नहीं रखते। उन्हें देखने पर सबसे पहली जो चीज़ नज़र आती है, वह है महान धैर्य और उत्कट प्रेम। पियर्सन ने उन्हें सन 1913 में देखा था, दक्षिण अफ्रीका में। देखते ही उन्हें असीसी के सन्त फ्रान्सिस की याद आ गई। आदमी सरल शिशु-जैसे हैं, अपने विरोधियों के साथ भी मधुर और विनयी, आन्तरिकता में कहीं ज़रा-सी भी खोट नहीं है। उनकी विचार-विवेचना में भी वैसी ही नम्रता है। सावधान इतने हैं कि 'मुझसे भूल हुई' कहने में भी उन्हें दुविधा होती है, यद्यपि भूल को स्वीकार करने में भी वे पैर पीछे नहीं रखते। जैसा-तैसा समझौता भी वे नहीं मान लेते किसी तरह, कूटनीतिज्ञ की भद्रता उनमें नहीं है। लम्बे-चौड़े भाषणों के मोह से वे दूर रहते हैं, उसमें उनका मन नहीं रमता। उन्हें देखते ही जनता जिस तरह उच्छ्वसित हो उठती है, उसके प्रति भी उनमें वैसी ही उदासीनता है। कभी-कभी तो जनता का वह उच्छ्वास इतना प्रचंड हो जाता है कि अगर उनके मित्र मौलाना शौकत अली का बलिष्ठ शरीर, क़िले की दीवार की तरह, हमेशा उनकी रक्षा न करता रहता तो उसके दबाव से उनका छोटा-सा शरीर पिस ही जाता। अपने प्रति आकुल श्रद्धा की इस समवेत उछल-कूद से वे शब्दश: अस्वस्थ रहते हैं और चूँकि संख्या के प्रति उनके मन में शंका है और वैसी ही ज़बर्दस्त घबराहट है उमड़ती हुई जनता से, अत: उन्हें थोड़े से लोगों के बीच ही आराम मालूम पड़ता है। प्रसन्न वे केवल एकान्त में रहते हैं, सुनना चाहते हैं नीरव निभृत स्वर की वाणी।

यही हैं वे व्यक्ति, जिन्होंने तीस करोड़ जनों को जगा दिया है, कँपा दिया है ब्रिटिश साम्राज्य को और आरम्भ किया है मानव-राजनीति का एक ऐसा सशक्त आन्दोलन, जिसकी तुलना लगभग दो हज़ार वर्षों के इतिहास में नहीं है।

असल नाम है मोहनदास करमचन्द गांधी। जन्म 1869 ई. की 2 अक्तूबर को हुआ, ओमान उपसागर के किनारे, पोरबन्दर में—भारत के उत्तर-पश्चिम के एक स्वाधीनप्राय राज्य के उस 'सादे शहर' में। वे उत्साहपूर्ण जीवन से भरी उस सशक्त जाति के हैं, अभी उस दिन तक जिसके भाई-भाई में लड़ाई ठनी ही रहती थी। जाति की व्यावसायिक बुद्धि भी पैनी है, रोज़गार की पकड़ ख़ासी है, उसका वाणिज्य होता था समृद्ध अदन से लेकर जंजीबार तक। उनके पिता और दादा, दोनों ही दीवान थे। स्वतंत्र स्वभाव के कारण दोनों को अपमानित होना पड़ा था, कभी तो उन्हें प्राण-भय से भागते फिरने को भी विवश होना पड़ा था। ऊँची जाति का न होने पर भी उनका परिवार धनी और संस्कार-सम्पन्न था, सजग और बुद्धिमान था। वे लोग जैन[1] थे, अहिंसा में उनकी आस्था थी, आगे चलकर जिस अहिंसा का उन्हें स्वयं भी सारे संसार में प्रचार करना था।

बुद्धि की अपेक्षा प्रेम ही जैनों को ईश्वर के मन्दिर का मार्ग दिखलाता है। महात्मा के पिता पैसे को कुछ समझते ही न थे, पैसे छोड़ भी नहीं गए अपने बाल-बच्चों के लिए। जो कुछ था, अपनी ज़िन्दगी में ही दान-धर्म में ख़र्च कर गए। और माँ उनकी ऐसी कठोर धार्मिक वृत्ति की थीं, मानो सन्त एलिज़ाबेथ हों। उपवास में, दान देने में, रोगियों की सेवासुश्रूषा में उनके दिन गुज़रते। घर में नियमित रूप से रामायण-पाठ होता। उनकी आरम्भिक शिक्षा का भार पड़ा एक ब्राह्मण पंडित पर। वे रोज़ विष्णु-स्तोत्र का पाठ करते। लेकिन बाद में उन्होंने इस बात पर दुख प्रकट किया कि संस्कृत में कभी उनकी वैसी पैठ नहीं हो सकी। अंग्रेज़ी शिक्षा के विरुद्ध उनके अनेक अभियोग थे, उनमें एक यह भी था कि उसने उन्हें अपनी भाषा-सम्पदा को नहीं पहचानने दिया। इसके बावजूद उन्होंने हिन्दू शास्त्रों में कम निपुणता नहीं अर्जित की, यद्यपि वे वेद-उपनिषद अनुवादों के सहारे ही पढ़ पाते थे।

जब विद्यालय में थे, तभी एक बार धर्म को लेकर उनके मन में भारी उथल-पुथल मची थी। हिन्दू धर्म को मूर्तिवादी और गिरी हालत में देखकर, विरोध के भाव से ही, कुछ दिनों के लिए वे नास्तिक बन गए थे, कम-से-कम अपने को नास्तिक मानकर उनके मन को शान्ति मिली थी। यहाँ तक कि हिन्दुओं के लिए जिससे बड़ा दूसरा पाप नहीं है, उस मांस-भक्षण में भी एक बार वे छिपकर प्रवृत्त हुए, मित्रों के साथ, उसी भक्तिहीनता के भाव से, यद्यपि बाद में इसकी याद करके, घृणा और आतंक से वे मरने पर भी आमादा हो गए थे।

कह सकते हैं, जब शादी हुई, वे बच्चे ही थे। उन्नीस साल की उम्र में इंग्लैंड के लिए रवाना हुए, लन्दन विश्वविद्यालय के क़ानून विभाग में शिक्षा प्राप्त करने

1. गांधी जी का घराना कट्टर वैष्णवों का था, जैनों का नहीं। सम्भवतः समुचित सूचना के अभाव में लेखक ने ऐसा लिख दिया है। —अनुवादक

के लिए। बेशक, माँ इसके लिए तभी राज़ी हुईं, जब उन्होंने उनसे जैनों की ये तीन प्रतिज्ञाएँ करा लीं—शराब नहीं छुएँगे, मांस नहीं छुएँगे, यौन सम्बन्धों से विमुख रहेंगे।

1888 के सितम्बर महीने में लन्दन पहुँचे। आरम्भ के कई महीने अनिश्चय में बीते। ठगे गए और सीखते रहे। अंग्रेज़ी अर्थ में 'जैंटिलमैन' बनने की लालसा से कुछ समय उन्होंने बुद्ध की तरह यों ही खो दिया—गठरी-भर रुपया भी। बाद में अपने जीवन को सुदृढ़ शृंखला में, कठोर कर्म-बन्धन में बाँधा। मित्रों के ज़रिये बाइबिल से परिचय हुआ। लेकिन तब तक उस पुस्तक के मार्ग पर चलने का समय नहीं आया था। शुरू के कई अध्यायों ने ही उनमें थकावट भर दी और मिस्र से इज़रायल-वंशियों के निष्क्रमण से आगे तो वे बढ़ ही न सके। लन्दन में ही उन्हें श्रीमद्भगवद्गीता के सौन्दर्य का पता चला। उसके मतवाले हो उठे। उस प्रवास में उन्हें भारत के इसी आलोक की आवश्यकता थी। उसने उनकी आस्था लौटा दी। उन्होंने जान लिया कि उनकी मुक्ति केवल हिन्दू धर्म में ही है।

सन 1891 ई. में भारत लौटे। वापसी विषाद से भरी थी। कुछ समय पहले ही माँ की मृत्यु हो चुकी थी। ख़बर उन्हें जान-बूझकर नहीं दी गई थी। बम्बई के हाईकोर्ट में उन्होंने वकालत शुरू की, यद्यपि कुछ समय बाद वह धन्धा छोड़ दिया। वह धन्धा उन्हें अनीतिपूर्ण लगता था। यहाँ तक कि जब वकालत करते थे तब भी, इच्छानुसार, किसी मुकदमे से हाथ खींच लेने का अपना अधिकार वे न छोड़ते थे, ख़ासतौर से जब उन्हें यह मालूम होता कि उन्हें अन्याय का पक्ष लेना पड़ रहा है।

उसी समय कुछ महान भारतीयों ने उनमें उस भविष्य की झलक जगा दी, जो आगे चलकर उनमें साकार होना था। एक ओर थे बम्बई के 'बिना ताज के बादशाह' दादा भाई और दूसरी ओर अध्यापक गोखले—दोनों ही भारत के प्रति एक प्रकार की धार्मिकतापूर्ण प्रेम-चेतना से प्रदीप्त। गोखले उन लोगों में अन्यतम थे, जो भारतीय शिक्षा के पुनरुज्जीवन के अग्रणी और अपने देश के श्रेष्ठ राजनीतिज्ञ थे और दादा भाई तो गांधीजी के ही शब्दों में भारतीय राष्ट्रीयता के प्रवर्तक ही थे—एक ही साथ प्रज्ञा और विनय की प्रतिमूर्ति। गांधी की अल्प वय की उद्दीपना को दादा भाई ने ही नियंत्रित किया। सन 1892 में गांधी ने जन-जीवन में अहिंसा के क्रियात्मक व्यवहार की प्राथमिक शिक्षा उन्हीं से पाई। वह शिक्षा थी वीरतापूर्ण सहनशीलता की—बेशक, यदि दोनों को साथ-साथ नियोजित किया जा सके! आवेग-दीप्त चित्त का वह प्रयास था पाप के प्रतिरोध का—पाप से नहीं, प्रेम से। इस चमत्कार की विवेचना हम फिर करेंगे, जो विश्व के प्रति आज के भारत का सबसे बड़ा सन्देश है।

सन 1893 से उनके भारत-सम्बन्धी कार्यों का आरम्भ हुआ, जो दो विभिन्न समय-निर्दिष्ट भागों में विभाजित है—1893 से 1914 तक उनका कार्यक्षेत्र था दक्षिण अफ्रीका, उसके बाद से भारतवर्ष।

दक्षिण अफ्रीका की बीस वर्षों की उनकी यह कर्म-साधना यूरोप में ज़्यादा खलबली पैदा नहीं कर सकी, इससे हमारे राजनीतिज्ञों, ऐतिहासिकों और मननशील सुधी जनों की दृष्टि की अविश्वसनीय संकीर्णता ही प्रमाणित होती है, क्योंकि यह कर्म-साधना आत्मा का एक महाकाव्य है, जो इस युग में अतुलनीय है—केवल अविचलित आत्मत्याग की अपनी शक्ति के कारण ही नहीं, अपनी अन्तिम विजय के कारण भी।

सन 1890-91 में सारे दक्षिण अफ्रीका में कुल डेढ़ लाख भारतीय रहते थे, जिनका एक बड़ा भाग नेटाल में था। इतने विदेशियों के इकट्ठा हो जाने से वहाँ के गोरे निवासियों में सभी विदेशियों के प्रति एक प्रकार का जातिगत क्रोध और उदासीनता भर गई थी। इसी से सरकार तरह-तरह के उपायों से सभी विदेशियों को समाज से तिरस्कृत करने लगी थी। सरकार ऐसे मार्गों का अवलम्बन करने को उद्यत हुई, जिससे अब कोई एशियावासी स्थायी रूप से बसने के लिए देश के अन्दर न आ सके अथवा अभी जो लोग देश में जड़ जमाकर बैठे हैं, उन्हें वापस जाना पड़े। बहुत सोच-विचारकर किए गए अत्याचारों से विदेशियों का जीवन दुर्वह हो गया। तरह-तरह के अत्यधिक कर लगाना, जाने कितने लज्जाजनक पुलिस-क़ानून बनाना, सार्वजनिक रूप से अपमान करना और बिना सोचे-विचारे मनमानी हत्याएँ करना, विदेशियों की सम्पत्ति नष्ट करना और उन्हें लूटना—श्वेत सभ्यता की रक्षा के नाम पर यही सब आरम्भ हो गया।

गांधी 1893 में दक्षिण अफ्रीका आए, प्रिटोरिया में एक ज़रूरी मुकदमे में बहस करने का निमंत्रण पाकर। उस समय तक उनको इस बात की कोई जानकारी नहीं थी कि अफ्रीका में भारतीयों की क्या स्थिति है। नेटाल में पैर रखते न रखते—ख़ासतौर से डच ट्रांसवाल में—उन्हें एक-से-एक भयानक अनुभवों का सामना करना पड़ा। इंग्लैंड में रहते हुए जिन्होंने सद्व्यवहार ही पाया था और इतने दिनों से जो सभी यूरोपवासियों को मित्र ही समझते आए थे, उच्च वर्ण के उन्हीं हिन्दू को अब एक के बाद एक हीनतम लांछनाएँ सहनी पड़ीं—गर्दन में हाथ डालकर उन्हें होटल से बाहर निकाला गया, ट्रेन से धक्का देकर उतारा गया, बिना कारण अपमानित किया गया, उन्हें गाल पर थप्पड़ खाना पड़ा, लोगों ने उन्हें लात भी मारी। मुवक्किल के साथ बारह महीनों की शर्त से न बँधे होते तो वे उसी वक़्त भारत लौटने का रास्ता पकड़ते। उन बारह महीनों तक उनकी आत्म-संयम की शिक्षा चलती रही। क़रार की मियाद ख़त्म होते ही वे देश लौटने के लिए बेचैन हो उठे, ख़ासतौर से जब उन्हें यह मालूम हुआ कि सरकार नए ढंग का एक क़ानून बना रही है, जिसके चलते वहाँ के भारतीयों को किसी तरह की स्वतंत्रता न रहेगी। अफ्रीका के भारतीयों में लड़ाई छेड़ने की शक्ति थी नहीं, इसी से प्रबल इच्छा भी नहीं थी—हृदय उनके यों ही टूटे हुए थे, एक होकर वे लोग किसी तरतीब में खड़े नहीं हो सके थे। उन्हें

एक नेता की ज़रूरत थी, एक पुरुषोचित आत्मा की। गांधीजी ने अपने को उनके कल्याण में लगा दिया। वे वहीं रह गए।

और उसी के साथ शुरू हुआ दो शक्तियों में विवेक का वह महायुद्ध—एक ओर राष्ट्र और दूसरी ओर मूढ़ जनता। गांधीजी तब भी वकील थे, अत: वे क़ानून के द्वारा एशियावासियों के निष्कासन से सम्बद्ध विधान का अनौचित्य साबित करने में जुट गए और नेटाल तथा लन्दन के जनमत के तीव्र विरोध के बावजूद, अन्त में मुकदमे में उनकी जीत हुई। वह जीत क़ानूनी भले ही रही हो, अमल में नहीं आई। गांधीजी आवेदन-पत्रों पर बड़े-बड़े लोगों से हस्ताक्षर कराने लगे। उन्होंने नेटाल की भारतीय कांग्रेस को जगाया, भारतीय शिक्षा की एक समिति गठित की। कुछ समय बाद, अंग्रेज़ी में तथा तीन भारतीय भाषाओं में 'इंडियन ओपीनियन' नाम से एक पत्रिका निकाली। अपने देशवासियों को अफ्रीका की शासन-व्यवस्था में सम्मानजनक स्थान दिलाने तथा उनकी स्वार्थ-रक्षा के लिए और अच्छी तरह संघर्ष करने के हेतु, कुछ समय बाद, वे अपनी ज़िन्दगी के तौर-तरीकों से भी उन्हीं में से एक बन गए। जोहान्सबर्ग में उनकी वकालत खासी अच्छी चल गई थी (गोखले के कथनानुसार, उस समय उनकी वार्षिक आय पाँच-छ: हज़ार पौंड थी। अब वे केवल तीन पौंड प्रति मास पर गुज़र करने लगे) किन्तु असीसी के फ्रांसिस की ही तरह वह सब छोड़कर अब उन्होंने पूरी तरह दरिद्रता का वरण कर लिया। दीन और लांछित भारतीय जिस रूप में रह रहे थे उन्होंने भी उसी तरह जीवन बिताना चाहा। वे उनके कष्टों के भागीदार बन गए। उस कष्ट को भी उन्होंने पवित्रता की मर्यादा दी, उन लोगों को सहनशीलता के कठिन नियमों में बाँधकर। जिन टॉल्सटॉय के वे भक्त थे, उन्हीं के अनुकरण पर डरबन से थोड़ी दूर फ़ेनिक्स में उन्होंने एक तरह का कृषि-उपनिवेश स्थापित किया। उन्होंने भारतीयों को वहाँ एकत्रित किया, उन्हें खेती के लिए ज़मीन दी, दरिद्रता के महामंत्र में उन्हें दीक्षित किया। जो और भी नीचे दर्जे का काम था, जिसमें शारीरिक श्रम की आवश्यकता थी, उसे उन्होंने अपने लिए रख लिया। वहाँ शहर से दूर रहकर, वे चुपचाप साल-ही-साल सरकार विरोधी कार्य करने लगे। इधर देश का रोज़ी-रोज़गार ठप्प होने का ठिकाना लगा—यह उनका एक ऐसा पवित्र और सुदृढ़ सत्याग्रह था, जिसके विरुद्ध किसी प्रकार का बल-प्रयोग व्यर्थ था। साम्राज्यवादी रोम ने भी तो पहले ईसाइयों के विरुद्ध बल-प्रयोग करने में कुछ उठा न रखा था, लेकिन हुआ क्या? क्षमा और प्रेम के दर्शन को ईसाई भी वहाँ तक नहीं ले जा सके थे, जहाँ अब उसे गांधी ने पहुँचा दिया, अपने ही संकटापन्न उत्पीड़कों की सहायता करके। दक्षिण अफ्रीका में देश पर जब भी कोई गहरा संकट आया, उन्होंने सरकारी कामों में भारतीयों के असहयोग की नीति छोड़कर, राष्ट्र की सहायता के लिए आगे क़दम बढ़ाए। 1899 में जब बोअर युद्ध चल रहा था, उन्होंने वहाँ रेडक्रास की एक भारतीय शाखा खोल दी थी।

गोले-बारूद के मुक़ाबले असीम साहस का परिचय देने के कारण, सरकारी काग़ज़ों में दो बार उनका सम्मानपूर्ण उल्लेख भी हुआ। फिर 1904 में जब जोहान्सबर्ग में प्लेग की महामारी आई, गांधी ने तत्काल एक अस्पताल खोलने का इन्तज़ाम किया। सन 1901 में जब नेटाल के आदिवासियों ने विद्रोह किया, तो गांधी ने घायलों की सेवा करनेवाले एक दल का प्रधान बनकर युद्ध में हाथ बँटाया। बाद में नेटाल सरकार ने इसके लिए प्रकट रूप से उन्हें धन्यवाद दिया।

बेशक, उनके इतने वीरतापूर्ण कामों के बावजूद वहाँ की सरकार का विदेशियों के प्रति जो जातीय क्रोध था, उसमें कोई कमी नहीं हुई। वे बार-बार जेल गए, यहाँ तक कि नेटाल युद्ध में अपनी कीर्ति के लिए सरकारी तौर से धन्यवाद-ज्ञापन के तुरन्त बाद भी—कभी उन्हें सश्रम कारावास की सज़ा मिलती, कभी उन पर उन्मत्त जनता की लाठियाँ बरसतीं (सन 1907 में उनके देशवासियों ने भी उन पर लाठी उठाई थी। जैसे उत्पीड़क, वैसे ही उत्पीड़ित, दोनों ही दलों का बल-प्रयोग उन्हें सहना पड़ा था। उत्पीड़ितों में से कुछ लोग गांधी के अत्यन्त संयत व्यवहार को सन्देह की नज़रों से देखते थे और सरकार तो चाहे जिस तरह हो, उन्हें मुश्किल में डालने के लिए हमेशा तैयार ही थी)। एक बार तो लोगों ने उन्हें मरा हुआ तक समझ लिया था—ऐसी कोई पीड़ा और ऐसा कोई अपमान नहीं था, जिसे उन्होंने न सहा हो। लेकिन फिर भी उनका विश्वास किसी तरह विचलित नहीं हुआ—उसकी जितनी कठोर परीक्षा होती, वह उतना ही अटल होता जाता। दक्षिण अफ्रीका में उपद्रवकारियों के वक्तव्य के उत्तर में 1908 में उन्होंने 'हिन्द स्वराज' नाम की एक पुस्तक लिखी जो छोटी होने पर भी प्रसिद्ध हुई। वीरतापूर्ण प्रेम का वह एक महान और पवित्र धर्मग्रन्थ है।

संग्राम चला बीस बरसों तक। उसका तीव्रतम समय था 1907 से 1914 तक का काल। दूरदर्शी अंग्रेज़ों की असहमति को ठुकराकर अफ्रीका की सरकार ने, एशियावासियों के सम्बन्ध में एक नया क़ानून बनाने की जल्दबाज़ी की। गांधी ने तत्काल अपनी अप्रतिरोध-नीति के विस्तृत विकास का सुयोग अपनाया। 1906 में सितम्बर महीने में जोहान्सबर्ग में भारतीय जनता इकट्ठी हुई, उसने सविनय अवज्ञा की घोषणा की। जाति, वर्ण और धर्म का भेदभाव भूलकर, धनी और ग़रीब समान भाव से अपना सब कुछ होम देने के लिए तैयार हो गए। अफ्रीका के चीनवासी भी भारतीयों के साथ घनिष्ठ रूप से आ मिले। वे हज़ारों की तादाद में जेल गए, उपयुक्त जेलों की कमी के कारण अनेक लोगों को खानों के अन्दर रोक रखा गया। उनका भाव ऐसा था, मानो वे जेल के प्रति स्वयं ही आकृष्ट हों। जिन जनरल स्मट्स पर दंड देने का भार था, उन्होंने उन्हें 'विवेकी विरोधियों का दल' कहा। गांधी तीन बार जेल गए—कुछ लोग मर गए, कुछ शहीद हो गए। आन्दोलन बढ़ने लगा। क्रमशः 1913 में वह ट्रांसवाल से नेटाल जा पहुँचा। एक के बाद दूसरी प्रबल हड़ताल,

जोशीले व्याख्यानोंवाली जाने कितनी सभाएँ, सारे ट्रांसवाल में निकलनेवाले बड़े-बड़े जुलूस—इन सबने अफ़्रीका और एशिया के जनमत में उत्तेजना भर दी। उस क्रोध की आग भारत में आ पहुँची और स्वयं गवर्नर जनरल लार्ड हार्डिंज ने मद्रास में इन कामों की तीव्र भर्त्सना की।

महात्मा की अदम्य दृढ़ता और उनका जादू काम करने लगा—उनकी वीरतापूर्ण दयालुता के सामने आख़िर राजशक्ति को घुटने टेक देने पड़े। (इस सम्बन्ध में जिन दो अंग्रेज़ों ने गांधी के प्राणपण से किए गए प्रयासों का ज़ोरदार और सफल समर्थन किया, वे थे सी. एफ. एंड्रूज और डब्लू. डब्लू. पियर्सन)। जो जनरल स्मट्स भारतीय आकांक्षाओं के सबसे बड़े विरोधी थे और जिन्होंने सन 1909 में ऊँची आवाज़ में कहा था कि वे भारतीयों के लिए अनिष्टकर एक ख़ास क़ानून को किसी तरह क़ानून की किताब से न हटाएँगे, पाँच साल बाद उन्हीं जनरल स्मट्स ने स्वीकार किया कि उस क़ानून को रद्द करके उन्होंने सन्तोष की साँस ली है। एक सरकारी कमीशन गांधी की लगभग सारी माँगें मानने को राज़ी हो गया। सभी भारतीयों तथा अन्य एशियावासियों के लिए तीन पौंड से अधिक आय पर जो आय-कर लगाया गया था, सन 1914 में बने एक क़ानून के ज़रिये वह रद्द हो गया। जो भारतीय नेटाल में रहकर इच्छानुसार काम-धन्धा करना चाहते थे, उसी क़ानून से उनको वहाँ रहने-बसने की स्वतंत्रता भी प्राप्त हो गई। बीस वर्षों के आत्मत्यागपूर्ण संग्राम के बाद आख़िर सहनशीलता की विजय हुई।

गांधी जब भारत लौटे तो नेता का सम्मान लेकर लौटे।

शताब्दी के आरम्भ से ही स्वतंत्रता का आन्दोलन जड़ पकड़ने लगा था। लगभग तीस बरस पहले इंडियन नेशनल कांग्रेस की नींव कुछ तेजस्वी अंग्रेज़ों ने डाली थी, जिनमें ए. ओ. ह्यूम, सर विलियम वेडरबर्न तथा कई उदारदलीय विक्टोरियन थे। इन लोगों के दृष्टान्त ने कांग्रेस में ब्रिटिश साम्राज्य के प्रति एक तरह का अनुगतभाव बनाए रखा। कोशिश यह चलती रही कि अंग्रेज़ों की हुकूमत को ज्यों-का-त्यों रहने देकर भी भारत का अहित न हो। जापान ने जब रूस को शिकस्त दी तो एशियावासी होने के नाते भारतीयों को गर्व का अनुभव हुआ और लार्ड कर्ज़न के अन्यायपूर्ण रुख़ से भारतीयों के देश-प्रेम को आघात लगा। कांग्रेस के अन्दर ही एक गरम दल सिर उठाने लगा, जिसके देशप्रेम की अधिकता की प्रतिक्रिया सारे देश में होने लगी। उसके बाद भी इंग्लैंड के अनुगत और साथ ही सच्चे देशप्रेमी जे. एच. गोखले के प्रभाव से पुराना दल अपनी रीति-नीति और अपने आदर्श के साथ प्रथम विश्वयुद्ध तक टिका रहा। लेकिन दल में देश के जो प्रतिनिधि थे, उनमें धीरे-धीरे राष्ट्र-चेतना बढ़ती गई, जिसकी परिणति हुई स्वराज्य-प्राप्ति की घोषणा में। बेशक, स्वराज्य शब्द के बारे में सबकी राय एक जैसी नहीं थी—एक दल अंग्रेज़ों का सहयोग चाहता था, दूसरा दल यूरोपवालों को भारत से खदेड़ना चाहता था;

एक दल अपने आदर्श के अनुसार कनाडा और दक्षिण अफ्रीका की स्थिति चाहता था, दूसरा दल जापान का दृष्टान्त मानना चाहता था। आख़िर समाधान गांधी ने ही दिया—हिन्द स्वराज! यद्यपि वह समाधान राजनैतिक उतना नहीं था, जितना धर्म की ओर उसका झुकाव था, फिर भी अन्य किसी समाधान से वह अधिक मौलिक था। इस दर्शन को यथार्थ के धरातल पर उतारने के लिए उन्हें जिस बात की ज़रूरत थी, वह थी देश की हालत के बारे में सही जानकारी। यह सच है कि बहुत दिनों तक अफ्रीका में रहते हुए, अनेक साधनाओं और परीक्षणों के बीच, उन्होंने भारत के बारे में असाधारण ज्ञान प्राप्त कर लिया था। उन्होंने जान लिया था कि अहिंसा कितना बड़ा और अनिवार्य अस्त्र है—लेकिन यह भी तो कम सच नहीं था कि तेईस बरसों की लम्बी अवधि तक वे देश से बाहर रहे थे। अतः अब उन्हें जमकर बैठना ही पड़ा, देखना पड़ा आँखें खोलकर।

बेशक उस समय तक उनके मन में ऐसा कोई ख़याल नहीं था कि वे ब्रिटिश साम्राज्य के ख़िलाफ़ बग़ावत करेंगे—इसी से, सन 1914 में जब लड़ाई छिड़ी तो हम उनको इंग्लैंड जाकर लड़ाई में घायलों की सेवा के लिए एक सेवा-दल का गठन करते देखते हैं। उन्होंने सन 1921 में भी लिखा था कि वस्तुतः वे अपने को उसी साम्राज्य का एक नागरिक समझते हैं। सन 1920 में उन्होंने भारत में रहनेवाले अंग्रेज़ों के नाम एक खुली चिट्ठी लिखी थी जिसमें बार-बार एक ही बात कही थी, "मित्रो, मैंने देशसेवा में जो उन्तीस वर्ष बिताए हैं, उनमें सरकार के साथ जैसी घनिष्ठता से मैंने सहयोग किया है, वैसा किसी अंग्रेज़ ने नहीं किया। इंग्लैंड के लिए मैंने चार बार अपने जीवन को संकट में डाला है...1919 तक मैं हार्दिक विश्वास के साथ सहयोग की बात कहता आया हूँ...।"

इस मामले में वे अकेले न थे। सन 1914 में युद्ध को नैतिक बताकर जो पाखंड-भरा प्रचार किया गया, उसके भुलावे में सारा भारत पड़ गया था। ब्रिटिश सरकार ने जब भारत का सहयोग चाहा तो उसने भारतीयों की आँखों के आगे बड़ी-बड़ी उम्मीदें ला रखीं। इतना काम्य जो स्वराज था, वह लड़ाई की एकमात्र शर्त के रूप में पेश किया गया। 1917 के अगस्त महीने में भारत के चतुर राष्ट्रसचिव ई. एस. मॉन्टेग्यू ने भारत को एक दायित्वपूर्ण सरकार देने का वचन दिया। इस बारे में भारत के साथ सलाह-मशविरा भी हुआ और 1918 के जुलाई महीने में वायसराय लॉर्ड चेम्सफ़ोर्ड और मॉन्टेग्यू ने संवैधानिक सुधारों से सम्बन्धित एक दस्तावेज़ पर दस्तख़त भी किए। 1918 के उन कई आरम्भिक महीनों में मित्र शक्तियाँ बड़े संकट में थीं। अप्रैल महीने की 2 तारीख को लॉयड जॉर्ज ने भारतीय जनता के नाम एक अपील की, और उसी महीने के अन्त में दिल्ली में युद्ध-सम्बन्धी जो सम्मेलन हुआ, उसने इशारतन कहा कि भारत की स्वतंत्रता निकट है। इसके साथ ही, जैसे एक बार फिर नए सिरे से गांधी ने, वैसे ही झुंड-के-झुंड

भारतीयों ने, इंग्लैंड को अपनी वफ़ादारी और सहयोग का आश्वासन दिया। भारत ने लड़ाई में मदद देने के लिए नौ लाख पचासी हज़ार आदमी भेजे, उसने केवल इस आशा, विश्वास और प्रतीक्षा में महान त्याग स्वीकार किया कि वह अपनी विश्वस्तता का मूल्य पावेगा।

लेकिन वह मोह कैसे भयानक रूप से टूटा। साल ख़त्म होते न होते संकट टल गया और उसके साथ ही मिट गई भारत की सारी सहायताओं की याद भी। शान्ति के समझौते पर दस्तख़त हो जाने के बाद सरकार ने और कोई ढोंग बनाए रखने की ज़रूरत न समझी। भारत को नए अधिकार देने की बात तो दूर रही, अब तक भारतवासियों के हाथों जो थोड़े से अधिकार थे, वे भी छीन लिये गए। 1919 के फ़रवरी महीने में दिल्ली की साम्राज्य विधान परिषद में जो रौलट बिल पेश हुआ, उसमें देश के प्रति एक अपमानजनक अविश्वास की झलक थी—उसी देश के प्रति, जिसने कुछ ही दिनों पहले अपनी वफ़ादारी का सन्देहातीत प्रमाण दिया था। जैसे लड़ाई के ज़माने में, वैसे ही लड़ाई के बाद भी, सरकार ने भारत रक्षा क़ानून को बनाए रखने की तत्परता दिखलाई। फिर से गुप्त पुलिस विभाग, तरह-तरह के क़ायदे-क़ानून और सब प्रकार की पाशविक लांछनाएँ आरम्भ हो गईं, जो शत्रुओं के द्वारा अधिकृत देशों में ही शोभित होती हैं।

इस धोखेबाज़ी से क्रोधित और अपमानित भारत चौंक उठा। गांधी के नेतृत्व में विद्रोह आरम्भ हो गया।

उन्होंने आनेवाले कुछ बरसों तक अपनी नज़र समाज-सुधार के काम पर ही रखनी चाही थी—उनका मुख्य लक्ष्य यही था कि किसानों की हालत किस तरह कुछ और अच्छी बनाई जा सकती है, और इस सम्बन्ध में लोग जागरूक हों, उससे पहले ही, सन 1918 के कृषक-आन्दोलन में गुजरात के कैरा और बिहार के चम्पारन नामक स्थान में उन्होंने अपनी निजी और अजेय अस्त्र आवेग-दीप्त अप्रतिरोध की नीति का प्रयोग आरम्भ कर दिया था। यह वही अस्त्र था, जिसका प्रयोग वे शीघ्र ही सत्याग्रह के नाम से स्वाधीनता-संग्राम में करनेवाले थे और जिसकी चर्चा हम आगे करेंगे।

लेकिन 1919 तक वे दूसरी पंक्ति में रह गए, भारत के राष्ट्रीय आन्दोलन से ज़रा अलग। उस आन्दोलन के प्रगतिशील प्रधान व्यक्तियों को इकट्ठा किया श्रीमती एनी बेसेंट ने (जो ख़ुद जल्दी ही पीछे रह गईं) और उन लोगों ने स्वनामधन्य भारतवासी लोकमान्य तिलक को अपना नेता मान लिया। असाधारण शक्ति-सम्पन्न इस मनुष्य को लौह-शृंखला से बाँध रखा था बुद्धि, साहस और चरित्र की तिहरी गरिमा ने—उनमें गांधी से भी बहुत अधिक समझदारी थी, वे एशिया की प्राचीन संस्कृति से भी विशेष रूप से परिपुष्ट थे। एक ही साथ विद्वान, गणितज्ञ और अभिज्ञ होते हुए भी उन्होंने देश के लिए अपनी प्रतिभा की समस्त सम्भावनाओं और उच्चाकांक्षाओं का

त्याग कर दिया था। गांधी के ही समान उनकी अपनी कोई आकांक्षा न थी, वे अपने एकमात्र लक्ष्य की प्राप्ति की प्रतीक्षा में थे। वह लक्ष्य पूरा होते ही वे फिर पूरी तरह से अपने वैज्ञानिक धन्धे की ओर लौट जाना चाहते थे। जब तक जीवित थे, वे भारत के निर्विवाद नेता रहे। अगर 1920 में उनकी असमय मुत्य न हो जाती तो क्या होता? उनकी राजनीति से गांधी का गहरा मतभेद होने पर भी उनके सार्वभौम रूप के सामने गांधीजी ने अपने को झुकाए ही रखा। इस बात में भी सन्देह नहीं कि तिलक के जीवित रहने पर भी गांधी उस आन्दोलन के धार्मिक पक्ष को जिलाए रखते—और फिर इन दोनों के सम्मिलित नेतृत्व में उस समय भारत की जनता, कौन जाने, किस मार्ग का अवलम्बन करती? तिलक को किसी भी बाधा का सामना न करना पड़ता, क्योंकि कर्मक्षेत्र पर जैसा प्रभुत्व तिलक का था, वैसा ही गांधी का आध्यात्मिक शक्ति के क्षेत्र में है। लेकिन भाग्य ने कुछ और ही निर्णय किया, जिसके लिए न केवल भारत के, बल्कि स्वयं गांधी के हेतु भी अनुताप किया जा सकता है। सम्भवत: नैतिक गुणों से युक्त एक अल्पसंख्यक जन-समूह के नेतृत्व की भूमिका ही गांधी के स्वभाव और उनकी हार्दिक आकांक्षाओं के अधिक अनुकूल होती—संख्या-बहुल लोगों के नेतृत्व का भार वे स्वेच्छा से तिलक पर छोड़ देते, क्योंकि संख्या-बहुलता के प्रति तिलक में जो विश्वास था, वह गांधी में बिलकुल नहीं था। गणितज्ञ और कर्मयोगी होने के कारण, स्वभावत: तिलक को संख्या के प्रति विश्वास था। जन्म से ही वह गणतंत्र में विश्वासी थे। वे पूरी तौर से राजनीतिज्ञ भी थे, धर्म क्या चाहता है, क्या नहीं चाहता, इसकी उन्हें कोई ख़ास चिन्ता नहीं थी। वे साफ़-साफ़ कहते थे, "राजनीति साधुओं के लिए नहीं है।" उन ज्ञानी पुरुष ने तो यहाँ तक कहा था कि ज़रूरत पड़ने पर वे स्वाधीनता के लिए सत्य की भी बलि दे सकते हैं। उनमें निर्विवाद न्यायपरायणता थी और उनका जीवन निष्कलंक तथा पवित्र था। उन्होंने यह कहने में संकोच नहीं किया कि राजनीति में सब कुछ उचित है। कहा जा सकता है कि जिनका ऐसा व्यक्तित्व था, उनके साथ शायद मास्को के तानाशाहों के विचारों का मेल बैठ पाता। लेकिन इसके बारे में गांधी की विचारधारा नितान्त अपरिवर्तनीय थी (सन 1921 की 24 नवम्बर को, एक बार उन्होंने बोलशेविकों के प्रति अपने विरोध की बात खुल्लमखुल्ला कही थी)। एक-दूसरे के प्रति गहरी श्रद्धा रखते हुए भी गांधी और तिलक ने जब कभी अपने विचारों के सम्बन्ध में चर्चा की है, उससे उनकी विभिन्न प्रणालियों का विरोध ही प्रमाणित हुआ है। अभिप्राय यह कि दोनों ही जब इतने सच्चे हैं, उनके विश्वास और कार्य अविच्छिन्न हैं तो उनका अनिवार्य और मूल विरोध उन्हें दो भिन्न मार्गों पर ही ले जाएगा, यह स्पष्ट हो जाता था। इसी से तिलक के सामने गांधी के लिए भी यह कहने के सिवा दूसरा उपाय न था कि ज़रूरत पड़ने पर वे सत्य की रक्षा के लिए स्वतंत्रता की भी बलि दे सकते हैं। देश के लिए उनमें धार्मिक भावनायुक्त चाहे जितना प्रेम हो, धर्म को वे देश से ऊँचा मानते हैं, "भारत के साथ मेरा विवाह हुआ

है। केवल उसी के लिए मैं सब कुछ कर सकता हूँ। मेरा विश्वास है कि उसका एक महान उद्देश्य है। उसमें वह यदि असफल हुआ तो वह मेरे लिए एक भयानक परीक्षा का समय होगा—अपने लिए मैं यही आशा रखता हूँ कि उस समय मैं व्यर्थ न होऊँ। मेरा धर्म भौगोलिक सीमाओं में नहीं बँधा है—यदि मेरा विश्वास प्राणवान हो तो वह भारत के प्रति मेरे प्रेम को भी लाँघ जाएगा।"

इस तरह की महान बातों ने उनके संग्राम को एक मानवीय चेतना से अनुप्रेरित किया। अब हम उसी संग्राम की चर्चा करेंगे। इसी तरह की बातें यह साबित करती हैं कि वे केवल भारत के ही नहीं हैं, सारी दुनिया के महापुरुष हैं, हम सभी की आत्माओं के आत्मीय हैं। (एक बार उन्होंने कहा था, "मानव समाज अविभाज्य है। जातियों में परस्पर भेद तो है, लेकिन जातियाँ जितनी ऊँची होंगी, उनका कर्तव्य भी उतना ही अधिक हो जाएगा।") महात्मा अब से चार साल पहले जिस संग्राम में प्रवृत्त हुए, एक तरह से वह संग्राम हम सबके हित के लिए है।

यहाँ उल्लेखनीय है कि रौलट एक्ट के ख़िलाफ़ जो आन्दोलन हुआ, उसके नेता के रूप में जब वे आगे आए तो वे उस आन्दोलन को 'हिंसा के रुख़ से फेरने' के लिए ही यत्नशील थे। विद्रोह तो आ ही रहा था, अब उसका संचालन करना था।

आगे चलकर जो कुछ हुआ, उसे अच्छी तरह से समझने के लिए इस बात का ध्यान रखना होगा कि गांधी की विचारधारा दो स्तरों पर प्रवाहित है—एक ओर है उनकी ध्यान-धारणा, जो मूलत: धर्मभावना-प्रसूत है, दूसरी ओर उनका मन समाज-सुधार में लगा हुआ है। इस आख़िरवाले को उन्होंने लोगों की नज़रों से छिपे अनेक केन्द्रों में गढ़ा था, देश की तत्कालीन शक्ति और इच्छाओं के साथ उसका मेल मिलाकर। स्वभाव से वे धार्मिक थे, राजनीतिज्ञ बने लाचारी से। घटनाओं का स्रोत जिस तरह प्रभावित हुआ और चूँकि देश के अन्य नेता एक-एक करके जाते रहे, अत: संकट के समय देश की पतवार थाम लेने के सिवा उनके लिए दूसरा उपाय न रह गया और इसी तरह धीरे-धीरे उनके कार्यों का विशिष्ट राजनैतिक और व्यावहारिक चरित्र विकसित हो गया। लेकिन भवन की सबसे प्रधान वस्तु होती है नीचे की नींव जो इस मामले में ज्यों-की-त्यों रह गई। वह नींव जैसी बड़ी, वैसी ही गहरी है, जिसे ख़ासतौर से एक बिलकुल ही भिन्न प्रकार के भवन निर्माण के लिए तैयार किया जाता है—आज जल्दबाज़ी में जो कुछ करना पड़ेगा वह बिलकुल ही दूसरी चीज़ होगी। यह नींव ही स्थायी वस्तु है, शेष सब कुछ सामयिक और परिवर्तनशील युग के सुयोग और सुविधा के अनुसार व्यवहार करने के लिए है। चूँकि गांधी की विचारधारा नीचे के इस छिपे हुए स्थान में ही अपने स्वरूप में अवस्थित है, अत: उसे जान लेने की ज़रूरत है। ऊपर के ज़रूरी कामों के लिए शक्ति संचय करने के हेतु वे रोज़ इसी नीचे की जगह पर विश्राम करने के लिए चले आते हैं।

अपने देशवासियों के हिन्दू धर्म में उनका गहरा विश्वास है, लेकिन उनका वह विश्वास न तो ग्रन्थ-कीट पंडितों की तरह है, न उन विचारशक्ति-रहित भक्तों की तरह जो आँखें मूँदकर हर किंवदन्ती पर विश्वास कर लेते हैं। उनकी धर्मचेतना उन्हीं के विवेक और तर्कों से एक साथ नियंत्रित होती है। वे कहते हैं—

"धर्म को लेकर मैं शोर-गुल नहीं मचाना चाहता। मुझसे यह भी नहीं हो सकता कि पवित्र नामवाला होने के कारण मैं किसी पाप को क्षमा कर दूँ। मैं किसी को तब तक अपने साथ नहीं घसीटूँगा, जब तक वह अपने ही तर्कों से मेरी बात न मान ले। मैं पुराने-से-पुराने शास्त्र की पवित्रता को भी अस्वीकार करने को तैयार हूँ, अगर वह मेरे तर्कों से ग्रहण-योग्य प्रमाणित न हो।"

दूसरी ओर, एवं इसे जान लेना सबसे ज़रूरी है कि, वे हिन्दू धर्म के बारे में युक्ति-तर्कों से परे किसी प्रबल उच्छ्‌वास को भी स्वीकार न करेंगे—

"मैं यह नहीं मानता कि वेद पवित्रतम ग्रन्थ है। मुझे लगता है कि बाइबल, क़ुरान और जिन्दावेस्ता भी समान रूप से पवित्रता-प्रेरित हैं। हिन्दू धर्म चरमपन्थियों के लिए नहीं है—उसमें संसार के सभी महान धार्मिक पुरुषों की पूजा का स्थान है। उसका कहना है कि सभी लोग अपने धर्म के अनुसार ईश्वर की पूजा करें। इसी से, अन्य सभी धर्मों के साथ उसका सम्बन्ध कलह का नहीं, मेल का है।"

हिन्दू धर्म में युग-युगान्तर से जो पाप या दोष घुस आए हैं, उनकी ओर से भी उन्होंने आँखें बन्द नहीं रखीं, बल्कि उनकी निन्दा ही की है। फिर भी..."अपनी पत्नी के प्रति मेरा जो मनोभाव है, मैं केवल उसी के द्वारा हिन्दू धर्म के बारे में अपनी धारणा की सबसे अच्छी व्याख्या कर सकता हूँ, वह जिस तरह मेरे मन को स्पन्दित करती है, संसार की किसी दूसरी स्त्री के लिए वह सम्भव नहीं है। यह नहीं कि उसमें कोई दोष या ख़ामी नहीं है, हो सकता है कि जितना मैं देख पाता हूँ, उसमें उससे ज़्यादा दोष और ख़ामियाँ हों, लेकिन मैं उसके साथ एक ऐसे बन्धन में बँधा हुआ हूँ जो अक्षय है। ठीक यही बात हिन्दू धर्म के लिए भी कही जा सकती है, जिसके प्रति उसकी तमाम त्रुटियों और सीमाओं के बावजूद, मैं आसक्त हूँ। हिन्दू धर्म के केवल जिन दो ग्रन्थों को पढ़ने का दावा मैं कर सकता हूँ, उन गीता और रामायण का संगीत मेरे मन को जिस तरह मुग्ध कर पाता है, उस तरह और कोई नहीं...। मैं जानता हूँ कि हिन्दू धर्म के महान स्थल आज कितने पापों से कलंकित हैं, फिर भी, सब कुछ के बावजूद, मैं उनको प्यार करता हूँ। रोम-रोम से सुधारक होकर भी मैं हिन्दू धर्म के मूल विश्वासों में से एक को भी नहीं छोड़ सकता।"

उन्होंने जिन मूल सत्यों को स्वीकार किया है, आख़िर वे हैं क्या? सन 1921 के 6 दिसम्बर को लिखे एक लेख में उन्होंने भावपूर्वक उनकी सूची दी है, लेख के माध्यम से उन्होंने अपने धर्म-दर्शन को सबके सामने रखा है—

1. वेद, उपनिषद, पुराण और हिन्दू शास्त्रों के अन्तर्गत और जो कुछ है, उन सब पर मेरा विश्वास है, अत: अवतारों पर और पुनर्जन्म पर भी मुझे विश्वास है।
2. मैं वर्णाश्रम धर्म पर केवल उसके मूल वैदिक अर्थ में ही विश्वास करता हूँ, वर्तमान और सब लोगों के लिए मान्य किसी अन्य अर्थ में नहीं।
3. मेरा विश्वास है कि गोरक्षा उचित है लेकिन यहाँ भी सब लोगों के लिए मान्य अर्थ में नहीं, उससे कहीं बड़े अर्थ में।
4. मूर्तिपूजा में मुझे अविश्वास नहीं है।

गांधी के धर्म-दर्शन से सम्बन्धित इन पंक्तियों को पढ़कर कोई भी यूरोपवासी ठिठक जाएगा और यह सोचे बिना न रह सकेगा कि इन पंक्तियों में एक ऐसा मनोभाव प्रतिबिम्बित है, जो हम लोगों के मनोभावों से बिलकुल भिन्न है, यह एक ऐसे समाज-विशेष और धर्म की नीति से जकड़ा हुआ है, जिससे हमारे देश-काल की दूरी असीम है और जो हमारे बुद्धि-विचार से इतना परे है कि उसको समझने की कोशिश व्यर्थता में शामिल है। लेकिन यदि वे यूरोपवासी इस लेख को पढ़ते हुए कुछ और आगे बढ़ें तो शायद नीचे की पंक्तियों में उन्हें समझने लायक़ कुछ मिल सके—

"हिन्दू प्रवचनों में मेरा विश्वास है। मेरा यह भी विश्वास है कि अहिंसा, सत्य और ब्रह्मचर्य के माध्यम से जिसने पूर्णता नहीं प्राप्त की, जिसने सब तरह की धन-सम्पत्ति का लाभ नहीं छोड़ा है, उसके लिए शास्त्रों को यथार्थ रूप से जानना किसी तरह सम्भव नहीं है।"

यहाँ हिन्दू धर्म के साथ ईसाई धर्म की समानता है और गांधी उस समानता की बात जानते भी थे। इसी से 'एथिकल रिलीज़न' नामक अपनी पुस्तक के अन्त में उन्होंने ईसा का वचन उद्धृत किया है। सन 1920 में जब एक अंग्रेज़ पादरी ने उनसे पूछा कि किस ग्रन्थ ने उन्हें सबसे अधिक प्रभावित किया है तो उन्होंने उत्तर दिया, "न्यू टेस्टामेंट" ने। इससे भी बड़ी बात यह है कि उन्होंने स्वयं ही स्वीकार किया, सन 1893 में उन्हें सविनय अवज्ञा नीति की पहली झलक मिली थी, पर्वत के ऊपर से दिए गए ईसा के धर्मोपदेश में। इससे उस अंग्रेज़ पादरी को अचरज़ हुआ था। उसने फिर पूछा था—

"यह क्या! आपको क्या किसी हिन्दू शास्त्र में उसका आभास नहीं मिला?"

"नहीं।" गांधी ने जोर देकर कहा—"भगवद्गीता को मैं पहले से जानता था और उसका बड़ा भक्त था, लेकिन शान्तिपूर्ण प्रतिरोध की नीति का मूल्य कितना हो सकता है, यह मैं 'न्यू टेस्टामेंट' पढ़ने के बाद ही जान सका। पढ़ते-पढ़ते मैं आनन्द से अधीर हो उठा था। यह धारणा और भी सुदृढ़ तब हुई, जब मैंने फिर भगवद्गीता पढ़ी। उसके बाद जब मैंने टॉलस्टॉय की पुस्तक 'ईश्वर का राज्य तुम्हारे ही भीतर है' पढ़ी, तब तो वह धारणा मन में हमेशा के लिए बद्धमूल हो गई।"

भूलना न चाहिए कि एशिया के इस आस्तिकजन ने टॉल्सटॉय से बहुत ख़ुराक पाई है, दूसरी ओर उन्होंने प्लेटो और रस्किन का अनुवाद किया है, थोरो से उन्हें बहुत प्रेरणा मिली है, मैज़िनी की उन्होंने बहुमुखी प्रशंसा की है, उन्होंने एडवर्ड कार्पेंटर की रचनाएँ पढ़ी हैं, और उनकी विचारधारा में यूरोप और अमेरिका के बहुत से भाव और दर्शन समाहित हैं। किसी भी सच्चे यूरोपीय जिज्ञासु के लिए उनकी इस विचारधारा को विजातीय समझने का कोई कारण नहीं है। अत: पहले थोड़ा आश्चर्य होने पर भी वह यूरोपीय समझ सकेगा कि गांधी के धर्म-विश्वास का गहरा अर्थ क्या है। बेशक, एक ओर गो-संरक्षण नीति और दूसरी ओर जातिभेद प्रथा, ये दोनों ही भारत और यूरोप की धर्मचेतना के बीच एक दुर्लंघ्य बाधा के रूप में उठ सकते हैं। लेकिन देखा जाए, गांधी स्वयं इसका क्या अर्थ बताते हैं।

इसमें सन्देह नहीं कि गांधी अपने विश्वास की समग्रता के परिप्रेक्ष्य में इन दोनों को गौण नहीं समझते। गो-रक्षा की नीति हिन्दू धर्म की एक विशिष्टता है। गांधी उसमें मानव-सभ्यता के विकास की उच्चतम स्वीकृति देखते हैं। क्यों? क्योंकि वह 'समस्त मानवेतर जगत' का प्रतीक है, जिसके साथ मनुष्य मैत्री की शर्त में बँधा हुआ है। उससे 'मनुष्य के साथ पशुओं के भ्रातृत्व-बन्धन' का प्रमाण मिलता है। उन्होंने एक बार अपनी सुन्दर भाषा में कहा था, "वह मनुष्य को उसकी सीमा से ऊपर ले जाता है, जो भी प्राणवान है, उसके साथ वह मनुष्य को एकाकार करता है।" अन्यान्य प्राणियों को छोड़कर, केवल गाय को चुन लेने का कारण यह है कि गाय ही भारत की श्रेष्ठ संगी है, प्रचुरता का उद्गम है। इस शान्त, शिष्ट पशु में गांधी ने 'करुणा का काव्य' देखा है। फिर भी उनकी इस नीति में मूर्तिपूजन का लेश भी नहीं है। भारत के लिए हितकर न हो, ऐसी किसी भी बात को लेकर शोर-गुल मचाने के वे प्रबल विरोधी हैं। बेशक, भारतवासियों ने 'ईश्वर के इन मूक प्राणियों' के बारे में शास्त्रों की आज्ञा मानकर ही छुट्टी पा ली है, करुणा की बात सोचने की झंझट उन्होंने मोल नहीं ली। जिन्होंने एक बार यह बात समझ ली (और 'बेचारे' के बारे में असीसी की जो उक्ति है, उससे इसे और अच्छी तरह समझा है), उन्हें आश्चर्य न होगा कि गांधी क्यों इस बात को इतना क़ीमती मानते हैं। इसी से गांधी जब अपने अर्थ में कहते हैं कि गोरक्षा का उपदेश 'संसार के लिए हिन्दू धर्म का एक उपहार' है तो उन्हें किसी तरह दोषी नहीं ठहराया जा सकता। क्योंकि बाइबिल जहाँ यह कहती है कि 'पड़ोसी को अपनी ही तरह प्यार करो', वहाँ गांधी इतना और जोड़ देते हैं कि 'जिस किसी में प्राण है, वही तुम्हारा पड़ोसी है।'

यूरोपीय बुद्धि के लिए जातिभेद की प्रथा को मान लेना और भी कठिन हो सकता है (अन्ततः आज के यूरोप के लिए) क्योंकि भगवान ही जानें, नाममात्र के लिए हमारा जो गणतांत्रिक विकास है, उसके भविष्य ने हमारे लिए क्या संचित कर रखा है! गांधी के बारे में मेरी आलोचना से ही लोग उन्हें मान लेने को राजी

हो जाएँगे, ऐसी सफलता की न तो मैं आशा करता हूँ, न ऐसा चाहता ही हूँ। फिर भी यह आलोचना इतना तो निश्चित रूप से प्रमाणित कर देगी कि उनके विश्वास ने न तो किसी अहंकार से प्रेरणा पाई है, न किसी सामाजिक श्रेष्ठता की चेतना से। इसके विपरीत, उनके विचार कर्तव्य-बोध के द्वारा परिचालित हुए हैं, जो कर्तव्य प्रत्येक व्यक्ति का है और जो जाति अथवा श्रेणी विशेष से अलग है। वे कहते हैं—

"मेरा झुकाव इस बात पर विश्वास करने की ओर है कि आनुवंशिक कर्तव्य का नियम शाश्वत है और उसे बदलने के प्रयत्न का अर्थ होगा चरम अव्यवस्था का आह्वान करना। वर्णाश्रम मनुष्य के स्वभाव में घुला-मिला है, हिन्दू धर्म ने उसे विज्ञान के स्तर पर पहुँचा दिया है।"

लेकिन वे जाति को केवल चार भागों में बाँटते हैं—ब्राह्मण, क्षत्रिय, वैश्य और शूद्र। इनमें ऊँच-नीच का सम्बन्ध नहीं है—है केवल वृत्ति का भेद, और कुछ नहीं। वह कर्तव्य है, अधिकार नहीं। वे कहते हैं—"एक व्यक्ति ऊपर है, दूसरा नीचे, मनुष्य के सम्बन्ध में ऐसा विचार हिन्दू धर्म का विरोधी है। ईश्वर की सृष्टि की सेवा में काम आने के लिए सबका जन्म होता है—वह सेवा ब्राह्मण अपने ज्ञान के द्वारा, क्षत्रिय अपनी रक्षा-शक्ति के द्वारा, वैश्य अपने व्यवसाय-वाणिज्य के द्वारा और शूद्र अपने शारीरिक श्रम के द्वारा करता है। इसका मतलब यह नहीं है कि ब्राह्मण शारीरिक कार्य नहीं करेगा, लेकिन स्वभावत: ज्ञान का वितरण उसके लिए अधिक शोभा-जनक होगा। मतलब यह भी नहीं है कि शूद्र ज्ञान प्राप्त नहीं कर सकेगा, लेकिन शारीरिक कार्यों के द्वारा वह मानव की और उत्तम सेवा कर सकेगा, दूसरों की वृत्ति में हाथ डालने का लोभ उसमें न होना चाहिए। ज्ञान के कारण जो ब्राह्मण अपने को दूसरों से श्रेष्ठ समझता है, वह उसी कारण से नीचे गिर जाता है और सच्चा ज्ञान भी उसे नहीं प्राप्त होता। वर्णाश्रम का मूल लक्ष्य यह है कि सामाजिक शक्ति का क्षय न होने पावे और वह सार्थक रूप से सभी स्तरों में वितरित हो सके। वह स्वेच्छा से अपने ऊपर एक पवित्र प्रतिबन्ध लगाता है।"

इसी से उसकी भित्ति अधिकार पर नहीं, त्याग पर है। भूलना न चाहिए कि विश्वास के बल से, देहान्तर प्राप्ति के बाद, परवर्ती अनेक अस्तित्वों के बीच प्रकृति अपना सन्तुलन बनाए रखती है—ब्राह्मण से शूद्र और शूद्र से ब्राह्मण बनने की अवस्था से वह गुज़रता है।

विभिन्न होकर भी जो अपनी-अपनी मर्यादाओं में समान हैं, उन चार वर्णों के साथ अस्पृश्यों की समस्या का कोई सम्बन्ध नहीं है। इस सामाजिक अन्याय के विरुद्ध गांधी जीवन-भर कैसे तीव्र आवेग से जूझते रहे हैं, इसे हम शीघ्र ही देखेंगे—यह उनके प्रचारात्मक कार्यों की एक अत्यन्त मर्मस्पर्शी दिशा है। उनके मत से यह हिन्दू धर्म की लज्जा है, सच्ची नीति को घृणित रूप से विकृत करना है,

एक कलंक है—और इसके कारण उन्हें असह्य पीड़ा है। वे लिखते हैं, "दमित वर्ग के अपने इन भाइयों को अपना कहकर स्वीकार न करने के बदले मैं टुकड़े-टुकड़े काट डाला जाना पसन्द करूँगा। मैं पुनर्जन्म नहीं चाहता, लेकिन अगर मुझे फिर जन्म लेना ही पड़े तो मैं अस्पृश्यों में ही जन्म लूँ, जिससे उनके अपमान का हिस्सेदार बन सकूँ, उनकी मुक्ति के लिए काम कर सकूँ।"

उन्होंने एक छोटी-सी अछूत कन्या को पालने की ज़िम्मेदारी ली और वह छोटी-सी प्यारी-प्यारी लड़की उनके घर में सूर्य की हँसी और वर्षा की रुलाई ले आई। उसके बारे में गांधी की सारी उक्तियाँ कितनी स्नेहभरी हैं!

इतनी आलोचना से अब तक यह स्पष्ट हो गया होगा कि हिन्दुत्व के छद्म वेश में उनका वास्तविक हृदय उदार क्रिश्चियन का है। टॉल्सटॉय यदि कुछ और दयालु होते, कुछ और शान्त तथा सार्वजनीन अर्थ में कुछ और स्वाभाविक रूप से क्रिश्चियन होते तो वे गांधी होते, क्योंकि टॉल्सटॉय स्वभाव से इन बातों में बहुत कम थे, यद्यपि अपनी इच्छा और साधना से उन्होंने इस घाटे को बहुत-कुछ पूरा कर लिया था।

गांधी ने जब यूरोपीय सभ्यता का तिरस्कार किया तो टॉल्सटॉय के साथ उनकी समानता स्पष्ट हो गई। ऐसा जान पड़ता है कि तब उन पर टॉल्सटॉय का प्रभाव और भी सच्चाई से झलक उठा।

रूसो के समय से जो लोग सभ्यता की गतिविधि का नियंत्रण करते रहे हैं, वे यूरोप के उदारतम चिन्तक थे, और जब एशिया जागा तो उन्हीं लोगों के अभियोगों की सूची टटोलने के सिवा वह और कर भी क्या सकता था? उसी में से उसे अपने विदेशी अधिपतियों का अन्त करने के लिए अस्त्र ढूँढ़ना था। गांधी ने भी यही किया—उनके 'हिन्द स्वराज' में ऐसे अनेक विद्रोही ग्रन्थों की सूची मिलती है, जिनमें से अधिकांश के लेखक अंग्रेज़ हैं। लेकिन जिस पुस्तक का जवाब नहीं है, उसे यूरोपीय सभ्यता ने, अनेक उत्पीड़ित जातियों के रक्ताक्षरों से, बड़ी-बड़ी बातों के आवरण में, उन जातियों का सब तरह से सर्वनाश करके, स्वयं ही लिखा है। इस मिथ्या, लोभ और हिंस्रता का नग्न रूप संसार के सामने निर्लज्जतापूर्वक पिछले महायुद्ध में सामने आया, जो 'सभ्यता के युद्ध' के नाम पर लड़ा गया था। उस समय यूरोप की विवेकहीनता इस सीमा पर पहुँच गई थी कि अपनी नग्नता दिखाने के लिए, बिना दुविधा के, उसने सारे एशिया और अफ्रीका को बुलाया था। उन्होंने उसकी विवेकहीनता का परिचय पाया और उसका न्याय किया।

सन 1920 की 8 सितम्बर को गांधी ने लिखा, "आज की यूरोपीय सभ्यता पर जिस शैतानी प्रकृति का राज है, पिछले युद्ध में उसी का परिचय मिला। विजयी पक्ष ने धर्म के नाम पर जो कुछ किया, उससे मनुष्य की नीति-सम्बन्धी सारी धारणाएँ चूर-चूर हो गईं। मिथ्या चाहे जितनी बड़ी हो, अपनी स्वार्थ के लिए उसका यथेष्ट

व्यवहार करने में किसी को दुविधा नहीं हुई। सारे पापों की उद्‌देश्यहीन भौतिकता थी। यूरोप अब क्रिश्चियन नहीं रहा, उसके लिए पूज्य है। पाप की वह पद्धति, जिसके माध्यम से धन-सम्पत्ति छीनी जा सकती है।"

पिछले पाँच वर्षों से जापान में और भारतवर्ष में, बार-बार इसी प्रकार के विचार प्रकट किए जा रहे हैं। जो लोग होशियार हैं, जिनको साफ़ तौर से, ऊँची आवाज़ में, यह बात कहते दुविधा होती है, उनकी हड्डी-हड्डी में भी इसी भाव ने जड़ जमा रखी है। ग्रीक राजा पीरुस की विजय के समान ही, सन 1918 की विजय का फलाफल भी समान रूप से हानिकारक हुआ। बेशक, सभ्यता का यह सच्चा स्वरूप देखने के लिए गांधी को सन 1914 तक प्रतीक्षा न करनी पड़ी—दक्षिण अफ्रीका में उन्होंने जो बीस बरस बिताए थे, उसकी जानकारी से ही उनके सामने सभ्यता का सारा नक़ाब उलट गया था। सन 1908 में ही, 'हिन्द स्वराज' में उन्होंने आधुनिक सभ्यता को एक 'महान पाप' घोषित किया था।

गांधी कहते हैं, यह सभ्यता केवल नाम में ही रह गई है। हिन्दू शास्त्रों के अनुसार यह 'अन्ध तमिस्रा का युग' है। इस युग में जीवन का एकमात्र लक्ष्य है, किसी भी उपाय से भलीभाँति खाना-पहनना और दुनिया-भर की सम्पत्ति का आहरण करना। आत्मा की उन्नति किस तरह होती है, इससे उसे कुछ लेना-देना नहीं। इसी से यूरोप के लोग इतने विकल हैं, धन के ग़ुलाम हैं, मानसिक शान्ति अथवा आन्तरिक जीवन के बारे में भी इतने उदासीन हैं, असमर्थ हैं। जो दुर्बल हैं, जो मज़दूर वर्ग के हैं, उनके लिए यह नरक है—यह जाति की जीवन-शक्ति को नष्ट कर देती है और किसी दिन यह शैतानी सभ्यता स्वयं ही अपना सर्वनाश कर लेगी। अंग्रेज़ों से भी अधिक जो भारत का वास्तविक शत्रु है, वह यह सभ्यता ही है—व्यक्ति के रूप में अंग्रेज़ बुरे नहीं हैं, हाँ, वे सभी सभ्यता-रोग के कीटाणुओं से आक्रान्त हैं। इसी से गांधी अपने उन देशवासियों के विरुद्ध हैं, जो अंग्रेज़ों को खदेड़कर, यूरोपीय आदर्श की नकल पर भारत में एक 'सभ्य राष्ट्र' की नींव डालना चाहते हैं। वे कहते हैं, "यह तो बाघ को हटाकर उसके स्वभाव को क़ायम रखना होगा।" नहीं, "आज जिस एकमात्र महान प्रयत्न की आवश्यकता है, वह है पाश्चात्य सभ्यता को ही बुहार फेंकने की।"

मजिस्ट्रेट, डॉक्टर और अध्यापक, इन तीन श्रेणी के लोगों के प्रति गांधी का क्रोध बड़ा तीखा है। इसमें अध्यापकों को भी समेट लेने का कारण यह जान पड़ता है कि उन्होंने भारतीय छात्रों को ऐसी शिक्षा दी है, जिससे न केवल वे अपनी भाषा ही भूल गए हैं, बल्कि अपनी ओर से सोचने-विचारने की क्षमता भी उन्होंने खो दी है। शिक्षा का प्रभाव ऐसा है कि बचपन से ही छात्र अपने देश से घृणा करना सीखते हैं। इसके अलावा, उनकी सारी कोशिश छात्रों की बुद्धि बढ़ाने की ओर होती है—वे भूल जाते हैं कि हृदय को भी उन्नत बनाना है या छात्रों के चारित्रिक गठन

की ओर भी नज़र रखने की ज़रूरत है। सबके बाद, यह शिक्षा शारीरिक श्रम से घृणा करना सिखाती है—और जिस देश के सौ में अस्सी व्यक्ति किसान हैं, सौ में दस व्यक्ति मज़दूर हैं, वैसे देश की शिक्षा अगर लिखाई-पढ़ाई में ही सीमित रहे तो वह वास्तविक पाप के सिवा और क्या हो सकता है? मजिस्ट्रेट की वृत्ति स्वभावत: अनीतिपूर्ण है, क्योंकि भारत की अदालतें ब्रिटिश शासन को चालू रखने के पक्ष में हैं। इसी से भारतीय आपस में लड़ते-झगड़ते हैं तो अदालत तो ख़ुश होगी ही, उसे सब तरह से सहारा भी देगी—सारे देश में जितने झगड़े-फ़साद होंगे, उसे उतना ही लाभ होगा। इसी को कहते हैं दूसरे के माथे अपना स्वार्थ सिद्ध करना और दुर्बुद्धि-जनित यह काम ख़ासा लाभदायक भी है।

गांधी पहले डॉक्टरी वृत्ति के प्रति आकर्षित हुए थे, इस बात को स्वीकार करते हुए भी वे कहते हैं कि जल्दी ही उन्होंने समझ लिया कि वस्तुतः यह वृत्ति सम्मान-जनक नहीं है। पाश्चात्य चिकित्सा-शास्त्र का एकमात्र लक्ष्य है, रोगी के शारीरिक कष्ट को किसी तरह कम करना, लेकिन रोग के कारण को वह बिलकुल ही दूर नहीं करता। अधिकांश रोग तरह-तरह के पापपूर्ण अभ्यासों के चलते होते हैं—और यह भी असम्भव नहीं कि यह डॉक्टरी विद्या उन्हीं अभ्यासों को बढ़ावा देने में ही प्रयत्नशील हो, ताकि मामूली से मामूली कारण होने पर भी रोगी लोग डॉक्टर के पास हाज़िर हों और डॉक्टरों का धन्धा ज़ोर-शोर से चल सके। इस तरह वह एक समूची जाति का नैतिक मेरुदंड तोड़ने में सहायक हो रही है और अपने 'काले जादू' की टिकिया वग़ैरह से जाति को निर्वीर्य किए दे रही है। भूलना न चाहिए कि यूरोप की डॉक्टरी विद्या के विरुद्ध गांधी का एक प्रधान अभियोग यह है कि ज़रूरत पड़ने पर वह रोगी की देह के अंश भी काटकर फेंक दे सकती है—जिसे उन्होंने 'मनुष्य का जघन्यतम पापकर्म' कहा है। शरीर और मन की जो एक दूसरी महान शृंखला है, इस डॉक्टरी विद्या की कृपा से लोग उसे भूल गए हैं। इस बनावटी चिकित्सा-पद्धति की निन्दा उन्होंने बहुत बार की है, शायद अनावश्यक उत्साह से की है, वास्तविक प्रतिरोधक औषधियों की बात कही है और सर्वसाधारण के लिए लिखित 'ए गाइड टु हैल्थ' नामक अपनी पुस्तिका में, इसके बारे में अपना वक्तव्य भी प्रस्तुत किया है। यह पुस्तिका उनके बीस बरसों के अनुभव का परिणाम है। वह जैसी चिकित्सा-विषयक है, वैसी ही नैतिक भी है, क्योंकि "रोग केवल हमारे कार्यों के ही नहीं, विचारों के भी परिणाम हैं। पापों से दूर रहने का उनका जो उपदेश है, उसे समझना कठिन भी नहीं है, क्योंकि 'स्वास्थ्य की स्वाभाविक नीतियों का उल्लंघन करने से ही समस्त रोगों का जन्म होता है।' शरीर ईश्वर का वासस्थान है, अत: उसे पवित्र बनाए रखने की आवश्यकता है। गांधी की सलाह में सत्य का अंश काफ़ी हैं (बेशक थोड़ी ज़्यादती के साथ, उन्होंने हठपूर्वक सफल औषधियों को भी अस्वीकार किया है), लेकिन उससे भी अधिक जो है, वह एक प्रकार का

कठिन और उग्र नैतिकता का भाव है (विशेषत: यौन सम्पर्कों के सम्बन्ध में उनके विचार सन्त पॉल की बातों की याद दिला देते हैं)।"

लेकिन आधुनिक सभ्यता का हृदय (लौह युग : लौह हृदय) है यंत्र, जो पाशविकता की प्रतिमूर्ति है। उसका त्याग करना ही पड़ेगा। गांधी ने अधीर आग्रह के साथ चाहा है कि इस आधुनिक यांत्रिकता को भारत से बलपूर्वक हटा दिया जाए। जो स्वाधीन भारत अंग्रेज़ी यांत्रिकता का उत्तराधिकारी होगा, उसके बदले वे उस पराधीन भारत को ही पसन्द करेंगे, जिसने विलायती बाज़ार की दासता में अपने को बेच दिया है : "तब तो मैनचेस्टर के कारख़ाने को भारत में न स्थापित करके मैनचेस्टर का कपड़ा ख़रीदना ही अच्छा है। एक भारतीय रॉकफ़ेलर और दूसरी के बीच फ़र्क़ कहाँ है? यांत्रिकता महापाप है, वह जन-गण को दासता की शृंखला में बाँधती है और यौनाचार जैसा पाप है, धन भी वैसा ही विष है।"

आधुनिक विचारों में रँगे हुए भारतीय यहाँ प्रश्न करेंगे—"अगर रेल लाइन न रहेगी, ट्रामें न रहेंगी, बड़े-बड़े कल-कारख़ाने न बैठाए जाएँगे तो भारत का क्या हाल होगा?" गांधी उत्तर देंगे—"क्यों, भारत क्या इससे पहले नहीं था? जब एक के बाद दूसरे साम्राज्य आए और चले गए, उन हज़ारों-हज़ार वर्षों में भारत क्या अक्षुण्ण भाव से अकेला ही अपनी रक्षा नहीं कर सका? सिर्फ़ वही बचा रहा, बाक़ी सब चले गए। इन इतने हज़ार वर्षों में, उसने आत्म-संयम के द्वारा स्वयं ही अपना स्वामी बनना सीखा है, सुखी होने के विज्ञान पर अधिकार पाया है। उसे किसी से कुछ सीखना नहीं है, उसने यांत्रिकता नहीं चाही, बड़े-बड़े शहर नहीं चाहे। परम्परागत हल और चरखा तथा देश की प्राचीन शिक्षा-पद्धति उसके लिए प्रज्ञा और कल्याण संचित करती आई है। हमें इस पुरानी सरलता में ही लौटना होगा—रातोरात नहीं, धीरे-धीरे, धैर्य के सहित हर-एक को दृष्टान्त स्थापित करना होगा।"

यही उनकी विचारधारा का निष्कर्ष है और यह भय की बात है; क्योंकि इसमें प्रगति को अस्वीकार करने का भाव, यूरोप के विज्ञान को भी चुटकी बजाकर उड़ा देने-जैसी इच्छा निहित है। (बेशक, यूरोपीय विज्ञान न सही, वैज्ञानिक अनुसन्धान की आवश्यकता को गांधी चालू रखना चाहते हैं, वैज्ञानिक-सुलभ कठोर मानसिक शृंखला भी चाहते हैं। अपने हिन्दू देशवासियों की तुलना में वे अक्सर वैज्ञानिकों के आत्मत्याग और अध्यवसाय की श्रेष्ठता स्वीकार करते हैं और उसकी प्रशंसा भी करते हैं। वे चित्त का आदर करते हैं, लेकिन वह चित्त कौन सा मार्ग चुन लेगा, इसी को लेकर उनका सारा झगड़ा है। लेकिन इस संयम के बावजूद उनका विरोध बड़ा स्पष्ट है—और हम आगे देखेंगे कि गांधी के इस मध्ययुगीन मनोभाव का रवीन्द्रनाथ ने किस तरह न्यायसंगत रूप से विरोध किया)। यह मध्ययुगीन विश्वास क्या मानव-चित्त की ज्वालामुखी के अनिवार्य उद्गार को रोक सकेगा? आशंका तो इस बात की है कि उसके सामने पड़कर वह चूर-चूर हो जाएगा। बेशक, यहाँ भी

सीधे-सीधे मानव-चित्त न कहकर एक प्रकार का चित्त कहना उचित होगा, क्योंकि यदि यह विश्वास किया जाए (जैसा मैं करता हूँ) कि विश्व-चित्त की एकता ध्वनित होती है एक आर्केस्ट्रा के माध्यम से, तो उस एकता में स्वभावतः विविध प्रकार के स्वर होंगे, जिनमें से प्रत्येक को सम्मिलित रूप से अपना-अपना अंश बजाना होगा। लेकिन हमारे पाश्चात्य तरुण अपने-आपमें ही इतने मशगूल हैं कि शायद वे समझ ही नहीं पा रहे—संगीत में सब समय एकता नहीं रहती, स्वर में अनेक भूलें और उलट-पलट हो जाता है, उसकी प्रगति का चन्द्रमा कभी-कभी राहुग्रस्त हो जाता है। वे यह भी नहीं समझते कि मानव सभ्यता का इतिहास वस्तुतः अनेक सभ्यताओं का इतिहास है और यदि सभी सभ्यताओं में प्रगति का काम (उस प्रगति का सूत्र कभी अनियमित, कभी टूटता, कभी रुकता और कभी सामयिक विक्षोभों से लुप्त) होता रहा हो तो एक महान सभ्यता से एक दूसरी महान सभ्यता में प्रगति के सूत्र को पहचानने का कोई उपाय ही नहीं है।

लेकिन यूरोपीय अर्थ में प्रगति क्या वस्तु है, यहाँ यदि हम इस चर्चा में न पड़ना चाहें और फ़िलहाल अगर सिर्फ़ इतना ही मान लें कि संसार की वर्तमान गति गांधी की तीव्र इच्छा के विरुद्ध प्रवाहित है, तब भी ऐसा सोचना किसी भी तरह उचित न होगा कि इन सब कारणों से गांधी अपने विश्वास से डिग जाएँगे। ऐसी धारणा वही बना सकता है, जिसने पूर्व का मानस बिलकुल ही नहीं समझा है। गोबिनो का कथन है कि "सभी तरह से एशियावासियों की ज़िद हम लोगों की अपेक्षा बहुत अधिक है—ज़रूरत होने पर वे सदियों तक प्रतीक्षा करते रहेंगे, लेकिन इतनी लम्बी नींद के बाद भी न तो उनके विचार पुराने होंगे, न उनकी शक्ति कम होगी। अनेक शतियों की प्रतीक्षा से भी हिन्दू घबराते नहीं—विजय यदि कुछ बरसों के अन्दर मिल ही जाए, तो गांधी उसके लिए तैयार हैं, लेकिन उसमें यदि कई शतियों का समय लगे तो उसके लिए भी वे समान रूप से तैयार हैं। वे समय को व्यर्थ ही वेगवान नहीं बनाना चाहते, वह यदि विलम्ब करना चाहता है तो वे भी राज़ी हैं। अतः अगर उनके आमूल सुधारों की बात को ग्रहण करने या समझने के लिए पूरी तरह से तैयार नहीं है तो वे अपनी कार्य-प्रणाली को देश की सीमा के परिप्रेक्ष्य में बदल देंगे। इसी से मुझे उस समय आश्चर्य नहीं होता, जब मैं यांत्रिकता के इस अन्तिम सत्र को भी सन 1921 में यह कहते सुनता हूँ कि "अगर कल-कारख़ानों को जाना ही पड़े तो इस दुख से मैं रोऊँगा नहीं, लेकिन फ़िलहाल उनके ख़िलाफ़ मेरी कोई योजना नहीं है।" अथवा "सम्पूर्ण प्रेम की रीति (जिसका व्यतिक्रम सम्भव नहीं है, सूक्ष्मता से खंडन करना भी सम्भव नहीं है), मेरी आत्मा की रीति है। लेकिन मैं जिस राजनैतिक क्रियाकलाप के पक्ष में हूँ उसके माध्यम से उस परम नीति का उपदेश नहीं देता फिरता। वह तो आरम्भ से ही अपने को व्यर्थता से अभिशप्त करना होगा। पहले जनता इस रीति को स्वीकार करे, इस आशा में बैठे रहना अनुचित होगा। मैं

कोई कल्पनाशील द्रष्टा नहीं हूँ। अपने को मैं केवल एक 'व्यावहारिक बुद्धिवाले आदर्शवादी' के रूप में जानता हूँ।"

बात ठीक है, क्योंकि वे अपने देशवासियों से कभी यह नहीं पूछते कि उन्हें क्या देना है? इसके बदले में वे उनसे वह सब माँग बैठते हैं, जो उनके पास है और भारत-जैसे देश के लोगों के लिए वही बहुत कुछ है। सच, वह जनता अद्‌भुत है, जैसी अपनी संख्या से, वैसी ही अपनी सहनशक्ति से और वैसी ही अपनी आत्मा की अतलस्पर्शी गहराई से। पहली मुलाक़ात में ही इस जन-गण से गांधी का एक सम्बन्ध बन गया था, बातें किए बिना भी वे एक-दूसरे को समझ सकते हैं। गांधी जानते हैं कि उनसे क्या आशा की जा सकती है और वे भी जानते हैं कि गांधी उनसे क्या चाहेंगे।

बेशक, वे और उनके देशवासी पहले से ही जिस बन्धन में बँधे हुए हैं, वह है स्वराज्य की स्वीकृति। गांधी ने लिखा है, अहिंसा नहीं, स्वराज्य ही देश का लक्ष्य है और उसके बाद उन्होंने एक ऐसी बात भी जोड़ दी है, जिसे उनके मुँह से सुनकर सचमुच विस्मित होना पड़ता है, "विदेशी शासकों की हिंसा की ज़ंजीरों में बँधा ग़ुलाम बना रहने के बदले, न हो तो भारत अपनी स्वाधीनता के लिए स्वयं ही हिंसा का सहारा ले।" लेकिन साथ ही साथ उन्होंने अपनी बात में संशोधन भी कर दिया। उन्होंने कहा कि ऐसे किसी असम्भव धारणा का सवाल ही नहीं उठता, क्योंकि भारत की मुक्ति हिंसा के मार्ग से न होगी—स्वराज्य आएगा एकमात्र सत्याग्रह के माध्यम से, आत्मा की शक्ति से, सत्य और प्रेम की शक्ति से—ये ही भारत के स्वभाव के अनुरूप अस्त्र हैं। और गांधी के महात्मापन की सफलता इसी में है कि जब उन्होंने सत्याग्रह की बात का प्रचार किया तो साथ ही वे उसकी वास्तविक प्रकृति और प्रसुप्त शक्ति का रूप भी लोगों की आँखों के सामने स्पष्ट कर सके।

सत्याग्रह शब्द का आविष्कार उन्होंने तभी किया था, जब वे अफ्रीका में थे—उद्‌देश्य था अपनी कर्म-साधना के साथ निष्क्रिय-प्रतिरोध का भेद स्पष्ट करना। और इस भेद पर ख़ासा ज़ोर देना ही पड़ेगा, क्योंकि देखा जाता है कि यूरोपवाले गांधी के आन्दोलन को 'निष्क्रिय प्रतिरोध' (अथवा अप्रतिरोध) के रूप में समझना चाहते हैं। यद्यपि वास्तव में इससे बड़ी ग़लती दूसरी नहीं हो सकती। निष्क्रियता के लिए इस अदम्य योद्धा के मन में जितनी घृणा है, उतनी संसार के किसी दूसरे व्यक्ति में नहीं होगी—ऐसे वीर 'अप्रतिरोधी' का दृष्टान्त संसार में सचमुच विरल है। उनके आन्दोलन का सार तत्त्व है 'सक्रिय प्रतिरोध', जिसने अपने प्रेम, विश्वास और आत्मत्याग की तीन सम्मिलित शक्तियों के साथ 'सत्याग्रह' की संज्ञा धारण की है।

कायर मानो उनकी छाया भी नहीं छूना चाहता, उसे वे देश से बाहर निकालकर रहेंगे। आलसी और अकर्मण्य की अपेक्षा वह भी अच्छा है, जो हिंसा से प्रेरित

है। वे कहते हैं, "यदि कायरता और हिंसा में से किसी एक को चुनना हो तो मैं हिंसा को ही पसन्द करूँगा। दूसरे को न मारकर स्वयं ही मरने का जो धीरतापूर्ण साहस है, मैं उसी की साधना करता हूँ। लेकिन जिसमें ऐसा साहस नहीं है, वह भी भागते हुए लज्जाजनक मृत्यु का वरण न करें—मैं तो कहूँगा, बल्कि वह मरने के साथ मारने की भी कोशिश करे; क्योंकि जो इस तरह भागता है, वह अपने मन पर अन्याय करता है। वह इसलिए भागता है कि मारते-मारते मरने का साहस उसमें नहीं है। एक समूची जाति के निस्तेज होने की अपेक्षा मैं हिंसा को हज़ार बार अच्छा समझूँगा। भारत स्वयं ही अपने अपमान का पंगु साक्षी बनकर बैठा रहे, इसके बदले अगर हाथों में हथियार उठा लेने को तैयार हो तो इसे मैं बहुत अधिक पसन्द करूँगा।"

बेशक, बाद में गांधी ने इतना और जोड़ दिया, "मैं जानता हूँ कि हिंसा की अपेक्षा अहिंसा कई गुनी अच्छी है—यह भी जानता हूँ कि दंड की अपेक्षा क्षमा अधिक शक्तिमती है। क्षमा सैनिक की शोभा है लेकिन क्षमा तभी सार्थक है, जब शक्ति होते हुए भी दंड नहीं दिया जाता। जो कमज़ोर है, उसकी क्षमा बेमानी है। मैं भारत को कमज़ोर नहीं मानता। तीस करोड़ भारतीय एक लाख अंग्रेज़ों के डर से हिम्मत न हारेंगे। इसके अलावा वास्तविक शक्ति शरीर-बल में नहीं होती, होती है अदम्य मन में। अन्याय के प्रति 'भले आदमी' की तरह आत्मसमर्पण का नाम अहिंसा नहीं है—अत्याचारी की प्रबल इच्छा के विरुद्ध अहिंसा केवल आत्मिक शक्ति से टिकती है। इसी तरह केवल एक मनुष्य के लिए भी समूचे साम्राज्य का विरोध करना और उसको गिराना सम्भव हो सकता है।"

लेकिन किस क़ीमत पर? अपनी यंत्रणा की। यंत्रणा ही शाश्वत रीति है—"वही मनुष्य जाति का चिह्न है। वह आत्मा का अत्यावश्यक गुण है। मृत्यु से ही जीवन का जन्म होता है। बीज जब तक नष्ट नहीं होता, वृक्ष बढ़ नहीं पाता। जो यंत्रणा की आग से होकर नहीं गुज़रा, वह बढ़ेगा कैसे? इस नियति से किसी का छुटकारा नहीं है। दूसरे को पीड़ा न देकर अपनी ही पीड़ा को पवित्र करने की चेष्टा में प्रगति सार्थक होती है। वह व्यक्तिगत पीड़ा जितनी पवित्र होगी, प्रगति उतनी ही महान होगी। अहिंसा ही विवेक की वह पीड़ा है। आत्मत्याग और यंत्रणा की उस पुरानी नीति को ही भारत के सामने प्रस्तुत करने की ज़िम्मेदारी मैंने ली है। चरम हिंसा के बीच भी जिन ऋषियों ने अहिंसा-नीति का आविष्कार किया, वे प्रतिभा में न्यूटन से बहुत बड़े थे, योद्धा के रूप में भी वे वेलिंगटन से और अधिक बड़े थे। उन्होंने हथियारों को पहचाना था, इसीलिए उनकी निस्सारता भी जान ली थी। फिर भी अहिंसा का अस्त्र सबके लिए है, केवल ऋषियों के लिए नहीं। हम मनुष्य हैं, इसी से वह रीति हमारी है, जैसे हिंसा की रीति पशु-स्वभाव वालों के लिए है। महिमामय मनुष्य के लिए आत्मिक शक्ति-जैसी उच्चतर रीति ही तो

चाहिए। इसीलिए मैं भी चाहता हूँ कि भारत उसी रीति के व्यवहार में मतवाला हो उठे, उसकी शक्ति जाने। भारत की एक आत्मा है और इसीलिए उसका विनाश सम्भव नहीं है—उस आत्मा में सारे संसार की समस्त जड़ शक्ति के विरोध करने की क्षमता है।"

दृप्त अहंकार। भारत से उनका ऐसा गर्व-भरा प्रेम है, इसी से वे चाहते हैं कि उनका देश निकम्मी हिंसा का त्याग करे, वह आत्मत्याग का मार्ग चुन ले। अहिंसा ने ही उसे महत्ता का सम्मान दिया है। भारत यदि उस अहिंसा को न अपनाएगा तो उसका पतन निश्चित है और गांधी ऐसी बात सोचना भी नहीं चाहते—"भारत यदि हिंसा में ही विश्वास करें तो मैं यहाँ न रहना चाहूँगा—तब वह किसी गर्व की भावना से मुझे उद्दीप्त न कर सकेगा। देशप्रेम को मैं अपने धर्म के अन्तर्गत मानता हूँ। माँ की गोद के बच्चे की तरह मैंने उसे जकड़ रखा है, क्योंकि जिसकी मुझे ज़रूरत है, आत्मा का वही पुष्टिकर खाद्य वह मुझे दे रहा है। जिस दिन मैं वह खाद्य न पाऊँगा, अनाथ हो जाऊँगा। तब मैं निर्जन हिमालय में चला जाऊँगा अपनी रक्त-रंजित आत्मा की रक्षा के लिए।"

गांधी भारत पर सन्देह नहीं, विश्वास ही करते हैं—यह बात तब प्रमाणित हुई, जब सन 1919 की फ़रवरी में उन्होंने सत्याग्रह आन्दोलन आरम्भ किया। सत्याग्रह की शक्ति की परीक्षा वे पहले ही कर चुके थे—सन 1918 के किसान आन्दोलन के समय।

उस समय तक राजनैतिक विद्रोह का कोई चिह्न भी नहीं था, उस समय तक वे अंग्रेज़ों के प्रति वफ़ादार रहने के विश्वासी थे और तब तक वे वैसे ही बने रहेंगे, जब तक अंग्रेज़ों के प्रति उनकी आशा टिकी रहेगी। सन 1920 तक वे साम्राज्य के साथ सहयोग करने की वही पुरानी बात दुहराते देखे जाते हैं और उसके लिए उन्हें राष्ट्रवादी भारतीयों की कम लांछना नहीं सहनी पड़ी। फिर भी वे अपनी बात इसलिए कहते रहे कि ईमानदारी के साथ वे दृढ़तापूर्वक उस पर विश्वास करते थे। अत: आन्दोलन के पहले साल में जब तत्कालीन भारत सरकार आपत्तियाँ उठाने लगी तो गांधी ने पूरी हार्दिकता के साथ लार्ड हंटर को आश्वासन दिया कि सत्याग्रही लोग सरकार की श्रेष्ठ प्रजा हैं, संविधान में जिन बातों की मनाही है, उन्हें वे कभी न करेंगे। केवल भारत सरकार के अबाध्य हठ के कारण भारत के वे नैतिक नेता अपनी वफ़ादारी की शर्त तोड़े बिना नहीं रह सके—वह वफ़ादारी, जिस पर वे इतने दिनों तक सचमुच विश्वास करते आए थे।

सत्याग्रह ने आरम्भ में ही संविधान-विरोधी एक ऐसे आन्दोलन का रूप लिया, जो सविनय होने पर भी सरकार से एक तरह का दावा करता था। सरकार ने एक अन्यायपूर्ण क़ानून बनाया। सत्याग्रही प्राय: स्वयं ही क़ानून को मानकर चलते हैं,

लेकिन इस अन्यायपूर्ण क़ानून की ज़ोरदार अवहेलना करने के अलावा उनके पास दूसरा उपाय न था। लेकिन उस पर भी अगर उन्हें न्याय न मिलेगा तो वे दूसरे क़ानून तोड़ने के लिए भी तैयार हैं—ज़रूरत पड़ने पर अन्ततः वे सरकार से सब तरह का सहयोग बन्द करने को प्रस्तुत हैं। लेकिन अमान्यता का जो अर्थ पश्चिम में है, यहाँ वह बिलकुल ही नहीं है। इस आन्दोलन में जिस बात पर सबसे अधिक ज़ोर है, वह एक धार्मिक वीरता का भाव है।

चूँकि इस आन्दोलन में शत्रुओं के विरुद्ध हिंसा का आश्रय लेना मना है (क्योंकि उनकी मान्यता है कि शत्रुपक्ष भी समान रूप से सच्चा है—एक पक्ष के लिए जो सत्य है, दूसरे पक्ष के लिए वह अनायास ही असत्य हो सकता है, और हिंसा के द्वारा किसी को अपना मतावलम्बी बनाना कभी सम्भव नहीं है), शत्रु को प्रेम के द्वारा, आत्मविश्वास की शक्ति से, आत्मत्याग और यंत्रणा सहकर अपने मत का बनाना होगा—और वह यंत्रणा ऐसी होनी चाहिए, जिसे सत्याग्रही ने हाथ बढ़ाकर, प्रसन्नतापूर्वक ग्रहण किया हो। ऐसी बात के आकर्षण को रोकना कठिन है। ईसा के मुट्ठी भर भक्तों का दल यही बात कहकर पूरे साम्राज्य को जीत लेता है।

भारतीयों की सभी बातों में एक प्रकार की धार्मिकता का भाव रहता है, न्याय और स्वतंत्रता—जैसी दो चिरकाल-प्रार्थित वस्तुओं के लिए वे किसी भी प्रकार का त्याग करने के लिए तैयार रहते हैं, इसका परिचय इस घटना से मिलेगा। आन्दोलन आरम्भ करने के लिए महात्मा ने जो दिन निश्चित किया, 6 अप्रैल, 1919 का वह सारा दिन उन्होंने प्रार्थना और उपवास में बिताया—रौलट एक्ट के ख़िलाफ़ उस दिन सारे भारत में हड़ताल रही। आन्दोलन के आरम्भ में उनका पहला काम यही था—प्रार्थना और उपवास।

और इसका परिणाम भी ऐसा हुआ, जैसा पहले नहीं सुना गया था, उसने प्रत्येक देशवासी के मर्म को गहराई में जाकर स्पर्श किया। यह पहला मौक़ा था, जब देश के सभी वर्गों के लोग मिल खड़े हुए थे, भारत ने अपने-आपको ढूँढ़ लिया था।

केवल दिल्ली में ही कुछ गड़बड़ी हुई, बाक़ी सारे देश में शान्ति बनी रही। गांधी दिल्ली आए—लोगों को उनका कर्तव्य बतलाने के लिए। लेकिन सरकार ने उन्हें रास्ते में ही रोक दिया। उन्हें लौटाकर बम्बई ले जाया गया। ज्यों ही उनके क़ैद होने की ख़बर फैली, पंजाब में उपद्रव शुरू हो गए। अमृतसर में लूट-पाट और कई हत्याएँ हुईं। 11 अप्रैल की रात में जनरल डायर ने सेना लेकर शहर पर क़ब्ज़ा कर लिया और बात की बात में स्थिति शान्त हो गई। 13 तारीख़ को हिन्दुओं का कोई उत्सव था। जनता उसी सिलसिले में जलियाँवाला बाग़ में इकट्ठी हुई। उन लोगों ने किसी तरह की गड़बड़ी मचाने की कोशिश नहीं की। उनमें बहुत-सी औरतें और बच्चे भी थे। एक दिन पहले, रात के समय, जनरल डायर ने सभा-सम्मेलनों पर रोक लगा दी थी, लेकिन यह बात तब तक किसी को मालूम न हो सकी थी। जनरल हथियारों से

लैस होकर वहाँ आ पहुँचे। उन्होंने लोगों को सावधान तक नहीं किया। उनके बाद, तीस सेकेंड के अन्दर, उनकी फ़ौज भी आ पहुँची और मासूम लोगों पर गोलियाँ बरसाई जाने लगीं। यह सिलसिला सिर्फ़ दस मिनटों तक चला, क्योंकि और गोली-बारूद नहीं था। जगह चारों ओर ऊँची दीवारों से घिरी थी, भागने का रास्ता भी नहीं था—पाँच-छ: सौ हिन्दू मारे गए, घायल इससे भी बहुत अधिक संख्या में हुए। मर्दों और घायलों की ओर किसी ने ध्यान नहीं दिया—सारे देश में फ़ौजी क़ानून लागू कर दिया गया। पंजाब में अत्याचारों की बाढ़ आ गई। हवाई जहाज़ों से निहत्थी जनता पर बम बरसाए गए। बड़े सम्माननीय व्यक्तियों को भी, गले में हाथ डालकर, फ़ौजी अदालत में घसीट लाया गया, उन्हें चाबुक से पीटा गया, औंधे होकर नाक रगड़ने के लिए मजबूर किया गया, उनकी बेइज़्ज़ती का अन्त न रहा। अंग्रेज़ शासक कहीं पागल तो नहीं हुए जा रहे? या कि भारतीय अहिंसा-नीति की घोषणा सुनते ही यूरोप के हिंसक मारकाट पर उतर आए? गांधी आँखें मूँदकर नहीं बैठे रहे। उन्होंने अपने देशवासियों को यह आश्वासन नहीं दिया था कि वे उन्हें केवल शान्तिपूर्ण उपायों से विजयी बना देंगे, बल्कि उन्होंने रक्तरंजित मार्ग का ही आश्वासन दिया था उन्हें। जलियाँवाला बाग़ के दिन उसी मार्ग की दीक्षा हुई। उन्होंने कहा था, "केवल एक हज़ार नहीं, हज़ारों-हज़ार असहाय शिशुओं और नारियों के हत्याकांड की सम्भावना में भी हम धैर्यपूर्वक तैयार रहें—तब तक तैयार रहें, जब तक सारी दुनिया के बीच भारत उस आसन पर न बैठ जाए, जिससे आगे कोई भी कभी न जा सके। फाँसी को हमें जीवन की एक अत्यन्त साधारण घटना मान लेना पड़ेगा।"

फ़ौजी रुकावटों की कृपा से पंजाब के हत्याकांड की ख़बर कई हफ़्तों तब बाहर न जा सकी। लेकिन ख़बर जब फैली तो सारा भारत क्रोध से विक्षिप्त हो गया, यहाँ तक कि उससे इंग्लैंड भी अछूता न रहा। लॉर्ड हंटर की अध्यक्षता में एक जाँच-कमेटी बैठाई गई, जिसके जवाब में भारत की राष्ट्रीय कांग्रेस ने भी उस जाँच-कमेटी के विरोध में एक उप-समिति गठित की। नि:सन्दिग्ध रूप से सरकार के लिए जो उचित था (और जिसे सब बुद्धिमान अंग्रेज़ों ने समझा था), वह था अमृतसर के नृशंस हत्यारों को कठोर दंड देना। लेकिन गांधी ने यह भी नहीं चाहा। जनरल डायर और अन्य अपराधी अफ़सरों की उचित निन्दा करते हुए भी उन्होंने उनको दंड देने की माँग नहीं की—उनका परिमाण-बोध ऐसा ही आश्चर्यजनक था। उनमें बदला लेने की इच्छा नहीं थी, विद्वेष भी नहीं था—"पागल से ईर्ष्या करने से क्या लाभ है? लेकिन इस बात का ध्यान तो रखना होगा कि वह बिगाड़ न कर सके।" उनकी सिर्फ़ यही माँग थी कि डायर को वापस इंग्लैंड बुला लिया जाए। लेकिन हाय, जाँच कमेटी किसी नतीजे पर पहुँचे, उसके पहले ही भारत सरकार ने जल्दबाज़ी में एक हर्जाना क़ानून पास कर दिया, ताकि सरकारी कर्मचारी मुसीबत में न पड़ें। और जो उन नृशंस हत्याओं के नायक थे, वे देश में तो रही सके, उन्हें इनाम भी दिया गया।

भारत अभी अपनी स्तंभित अवस्था से उबर भी नहीं पाया था कि एक दूसरी घटना घटी। इस घटना के द्वारा सरकार ने अपने आश्वासन को ऐसी विश्वासघातकता के साथ नष्ट कर दिया कि यूरोपवालों की सदिच्छा पर विश्वास बनाए रखना भारतवासियों के लिए सम्भव नहीं रह गया और सारे देश में एक विराट विद्रोह की लहर फैल गई।

यूरोपीय युद्ध में भारतीय मुसलमानों को विवेक की एक कठिन परीक्षा का सामना करना पड़ा था। वे साम्राज्य के वफ़ादार बनें या अपने धर्मगुरु के आदेश का पालन करें—यही उनका धर्म-संकट था। अन्त में जब इंग्लैंड ने यह आश्वासन दिया कि सुलतान या ख़लीफ़ा की स्वाधीनता में वे हस्तक्षेप न करेंगे, तभी उन्होंने वफ़ादारी की हामी भरी। मुसलमानों ने चाहा था कि तुर्की के यूरोपीय हिस्से पर भी तुर्कीवालों का अधिकार बना रहे और सुलतान के हाथों जैसे एक ओर इस्लाम के तीर्थ-स्थानों का भार रहे, वैसे ही दूसरी ओर अरब की स्वाधीनता का भी। वह स्वाधीनता जैसी-तैसी न हो, बल्कि अरब की स्वाधीनता का जो अर्थ मुसलमान विद्वान लगाते आए हैं, वह हो—जिस स्वाधीनता का अधिकार मेसोपोटामिया, सीरिया और पैलेस्टाइन के भूखंडों पर भी हो। लॉयड जॉर्ज और भारत के वायसराय ने भी इसके बारे में मुसलमानों को पक्का दिलासा दिया। लेकिन लड़ाई ख़त्म होने के साथ ही वह दिलासा जाने कहाँ चला गया। सन 1919 की गर्मियों में, जब चारों ओर शान्ति की धूम मची हुई थी, तभी भारतीय मुसलमानों ने आपत्तियाँ उठानी शुरू कीं—और इस तरह ख़िलाफ़त आन्दोलन का सूत्रपात हुआ।

17 अक्तूबर, 1919 को एक बहुत बड़ा शान्तिपूर्ण जुलूस निकालकर ख़िलाफ़त दिवस मनाया गया। उसके एक महीना बाद, 24 नवम्बर, को दिल्ली में अखिल भारतीय ख़िलाफ़त सम्मेलन हुआ। अध्यक्षता गांधी ने की। बात की बात में उन्होंने समझ लिया था कि इस इस्लामी सवाल को ही भारतीय एकता का ब्रह्मास्त्र बनाया जा सकता है। हिन्दू-मुसलमानों के स्वाभाविक विरोध को, अपने स्वार्थ के लिए, अंग्रेज़ों ने हमेशा काम में लाना चाहा था और गांधी ने उन पर यह आरोप भी लगाया था कि इस विरोध को जन्म देने में भी उनका बहुत अधिक हाथ रहा है। कम-से-कम उस विरोध को मिटाने की कोई कोशिश तो अंग्रेज़ों ने की ही नहीं। दोनों सम्प्रदायों के लोग एक-दूसरे को बचकाने ढंग से भड़काते रहते थे। हिन्दू लोग मसजिद के सामने से गुज़रेंगे तो बिना गाना गाए न रहेंगे, यद्यपि वहाँ शान्ति बनाए रखने की ही रीति है। इसी तरह हिन्दुओं की गो-पूजा को लेकर उनका दिल दुखाने में मुसलमानों को बड़ा मज़ा आता है। दोनों दलों में लड़ाई-झगड़ा और मार-पीट होती ही रहती है और इन सबके बीच विद्वेष का भाव गाढ़ा होता जाता है। हिन्दू-मुसलमानों में शादी-ब्याह नहीं होता, वे साथ-साथ खाते-पीते नहीं, उनमें किसी तरह का सद्भाव नहीं है। इनके बीच का यह विभेद हमेशा का है और इसे रोका भी नहीं जा सकता, ऐसा मानकर सरकार कान में तेल डालकर सोती रही—इसी से ख़िलाफ़त सम्मेलन

में जब अंग्रेज़ों ने गांधी की आवाज़ में एकता की घोषणा सुनी तो वे घबराकर उठ बैठे। गांधी ने अपनी हार्दिक और अत्यन्त स्वाभाविक उदारता के साथ कहा कि मुसलमानों के उद्देश्य का सम्मान करना तो उनके साथ घुले-मिले बिना सम्भव नहीं है। उन्होंने कहा, "हिन्दू, पारसी, ईसाई या यहूदी, हम चाहे जो भी क्यों न हों, यदि हम एक राष्ट्र के रूप में जीवित रहना चाहते हैं तो हमें एक के स्वार्थ को सबका स्वार्थ बना लेना पड़ेगा। जिस बात पर विशेष ध्यान देना है, वह है प्रत्येक व्यक्ति के स्वार्थ का न्यायपूर्ण अधिकार।"

अमृतसर के नृशंस हत्याकांड में, हिन्दू और मुसलमान दोनों के ही ख़ून से वहाँ की धरती गीली हुई थी। अब उस बन्धन को मज़बूत करने की ज़रूरत थी। उस मिलन के लिए एक पक्ष से दूसरे पक्ष के निकट कोई दावा करने से भी काम न चलेगा। अन्यान्य भारतीयों के बीच मुसलमान ही सबसे कठोर हैं—ख़िलाफ़त सम्मेलन में सबसे पहले निश्चय किया गया कि अगर सरकार सन्तोषजनक व्यवस्था न कर सके तो उसके साथ सहयोग करने से न बनेगा। गांधी ने इस शर्त को मान लिया; लेकिन उनमें ऐसा सीमा-बोध था कि बाज़ार की सारी विलायती चीज़ों के बहिष्कार की बात वे न स्वीकार कर सके—क्योंकि इस प्रस्ताव में उन्हें दुर्बलता का चिह्न, बदला लेने की इच्छा दीख पड़ी। सन 1919 के दिसम्बर महीने के अन्त में, अमृतसर में, ख़िलाफ़त सम्मेलन की दूसरी बैठक हुई, उसमें एक प्रतिनिधि मंडल को इंग्लैंड भेजने का निश्चय हुआ—वायसराय को एक अल्टीमेटम भेजकर यह धमकी दी गई कि यदि शान्ति-सन्धि भारत के स्वार्थों के विपरीत हुई तो परिणाम अच्छा न होगा। सन 1920 के फ़रवरी महीने में, बम्बई में एक और सम्मेलन हुआ। उसमें अंग्रेज़ों की राजनीतिक निन्दा करते हुए और आनेवाले तूफ़ान का हवाला देते हुए मुसलमानों की एक कार्य-सूची तैयार की गई।

गांधी ने भी देखा कि तूफ़ान आनेवाला है, लेकिन उन्होंने उसकी अगवानी न करके, भरसक उसे रोकने की ही कोशिश की।

अन्त में ऐसा जान पड़ा कि इतने दिनों बाद इंग्लैंड को भी संकट का एहसास हुआ है। उसने इतनी देर बाद कुछ सुविधाओं के द्वारा उस संकट को टालने की कोशिश की। मॉन्टेग्यू चेम्सफ़ोर्ड की सलाह के आधार पर एक भारत-सुधार क़ानून पास किया गया, जिसके द्वारा केन्द्रीय और प्रादेशिक राज्य सरकारों में कुछ भारतीयों को ऊँचा पद देना स्वीकार किया गया। सन 1919 की 24 दिसम्बर की एक घोषणा में सम्राट ने भी इस क़ानून पर अपनी स्वीकृत दे दी—उन्होंने सहयोग के लिए भारतीय कर्मचारियों का आह्वान किया और राजनैतिक बन्दियों को रिहा करने के लिए वायसराय को आदेश भेजा। अपनी स्वाभाविक उदारता के कारण गांधी प्रभावित हुए और उन्होंने अपने देशवासियों को सलाह दी कि वे इन सुधारों को मान लें—उन्हें जान पड़ा कि शायद अंग्रेज़ भारत के प्रति न्याय करना चाहते

हैं और ये सुधार उसी के आभास हैं। उन्होंने सोचा कि नाकाफ़ी होने पर भी शायद इन्हीं की मार्फ़त आगे क़ानूनी न्याय का मार्ग और भी प्रशस्त होगा, अत: उन सुधारों को उन्होंने सचमुच स्वीकार कर लेने योग्य समझा। बहुत बहस-मुबाहसे के बाद, अन्त में, अखिल भारतीय कांग्रेस में उनका मत स्वीकार कर लिया गया।

लेकिन पहले की कितनी आशाओं की तरह, यह अन्तिम आशा भी टूट गई। वायसराय से दया के लिए किया गया आवेदन विफल हो गया, क्योंकि राजनैतिक बन्दियों में बहुत से लोगों की रिहाई होने के बावजूद सबने मुक्ति नहीं पाई—यहाँ तक कि कुछ लोगों को तो फाँसी पर भी लटकना पड़ा, जिससे फिर सारे भारत में हलचल मच गई। यह सच्चाई ज़ाहिर हो गई कि सुधारों का आश्वासन सिर्फ़ एक फन्दा है।

उसी समय (14 मई, 1920) को भारत को ख़बर मिली कि तुर्की को कैसे महँगे दामों अपनी शान्ति ख़रीदनी पड़ेगी। वायसराय ने भी स्वीकार किया कि यद्यपि शर्तें मुसलमानों के लिए तकलीफ़देह हैं, फिर भी उनको मान लेने के सिवा दूसरा उपाय नहीं है।

और सबके अन्त में, इतनी देर करके, इस समय अमृतसर हत्याकांड के बारे में सरकारी जाँच कमेटी की रिपोर्ट निकली—सारे देश के विवेक को जगाने का वह आख़िरी काम था। जो होना था, हो चुका—सम्बन्ध तोड़ लेने के सिवा दूसरा उपाय न रहा।

28 मई, 1920 को जब बम्बई में ख़िलाफ़त कमेटी की बैठक हुई तो उसमें गांधी द्वारा प्रस्तावित असहयोग की नीति मान ली गई। उसी साल 30 जून, को जब इलाहाबाद में हिन्दू-मुस्लिम सम्मेलन हुआ तो उसमें भी सर्वसम्मति से इस नीति का समर्थन किया गया—उन्होंने वायसराय को सिर्फ़ एक महीने का समय दिया—इस बीच अगर उनकी बातें न मान ली गईं तो वे आन्दोलन आरम्भ करने के लिए मजबूर होंगे।

गांधी स्वयं ही वायसराय के पास गए और उनसे उन्होंने असहयोग आन्दोलन की बावत बातें कीं। उन्होंने समझाया कि इसके अलावा दूसरा उपाय नहीं है। इसके लिए उन्होंने जो कारण बतलाये, वे विचित्र थे—ऐसे समय में भी उनको यह कहते सुना जाता है कि वे इंग्लैंड से सम्बन्ध तोड़ना नहीं चाहते, बल्कि उनकी आशा यह है कि क़ानूनी विद्रोह के ज़रिये वे किसी दिन इंग्लैंड को पश्चाताप की राह पर ले आ सकेंगे। उनका कहना है, "हमारे सामने दो ही रास्ते हैं—या तो इंग्लैंड से अपना सम्बन्ध तोड़ लें या संसार के अन्य देशों के संविधानों से इंग्लैंड के संविधान को अब भी श्रेष्ठ मानते हुए, सरकार को मजबूर करें कि वह हमें न्यायसंगत अधिकार दे। मैं अब भी ब्रिटिश संविधान की श्रेष्ठता का विश्वासी हूँ और इसी कारण मैं सविनय अवज्ञा के पक्ष में हूँ।"

अब समझा जा सकता है, यह नागरिक कितना महान है, अपने अन्धे अभिमान के कारण ही साम्राज्य अपना बनाकर नहीं रख सका।

2

28 जुलाई, 1920 को गांधी ने सूचित किया कि 1 अगस्त को सारे भारत में असहयोग आन्दोलन आरम्भ होगा। उससे पहले दिन, यानी 31 जुलाई को हड़ताल, उपवास और प्रार्थना के द्वारा उसकी तैयारी की जाएगी। सरकार के क्रोध का डर नहीं है उन्हें—डर है जनगण के क्रोध का। विभिन्न वर्गों के भारतीयों में नियम और व्यवस्था बनी रहे, इसके लिए उन्होंने आवश्यक प्रबन्ध किए। उन्होंने कहा, "सम्पूर्ण असहयोग के लिए सम्पूर्ण आयोजन चाहिए—क्रोध से अव्यवस्था उत्पन्न होती है। हिंसा को एकदम छोड़ देना होगा—हिंसा का आश्रय लेना, अपने उद्देश्य से पीछे हटना होगा और उससे व्यर्थ ही बहुत से निर्दोष लोगों की प्राण-हानि होगी। सबसे बड़ी बात होगी व्यवस्था बनाए ही रखने होगी।"

गांधी और असहयोग-समिति ने दो महीने पहले से आन्दोलन की कार्य-प्रणाली निश्चित कर रखी थी। उसमें कहा गया था—

1. सब तरह की उपाधियों और सम्मान-सूचक पदों का त्याग करना होगा।
2. सरकारी रोकड़ से क़र्ज़ नहीं लिया जाएगा।
3. अदालतों और वकीलों को सत्याग्रह करना होगा—प्रभावशाली ढंग से मुकदमों का मुक़ाबला करना होगा।
4. लड़के-लड़कियों को स्कूल छोड़ देना होगा—पिता-माता को इसकी निगरानी करनी होगी।
5. संवैधानिक सुधारों के निर्देश न माने जाएँगे।
6. सरकारी उत्सवों और सभा-समितियों के निमंत्रण स्वीकार न किए जाएँगे।
7. फ़ौजी और ग़ैर-फ़ौजी सभी पदों को छोड़ देना होगा।
8. स्वदेशी का प्रचार होना चाहिए—यानी कार्य-प्रणाली के नकारात्मक अंशों के बाद यही एकमात्र रचनात्मक कार्यक्रम है। इस नई रीति पर नवीन भारत की दीवार उठेगी—इसकी चर्चा आगे की जाएगी।

यह आन्दोलन का प्रथम चरण था और गांधी की यह सावधान दूरदर्शिता यूरोप के विप्लवियों के लिए कम आश्चर्य की बात नहीं थी। भारतीय विद्रोह के विशाल यंत्र

को वे ही चला रहे हैं, इच्छा के अनुसार उसकी गति का नियंत्रण कर रहे हैं, उन्होंने उसका चक्का थाम रखा है। यहाँ क़ानून तोड़ने का सवाल नहीं है, यद्यपि उसकी प्रथा और पद्धति के बारे में भी उनको जानकारी है, उन्होंने थोरो की रचनाओं से यह जानकारी प्राप्त की है, उनके अनेक निबन्धों में थोरो का उल्लेख है। असहयोग को उन्होंने क़ानून तोड़ने से अलग करके देखा है। उन्होंने यह बात समझी है कि क़ानून-भंग आन्दोलन केवल क़ानून को न मानना ही नहीं है, उसके अन्दर जो शक्ति छिपी हुई है, उसमें क़ानून का उल्लंघन भी इंगित है। इस उल्लंघन रीति के सभी व्यवहार प्रखर बुद्धिवाले लोगों के लिए ही सम्भव हैं, लेकिन असहयोग सारी जनता का आन्दोलन हो सकता है—उसे वैसा ही बनाना भी है। क़ानून भंग करने के लिए वे अपने देशवासियों को धीरे-धीरे तैयार करना चाहते हैं—अभी भी वे अपने को पूरी तरह से तैयार नहीं मानते और इसी से आन्दोलन की लगाम वे छोड़ना नहीं चाहते। वे चाहते हैं कि उनके देशवासी पहले अपने को जीतें। असहयोग के इस प्रथम चरण में कर न देने का प्रश्न भी नहीं है—गांधी उचित समय की प्रतीक्षा में हैं।

1 अगस्त, 1920 को वायसराय को लिखे गए अपने प्रसिद्ध पत्र में उन्होंने आन्दोलन का प्रथम संकेत दिया—उस पत्र के द्वारा उन्होंने सरकार के द्वारा दी गई सभी सम्मान-सूचक पदवियाँ और पुरस्कार लौटा दिए। उन्होंने लिखा, "मैं दुख के साथ कैसरे हिन्द का स्वर्णपदक लौटाता हूँ, जो मुझे दक्षिण अफ्रीका में सेवा-कार्य के लिए दिया गया था। मैं जुलू युद्ध का पदक भी लौटा रहा हूँ, जो मुझे सन 1906 में स्वयंसेवक भारतीय दल के कर्मचारी के रूप में मिला था। बोअर युद्ध का पदक भी मैं लौटा रहा हूँ, जिसे मुझको अंग्रेज़ सरकार ने सन 1899-1900 में लड़ाई के घायलों की सेवा-सुश्रूषा के निमित्त दिया था।" साथ ही उन्होंने यह भी कहा कि पंजाब में जो कुछ हुआ है और जिन कारणों के ख़िलाफ़त आन्दोलन का जन्म हुआ है, उसके बाद अन्याय और अविचार के द्वारा कलंकित सरकार के लिए मेरे मन में किसी प्रकार के सम्मान अथवा प्रीति की भावना नहीं रह सकती। उस सरकार को पश्चाताप के मार्ग पर लाने के लिए मजबूर करना होगा। इसी से मैंने असहयोग का निर्देश दिया है, जिसके द्वारा हिंसा का अवलम्बन किए बिना भी सरकार से अपने को स्वतंत्र किया जा सकता है, संयत किया जा सकता है। गांधी ने यह आशा भी प्रकट की कि वायसराय जनता के स्वीकृत प्रतिनिधियों से सलाह-मशविरा करके अन्याय का प्रतिकार करने में लग जाएँगे।

साथ-ही-साथ बहुत से लोगों ने गांधी के दृष्टान्त का अनुसरण किया। बहुत से मजिस्ट्रेटों ने अपने पद का त्याग कर दिया, हज़ारों छात्रों ने कॉलेज छोड़ दिए, अदालतों का सारा सम्मान ख़त्म होने लगा, एक के बाद दूसरा स्कूल खाली होने लगा। सितम्बर में कलकत्ते में भारतीय राष्ट्रीय कांग्रेस का जो विशेष अधिवेशन हुआ, उसमें सबसे पहले गांधी के निर्णयों का प्रबल बहुमत से समर्थन हुआ। गांधी

ने अपने मित्र शौकत अली के साथ सारे देश का दौरा शुरू किया। वे जहाँ जाते, वहीं जनता तुमुल हर्षध्वनि से उनका स्वागत करती।

अपने कार्य-कलापों के पहले वर्ष में वे जिस तरह लाखों-लाख लोगों के नेता के रूप में प्रकट हुए, उससे पहले वे कभी वैसा नहीं कर सके थे। बेशक उन्हें हिंसा की लगाम कसे रहना पड़ा, क्योंकि जनता तो केवल उन्मत्त होना ही जानती है। ख़ासतौर से, जनता की अराजक हिंसा का ही उन्हें ज़्यादा भय था। उन्मत्त जन-शासन का कठोरतम विरोध करने में भी वे पश्चात्पद नहीं हुए—उन्होंने यह भी जान लिया है कि भारत को चरम संकट की आशंका उसी से है। युद्ध से उन्होंने जीवन-भर घृणा की है, लेकिन वे बेलगाम उन्मत्तता से युद्ध को श्रेष्ठ मानने को तैयार हैं। "भारत को यदि हिंसा का मार्ग ग्रहण करना ही पड़े तो वह व्यवस्था से नियंत्रित हिंसा हो, भले ही युद्ध हो—लेकिन किसी भी तरह उन्मत्त जनता का शासन न होना चाहिए।" ख़ुशी से काँपती हुई जनता की जय-जयकार से भी वे घबराते हैं, क्योंकि वे जानते हैं कि "अनायास ही उससे जाने कितने अनजान उच्छृंखलता के आचरण जन्म ले सकते हैं।" विशृंखलता के बीच व्यवस्था क़ायम करनी ही होगी, उन्मत्त भीड़ की जगह, जनगण के व्यवस्थित कार्यक्रम को प्रतिष्ठित करना होगा। स्वच्छ दृष्टि-सम्पन्न इन रहस्यवादी की व्यावहारिक बुद्धि ऐसी प्रबल है कि वे यूरोप के हमारे महान रहस्यवादियों में किसी अंश में कम नहीं हैं—वे रीति-विधायक अजस्र चित्तों के स्वामी हैं। अब वे जन-आन्दोलनों की प्रबल बाढ़ को नियंत्रित करने में लगे—उस आन्दोलन को किन मार्गों से चलना चाहिए, इसके बारे में उन्होंने बारीक़-से-बारीक़ निर्देश दिए। उन्होंने कहा, "संगीत की उपेक्षा ही हमारी सबसे बड़ी भूल है, क्योंकि लय और व्यवस्था का प्रतीक संगीत है। दुख की बात है कि भारत में वह एक छोटे-से वर्ग-विशेष की मिल्कीयत बनकर रह गया है, हम उसे सारे राष्ट्र की सम्पत्ति नहीं बना सके। सम्मिलित रूप से राष्ट्रीय गीत का गायन सिखाना आवश्यक है। हमारे बड़े-बड़े संगीतज्ञ कांग्रेस में भाग लें, जनता को गीत गाना सिखावें। जिसमें सुचिन्तित इच्छा-शक्ति का अभाव है, ऐसी जनता को शृंखलाबद्ध करने के लिए इससे सहज उपाय नहीं हो सकता।"

इसके बाद उन्होंने एक के बाद एक निर्देशों की सूची पेश की—

1. बड़े-बड़े आन्दोलनों में अनुभवहीन स्वयंसेवकों को शामिल करने से काम न चलेगा, अनुभवी स्वयंसेवकों को ही आगे रखना पड़ेगा।
2. साधारण रीति-नीतियों वाली एक निर्देश-पुस्तिका हर स्वयंसेवक के पास होनी चाहिए।
3. स्वयंसेवकों को आवश्यकता के अनुसार संकेत-सूचक सीटी बजाने का तरीक़ा अख़्तियार करना चाहिए।
4. बिना बहस-मुबाहसे के जनता को स्वयंसेवकों का निर्देश मान लेना चाहिए।

5. सिर्फ़ निश्चित समय पर ही नारा लगाना चाहिए, नियम की अवहेलना अक्षम्य होगी।
6. जनता को सड़कों पर क़तार में चलना चाहिए, जिससे सवारियों के यातायात के लिए रास्ता खाली रहे—उन्हें स्टेशन का प्रवेश-मार्ग न रोकना चाहिए, अपने साथ बाल-बच्चों को न लाना चाहिए, आदि।

संक्षेपत: गांधी ने एक विराट आर्केस्ट्रा का संचालक, जन-समुद्र का नेता होना चाहा। उन्होंने कहा, "राष्ट्रों के लिए सबसे कठिन काम है आन्दोलनों को व्यवस्थित रखना।"

बेशक, जनता बीच-बीच में, कभी-कभी हिंसा का भी सहारा लेना चाह सकती है—नहीं तो वह ख़ुद नहीं जानती कि वह क्या चाहती है, केवल तरह-तरह की उल्टी-सीधी बातों पर अचानक अपना आपा खो देती है। लेकिन बुद्धिजीवियों का एक विशिष्ट दल समझ-बूझकर हिंसा के पक्ष में है, वह गांधी की विचारधारा को समझ नहीं पाता, ख़ासकर वह उस विचारधारा से होने वाले राजनैतिक लाभ की कल्पना नहीं कर सकता। बहुत से लोग गांधी के पास इस आशय की गुमनाम चिट्ठियाँ भेजते हैं कि वे हिंसा का विरोध न करें—कुछ लोग उन चिट्ठियों में ऐसा सन्देह भी प्रकट करते हैं (जो गांधी के लिए अत्यधिक अपमान की बात है) कि इस तरह की उनकी बातें शत्रु की आँखों में धूल झोंकने का बहाना है, ऐसा न करके वे सीधे-सीधे युद्ध का संकेत ही क्यों नहीं देते? गांधी इन चिट्ठियों का जवाब हार्दिकता के साथ देते हैं, आवेग-भरे हृदय से इन बातों की आलोचना में मतवाले हो उठते हैं, अपने अनेक सुलिखित निबन्धों में 'तलवार की नीति' का विरोध करते हैं। वे यह नहीं मानना चाहते कि हिन्दू शास्त्रों और क़ुरान में हिंसा का निर्देश है, बल्कि उनका तो यह ख़याल है कि किसी भी धर्म ने हिंसा को अपना सार-तत्त्व नहीं माना है। ईसा तो शान्तिपूर्ण प्रतिरोध के बादशाह हैं, भगवद्गीता भी जो शिक्षा देती है, वह हिंसा का नहीं, प्राण-पण से कर्तव्य-पूर्ति की शिक्षा है। "चूँकि मनुष्य में सृष्टि करने की शक्ति नहीं है, अत: ध्वंस करने का अधिकार भी उसे नहीं है। बुराई करने वाले को भी प्यार करना होगा—इसका अर्थ यह नहीं है कि अन्याय को सह लेना उचित है।" जनरल डायर बीमार हों तो गांधी उनकी सेवा करने को तैयार हैं, लेकिन अगर उनका लड़का शर्मनाक जिन्दगी बिताता हो तो "उसके प्रति मेरा प्रेम ही मुझे मजबूर करेगा कि मैं उसकी कोई मदद न करूँ और इससे अगर उसकी मौत भी हो जाए तो अच्छा है।" पापी को जबर्दस्ती वशवर्ती बनाने का अधिकार किसी को नहीं है, सिर्फ़ अपने को उससे अलग करके उसको रोकने की कोशिश करना ही कर्तव्य है—भले ही उस कोशिश में चाहे जितना नुकसान उठाना पड़े। और शत्रु जब पश्चाताप का अनुभव करने लगे तो हाथ बढ़ाकर उसका आलिंगन करना उचित है।

एक ओर जहाँ वे हिंसा की लगाम कस रहे थे, वहीं दूसरी ओर वे इन लोगों को जगाने की कोशिश कर रहे थे, जिनके मन तब भी सन्देह में डोल रहे थे। जिन्हें सीधी कार्रवाई में दुविधा थी, उन्हें वे यह कहकर भरोसा दे रहे थे, "बिना सीधी कार्रवाई किए दुनिया में कुछ भी नहीं हुआ। यथेष्ट न होने के कारण ही मैंने 'शान्तिपूर्ण प्रतिरोध' शब्द को छोड़ दिया है। सीधी कार्रवाई करके मैं दक्षिण अफ्रीका में जनरल स्मट्स को काबू में ला सका था। दो भिन्न वस्तुओं को एक करने की साधना में ईसा और बुद्ध की सबसे बड़ी कीर्ति क्या थी? आत्मशक्ति और यंत्रणा का समन्वय। बुद्ध तो युद्ध को एकदम शत्रु-शिविर तक ले गए थे, उन्होंने एक उद्धत धर्मयाजिका को घुटने टेकने पर मजबूर कर दिया था। ईसा ने तिजारत करने वालों को मन्दिर से निकाल बाहर किया था, वे कपटी और पाखंडी यहूदियों के पीछे चाबुक लेकर दौड़े थे। सीधी कार्रवाई के ये चरम दृष्टान्त हैं—फिर भी, इस काम के पीछे कैसी अनन्त करुणा का भाव था!"

उन्होंने अंग्रेज़ों के हृदय और उनकी न्याय-शक्ति से भी आवेदन किया, उन्होंने उनको 'प्रिय बन्धु' कहकर सम्बोधित किया, उन्होंने उनको याद दिलाया कि तीस बरसों तक वे उनके विश्वस्त साथी रहे हैं—उन्होंने यह निवेदन भी किया कि अब वे ही अपनी सरकार की धोखेबाज़ी का इंसाफ़ करें। "सरकार की धोखेबाज़ी से उसके प्रति मेरा विश्वास नष्ट हो गया है, फिर भी अभी अंग्रेज़ों की ईमानदारी पर मेरा विश्वास बना हुआ है। भारत केवल अपने नैतिक साहस की क्षमता से ही आपका विरोधी हो सकता है—असहयोग, आत्मत्याग की एक प्रणाली है, मैं अपनी यंत्रणा के द्वारा आपको जीतना चाहता हूँ।"

चार-पाँच महीनों के आन्दोलन से उन्होंने केवल अंग्रेज़ी सरकार को पंगु ही नहीं बनाना चाहा, बल्कि एक ऐसे नवीन भारत का निर्माण करने का प्रयत्न किया, जो अपने पैरों खड़ा होना सीखकर एक नई कार्य-प्रणाली की सृष्टि कर सके—व्यावहारिक भी और नैतिक भी। सबसे पहले आर्थिक स्वतंत्रता ज़रूरी है, जिसे गांधी ने 'स्वदेशी' नाम दिया (बल्कि यह कहना अधिक उचित होगा कि इसके अन्य अर्थों में यही अर्थ सबसे मुख्य और प्रथम है)।

कहना व्यर्थ है कि इसका अभिप्राय यह है कि भारत को बहुत-सी सुख-सुविधाओं का त्याग करना होगा, बहुत-से अभावों को हँसते-हँसते सहना होगा। इसमें सन्देह नहीं कि अनुशासन की नीति बड़ी हितकर है—उसकी आवश्यकता भी कम नहीं है। जैसे नीतिगत रूप से, वैसे ही स्वार्थगत भाव से भी वह राष्ट्र के लिए कल्याणकारक है। पहले तो भारत को शराबख़ोरी के चंगुल से छुड़ाना होगा, मिताचारी नागरिकों का दल तैयार करना होगा, मद्य का बहिष्कार करना होगा, दुकानदारों को विवश करना होगा कि वे इन सब चीज़ों की बिक्री का अधिकार छोड़ दें। महात्मा की यह अपील व्यर्थ नहीं हुई—सारे देश में आत्मसंयम की लहर

फैल गई—अन्त में हालत ऐसी हो गई कि आग्रही जनता ज़बर्दस्ती दुकान बन्द कराने और लूटने की कोशिश करने लगी, तब गांधी को ही उन्हें सँभालने के लिए आगे बढ़ना पड़ा, क्योंकि "बलपूर्वक पवित्र करने का अधिकार किसी को नहीं दिया जा सकता।"

घृणित शराबख़ोरी का त्याग यद्यपि अपेक्षाकृत सहज है, लेकिन सारे भारत के भरण-पोषण का उपाय बतलाना तो उतना आसान नहीं है। यूरोप का खाद्य-पदार्थ रोक देने पर भारत खाएगा क्या, पहनेगा क्या? इसके लिए गांधी का समाधान बड़ा सरल है, उसमें भी उनका मध्ययुगीन मनोभाव झलकता है—उनका कहना है कि भारत के घर-घर में चरखा-उद्योग चालू किया जाए।

मानो मध्ययुगीन कबीले के मुखिया द्वारा किए गए सामाजिक समस्या के ऐसे समाधान पर कुछ लोग हँस भले ही लें, लेकिन भारतीय स्थिति की विशिष्टता को समझने की चेष्टा करनी होगी; जानना पड़ेगा कि गांधी ने चरखा की बात कहकर वस्तुतः क्या कहना चाहा है। जो लोग बेहद ग़रीब हैं, शायद वे ही सिर्फ़ चरखा कातकर गुज़ारा कर सकते हैं, लेकिन गांधी ने ऐसा कभी नहीं कहा कि सब लोग इसी उपाय से जीविका अर्जित कर सकते हैं—उन्होंने कहा था, जब खेती-बारी का काम न रहे, उस समय उसके एक गौण सहयोगी-शिल्प के रूप में चरखा का उपयोग किया जा सकता है। इस समस्या को लेकर सैद्धान्तिक तर्क करने से कोई लाभ नहीं है, क्योंकि यह समस्या जैसी भयानक है, वैसी ही ज़रूरी भी है—भारत के अस्सी प्रतिशत लोग किसान हैं, जो साल में चार महीने बिलकुल बेकार रहते हैं। साधारणतः ऐसा कहा जा सकता है कि भारत की एक-दशमांश जनता को खाना नहीं मिलता—मध्यवित्त वर्ग के लोग जो खाते हैं, वह भी भरपेट नहीं होता। इंग्लैंड ने इस स्थिति को सुधारने का कोई प्रयत्न नहीं किया, बल्कि उसे और ख़राब कर डाला है। अंग्रेज़ी कम्पनियों ने स्थानीय शिल्प-व्यवसायों को नष्ट किया है, भारत का धन लूटा है, हर साल वे भारत से लगभग चार करोड़ स्टर्लिंग पाउंड वसूल करती हैं। भारत को जितनी रुई की ज़रूरत है, वह स्वयं उसका उत्पादन करता है, लेकिन उस रुई की लाख-लाख गाँठें उसे जापान और लंकाशायर भेजने को मजबूर होना पड़ता है—फिर वही रुई वहाँ से सफ़ेद सूती कपड़े के रूप में तैयार होकर उसके पास वापस आ जाती है। उसे इस बात का ख़याल रखना ही पड़ेगा कि विदेश की सर्वनाशिनी सहायता का मुँह उसे न जोहना पड़े। जहाँ तक जल्दी हो सके, उसे अपने कारख़ाने ख़ुद खड़े करने होंगे। उसको जल्दी ही यह इन्तज़ाम भी करना होगा कि हर आदमी को काम मिल सके और वह ग़ुजर-बसर का एक उपाय ढूँढ़ सके। शीघ्रता की दृष्टि से और आर्थिक दृष्टि से भी भारत के प्राचीन चरखा और करघा उद्योग के अलावा इसका दूसरा समाधान नहीं है। यह नहीं कि जो काम में लगे हुए हैं और उपार्जन की क्षमता रखते हैं, वे किसान भी चरखा ले

बैठेंगे, लेकिन जो बेकार और आलसी हैं, बच्चे और औरतें हैं, यानी जिन भारतीयों के पास फ़ुरसत का वक़्त है, वे चरखा कातें। इसी से गांधी का निर्देश है—

1. विदेशी कपड़े का बहिष्कार करना होगा,
2. चरखा कातने की अत्यन्त सरल शिक्षा को पुनरुज्जीवित करके उसे देश-भर में फैला देना होगा,
3. चरखे पर कते सूत के कपड़े के सिवा दूसरा कपड़ा कोई न पहनेगा, ऐसा निश्चय करना पड़ेगा।

बड़े उत्साह के साथ वे इसके प्रचार में लग गए। उन्होंने चाहा कि चरखा कातने का काम, कर्तव्य समझकर, सारा भारत अपना ले, विद्यालयों में इसकी शिक्षा दी जाए, ग़रीब विद्यार्थी, फ़ुरसत के समय चरखा कातकर अपने पढ़ने-लिखने का ख़र्च जुटा लें, प्रत्येक पुरुष और स्त्री, दिन-भर में कम-से-कम एक घंटा चरखा कातने का व्रत ले। रुई, सूत या चरखा कातने के चुनाव के बारे में वे अनुभवी व्यक्ति की तरह विस्तारपूर्वक छोटे-से-छोटे सुझाव देते हैं—जो लोग चरखा कातेंगे, जो लोग चरखे के सूत का कपड़ा, ख़रीदेंगे, जो गृहस्थ या छात्र हैं, उन लोगों के लिए उपयोगी तरह-तरह के उपदेश भी देते हैं, आँकड़ों के साथ बतलाते हैं कि किस तरह थोड़ी पूँजी से भी भारत में तैयार स्वदेशी वस्तुओं की दुकान खोली जा सकती है और दस प्रतिशत का लाभ कमाया जा सकता है, आदि। भारत के इस प्राचीन 'चरखे के संगीत' की प्रशंसा में वे कवित्वपूर्ण हो उठते हैं। इसी चरखे को जुलाहा-कवि कबीर भी बड़े आनन्द से कातते थे—यहाँ तक कि सम्राट औरंगज़ेब भी, जो अपनी टोपी ख़ुद ही बुनते थे। अन्त में गांधी भारतीय जनता को अपने मत में दीक्षित कर सके। बम्बई के बड़े-बड़े घरों की औरतें भी चरखा कातने लगीं। हिन्दू-मुसलमान के भेदभाव के बिना सभी ने भारत में बने कपड़े के सिवा दूसरा कपड़ा न पहनने की शपथ ली। समाज में खादी और खद्दर के बारे में आग्रह बढ़ने लगा, यहाँ तक कि रवीन्द्रनाथ ठाकुर ने भी उसकी सुन्दरता स्वीकार की। चारों ओर से खादी की माँग आने लगी—यहाँ तक बलूचिस्तान और अदन से भी माँग आई।

विदेशी कपड़ों के बहिष्कार के बारे में वह आग्रह और आगे बढ़ा—स्वाभाविक स्थिति में जो गांधी इतने आत्मसंयमी थे, वे भी उस प्रवाह में बह गए। विदेशी कपड़े को उन्होंने दासता का चिह्न कहा, उसे जलाने का आदेश दिया। पन्द्रहवीं शती में सावोनारोले[1] के समय में एक बार जैसी उत्तेजना दीख पड़ी थी, ठीक वैसी ही उत्तेजना के साथ, सन 1921 के अगस्त महीने में जाने कितने ख़ूबसूरत कपड़ों की चिताएँ एक के बाद एक धू-धू करके जल उठीं और उसे देखकर जनता ख़ुशी से

1. जेरोम सावोनारोले (1452-1498), इटली के फ्लोरेंस नगर के एक प्रसिद्ध धर्मयाजक और सुधारक। गिरजा के प्रति अपने अनेक अप्रिय सत्य कथनों के चलते, पोप के कहने से, उन्हें जीते-जी जलाकर मार डाला गया था।

नाच उठी। रवीन्द्रनाथ के मित्र और उदारमना भारत-निवासी अंग्रेज़ सी. एफ़. एंड्रूज गांधी के प्रशंसक थे, फिर भी इस मामले में वे बड़े दुख के साथ गांधी को यह लिखने के लिए विवश हुए कि इस प्रकार राष्ट्रीय हिंसा की कुप्रवृत्ति को बढ़ावा न देकर वे कपड़े तो ग़रीबों में भी बाँट दिए जा सकते थे। इस प्रकार के राष्ट्रीयतावाद के विरोधी वे नहीं थे। उन्होंने कहा, यह भी एक प्रकार की हिंसा ही है। ध्वंस की भावना को धर्म के रूप में ग्रहण करना उन्हें सह्य नहीं हुआ—उन्होंने कहा, दूसरों के श्रम के परिणाम को नष्ट करना पाप है। जिस एंड्रूज ने इतने दिनों तक गांधी के सब सुधारों को सिर झुकाकर माना था, यहाँ तक कि वे स्वयं भी खद्दर पहनने लगे थे, अब वे उसी खद्दर को पहनने में आगा-पीछा करने लगे। इन एक के बाद दूसरी कपड़ों की चिताओं को देखकर महात्मा के प्रति उनके विश्वास को धक्का लगा। गांधी ने उस पत्र को प्रकाशित कर दिया, बड़े स्नेह से उनको उत्तर भी दिया कि क्षुब्ध हृदय की उन आवेगभरी बातों ने उनके हृदय को स्पर्श किया है—फिर भी वे यह कहने से भी न चूके कि उन्हें अपने किसी काम के लिए पछतावा नहीं है। किसी भी जाति के लिए उनके मन में हिंसा का भाव नहीं है और उनकी यह माँग भी नहीं है कि विदेशी वस्तु मात्र को नष्ट करना होगा—जिस विदेशी ने अपने को अन्यायी प्रमाणित किया है, केवल उसी की वस्तुओं को नष्ट करना उचित है। अंग्रेज़ी कपड़ों की बदौलत लाखों भारतीयों का सर्वनाश हुआ है, कितने ही लोग अछूतों की श्रेणी में जा पहुँचे हैं, कोई वेतनभोगी सैनिक बनने को मजबूर हुआ है, लाचार होकर उनकी स्त्रियों को वेश्या-वृत्ति अपनानी पड़ी है। इसी से ये कपड़े पाप के कपड़े हैं, उनको पहनने का मतलब है पाप करना—ऐसे शोषक अंग्रेज़ों से तो भारत को घृणा करनी ही चाहिए। गांधी किसी व्यक्ति से नहीं, उसकी वस्तु से विद्वेष करते हैं। जिन अंग्रेज़ों ने वे कपड़े बेचे हैं, दोषी सिर्फ़ वे ही नहीं हैं, जिन भारतीयों ने वे कपड़े ख़रीदे हैं, वे भी वैसे ही दोषी हैं। घृणा से नहीं, अनुताप की इच्छा से दीप्त होकर ही ये कपड़े जलाए जा रहे हैं। यह एक तरह का अस्त्रोपचार है, जिसकी ज़रूरत है। चूँकि दरिद्रों में भी आत्मसम्मान का बोध है, अत: ये कपड़े वे क्यों पहनेंगे?

लेकिन विदेशी वस्तुओं का बहिष्कार करके उनकी दासता से मुक्ति पाना ही सब कुछ पाना नहीं है, मन को भी मुक्ति पानी होगी। गांधी ने चाहा था कि उनका देश यूरोपीय संस्कृति को बलपूर्वक झकझोर दे और उनके अनेक गौरवपूर्ण प्रयत्नों में जिसका सबसे अधिक महत्त्व था, वह था देश में एक वास्तविक भारतीय शिक्षा-पद्धति की नींव डालने की इच्छा।

कुछ विश्वविद्यालय और कॉलेज अभी भी चल रहे हैं, जिनमें अंग्रेज़ों की देख-रेख में एशिया की प्राचीन संस्कृति का कुछ चिह्न संरक्षित है। पिछले पैंतालीस वर्षों से अलीगढ़ विश्वविद्यालय पूरी तरह से मुसलमानी और भारत में इस्लामी संस्कृति का

केन्द्र है, जैसे खालसा कॉलेज सिख-संस्कृति का केन्द्र है। हिन्दुओं का है वाराणसी विश्वविद्यालय। लेकिन ये शिक्षण-संस्थाएँ समय के साथ क़दम मिलाकर नहीं चल सकीं, इसके अलावा अर्थाभाव के कारण उन्हें सरकार का दरवाज़ा खटखटाना पड़ा है, सरकार ही उनका संचालन कर रही है। गांधी ने इनको नष्ट करके और भी विशुद्ध शिक्षालय स्थापित करना चाहा था। सन 1920 के नवम्बर में उन्होंने गुजरात के राष्ट्रीय विश्वविद्यालय का उद्घाटन किया था। अखंड भारत का आदर्श विश्वविद्यालय स्थापित हो गया था—हिन्दू के 'धर्म' और मुसलमान के 'इस्लाम' को उसने समान आसन दिया था। भारतीय भाषाओं को वह मृत्यु के पंजे से बचाना चाहता है और उनके माध्यम से राष्ट्रीय पुनरुज्जीवन प्रवर्तित करना चाहता है। गांधी ठीक ही कहते हैं—और उनका कहना मानने में हमारा भी लाभ है—कि शिक्षा की सम्पूर्णता के लिए जैसे पाश्चात्य विज्ञान को जानना ज़रूरी है, एशिया की संस्कृति का क्रमबद्ध अध्ययन उससे कम आवश्यक नहीं है। देश की प्रसुप्त शक्ति का आविष्कार करने के लिए संस्कृत, अरबी, फ़ारसी और मागधी के विराट ऐश्वर्य भांडार की तलाश करनी ही होगी। लेकिन पुराने वक़्तों में जो कहा गया अथवा किया गया है, उसको दुहराने से कोई लाभ नहीं है—"अतीत की नींव पर एक नई संस्कृति गढ़नी होगी, जो सदियों के अनुभव से समृद्ध संस्कृति होगी। उस नवीन संस्कृति में ऐसी बहुत-सी सभ्यताओं का समन्वय होगा, जिसका भारत की मिट्टी और आत्मा में प्रतिफलन हुआ है। अमेरिका के साँचे में यह समन्वय सम्भव नहीं है, जहाँ एक संस्कृति ने प्रधानता प्राप्त करके अन्य संस्कृतियों को दबा-कुचल डाला है—यद्यपि अमेरिका ने उन संस्कृतियों के बहुत-से गुण अपना भी लिये हैं। भारत में सब संस्कृतियों को समुचित स्थान मिलेगा—लक्ष्य होगा सामंजस्य, ज़बर्दस्ती लादी गई बनावटी एकता नहीं।" सभी छात्रों को भारत के सब धर्मों की जानकारी पानी होगी, हिन्दू क़ुरान से परिचित होंगे मुसलमान भी हिन्दुओं के शास्त्र पढ़ेंगे। राष्ट्रीय विश्वविद्यालय किसी को न छोड़ सकेगा। समस्त मानव समाज में अस्पृश्य नाम की कोई चीज़ नहीं है—सबको हिन्दुस्तानी सीखनी ही होगी, क्योंकि संस्कृत, हिन्दी और उर्दू के मेल से बनी वही सच्ची राष्ट्रीय भाषा है (अंग्रेज़ी या कोई अन्य यूरोपीय भाषा भी न छूटेगी—ये सारी भाषाएँ उच्च शिक्षा के क्रम में सिखाई जाएँगी। उधर विश्वविद्यालय की डिग्री परीक्षा के लिए भारतीय भाषाओं का ही व्यवहार होगा। गांधी ने एक ऐसी ऊँची विश्व-व्यवस्था का स्वप्न देखा, जिसमें अनेक पार्थक्य एक में मिल जाएँगे—उस एकता में सब के गुण मौजूद रहेंगे, कई विभागों की तरह नहीं, एक ही बहुमूल्य पत्थर की अनेक वर्णच्छटा की तरह)।

बुद्धिजीवीगण अनेक प्रकार के धन्धों की शिक्षा पाएँगे, दूसरे लोग लिखना-पढ़ना सीखेंगे। इस तरह, धीरे-धीरे वर्ग-भेद समाप्त हो जाएगा। मानसिक स्वाधीनता केवल अध्ययन के माध्यम से ही नहीं, बल्कि उस शिक्षा के माध्यम से भी बनी रहेगी,

जिसे गांधी 'धन्धे के लिए उपयोगी' बनाना चाहते हैं। यूरोपीय पद्धति की जो शिक्षा शारीरिक श्रम के प्रति अरुचि उत्पन्न करती है और जो केवल मस्तिष्क-विकास के लिए ही उद्योगशील है, उसके बदले गांधी ने एक ऐसी पद्धति चाही है, जिससे सबसे नीचे की श्रेणी से लेकर विद्यालय के सभी छात्र शारीरिक श्रम करना सीखें। अच्छा हो कि फ़ुर्सत के वक़्त चरखा कातकर छात्रगण अपनी पढ़ाई का ख़र्च स्वयं ही जुटा लें, क्योंकि इस प्रकार वे शीघ्रतापूर्वक जीविकोपार्जन कर सकेंगे, स्वतंत्र हो सकेंगे। इसके अलावा हृदय की शिक्षा नाम की भी एक चीज़ है, जिसकी ओर यूरोप ने बिलकुल ध्यान ही नहीं दिया—उसको पूरी तरह से तैयार कर लेना होगा और छात्रों को तैयार करने के पहले शिक्षकों को तैयार करना होगा।

उच्चतर शिक्षण-संस्थाओं के बारे में गांधी का ऐसा ही लक्ष्य है। उन्होंने इसी का स्वप्न देखा है। वे नई शिक्षा-व्यवस्था की कुंजी के रूप में इसे ही ग्रहण करना चाहते हैं। साधारण अर्थवाले विद्यालय नहीं, ये संस्थाएँ ऐसी होंगी, जो भारत की पवित्र अग्नि संचित कर सकेंगी और दूर-दूर तक उसका प्रचार कर सकेंगी। पाश्चात्य बेनेडिक्टिनों[1] ने इसी प्रकार, अपनी धर्म-शिक्षा के माध्यम से, संसार में आत्मा की वाणी का प्रचार करना चाहा था।

अहमदाबाद के अपने अत्यन्त प्रिय सत्याग्रह आश्रम के लिए उन्होंने जो नियम-क़ानून बनाए थे, उन्हें हमने देखा है। उसमें छात्रों से ज़्यादा शिक्षकों पर ज़ोर दिया गया है। शिक्षकों को वहाँ संन्यासियों की तरह व्रत ग्रहण करना पड़ता है। लेकिन जहाँ अन्य साधारण आश्रमों में इस तरह के नियम-क़ानून समय-समय पर अपना अर्थ खो देते हैं, एक बन्धन बनकर रह जाते हैं, यहाँ वे आत्मत्याग और पवित्र प्रेम के द्वारा चित्त को उद्‌बुद्ध करने के लिए सजग रहते हैं—बहुत कुछ ऋषि-मुनियों की तरह आश्रम के संचालकों को ये व्रत ग्रहण करने पड़ते हैं—

1. **सत्य का व्रत—** झूठ न बोलना ही काफ़ी नहीं है, देश के कल्याण के लिए भी किसी तरह का मिथ्या व्यवहार वर्जित होगा। सत्य का पालन करने के लिए यदि पिता-माता अथवा अन्य गुरुजनों के विरुद्ध आचरण करना पड़े तो उसके लिए भी तैयार रहना चाहिए।
2. **अहिंसा का व्रत—** किसी भी प्राणी की हिंसा न करना ही काफ़ी नहीं है, जिन्हें अन्यायी समझा जाता हो, उनको भी आघात न पहुँचाना होगा। मन में कभी उनके लिए भी विरक्ति का भाव न उत्पन्न होना चाहिए—उन्हें प्यार करना पड़ेगा। अत्याचार का विरोध तो करना होगा, लेकिन अत्याचारी को किसी प्रकार की क्षति नहीं पहुँचानी होगी—उसे प्रेम के द्वारा जीतना होगा। प्राण रहते उसका निषेध नहीं करना होगा।

---

1. बेनेडिक्टिन ईसाई धर्म-प्रचारकों का एक विशिष्ट सम्प्रदाय है। सन 529 में सन्त बेनेडिक्ट ने यह सम्प्रदाय चलाया।

3. **ब्रह्मचर्य व्रत**—इस व्रत के अनुष्ठान के बिना पहले के दो व्रतों का अनुष्ठान सम्भव नहीं है। यौन कामना से बचने से ही काम नहीं चलेगा, प्रत्येक क्षण पाशविक वृत्तियों का दमन करना होगा, यहाँ तक कि पाशविक विचारों का भी। जो विवाहित है, वह पत्नी को जीवनसाथी समझेगा—उसके साथ निष्कलंक पवित्रता का सम्बन्ध रखेगा।
4. **भोजन-संयम का व्रत**—भोजन के बारे में सावधान रहना होगा, विशुद्ध भोजन ही ग्रहण करना होगा। अनावश्यक खाद्य पदार्थों का धीरे-धीरे बहिष्कार करना होगा।
5. **चोरी न करने का व्रत**—यहाँ केवल दूसरों की सम्पत्ति का ही प्रश्न नहीं है, "हमें जिस चीज़ की ज़रूरत नहीं है, उसका व्यवहार भी चोरी है।" रोज़मर्रा के उपयोग के लिए जो कुछ पर्याप्त है, वह हमें प्रकृति ही देती है—उससे अधिक नहीं देती।
6. **असंग्रह का व्रत**—उपयोग न करना ही काफ़ी नहीं है, जो कुछ हमारी शारीरिक आवश्यकता के लिए नितान्त आवश्यक नहीं है, उसे भी अपने पास न रखना चाहिए। जो कुछ बच रहे, उसे औरों के लिए छोड़ देना चाहिए, जीवन को सरल बनाना चाहिए।

इन प्रधान व्रतों के अलावा दो गौण व्रत भी हैं—

1. **स्वदेशी**—जिसमें किसी तरह के धोखे का सन्देह हो, ऐसी किसी वस्तु का व्यवहार न करना चाहिए। इस निर्देश में देश के बाहर बनने वाली वस्तुओं के व्यवहार का निषेध है, क्योंकि वे वस्तुएँ शोषित और दरिद्र जनता के श्रम के फल हैं, यूरोप के मज़दूरों की यंत्रणा के परिणाम हैं। इसी से अहिंसा के शिष्य के लिए विदेशी वस्तुओं का व्यवहार वर्जित है। इसी से आवश्यकता है मामूली कपड़ों की जो देश में तैयार होते हैं।
2. **निर्भीकता**—जो डरेगा, वह पहले के निर्देशों का पालन न कर सकेगा। सब प्रकार के भय से मुक्ति पानी होगी—राजा के भय से, जाति के भय से, परिवार के भय से, मनुष्य और हिंस्र पशुओं के भय से, मृत्यु के भय से। जो व्यक्ति निर्भय है, वह 'सत्य और आत्मा की शक्ति' से अपनी रक्षा करता है।

चरित्र-गठन सम्बन्धी अपने वक्तव्यों को ऐसे लोहे के ढाँचे में डालकर गांधी ने शिक्षा-विषयक कुछ निर्देश देने की शीघ्रता की। उनमें से दो विशेष रूप से उल्लेखनीय हैं—शारीरिक कार्य (उसमें भी खेती-बारी का काम वांछनीय है) का दृष्टान्त शिक्षकगण स्वयं प्रस्तुत करेंगे और भारत की प्रधान भाषाएँ वे स्वयं सीखेंगे और सिखाएँगे।

शिशुओं को चार ही वर्ष की उम्र में आश्रम में भर्ती होना चाहिए और एक बार आश्रम में प्रवेश करने पर शिक्षा पूरी न होने तक वे बाहर न जा सकेंगे

(शिक्षा की अवधि लगभग दस वर्षों की होती है)—इस अवधि में वे अपने परिवार से अलग रहेंगे। उस समय माता-पिता उन पर कोई रोब-दाब न रख सकेंगे—बच्चे माता-पिता के पास लौटेंगे भी नहीं। उनके कपड़े-लत्ते साधारण होंगे, खाना-पीना भी साधारण होगा (एकदम निरामिष), चालू अर्थों में उनकी छुट्टी का कोई दिन न होगा, हफ़्ते में सिर्फ़ डेढ़ दिन की फ़ुरसत मिलेगी निजी काम के लिए—और हर साल तीन महीने तक उन्हें भारत के विभिन्न स्थानों का पैदल भ्रमण करना होगा। दक्षिण की कोई एक भाषा तथा हिन्दी उन्हें सीखनी पड़ेगी, इसके अलावा द्वितीय भाषा के रूप में अंग्रेज़ी सीखनी पड़ेगी तथा भारत की पाँच लिपियाँ भी (उर्दू, बांग्ला, तमिल, तेलुगु और देवनागरी)। इतिहास, भूगोल, गणित, अर्थशास्त्र और संस्कृत—इन विषयों की शिक्षा वे अपनी-अपनी भाषाओं में पाएँगे। साथ ही उन्हें खेती-बारी और चरखा कातने की तालीम भी दी जाएगी। कहना व्यर्थ है कि सारी शिक्षा एक प्रकार की आर्थिक भावना से ओतप्रोत है। अध्ययन की अवधि समाप्त होने पर छात्र-छात्राओं के लिए दो मार्ग खुले हुए हैं। या तो वे अपने गुरुजनों की तरह व्रत ग्रहण करेंगे या फिर आश्रम छोड़कर चाहे जहाँ जा सकेंगे। शिक्षा शुरू से आख़िर तक नि:शुल्क होती है।

गांधी के आन्दोलन में जो एक उच्च आध्यात्मिक भाव है, उसे स्पष्ट करने की इच्छा से ही मैंने जान-बूझकर उनकी शिक्षा-पद्धति की चर्चा ज़रा विस्तार से की है। उन्हें जो भी अभीष्ट है, उसे प्रधान रूप से वे ही सक्रिय बना रहे हैं। नया भारत गढ़ने के लिए नए मनुष्य गढ़ने होंगे—ऐसे मनुष्य, जिनका मन सबल और पवित्र होगा, जो सच्चे भारतीय होंगे और यह तभी सम्भव होगा, जब स्वार्थ-त्यागी सेवकों का एक पवित्र सेवादल गठित हो सकेगा, जो ईसा मसीह के भक्तों के समान ही इस धरती के सार होंगे। हमारे यूरोप के क्रान्तिकारियों की तरह नियम-क़ानून बनाना गांधी का पेशा नहीं है—वे मानव समाज को एक नए साँचे में ढालने के लिए आए हैं।

क्या-कुछ होने जा रहा है, इसके बारे में ब्रिटिश सरकार कुछ समझ नहीं सकी—बेशक, ऐसी हालत में पड़ने पर किसी भी सरकार की यही हालत होती। सरकार की पहली प्रतिक्रिया अत्यन्त व्यंग्यात्मक हुई—सन 1920 के अगस्त में वायसराय लार्ड चेम्सफ़ोर्ड ने कहा, "सारी असम्भव बातों में यह सबसे असम्भव बात है।" वे इस उपेक्षा में ही सांत्वना ढूँढ़ने को विवश हुए। इसी बीच सरकार विधिवत संकट का अनुभव करने लगी थी, यद्यपि यह नहीं तय कर पा रही थी कि उसे किस मार्ग का अवलम्बन करना चाहिए। 6 नवम्बर, 1920 को एक सरकारी विज्ञप्ति निकली, जिसमें एक ही साथ पीठ ठोंकने और धमकी देने का भाव था। उसमें कहा गया था कि आन्दोलनकारियों का कहना है कि वे हिंसा का अवलम्बन न करेंगे इसी से सरकार उन्हें सज़ा देने का इन्तज़ाम नहीं करेगी। लेकिन जो कोई

सीमा का उल्लंघन करेगा, आन्दोलन को हिंसा और सशस्त्र अवज्ञा की ओर ले जाएगा वह सज़ा पाएगा, ऐसे आदेश दे दिए गए हैं।

सीमा का उल्लंघन जल्दी ही हुआ, सरकार के द्वारा। आन्दोलन जिस तेज़ी से बढ़ता जा रहा था, वह सरकार के लिए सिरदर्द बन गया। सन 1920 के दिसम्बर महीने में एक ख़ासी भयंकर घटना हो गई। अहिंसक असहयोग को अभी तक एक सामयिक प्रयोग के रूप में देखा जा रहा था और सरकार यह उम्मीद कर रही थी कि साल के अन्त में जब भारतीय राष्ट्रीय कांग्रेस का अधिवेशन होगा, उसमें यह नीति रद्द कर दी जाएगी। लेकिन जब नागपुर में कांग्रेस का अधिवेशन हुआ तो उसने इस नीति को अपने संविधान की पहली धारा के रूप में स्वीकार कर लिया। वह पहली धारा इस प्रकार थी—"सब तरह के शान्तिपूर्ण और न्यायसंगत उपायों से भारतवासियों को स्वराज्य प्राप्त करना होगा, राष्ट्रीय कांग्रेस का यही लक्ष्य है।"

सन 1920 के सितम्बर महीने में कांग्रेस के कलकत्ता-अधिवेशन में जिस असहयोग-नीति को बहुत बड़े बहुमत से स्वीकार किया गया था, इस अधिवेशन में न केवल उसका अनुमोदन किया गया, बल्कि उसे विस्तार भी दिया गया। कहा गया कि विजय के लिए देश के विभिन्न वर्गों में एकता होना ज़रूरी है, ख़ासतौर से हिन्दू-मुसलमानों की एकता और उससे भी बड़ी बात है धनी और ग़रीब की विषमता दूर करना। विधान में भी आमूल परिवर्तन किए गए और इतने दिनों बाद वह भारत के सभी वर्गों के प्रतिनिधित्व से शक्तिमान हो सका। कांग्रेस ने यह बात भी नहीं छिपाई कि असहयोग को तत्कालीन नीति, संग्राम की पहली सीढ़ी मात्र है। कहा कि भविष्य में, किसी निश्चित समय पर, सरकार के साथ सब तरह का सहयोग बिलकुल बन्द कर दिया जाएगा और कर न देने का भी निर्णय किया जाएगा। लेकिन अब देश को तैयार करने के लिए, बहिष्कार-नीति को और बढ़ाना पड़ेगा और केवल भारत में बने कपड़े पहनने के लिए ही सबको प्रेरित किया जाएगा। यह अपील भी की गई कि छात्र, गृहस्थ, मजिस्ट्रेट सभी और अधिक उत्साह से असहयोग की नीति अपनावें। जो लोग कांग्रेस का निर्देश न मानेंगे वे अकेले पड़ जाएँगे।

इन निर्देशों में राष्ट्र संघ के अन्दर एक अन्य राष्ट्र की स्वीकृति थी, एक ऐसे राष्ट्र की, जो यथार्थतः भारत का था, ब्रिटिश सरकार का नहीं। लेकिन अब ब्रिटिश सरकार भी चुप नहीं बैठी रह सकती थी—या तो उसे यह सब स्वीकार कर लेना था या फिर युद्ध के लिए तैयार हो जाना था। सरकार में यदि ज़रा-सी भी हित-भावना होती तो उस समय भी किसी समझौते की सम्भावना थी। कांग्रेस ने साफ़-साफ़ कह दिया था कि अपने लक्ष्य पर पहुँचने के लिए यदि उसे अंग्रेज़ों का सहयोग मिले तो अच्छा ही है, वरना उसके बिना ही वह आगे बढ़ेगी। यूरोप ने हमेशा से अन्यान्य देशों के प्रति जो नीति अपनाई थी, इस बार भी उसने वही किया—हिंसा का आश्रय लिया। जिन्होंने बहाना ढूँढ़ा, उन्हें उसकी कमी न रही।

अहिंसा के प्रति गांधी और कांग्रेस का आग्रह होने के बावजूद देश के कुछ स्थानों में दंगे-फ़साद हुए, जिनसे असहयोग आन्दोलन का सम्बन्ध नाममात्र का था। उत्तर प्रदेश के इलाहाबाद ज़िले में ज़मीन की मालिकी के बारे में ज़मींदार और किसानों में तनातनी हो गई और उस मौक़े का लाभ उठाकर पुलिस ने कुछ ख़ून-ख़राबा किया। उसके बाद अकाली आन्दोलन शुरू हुआ, जिसने बिलकुल धार्मिक होने पर भी असहयोग आन्दोलन की नीति अपनाई और जिसके परिणामस्वरूप सन 1921 के फ़रवरी महीने में दो सौ सिख मारे गए। इस घटना के लिए गांधी और उनके अनुयायियों को ज़िम्मेदार ठहराना उचित नहीं है, फिर भी सरकार इस मौक़े का लाभ न छोड़ सकी। इसी से सन 1921 के आरम्भ से ही फिर अत्याचार शुरू हुए, जो साल के अन्त तक चलते रहे। शराब बेचनेवालों के ख़िलाफ़ जो आन्दोलन चल रहा था, अत्याचारों की शुरुआत उसी के बहाने हुई। शराबख़ोरी और यूरोपीय सभ्यता का, हाथ में हाथ मिलाकर चलने का, यह दृष्टान्त इतिहास में पहला नहीं था। सदस्यों की संख्या बढ़ाकर एक करोड़ करने और चरखा की संख्या को भी बीस लाख तक बढ़ाने के लिए तिलक स्वराज्य फंड नाम से एक कोष खोलकर एक करोड़ रुपये इकट्ठे किए गए। 1921 के अगस्त महीने में निर्णय किया गया कि 30 सितम्बर तक विदेशी कपड़ों के बहिष्कार की नीति को पूरी तरह सफल करना होगा—इसके जवाब में सरकार हिंसा पर उतर आई। नवम्बर के अन्त में राजद्रोही सभा-समितियों पर रोक लगानेवाला एक क़ानून जारी किया गया। आन्दोलन को क्रान्तिकारी कहा गया और राजद्रोहात्मक आन्दोलन को कुचल डालने के लिए पुलिस को अत्याचार के असीमित अधिकार मिले। लाखों भारतीय क़ैद कर लिये गए, सम्माननीय व्यक्तियों को भी नहीं छोड़ा गया (सज़ा क़ानून के नाम पर 24 नवम्बर, 1921 को, सबसे पहले, लाजपत राय पकड़े गए)। स्वभावत: इन व्यवहारों के विरुद्ध विक्षोभ भी बढ़ा, जहाँ-तहाँ आग लगी, हत्याएँ और पुलिस-जनता की मुठभेड़ें भी होने लगीं।

मार्च के अन्तिम सप्ताह में, बेजवाड़ा में, कांग्रेस का अधिवेशन हुआ। इस बात पर विचार होने लगा कि क़ानून-भंग आन्दोलन की घोषणा करना उचित होगा या नहीं। अपनी दुर्लभ दूरदर्शिता के परिणामस्वरूप कांग्रेस ने देखा कि तलवार की धार के समान उस आन्दोलन के लिए देश न तो अभी पूरी तरह तैयार ही हो सका है, न व्यवस्थित—इसी से उसने प्रतीक्षा करना ही उचित समझा। इसके बदले उसने इस बात पर नज़र रखी कि जनता में और अधिक जागृति उत्पन्न की जाए और कुछ धन भी इकट्ठा किया जाए।

गांधी और तेज़ी से भारत की एकता के काम में जुट गए—धर्म, जाति, श्रेणी और वर्ण आदि के मेल का उद्योग करने लगे। पारसी धनी हैं, बड़े-बड़े उद्योग-धन्धों के मालिक हैं और गांधी जानते थे कि वे रॉकफ़ेलर जैसी भावना से उद्बुद्ध भी

हैं, अत: गांधी ने उनसे अपील की। हिन्दू-मुसलमानों की एकता सदा पारस्परिक सन्देहों तथा विश्वासों के कुसंस्कारों के खतरे में रही है, अत: वे उसकी एकता के काम में भी तन-मन से जुट गए। ये दोनों सम्प्रदाय एक होकर घुल-मिल जाएँ, ऐसे असम्भव मिलन का कोई सूत्र गांधी ने नहीं ढूँढ़ा था—उन्होंने केवल इतना चाहा था कि वे मित्रता के सुदृढ़ बन्धन में बँध जाएँ।

उनका सबसे महान प्रयत्न था परित्यक्त वर्गों को फिर से हिन्दू समाज में मिलाने का। जिस आवेग के साथ उन्होंने अछूतों के अधिकार का दावा किया है, इस जघन्य सामाजिक अन्याय के विरोध में उन्होंने जिस तीव्रता से अपनी करुणा-भरी आवाज़ उठाई है, उनको अमर बनाने के लिए वही काफ़ी है। हिन्दू धर्म के इस अत्यन्त घृणित कलंक के लिए उनके मन में जितनी पीड़ा है, उसका जन्म बचपन से अनेक अनुभवों से हुआ है। उन्होंने कहा है; जब वे छोटे थे, गन्दगी साफ़ करने के लिए घर पर एक अछूत आता था, उनके लिए उसको छूना मना था, क्योंकि छूने पर उनको स्नान करना पड़ता। वे ऐसी व्यवस्था को स्वीकार नहीं कर सके। इस बात पर माता-पिता से तर्क-वितर्क करते। विद्यालय में वे बहुत से अछूतों को छूते थे—माँ उनको आज्ञा देती थीं कि इस दोष से छुटकारा पाने के लिए उनको एक मुसलमान को छूना चाहिए। लेकिन इस सम्बन्ध में बारह साल की उम्र में ही उनका विचार पक्का हो गया था। उन्होंने प्रतिज्ञा की कि वे इस पाप को भारत के विवेक से ही धो बहावेंगे। वे यह सोचने लगे कि किस तरह वे अपने सताए हुए भाइयों के काम आ सकते हैं। जब वे इन लोगों की सेवा में लगे रहते हैं, तभी उनके मन की स्वाधीनता अधिक विकसित होती है। यदि कोई निश्चित रूप से यह प्रमाणित कर देता कि अस्पृश्यता उनके धर्म का अंग है तो वे अपना धर्म भी छोड़ने को तैयार थे—इसी से समझा जा सकता है कि इस प्रश्न ने उनको किस तरह आकर्षित कर रखा था। उनका विचार है कि भारतीयों को आज जितना अधिक अन्याय सहना पड़ रहा है, उनके एकमात्र इसी अन्याय के कारण उनका समर्थन किया जा सकता है, "शाश्वत न्याय के दंड के रूप में भारतीय आज साम्राज्य के अछूत बने हुए हैं। भारतीयों को पहले अपना रक्त-सना हाथ धोना पड़ेगा। अस्पृश्यता ने ही भारत को हीन बनाया है। उसके बदले भारतीयों ने भी दक्षिण और पूर्व अफ्रीका तथा कनाडा में अछूतों-जैसा व्यवहार पाया है। भारत में जब तक अछूत रहेंगे, तब तक स्वराज्य न मिलेगा। भारत ने जो अपराध किया है, उससे हीन कोई काम इंग्लैंड ने भी नहीं किया। सबसे पहला काम है दुर्बल की रक्षा करना, किसी मनुष्य के विवेक का अपमान न करना। जब तक हम इस पाप को धो नहीं पाते, हममें और जानवर में फ़र्क़ क्या है? स्वराज्य का मतलब ही है सारे संसार में न्याय का शासन।"

गांधी ने चाहा था कि देश किसी तरह जल्दी-से-जल्दी अछूतों के उत्थान के लिए प्रयत्नशील हो, उनके लिए बहुत से विद्यालय खुलें, बहुत से कुएँ बनवाए

जाएँ—क्योंकि अछूत सर्वसाधारण के कुओं का इस्तेमाल नहीं कर सकते। लेकिन ऐसा होने में कितना समय लगेगा? गांधी तो लूले जगन्नाथ बनकर नहीं बैठे रह सकते जो लोग आराम से हैं, अपने अन्याय का प्रतीकार वे स्वयं करेंगे, यह आशा भी व्यर्थ है। अपनी अधीरता के कारण गांधी अछूतों के पास गए, उन्हीं के नेता बन गए, उन्होंने उनको एक करने की कोशिश की। उनके साथ बैठकर वे देखने लगे कि कौन सा रास्ता अख़्तियार किया जाए, वे लोग क्या कर सकते हैं? या कि वे इस मामले में सरकार के ही पास जाएँ? लेकिन वह तो एक दासता से छूटकर दूसरी दासता में पड़ना होगा। तब क्या उन्हें हिन्दू धर्म का ही त्याग कर देना चाहिए (हिन्दू धर्म के इतने बड़े विश्वासी के साहस की उदारता तो देखिए!), ईसाई या मुसलमान बन जाना चाहिए? गांधी उन्हें यह सलाह देने को भी तैयार हैं, यदि यह प्रमाणित हो जाए कि अस्पृश्यता को हिन्दू धर्म से अलग नहीं किया जा सकता। लेकिन उनका दृढ़ विश्वास है कि यह एक अस्वस्थ मिलावट के रूप में हिन्दू धर्म में बाद में आ घुसा है और इसको जड़ से उखाड़ फेंकना होगा। अत: अछूतों को अपनी रक्षा करने के लिए संगठित होना पड़ेगा। हिन्दुओं के साथ सब तरह का सम्बन्ध तोड़कर वे हिन्दू धर्म से असहयोग की नीति अपना सकते हैं (एक ऐसे देशप्रेमी के मुँह से सामाजिक विप्लव का ऐसा परामर्श बड़ा ही दुस्साहसपूर्ण है) लेकिन हाय, गांधी जानते हैं कि अछूतों के लिए दल बनाना सम्भव नहीं है, उनका कोई नेता नहीं है। वे सिर्फ़ यही कर सकते हैं कि भारतीय असहयोग के देशव्यापी आन्दोलन में भाग लें क्योंकि वर्ग-विषमता दूर करना भी तो उस आन्दोलन का एक प्रमुख उद्देश्य है। जो वास्तविक असहयोग है, वह है अपने को पवित्र करने का एक धर्मानुप्रेरित कार्य। यह किसी के लिए सम्भव नहीं है कि वह अछूत का बहिष्कार भी करे और असहयोग आन्दोलन में भी हिस्सा ले—ऐसा करना बहुत बड़ा पाप होगा। इसी तरह देश, धर्म और समाज को एक साथ मिलाने में गांधी ने सफलता पाई।

सन 1921 की 13 और 14 अप्रैल को अहमदाबाद में दलित वर्गों का एक सम्मेलन हुआ, जिसमें गांधी ने सभापति-पद से बड़ा ही सुन्दर भाषण दिया। सम्मेलन ने एकता के लिए उनके इस आरम्भिक उद्योग के प्रति श्रद्धापूर्ण कृतज्ञता प्रकट की। इस सामाजिक अन्याय का दमन चाहकर ही वे शान्त नहीं हुए, उन्होंने यह भी आशा की कि पुनरुज्जीवित भारत के समाज-जीवन में अछूतों के द्वारा बड़े-बड़े काम होंगे। उन्होंने उनमें आत्मविश्वास जगाने का प्रयत्न किया, जिस आशा की गर्म हवा से वे स्वयं जागे हैं, उसे वे उनके बीच भी बहा देना चाहते हैं। उनका कहना है कि वे उनमें सोई विराट सम्भावनाएँ देखते हैं। गांधी ने यह भी कहा है कि भारत के विशाल परिवार में, पाँच महीनों के अन्दर ही, अछूत उचित स्थान सम्मान के साथ प्राप्त कर ले सकेंगे।

भारत के हृदय के दरवाज़े पर उन्होंने जो आवेदन किया, वह निष्फल नहीं हुआ, यह देखकर उन्हें प्रसन्नता हुई—अनेक स्थानों पर, एक-एक करके अछूत

मुक्ति पाने लगे। गिरफ़्तार होने के एक दिन पहले तक वे इसी काम में लगे हुए थे—यही विचार-विमर्श कर रहे थे कि काम कैसा चल रहा है। इस काम में ब्राह्मण तथा अन्य ऊँची जातियों के लोग भी आ जुटे। उन्होंने अपने भ्रातृप्रेम और पश्चाताप के द्वारा आत्म-संशोधन के अनेक मर्मस्पर्शी दृष्टान्त प्रस्तुत किए। गांधी ने अठारह साल के एक किशोर ब्राह्मण के बारे में स्वयं ही कहा था कि अछूतों के साथ एक होकर जीवन बिताने के लिए उसने स्वेच्छा से झाड़ूदार का पेशा अख़्तियार किया था।

ऐसी ही गरिमा के साथ गांधी ने एक और महान उद्देश्य की ओर ध्यान दिया—नारी जाति की उन्नति की ओर।

भारत में भोग-विलास की वासना बहुत अधिक और असंयत होने के कारण, यौन सम्बन्धी प्रश्न वहाँ ज़्यादा गड़बड़ है। बाल-विवाह-प्रथा के कारण लोगों की शारीरिक और नैतिक शक्ति असमय ही क्षीण हो जाती है, शारीरिक कामना के भारी बोझ से विचार दूषित हो जाते हैं। जो सबसे अधिक लांछित होता है, वह है नारी का सम्मान। बहुतेरे राष्ट्रवादी हिन्दू, नारियों को कैसी हीन दृष्टि से देखते हैं, इसके बारे में अभियोग उपस्थित करते हुए बहुत-सी महिलाओं ने उन्हें पत्र लिखे। उन्होंने वे सब पत्र प्रकाशित कर दिये और पत्र-लेखिकाओं के अभियोग को सच माना। उन्होंने कहा, अस्पृश्यता के समान ही भारत के शरीर का यह भी एक भयानक घाव है, यद्यपि इस घाव की पीड़ा केवल भारत ही नहीं, सारा संसार भोग रहा है। यह समस्या सारे संसार की है। जैसे अस्पृश्यता के लिए, वैसे ही यहाँ भी वे उन्नति का विश्वास उन्हीं की जागृति से करते हैं, जिन पर अत्याचार हुआ है, जो अत्याचार करते हैं उनके जागरण से नहीं। इसी से वे नारियों के पास ही जाते हैं, कहते हैं, पुरुषों की भूख मिटाने का साधन न बनी रहकर अब वे स्वयं ही अपना सम्मान प्रकट करें। देश के काम में वे दृढ़तापूर्वक आगे बढ़ें, साहस के साथ विपत्तियों का सामना करें, ज़िम्मेदारियाँ लें। विदेशी कपड़ों का बहिष्कार करके या उनको जलाकर विलास का जीवन त्यागने-भर से उसका काम न चलेगा, उन्हें पुरुषों के कष्ट-सहन का भी हिस्सेदार होना पड़ेगा। इससे पहले ही कलकत्ते की कुछ विशिष्ट महिलाओं ने जेल-यात्रा की है—यह बड़ी अच्छी ख़बर है। अब वे समय और सुविधा चाहने की राह पर बिलकुल ही न जाएँ, पुरुषों के साथ मिलकर वे अपने धैर्य और आत्मत्याग का आक्रमण आरम्भ करें। धैर्य और आत्मत्याग में तो नारियाँ स्वभावत: पुरुषों से आगे रहती हैं—उन्हें किसी तरह का कोई भय न होना चाहिए। जो सबसे अधिक दुर्बल है, वह भी अपना सम्मान बनाए रख सकता है। मरना जानना बड़ी बात है।

वे पतिताओं की बात भी नहीं भूले। सन 1921 की 15 सितम्बर को 'हमारी पतिता बहनें' शीर्षक एक लेख भी उन्होंने लिखा। आन्ध्र प्रदेश और बारीसाल में सैकड़ों पतिताओं के साथ अपनी भेंट-मुलाक़ात और बातचीत के बारे में भी

उन्होंने कहा। कैसे एक सहजात सम्मान के साथ उन्होंने उनके साथ बातें कीं, उन लोगों ने भी उनसे बातें कीं, अपनी अनेक गुप्त बातें उनको बतलाईं, उनकी सलाह चाही। उन्होंने यह देखने की कोशिश की कि कौन सा धन्धा उनके लिए सम्मानजनक होगा। उन्होंने उनके सामने चरखा चलाने का प्रस्ताव रखा। उन लोगों ने वचन दिया कि सहायता मिलने पर अगले दिन से ही वे चरखा चलाना शुरू कर देंगी। नारी के सम्मान करने के दायित्व के बारे में उन्होंने भारत के पुरुषों का आह्वान किया। उन्होंने कहा, "पाप के साथ खेलने की ऐसी रीति का हमारी क्रान्ति में कोई स्थान नहीं है। स्वराज्य का अर्थ ही है कि सभी भारतीयों को हम भाई-बहनों के समान समझते हैं, सबका सम्मान करते हैं। नारी तो पुरुष से हीन नहीं है, बल्कि वह पुरुष की अपेक्षा महान ही है—आत्मत्याग की अपनी शक्ति से, चुपचाप यंत्रणा सहने की अपनी क्षमता से, विनय से, विश्वास से, ज्ञान से। नारी की बोध-शक्ति में वह प्रज्ञा है, जो पुरुष के अहंकार में नहीं है।"

उन्हीं नारियों से, विशेषत: स्वयं अपनी पत्नी से ही, उन्होंने पहले-पहल अत्यन्त सार्थक सहयोग पाया। उनके श्रेष्ठ अनुयायियों में भी बहुतेरी नारियाँ हैं।

3

सन 1921 में गांधी अपनी शक्ति के शिखर पर पहुँच गए। इसी बीच वे एक विराट नैतिक प्रभाव के अधिकारी हो गए थे और अनायास ही उनके हाथ में ऐसी राजनैतिक क्षमता आ गई थी, जो लगभग असीम थी। लोग उन्हें ऋषि-मुनि समझने लगे, श्रीकृष्ण के रूप में उनकी तसवीरें बनाई जाने लगीं जिसका उन्होंने सन 1921 के जून महीने में 'यंग इंडिया' में विरोध भी किया था। सन 1921 के दिसम्बर महीने में कांग्रेस ने अपनी सारी ताक़त उनके हाथों सौंप दी, उन्हें मनचाहा काम करने का अधिकार दिया, अपना राजनैतिक उत्तराधिकारी चुनने का सवाल भी उनकी मर्ज़ी पर छोड़ दिया। वे सारे भारत के निर्विरोध नेता थे—पूरी तरह से क्रान्ति ही आरम्भ होगी या धर्मभावापन्न कोई सुधार ही यथेष्ट माना जाएगा, यह सब उन्हीं के विचार पर निर्भर रहा।

उन्होंने धर्मभावापन्न सुधार नहीं चाहा था। वैसा किया भी नहीं। नैतिक महत्ता या नैतिक विनय, शायद उनके लिए दोनों सत्य थे। किसी के विवेक के अन्दर प्रविष्ट होकर उसे समझ पाना किसी के लिए भी कठिन है, ख़ासतौर से तब, जब वह व्यक्ति भिन्न सभ्यता का हो। और वह विवेक यदि गांधी के विवेक की तरह इतना सूक्ष्म और गहरा हो तो उसे समझ पाना तो और भी कठिन है। उथल-पुथल के उस साल में, जब एक के बाद एक घटनाओं के बवंडर लगातार उठ रहे थे, उनके हाथ ज़रा भी काँपे या नहीं, अथवा वे नाव को ग़लत रास्ते पर ले गए या नहीं, इसे भी निश्चित रूप से जानने का उपाय कम ही था। लेकिन इस व्यक्ति की हार्दिकता के प्रति मेरे मन में एक अत्यन्त धर्मभावापन्न श्रद्धा है, शायद इसी से मैं कह सकता हूँ, इस मूर्त पहेली में भी मैं प्रकाश का संधान पा रहा हूँ।

इसमें सन्देह नहीं कि गांधी में विराट शक्ति थी—लेकिन इसी कारण उस शक्ति के ग़लत व्यवहार की आशंका भी कम नहीं थी। आन्दोलन जब सारे देश में फैल गया, लाखों-लाख आदमी उससे काँप उठे तो उसका संचालन करना और साथ ही उस विक्षुब्ध समुद्र में पड़कर अपना मानसिक सन्तुलन बनाए रखना क्रमशः ही कठिन हो जाए, यह स्वाभाविक था। जिस जनता ने लगाम तोड़ रखी

थी, उसके साथ अपने परिमित ज्ञान और दृष्टि की उदारता का मेल बैठाकर चलना एक अतिमानुषिक समस्या थी। करुणा और पवित्रता के आधार उस माँझी ने प्रार्थना की। ईश्वर पर भरोसा रखा—उसने जो स्वर सुनना चाहा था, उसे सुना, यद्यपि उसमें आँधी की आवाज़ भी मिली हुई थी। लेकिन क्या और लोग भी वह स्वर सुन सके?

जिसका भय उन्हें सबसे कम था, वह था अहंकार-जनित संकट। हज़ार प्रशंसाएँ सुनकर भी उनका माथा नहीं फिर जाता; बल्कि उस प्रशंसा के सामने उनका विवेक क्षुब्ध हो जाता है, वह उन्हें और विनयी बना जाती है। इतिहास में उनके जैसा साधु और रहस्यवादी शायद अतुलनीय है, जो दैवी सन्देशों और दिव्य दृष्टियों पर विश्वास नहीं करते—यह भी नहीं चाहते कि कोई दूसरा उन पर विश्वास करे। उनमें एक नितान्त निष्कलंक हार्दिकता है। उनके विचार शान्त और स्पष्ट हैं, हृदय अहंकारहीन है। और लोगों की तरह वे भी मनुष्य हैं। वे साधु की संज्ञा नहीं चाहते (और इसी कारण वे साधु ही हैं)। उनका कहना है, "आज के जीवन से साधु शब्द को निकाल फेंकना ही उचित है। सब भले हिन्दुओं की तरह मैं भी प्रार्थना करता हूँ, विश्वास करता हूँ कि हम सभी ईश्वर के सन्देशवाहक हैं। लेकिन ईश्वर ने मुझे कोई दैवी शक्ति नहीं दी—लेकिन मेरा दृढ़ विश्वास है कि वह प्रत्येक व्यक्ति के सामने अपने को प्रकट करते हैं। हम ही अपने हृदय के उस छोटे सत्य को नहीं सुन पाते। अपने कानों में उँगली डाल देते हैं। मैं अपने को एक विनम्र श्रमिक मानता हूँ—भारत और मनुष्य समाज का एक विनीत सेवक मात्र। किसी सम्प्रदाय का गठन करने की मेरी तनिक भी इच्छा नहीं है, असल में मेरी आकांक्षा बड़ी विराट है। मैं कोई नया सत्य लेकर नहीं आया। मैं केवल सत्य का अनुसरण करना चाहता हूँ, उसे अपने में उतारना चाहता हूँ—उसी रूप में, जिस रूप में मैंने स्वयं उसे देखा है। मेरा प्रयत्न बहुत पुराने सत्य पर एक नई रोशनी डालने का है।"

वे स्वयं हमेशा विनयी हैं, औचित्य बोध में जागरूक हैं और व्यक्तिगत रूप से सभी उग्र मार्गों के ग्रहण में असमर्थ हैं—वह चाहे देशप्रेमी के रूप में हो, चाहे असहयोग नीति के राहगीर के रूप में। अच्छे उद्देश्य के लिए भी वे अत्याचार के मार्ग का अवलम्बन करने को कभी भी तैयार नहीं हैं। "सरकार की दासता हटाकर असहयोगियों की दासता नहीं स्वीकार करनी है।" अपने देश के विरोध में किसी अन्य देश को खड़ा कराने में भी उनको वैसी ही आपत्ति है। उनका देशप्रेम भारत की सीमा में ही नहीं बँधा है। "देशप्रेम को मैं समूची मानव जाति के साथ मिलाकर देखता हूँ—मनुष्य होने के कारण और मनुष्य को प्यार करने के कारण ही मैं देशप्रेमी हूँ—अतिवाद मेरे लिए नहीं है। भारत की सेवा के लिए मैं इंग्लैंड या जर्मनी की हानि न करूँगा। मेरे जीवन की विचारधारा में साम्राज्यवाद का स्थान नहीं है—मनुष्य के प्रति जिसका प्रेम सामान्य है, उसका देशप्रेम भी उतना ही सामान्य है।"

लेकिन उनके अनुयायी क्या हमेशा ऐसे संयत रह सके हैं? उनमें से किसी-किसी के हाथ गांधी की नीति की क्या गति हो रही है? और उनके द्वारा जब वह नीति जनता के बीच पहुँचती है, तब उसकी क्या हालत होती है?

कई बरस यूरोप में बिताकर रवीन्द्रनाथ ठाकुर जब 1921 के अगस्त महीने में भारत लौटे तो उन्होंने देश की विचारधारा में एक आमूल परिवर्तन देखा। यूरोप से उन्होंने भारतीय मित्रों को जो पत्र लिखे थे, उनमें उनके मन की व्यग्रता प्रकट हुई थी—उनमें से कुछ पत्र 'माडर्न रिव्यू' में प्रकाशित हुए थे (हम जानते हैं कि चिट्ठी-पत्री के द्वारा इस लिखित तर्क-वितर्क के अलावा रवीन्द्रनाथ ने देश लौटकर एक बार आमने-सामने भी गांधी से बातें की थीं उस बातचीत के बारे में कोई लेख प्रकाशित नहीं हुआ—लेकिन जब यह मुलाक़ात हुई थी, सी. एफ. एंड्रूज वहाँ मौजूद थे और उन्हीं की कृपा से हम जान सके हैं कि बातें किस ढंग से हुईं और गांधी तथा रवीन्द्रनाथ ने एक-दूसरे के विरोध में क्या तर्क उपस्थित किए)। चूँकि ये दोनों महान विचारक एक-दूसरे के प्रति श्रद्धा और सम्मान का भाव रखते थे (यद्यपि एक-दूसरे से वे भयानक रूप से पृथक भी थे, जैसा पार्थक्य किसी ऋषि और धर्म-प्रचारक में होता है, अथवा जैसा पार्थक्य प्लेटो और सन्त पॉल में था), अत: उनके मतभेद को ज़रा अच्छी तरह से समझने की ज़रूरत है। उनमें से एक जाग्रत विश्वास और उदारता की गरिमा से नई मानव-सभ्यता की सार वस्तु होना चाहते हैं और दूसरे स्वाधीन, प्रकांड और सौम्य बोधशक्ति के प्रतीक हैं, उन्होंने समग्र भाव से सारे अस्तित्व का आलिंगन कर रखा है।

गांधी में जो एक ऋषि-सुलभ भाव है, उसे रवीन्द्रनाथ ने सदा स्वीकार किया है—मैंने स्वयं उन्हें गांधी के बारे में श्रद्धापूर्वक बातें करते सुना है। जब मैंने गांधी के सिलसिले में टॉल्सटॉय की बात चलाई तो रवीन्द्रनाथ ने कहा, "ये दोनों व्यक्ति एक-दूसरे के कितने निकट हैं"—सिर्फ़ इतना ही नहीं, वे गांधी को टॉल्सटॉय से भी अधिक प्रभामंडित मानते हैं (और इस मामले में मैं उनसे सहमत हूँ, इसलिए कि अब मैं गांधी को अधिक अच्छी तरह जानता हूँ)। कारण यह है कि गांधी का सब कुछ स्वाभाविक है, सरल, विनयी और पवित्र है, यहाँ तक कि युद्ध के समय भी उनमें वही पवित्र भाव बना रहता है; लेकिन टॉल्सटॉय का विद्रोह, अहंकार के विरुद्ध अहंकारी का विद्रोह है, उनमें क्रोध के विरुद्ध क्रोध है, आवेश के विरुद्ध आवेश है, यहाँ तक कि अहिंसा का प्रचार करते हुए भी उनमें एक प्रकार की हिंसा का भाव बना रहता है। 10 अप्रैल, 1921 को रवीन्द्रनाथ ने लन्दन से लिखा था, "महात्मा ने अपने सत्य-प्रेम के द्वारा भारत का हृदय जीत लिया है, वहाँ हम सभी उनके सामने हार मानते हैं। इस सत्य की शक्ति को हम देख सके, इसलिए आज हम लोग कृतार्थ हैं।

('सत्य का आह्वान')।" गांधी के आन्दोलन के बारे में यद्यपि उनके मन में उसी समय थोड़ा-बहुत सन्देह उत्पन्न हो गया था, फिर भी फ्रांस से देश जाते समय रवीन्द्रनाथ ने यह कहने में संकोच नहीं किया कि वे गांधी का साथ देने के लिए तैयार हैं। यहाँ तक कि 1921 के अक्तूबर में उन्होंने 'सत्य का आह्वान' शीर्षक अपना लेख भी जिसे मैं आगे उद्धृत कर रहा हूँ और जिसमें उन दोनों के विच्छेद की घोषणा है, एक पवित्र प्रशंसा के द्वारा आरम्भ किया है और जिसकी तुलना गांधी के बारे में लिखी गई आज तक की, किसी की, किसी भी रचना के साथ नहीं की जा सकती।

रवीन्द्रनाथ के प्रति गांधीजी भी एक प्रकार का श्रद्धापूर्ण स्नेह रखते हैं, यहाँ तक कि जहाँ उन दोनों का मत नहीं मिलता, वहाँ भी वे वैसा कोई काम नहीं करना चाहते, जो उन्हें रवीन्द्रनाथ से दूर ले जाए। स्पष्ट है कि रवीन्द्रनाथ के साथ वाद-विवाद उनके लिए कष्टकर है। और जब कभी कोई हित-मित्र खुल्लम-खुल्ला कुछ व्यक्तिगत प्रश्न उठाकर उस विवाद को और बढ़ाना चाहते हैं तो गांधी यह कहकर उन्हें चुप करा देते हैं कि रवीन्द्रनाथ के वे कितने ऋणी हैं।

लेकिन दोनों के मतभेद की चरम परिणति हुई। सन 1920 की गर्मियों से ही रवीन्द्रनाथ इस बात के लिए दुख प्रकट करने लगे थे कि तिलक की मृत्यु के बाद से गांधी के ऐसे असीम प्रेम और विश्वास की शक्ति राजनैतिक कामों में लग रही है। गांधी ने भी यह निश्चय प्रसन्नतापूर्वक किया हो, ऐसी बात नहीं है—उनके सामने दूसरा रास्ता नहीं था। तिलक की मृत्यु से भारत ने राजनैतिक नेता खो दिया, अत: उस रिक्त स्थान की पूर्ति गांधी को ही करनी पड़ी। इसी से यह निर्णय लेते समय हम उनको विशेष रूप से ऐसा कहते सुन पाते हैं, "अगर पहले मैंने राजनीति में भाग न लेना चाहा हो तो इसका एकमात्र कारण यही है कि राजनीति आज हमें साँप की कुंडली की तरह जकड़ लेती है—चाहे जो करें, एक बार उसमें फँसने पर फिर हमारा उद्धार नहीं है। मैं उसी साँप से युद्ध करना चाहता हूँ—मैं राजनीति में धर्मभाव को प्रवर्तित करना चाहता हूँ।"

फिर भी राजनीति के प्रति उनके प्रयोजनीयता-बोध के लिए दुख प्रकट करते हुए रवीन्द्रनाथ ने 7 सितम्बर, 1920 को लिखा, "नीति के प्रति जो एकान्त आग्रह गांधी के सारे जीवन का प्रतीक है और जिस आग्रह को उनकी तरह प्रकट करना संसार में और किसी के लिए सम्भव नहीं है, उसकी हम सभी को बहुत आवश्यकता है। यह देश का बहुत बड़ा दुर्भाग्य है कि आज उस बहुमूल्य रत्न को हमें राजनीति की भंगुर नौका में, गाली और निन्दा की लहरों पर, बहा देना पड़ा है। आत्मा की अग्नि से मृतकों को उद्दीप्त करना ही तो भारत का व्रत था। यह यात्रा दुस्साहसपूर्ण है और सत्य के नैतिक पक्ष से निन्दनीय है, फिर भी यदि उसी में आत्मिक ऐश्वर्य का इस तरह क्षय हो तो दुखी होने के सिवा और क्या उपाय है? नैतिक शक्ति को अन्ध शक्ति में बदलना पाप है।"

रवीन्द्रनाथ ने जब यह देखा कि पूरे जोश-ख़रोश के साथ असहयोग आन्दोलन शुरू हो रहा है, तो वे ऐसा लिखने के लिए बाध्य हुए—सारे भारत में उस समय हलचल मची हुई थी—कहीं ख़िलाफ़त के नाम पर, कहीं पंजाब की नृशंसता के कारण। शरीर से दुर्बल भारतवासियों के लिए इस तरह उन्मत्त होना कितना हानिकर हो सकता है, यह सोचकर रवीन्द्रनाथ शंकित हुए। उन्होंने चाहा कि लोग असम्भव प्रतिकार करने का ख़याल छोड़कर और बदला लेने की इच्छा स्थगित रखकर इस समय इस महान देश की मनोरचना में लग जाएँ। गांधी के विचारों और कार्यों में आत्मत्याग की जो प्रज्वलित वह्नि प्रतिफलित है, उसके लिए रवीन्द्रनाथ के मन में असीम श्रद्धा का भाव है (2 मार्च, 1921 को लिखे एक पत्र में उन्होंने इस सम्बन्ध में विस्तारपूर्वक लिखा था—वह पत्र में आगे उद्धृत कर रहा हूँ)। दूसरी ओर असहयोग की नई निषेधात्मक नीति के प्रति उनके मन में वैसी ही उपेक्षा का भाव था। जो भी 'ना' कहता है या 'ना' होना चाहता है, उससे उन्हें भय है। इस प्रसंग में वे ब्राह्मण और बौद्ध धर्मों की तुलना करते हैं। कहते हैं, ब्राह्मण धर्म जहाँ परा भाव और जीवन की आनन्दसूचक पवित्रता का आदर्श है, वहाँ बौद्धों का निषेधात्मक आदर्श किस तरह उस आनन्द को उखाड़ फेंकना चाहता है! इसके उत्तर में गांधी ने कहा, ग्रहण और त्याग, जीवन में दोनों की एक-जैसी ज़रूरत है, दोनों को लेकर ही मनुष्य के सारे उद्यम हैं—उपनिषद की अन्तिम बात भी निषेधात्मक है, और ब्रह्म की संज्ञा बतलाते हुए उपनिषदों के ऋषि कहते हैं 'नेति'। बहुत दिनों से भारत ने 'ना' कहने की सामर्थ्य खो दी थी, वही सामर्थ्य उन्होंने भारत को लौटा दी है। "बीज बोने के पहले कुदाल चलाना पड़ता है, मिट्टी से गन्दगी निकाल देनी पड़ती है।"

लेकिन देखने-सुनने पर सन्देह नहीं रह जाता कि रवीन्द्रनाथ किसी का भी उत्पादन वांछनीय नहीं समझते। जो कुछ है, विराजमान है, उसके साथ उनका कवि-मन ताल-मेल बैठा लेता है, उससे सामंजस्य करके आनन्दित होता है। उन्होंने बड़े सुन्दर ढंग से इसकी व्याख्या की है—यद्यपि उस व्याख्या के द्वारा वे कैसे पूरी तरह से कर्मयोग से विमुक्त हो गए हैं, यह भी स्पष्ट है—उनका कहना है, नटराज अपने नृत्य के माध्यम से इतनी माया लेकर क्रीड़ा कर रहे हैं—

"आज देश में जिस तरह विराट भावावेग की बाढ़ आ गई है, उसके संगीत के स्वर से मैं प्राणपण चेष्टा से अपने विचार का स्वर मिलाना चाहता हूँ। लेकिन उसको उद्घाटित करने की प्रबल इच्छा होते हुए भी मन में कहीं एक प्रतिरोध का भाव जाग उठता है—क्यों, इसका स्पष्ट उत्तर मैं नहीं ढूँढ़ पाता। केवल मेरी निराशा के अन्धकार में अचानक एक हँसी फूट उठती है, कोई स्वर कहता है, "जगत पारावार के तट पर, जहाँ शिशुओं का महामेला है, तुम्हारा स्थान वहीं है, तुम्हारी शान्ति वहीं है; और वहीं तुम्हारे साथ मैं भी हूँ।" और इसी कारण इस समय मैं नवीन छन्द की उद्भावना में मतवाला हो गया हूँ। वस्तुतः वे कुछ नहीं हैं, समय

के स्रोत में अपने को बहा ले जाने में ही उन्हें आनन्द है—सूर्य के आलोक में वे हँसते-नाचते चलते हैं, फिर कभी अदृश्य हो जाते हैं। लेकिन जब मैं खेलता हूँ, सारी सृष्टि प्रसन्नता से मतवाली हो जाती है—क्योंकि चाहे फूल हों या पेड़ के पत्ते, वे भी क्या केवल छन्द की अनेक अभिज्ञताओं के पर्याय नहीं हैं, जिनका अन्त होने वाला नहीं है? चिरकाल से क्या हमारे देवता ही समय का अपव्यय नहीं कर रहे? परिवर्तन के बवंडर में वे तारों और नक्षत्रों को निक्षिप्त कर रहे हैं, अपनी ख़ाम ख़याली से माया के स्रोत में काल की न जाने कितनी काग़ज़ की नौकाएँ बहा रहे हैं। जब मैं उन्हें तंग करता हूँ कि मुझे भी अपने शिष्य के रूप में ग्रहण कर लें तो अपनी इच्छा की नौका में मेरे द्वारा आविष्कृत दो-एक खिलौने को भी स्थान दे देते हैं—वे हँसते हैं, मैं उनके पीछे लग जाता हूँ उनकी पोशाक का एक कोना पकड़कर। लेकिन इस भीड़ के चारों ओर की ठेलम-ठेल में, पीछे के धक्के में, मैं कहाँ हूँ? और जिस शब्द ने मुझे घेर रखा है, वही क्या है? अगर वह गीत है तो मैं अपने सितार के तारों पर उसे पकड़ सकता हूँ, उसके साथ अपना कंठ भी मिला सकता हूँ, क्योंकि मैं गायक हूँ। लेकिन यदि वह गीत न होकर कोलाहल हो तो मेरे कंठ से स्वर न निकलेगा, मेरा माथा चकराने लगेगा। इतने दिनों से कान लगाकर मैं उसी स्वर को ढूँढ़ने की कोशिश कर रहा हूँ, लेकिन जो कुछ सुन रहा हूँ, वह कानों में किसी गीत को नहीं पहुँचाता, पहुँचाता है सिर्फ़ असहयोग का प्रचंड और भयावह निषेधात्मक कोलाहल। तब मैं अपने से कहता हूँ, "अपने इतिहास के इस महासंकट के मुहूर्त में यदि तुम अपने देशवासियों के साथ कदम मिलाकर नहीं चल सकते तो यह न कहना कि वे ग़लती पर हैं, तुम्हीं ठीक हो, बल्कि त्याग दो सैनिक का अपना बाना, लौट आओ अपने कवि के कोने में और तैयार रहो जनता के उपहास और लांछना के लिए।"

(5 मार्च, 1921)

गेटे अगर भारतीय होते तो वे भी ऐसी ही बात कहते। ऐसा लगा कि रवीन्द्रनाथ को इसके बारे में और कुछ नहीं कहना है—कर्म को उन्होंने विदा कर दिया, कर्म ने भी उन्हें अस्वीकार कर दिया। अब उन्होंने अपने चारों ओर सृष्टि का मायाजाल बुनना शुरू कर दिया। फिर भी सिर्फ़ उसी में अपने को लगाए रखना उनके लिए एकबारगी असम्भव हो गया, क्योंकि उन्होंने स्वयं ही लिखा, "अपनी नाव को प्रवाह की उलटी दिशा में बहाने का दायित्व भाग्य ने उन्हें दिया है।" वे केवल कवि ही नहीं हैं, अपने जीवन के उसी मुहूर्त में उन्हें यूरोप में समूचे एशिया के आध्यात्मिक दूत का काम भी करना पड़ा। उस समय वे तुरन्त ही यूरोप की यात्रा करके लौटे थे और यूरोप-प्रवास के समय उन्होंने शान्ति निकेतन में विश्वविद्यालय स्थापित करने की अपनी योजना के बारे में सहयोग भी चाहा था। उन्होंने कहा था, "अदृष्ट का कैसा परिहास है कि सागर के इस तट पर आज मुझे प्राच्य और

पाश्चात्य संस्कृतियों के मिलन का प्रचार करना पड़ रहा है, जब कि दूसरे तट पर असहयोग का प्रचार हो रहा है!"

(5 मार्च, 1921)

असहयोग ने उनको पूरी तरह दुखी कर दिया, उनकी बुद्धि, शक्ति और कार्यों में रुकावट पैदा की। "पूर्व और पश्चिम के सच्चे मिलन में मेरा विश्वास है।"

(5 मार्च, 1921)

संसार की सभी संस्कृतियों के दान से परिपुष्ट है उनका विचार, इसी से असहयोग से उन्हें और अधिक आघात लगा। "मनुष्य की सारी महिमा को मैं अपनी समझता हूँ।" जैसा उपनिषदों ने कहा है, "मनुष्य की उस सीमाहीन व्यक्तित्व की व्याप्ति" को केवल समस्त मानव जाति के लिए विराट मिलन से ही पाया जा सकता है। मैं प्रार्थना करता हूँ कि भारत उस सर्व-मानव-सहयोग का केन्द्र बने। उसके लिए मिलन ही एकमात्र सत्य है विच्छेद है माया। एकता वही है, जिसमें सब कुछ समाहित हो, इसी से 'नास्ति' के मार्ग से उसका अर्जन सम्भव नहीं है। पश्चिम के विचारों से अपने को काट लेने की आज हमारी जो चेष्टा है, वह एक तरह की आध्यात्मिक आत्महत्या है। आज का युग पाश्चात्य विचारों से प्रबल रूप से प्रभावित है, क्योंकि पश्चिम, मनुष्य को एक विराट लक्ष्य की ओर बढ़ा ले गया है। हम लोग, जो पूरब के हैं, हमें उस लक्ष्य के बारे में जानना होगा। अपनी संस्कृति से बहुत समय से हमारा सम्पर्क नहीं है, निस्सन्देह यह बड़े दुख की बात है—इसी से हम पाश्चात्य संस्कृति को उसके उचित स्थान पर नहीं रख सके, उसकी उपलब्धि नहीं कर सके। लेकिन आज उसके साथ सम्पृक्त होने से हमें पाप लगेगा, ऐसा कहना संकीर्णता की हद होगी, उससे हमारी बौद्धिक दरिद्रता ही प्रकट होगी। आज की समस्या विश्व की समस्या है—दूसरों से अपने को अलग करके कोई भी देश मुक्ति अर्जित नहीं कर सकता। या तो हमें सबके साथ मिलना है या सबके साथ नष्ट हो जाना है।

(13 मार्च, 1921)

सन 1813 में जैसे गेटे फ्रांसीसी सभ्यता को अस्वीकार करने को राजी नहीं हए, उसी तरह आज रवीन्द्रनाथ भी पाश्चात्य सभ्यता का वर्जन नहीं मान सके। और यद्यपि गांधी की विचारधारा भी सम्पूर्ण रूप से वैसा नहीं चाहती, रवीन्द्रनाथ जानते हैं कि राष्ट्रीयता के आवेग से उन्मत्त जनता गांधी के कहने का उलटा ही अर्थ लगाएगी--यानी वह यही मतलब लगाएगी कि वे पश्चिम का ही बहिष्कार करना चाहते हैं। रवीन्द्रनाथ मन की उसी पाशविकता से डरते हैं, "छात्रगण आत्मत्याग की अंजलि लेकर आ रहे हैं, लेकिन यह त्याग किसलिए है? यह त्याग सम्पूर्ण शिक्षा के लिए नहीं, अशिक्षा के लिए है। मुझे याद आता है कि असहयोग आन्दोलन के आरम्भ में किशोर छात्रों का एक दल मुझसे मिलने आया था। उन लोगों ने कहा था कि अगर मैं उनसे स्कूल-कालेज छोड़ने को कहूँ तो मेरा यह निर्देश वे तत्काल

मान लेंगे। लेकिन जब मैंने वैसे किसी निर्देश के बारे में प्रबल आपत्ति की तो वे नाराज़ होकर चले गए। शायद उन्हें इस बात का भी सन्देह हुआ कि देश के प्रति मुझमें आन्तरिक प्रेम नहीं है।"

(5 मार्च, 1921)

सन 1921 की वसन्त-ऋतु में जब रवीन्द्रनाथ लन्दन में थे और उन्हें यह दुखद ख़बर मिली थी कि भारत के छात्र किस तरह पाश्चात्य शिक्षा के बहिष्कार में जुट गए हैं, तभी लन्दन में ही, उनकी आँखों के सामने एक ऐसी घटना घटी, जिसमें उन्होंने मूर्खतापूर्ण राष्ट्रीयता का एक उग्र दृष्टान्त देखा। उन्होंने देखा कि उनके अंग्रेज़ मित्र पियर्सन के एक भाषण में कुछ भारतीय छात्रों ने अपमानजनक व्यवहार किया। क्रोध से अन्धे होकर उन्होंने शान्ति निकेतन के प्राचार्य को पत्र लिखा। उन्होंने लिखा कि ऐसा आचरण केवल असहिष्णु चित्त की हीनता ही प्रमाणित करता है। उन्होंने यह भी लिखा कि यह सब असहयोग आन्दोलन का ही परिणाम है। गांधी ने इस अभियोग का उत्तर 1 जून, 1921 को दिया। जिस यूरोपीय शिक्षा के साथ भारतीय चरित्र का कोई मेल नहीं है, उस शिक्षा से देश की कितनी नैतिक उन्नति हो सकती है, इसके बारे में गांधी को सन्देह था—उनका यह भी अभियोग है कि वह शिक्षा भारत की युवा शक्ति को निस्तेज कर रही है। फिर भी छात्रों के हीन आचरण की तीव्र निन्दा करने में उनका स्वाधीन चित्त हिचकिचाया नहीं, "मैं यह नहीं चाहता कि अपने घर के चारों ओर दीवार उठा लूँ या उसकी खिड़कियाँ बन्द कर लूँ, बल्कि मैं तो यह चाहता हूँ कि उस घर में सभी देशों की संस्कृतियों की हवा बेरोक-टोक आए। लेकिन मैं यह बर्दाश्त नहीं कर सकता कि उस हवा के झोंके से मैं ख़ुद ही गिर जाऊँ। मेरा धर्म कारागार का धर्म नहीं है। उनमें ईश्वर के तुच्छतम प्राणी के लिए भी स्थान है। लेकिन जाति, धर्म अथवा वर्ण की उद्धत स्पर्धा के विरुद्ध वह अपने को अटल रखना जानता है।"

ये बड़ी बातें हैं, यद्यपि इनके बावजूद रवीन्द्रनाथ का भय दूर नहीं हुआ। वे गांधी की सच्चाई में सन्देह नहीं करते, उनका सारा भय उनके अनुयायियों से है। और सन 1921 के अगस्त महीने में स्वदेश लौटकर उन्होंने गुरु की बातों पर शिष्यों की जो अन्ध श्रद्धा देखी, उससे उनका दम घुटने लगा। उन्हें लगा मानो एक मानसिक अराजकता का युग आ रहा है। इस दास मनोभाव का विरोध करते हुए उन्होंने 'सत्य का आह्वान' शीर्षक एक वक्तव्य प्रकाशित कराया। (जिसका अंग्रेज़ी अनुवाद 1 अक्तूबर के मॉडर्न रिव्यू में प्रकाशित हुआ)। इस विरोध का तीखापन और अधिक स्पष्ट इस कारण से हुआ कि वक्तव्य गांधी की निर्मल प्रशंसा से आरम्भ हुआ था। 1907-1908 के मुक्ति आन्दोलन के उस आरम्भिक युग का स्मरण करते हुए रवीन्द्रनाथ की यह धारणा हुई कि अब तक भारत के राजनैतिक नेताओं की दृष्टि केवल पुस्तकीय थी। वह दृष्टि बर्क, ग्लैडस्टोन, मैजिनी और गैरीवाल्डी की

अस्पष्ट मूर्तियों में प्रेरणा ढूँढ़ती थी। वह अंग्रेज़ी पढ़े लोगों के दल से बाहर नहीं निकल सकी थी। "ऐसे समय में महात्मा गांधी आ पहुँचे भारत के करोड़ों ग़रीबों के दरवाज़े पर—उन्हीं के देश में, उन्होंने उन्हीं की भाषा में उनसे बातें कीं। यह एक सच्ची बात थी, इसमें पुस्तकों का कोई दृष्टान्त नहीं था। इसी से उनको जो महात्मा की संज्ञा दी गई है, वह ठीक ही दी गई है क्योंकि भारत के इतने लोगों को अपने आत्मीय के रूप में और किसने देखा है? आत्मा में शक्ति का जो भांडार है, वह सत्य के स्पर्श मात्र से खुल जाता है। बहुत दिनों से बन्द भारतीयों के द्वार पर जिस क्षण सच्चा प्रेम आ खड़ा हुआ, उसी समय वह द्वार खुल गया। किसी के मन में कृपणता न रही, यानी सत्य के स्पर्श से सत्य जाग उठा। सत्य में कितनी शक्ति है, इसे आज हमने महात्मा की कृपा से प्रत्यक्ष देखा है—भारतवर्ष में एक दिन बुद्धदेव ने साधना के द्वारा समस्त प्राणियों के प्रति मैत्रीपूर्ण सत्य को प्रकट किया था। परिणाम यह हुआ था कि उस सत्य की प्रेरणा से भारत की मानवता शिल्पकला में, विज्ञान में और ऐश्वर्य में अभिव्यक्त हो उठी थी। जहाँ तक राष्ट्र-शासन का सम्बन्ध है, उस समय भी बार-बार एक होने के क्षणिक प्रयास के बाद भारत बार-बार अलग होता रहा था, किन्तु उसके मन को सुषुप्ति से, अन्धकार से मुक्ति मिल गई थी। यह मुक्ति इतनी शक्तिशालिनी थी कि वह अपने को देश की किसी क्षुद्र सीमा में बाँधकर नहीं रख सका, समुद्रों और मरुभूमियों के पार भी वह जिन दूर देशों का स्पर्श कर सका, उसने अपने ही चित्त के ऐश्वर्य का उद्‌घाटन किया था। वर्तमान समय में कोई वणिक, कोई सैनिक यह काम नहीं कर सका... प्रेम ही सत्य है। इसी से प्रेम जब मुक्ति देता है, तो वह बिलकुल अन्दर से मुक्ति देता है।" ('सत्य का आह्वान')

लेकिन अचानक यह प्रशस्ति रुक गई, छलना का बोध जाग उठा, रवीन्द्रनाथ कहते हैं, "इतने दिनों के बाद हमारे देश में उसी आनन्दमय मुक्ति की हवा बह रही है, मैं इसी की कल्पना करता आ रहा था। आकर जब मैंने एक बात देखी तो हताश हो गया। मैंने देखा कि देश के मन पर एक गहरा दबाव है। न जाने बाहर के किस दबाव ने सब को एक बात बोलने, एक काम करने के लिए लाचार कर दिया है। मैं जब प्रश्न करना चाहता हूँ, विचार करना चाहता हूँ तो मेरे हितैषी व्याकुल होकर मेरा मुँह बन्द कर देते हैं, "आज तुम कुछ मत बोलो।"...केवल मजबूरी को जकड़े रहना होगा। किसकी मजबूरी? मंत्र की, अन्धविश्वास की।...बाहर की स्वतंत्रता के नाम पर मनुष्य के अन्तर की स्वाधीनता को इस तरह विलुप्त करना सहज होता है।" ('सत्य का आह्वान')

यह विरोध अथवा यह बेचैनी हमारे लिए अनजानी नहीं है। यह सभी युगों में दीख पड़ती है। पुराने जमाने में जो स्वाधीनचेता व्यक्ति बच रहे थे, आसन्न ईसाई धर्म के नवयुग के प्रभात में उन्होंने भी ऐसा ही उद्वेग प्रकट किया था। ऐसे उद्वेग

को हम अपने बीच भी जागता देखते हैं, जब समाज अथवा राष्ट्रीयता के प्रसंग में हम किसी अन्धे और उन्मत्त विश्वास के ज्वार के सामने आ खड़े होते हैं। विश्वास के युग के विरुद्ध स्वाधीन आत्मा का यह शाश्वत विद्रोह है, यद्यपि उस विश्वास को भी यह आत्मा ही जन्म देती है—क्योंकि जो विश्वास कुछ गिने-चुने व्यक्तियों के लिए परम स्वाधीनता का प्रतीक है, जनता के लिए वह दासता का प्रकार-भेद मात्र है, क्योंकि उसी विश्वास के वेग से यह जनता परिचालित होती है।

लेकिन रवीन्द्रनाथ के प्रतिवाद का लक्ष्य केवल जनता की उन्मत्तता ही नहीं, उसके आगे भी है। अन्धविश्वासी जनता को फलाँगकर वह एकदम से महात्मा को भी जा छूता है। गांधी चाहे जितने बड़े हों, जो ज़िम्मेदारी उन्होंने ली है, वह क्या एक ही मनुष्य की शक्ति में ख़त्म हो जाएगी? भारत की समस्या बहुत बड़ी है, उसके समाधान का भार क्या एक ही नेता के हाथ सौंप देने से काम चलेगा? महात्मा सत्य और प्रेम के स्वामी हैं, लेकिन यह भी सच है कि "सत्य प्रेम की जिस सुनहली छड़ी से सैकड़ों वर्षों से सोया चित्त जाग उठता है, उसे हम अपने मुहल्ले के सुनार की दुकान में नहीं गढ़वा सकते।...लेकिन स्वराज्य प्राप्ति का विषय बड़ा विस्तृत है, उसकी प्रणाली कठिन और समय-साध्य है, उसके लिए जैसी आकांक्षा और हृदयावेग, वैसी ही तथ्यों की छानबीन और विचार शक्ति की आवश्यकता है। उसके लिए अर्थशास्त्रियों को सोचना-विचारना होगा, यंत्रतत्त्वज्ञों को परिश्रम करना होगा, शिक्षाशास्त्रियों को, राजनयिकों को सब को विचार और कार्य में जुट जाना होगा। अभिप्राय यह कि देश के अन्त:करण को, पूरे उद्यम से, सब ओर से जगाना होगा। उसके लिए देशवासियों की जिज्ञासा सदा निर्मल और दबाव से मुक्त रहे, किसी गुप्त या प्रकट शासन के द्वारा लोगों की बुद्धि को भीरु और निश्चेष्ट न बना दिया जाए।" ('सत्य का आह्वान')

इसी से रवीन्द्रनाथ भारत की सभी स्वाधीन शक्ति का सहयोग चाहते हुए आवेदन करते हैं, "एक दिन भारत के तपोवनों में हमारे दीक्षागुरुओं ने अपने सत्य ज्ञान के अधिकार से समस्त ब्रह्मचारियों का आह्वान किया था...'आज हमारे कर्मगुरु क्यों उसी तरह समस्त कर्मशक्ति का आह्वान नहीं करेंगे?' ('सत्य का आह्वान')।" लेकिन गांधी गुरु ने 'आह्वान' किया केवल एक संकीर्ण क्षेत्र में। उन्होंने कहा, "सब लोग मिलकर सिर्फ़ सूत कातो और कपड़ा बुनो।"...यही पुकार क्या नवयुग की महासृष्टि की पुकार है?...यूरोप की सैनिक छावनियों में, कारख़ानों में मनुष्य क्या शक्ति के क्लीवत्व का साधन नहीं कर रहा?...लेकिन 'बड़ी मशीनों से भी मनुष्य को छोटा बताया जा सकता है, छोटी मशीनों से भी'।"

राष्ट्र की समस्त शक्तियाँ एक-दूसरे के साथ सहयोग करें, यही यथेष्ट नहीं है—उनमें से हर एक को विश्व शक्ति के साथ सहयोग करना पड़ेगा। भारत का आज यह उद्‌बोधन सारे संसार के उद्‌बोधन का अंग है।...अब से जो कोई जाति

अपने देश को बिलकुल अलग करके देखेगी, वर्तमान युग से उसका विरोध होगा, उसे किसी तरह शान्ति न मिलेगी। रवीन्द्रनाथ कई बरसों तक यूरोप में रहने के बाद अभी हाल ही स्वदेश लौटे हैं, वहाँ उन्होंने ऐसे बहुत से यूरोपियनों को देखा है, जिन्होंने राष्ट्रीयता की शृंखला से अपने को मुक्त करके मनुष्यमात्र की सेवा में अपना मन लगाया है—उन्होंने उनकी याद की है। वे समस्त विश्व के नागरिक हैं—वे पीड़ित और अल्पसंख्यक हैं जिन्हें रवीन्द्रनाथ ने संन्यासी की श्रेणी में रखा है, "जिन्होंने अपने अन्तर में मनुष्य के भीतर के अद्वैत को देखा है...। और जैसे 'पंचकन्यां स्मरेन्नित्यम्' वैसे ही हम क्या आज इस शुभ दिन के प्रभात में, केवल दूसरों के अपराध का स्मरण करेंगे और अपनी राष्ट्रीयता के निर्माण-कार्य को एक कलह के ऊपर प्रतिष्ठित करते रहेंगे? हम क्या इस प्रभात में उस शुभ बुद्धिदाता का स्मरण न करेंगे, यो एकः, जो एक हैं, अवर्णः, वर्णहीन हैं जिनमें सफ़ेद-काला नहीं है; बहुधा शक्तियोगात् वर्णाननेकान् निहितार्थो दधाति, जो बहुधा शक्ति के योग से अनेक वर्गों के लोगों के लिए उनके अन्तर्निहित प्रयोजन का विधान करते हैं—और क्या हम उन्हीं से यह प्रार्थना न करेंगे कि 'स नो बुद्ध्या शुभया संयुनक्तु' वे हम सभी को शुभ बुद्धि से संयुक्त करें?" ('सत्य का आह्वान')।

इससे अधिक गरिमायुक्त बात किसी देश ने कभी नहीं सुनी। बातें क्या हैं, जैसे सूर्य-किरणों से प्रकाशित कविता हो, मनुष्य के समस्त संग्रामों से ऊपर उसके डैने फैले हुए हैं। और उनकी जो एकमात्र आलोचना हो सकती है, वह यही कि डैनों का वह फैलाव बहुत ज़्यादा ऊँचाई पर है। काल की अनन्तता की दृष्टि से विचार करें तो रवीन्द्रनाथ ही ठीक हैं। वे कवि-पक्षी हैं—आयतन में ईगल की तरह विशाल हैं (हाइने ने हमारे एक महान संगीतज्ञ का इसी रूप में वर्णन किया है)—वे समय के ध्वंसावशेष पर बैठे गीत गा रहे हैं। उनका निवास अनन्त काल में है—लेकिन मुश्किल यह है कि वर्तमान का तक़ाज़ा भी कम नहीं है। अभी, इसी समय कोई-न-कोई उपाय होना चाहिए, भले ही वह उपाय अधूरा हो—गतिशील समय की यही माँग है। गांधी के पास कवि का यह पक्ष-विस्तार (डैनों का फैलाव) नहीं है (अथवा, शायद करुणा के बोधिसत्व की तरह वे उसके त्याग करने को बाध्य हुए हैं, इसलिए कि वे विरक्त लोगों के साथ मिलकर रह सकें), इसी से रवीन्द्रनाथ को उचित उत्तर देना उन्हें शिशु-सुलभ खेल की तरह सहज जान पड़ा।

उत्तर देते हुए गांधी ने जिस आवेग का प्रदर्शन किया, इस सिलसिले में वैसा उन्होंने पहले कभी नहीं किया था। उन्होंने तुरन्त जवाब दिया, जो 13 अक्तूबर के 'यंग इंडिया' में प्रकाशित हुआ। वह जवाब बड़ा दुख-भरा था। महान प्रहरी को (अर्थात रवीन्द्रनाथ को, अंग्रेज़ी में लिखे अपने उत्तर का शीर्षक भी उन्होंने 'दि ग्रेट सेंटिनेल' यानी महान प्रहरी रखा था) उन्होंने धन्यवाद दिया। उन महान पुरुष ने अपनी सतर्क वाणी से, कई बहुत बड़े संकटों के बारे में भारत को सचेत

किया है। तर्क-वितर्क की स्वाधीनता के बारे में वे रवीन्द्रनाथ से सहमत हैं—"तर्क की अपनी उस क्षमता को हम दूसरे के हाथ न सौंप दें। प्रेम के प्रति अन्धे की तरह आत्मसमर्पण अनिष्टकर है—कभी-कभी तो शैतान के चाबुक से बाध्य होकर आत्मसमर्पण करने से भी अधिक अनिष्टकर हो जाता है। जो शैतान का ग़ुलाम है, उसकी मुक्ति की आशा तो की भी जा सकती है, प्रेम के ग़ुलाम के लिए वह आशा भी नहीं है।"

शत्रुओं के आसन्न आविर्भाव के बारे में सार्थक प्रहरी रवीन्द्रनाथ ने देश को सावधान किया है और उन शत्रुओं की धर्मान्धता, जड़ता, असहिष्णुता, अज्ञता और निष्क्रियता कहा है। लेकिन गांधी को ऐसा नहीं लगता कि रवीन्द्रनाथ की आशंका विवेक-संगत है। महात्मा की जो भी अपील है, विवेक के प्रति है। यह भी सच नहीं है कि आज सारा भारत एक अन्धे आज्ञा-पालन के दबाव में है। अन्तत: यदि देश ने चरखा ग्रहण करने का निश्चय किया है, तो यह ठंडे दिमाग से सोच-विचार करने के बाद ही सम्भव हुआ है। रवीन्द्रनाथ धैर्य की बात कहते हैं, वे मधुर संगीत से सन्तुष्ट हैं। लेकिन इधर तो आज युद्ध का समय है। कवि अपनी वीणा रख दें न। न हो, गीत फिर गा लेंगे। "घर में जब आग लगी हो तो क्या आग बुझाने के लिए हर किसी को अपनी-अपनी बाल्टी में पानी भरकर लाने की आवश्यकता नहीं है?"

"चारों ओर जब लोग भूखों मर रहे हैं तो मेरे लिए जो एकमात्र कर्तव्य है, वह भूखों के लिए अन्न जुटाना है। भारत के घर-घर में आज आग लगी हुई है—लोगों के पास काम नहीं है, इसीलिए उनके पास अन्न नहीं है, लोग बिना खाए मर रहे हैं। खुलना में अकाल पड़ा है, चार-चार बार खाली कर दिए गए ज़िलों में भी अकाल है—उड़ीसा में तो अकाल लगा ही रहता है। भारत दिनोंदिन अधिकाधिक ग़रीब होता जा रहा है, क्योंकि उसके एक-एक अंग में रक्त-संचालन बन्द हुआ जा रहा है। जो जाति आलसी है और भूख से मरणासन्न हो रही है, उसे भगवान केवल एक ही रूप में दीख सकते हैं—काम और वेतन के माध्यम से भोजन का भरोसा देकर। भगवान ने मनुष्य की सृष्टि इसलिए की है कि वह काम करके अपनी जीविका उपार्जित कर सके—उन्होंने कहा है, जो बिना काम किए खाता है, वह चोर है। पशु से भी हीन और मृतप्राय उन लाखों लोगों के बारे में सोचने की ज़रूरत है आज—केवल चरखा ही आज उन मुमूर्षु लोगों को जीवन-दान दे सकता है और भूख ही उन्हें चरखा की ओर ढकेल रही है। कवि आनेवाले कल के लिए जीवित हैं, चाहते हैं कि हम लोग भी उन्हीं की तरह बन जाएँ, वे हमारी भाव-विभोर आँखों के आगे प्रभात के सूर्यालोक में गगनचारी पक्षी के संगीत का सुन्दर चित्र प्रस्तुत करते हैं। वे पक्षी पुष्ट हैं, सारी रात के विश्राम के बाद उनके डैने भी ताज़े हैं, उनकी नसों में नवीन रक्त का संचार है—इसी से सबेरे-सबेरे वे हमेशा

की तरह उड़ रहे हैं। मैं तो लेकिन बड़े दुख से कितने ही ऐसे पक्षियों को देख रहा हूँ, जिनमें शक्ति के अभाव के कारण अपने पंखों को हिलाने तक की इच्छा नहीं है। जिस दुर्बलता के ख़याल से वह रात को विश्राम करने जाता है, नींद खुलने के बाद भारताकाश का वह पक्षी अपने को और दुर्बल पाता है। या तो अन्तहीन पहरा, या अन्तहीन मोह की अवस्था—लाखों-लाख लोगों के लिए जीवन इसके अलावा और कुछ नहीं है। कबीर के गीत सुनाकर भूखों का कष्ट दूर कर सकना सम्भव नहीं है। उन्हें काम देना होगा, जिससे उन्हें खाना मिल सके। कुछ लोग कहेंगे कि हमें तो अन्न के लिए काम करने की ज़रूरत नहीं है, हम क्यों चरखा कातें? कारण यह है कि हम जो खाते हैं, उसे हमने अर्जित नहीं किया, इसी से वह हमारा नहीं, दूसरे का है। हम देशवासियों के मुँह का निवाला छीनकर जीवित हैं। तुम्हारी जेब में जितना पैसा आता है, वह कहाँ से आता है, ज़रा एक बार इसका पता लगाने की कोशिश करो, तब पता चलेगा कि मेरी बात में कितनी सच्चाई है। चरखा सब को चलाना होगा—रवीन्द्रनाथ स्वयं भी चलावें। आज का कर्तव्य यही है—कल क्या होगा, भगवान जाने। गीता ने तो कहा ही है, धर्माचरण करो।"

सचमुच, बातें बड़ी दुखभरी हैं, बड़ी करुण। संसार की दरिद्रता यहाँ कला के स्वप्न के विरुद्ध सिर उठाकर कहती है, "क्यों, एक बार मुझे अस्वीकार करके देखो न।" गांधी के इस आकुल आवेग को कौन न समझेगा और कौन न मानेगा?

लेकिन फिर भी इस अभिमान-भरे और तीखे उत्तर में ऐसा कुछ था, जिसने रवीन्द्रनाथ की आशंका को युक्ति-संगत बना दिया—यह उत्तर मानो रवीन्द्रनाथ को चुप कराना चाहता हो, देश के लिए उद्धत व्यवस्था में उनको भी बाँधना चाहता हो। अर्थात बिना विचार किए स्वदेशी की नीति अपनानी पड़ेगी, जिस नीति का एक दैनिक कर्तव्य चरखा कातना है।

इसमें सन्देह नहीं कि मनुष्य के सभी युद्धों में व्यवस्था अनिवार्य होती है। दुर्भाग्य केवल यहीं है कि जिन पर उस व्यवस्था को बनाए रखने की ज़िम्मेदारी है—स्वामी के वे शिष्य—प्राय: संकीर्ण चित्त के लोग हैं। जिस आदर्श तक पहुँचना है, जहाँ पहुँचने के लिए इस व्यवस्था का आश्रय लिया जाता है, वे उसी आदर्श को भूल जाते हैं, भूलकर उस व्यवस्था को ही आदर्श बना लेते हैं—जैसे अपने लिए, वैसे ही दूसरों के लिए। व्यवस्था जितनी ही कठोर होगी, वे उतने ही प्रसन्न होंगे, क्योंकि सँकरी राह से चलने के अलावा उन्हें आराम नहीं होता। इसी से स्वदेशी का मामला उनके लिए बाध्यतामूलक हो जाता है; वह एक पवित्रता का रूप धारण कर लेता है। अहमदाबाद के पास साबरमती में महात्मा का जो अत्यन्त प्रिय सत्याग्रह आश्रम है, गांधी के प्रधान शिष्यों में प्रमुख डी. बी. कालेलकर उसके एक अध्यापक हैं। उन्होंने 'स्वदेशी के सिद्धान्त' (मूल अंग्रेज़ी में 'दि गोस्पेल ऑफ़ स्वदेशी', मद्रास 1922) नामक पुस्तक प्रकाशित कराई है, जिसका समर्थन करते हुए गांधी ने

भूमिका लिखी है। पुस्तक जनसाधारण के लिए लिखी गई है—अत: मूल उत्स के इतने निकट से जिन्होंने इस तरह जनता को शिक्षा देने का भार लिया है, एक बार उनका मतामत भी देखा जाए, "जगत का उद्धार करने के लिए युग-युग में भगवान अवतार धारण करते हैं। लेकिन हमेशा वे मनुष्य के रूप में ही अवतरित होंगे, ऐसा कोई बँधा-बँधाया नियम नहीं है। कभी उनका आविर्भाव किसी ऐसी अमूर्त नीति अथवा आदर्श के रूप में भी होता है, जो जगत के मर्म को बेध देता है। स्वदेशी का सिद्धान्त उनका नया अवतार है।"

बेशक, धर्म-प्रचारक समझते हैं कि ऐसी बात हास्यास्पद लग सकती है, ख़ासतौर से तब, जब उसका अभिप्राय विदेशी कपड़ों का बहिष्कार भर हो। लेकिन वह स्वदेशी की एक आंशिक व्याख्या ही होगी। वस्तुत: स्वदेशी "एक विराट धर्मनीति है, जिसका उद्‌देश्य है, विद्वेषपूर्ण द्वन्द्व से संसार का त्राण करना, मनुष्य को मुक्ति देना"। हिन्दू शास्त्रों में इसका निचोड़ इस प्रकार है, "अधूरा होने पर भी तुम्हारा अपना धर्म ही सर्वश्रेष्ठ है—परधर्म भयावह है। जो व्यक्ति केवल अपने कर्तव्य-पालन में लगा हुआ है, वही सुख का अधिकारी है।"

स्वदेशी की मुख्य नीति का उद्‌भव ईश्वर-विश्वास से हुआ है, जिस ईश्वर ने "संसार के लिए शाश्वत सुख की व्यवस्था कर रखी है; जिसके लिए जो परिवेश उपयुक्त है, प्रत्येक मनुष्य को उन्होंने वही परिवेश दिया है, जिससे वह मनुष्य अपने विशेष कर्तव्य को समुचित रूप से पूरा कर सके। मनुष्य का प्रत्येक कार्य जीवन के उस विशेष परिवेश के लिए उपयोगी होना चाहिए। अपना जन्म या परिवार या देश या संस्कृति—हम अपने लिए इनमें से कुछ चुन नहीं सकते—भगवान ने जो दिया है, केवल उसे ही ग्रहण कर सकते हैं। परम्पराओं को हमें ईश्वर-प्रदत्त मानकर कड़ाई से उनका पालन करना होगा। उनका विरोधाचरण पाप होगा।"

विश्वास का यह तर्क मान लेने पर एक देश के मनुष्य के लिए दूसरे देश के बारे में माथा-पच्ची करना निन्दनीय होगा। स्वदेशी के भक्त संसार का सुधार करने जैसे व्यर्थ प्रयत्न में किसी तरह न लगेंगे, क्योंकि वे जानते हैं कि ईश्वर के नियम के अनुसार यह दुनिया चलती है और चलती रहेगी। एक देश के लोग दूसरे देश की ज़रूरत पूरी करने आएँगे—भले ही हितैषी के भाव से सही—इसकी आशा नहीं करनी चाहिए। सम्भव होने पर भी यह वांछनीय नहीं है। स्वदेशी का सच्चा भक्त यह बात नहीं भूलता कि सभी मनुष्य उसके भाई हैं—फिर भी जन्म से उसने जिस कर्तव्य का भार पाया है, वह केवल उसे ही पूरा करेगा। जैसे हम जिस शती में पैदा हुए हैं, उसकी सेवा करने के सिवा हमारे लिए दूसरा चारा नहीं है, ठीक उसी तरह हम जिस देश में जन्मे हैं, चाहे जैसे भी हो, हमें केवल उसी की सेवा में लगना पड़ेगा—अपने धर्म और अपनी संस्कृति के माध्यम से ही हमें आत्मा की मुक्ति ढूँढ़नी होगी।

यदि कोई देश अपने शिल्प-वाणिज्य की उन्नति की सारी सम्भावनाओं का उपयोग करना चाहे तो क्या यह अधिकार उसे दिया जा सकता है? हर्गिज़ नहीं। भारत में बड़े-बड़े कल-कारख़ाने स्थापित करने की चाह—यह कैसी हीन इच्छा है! इससे तो बहुत से लोग स्वधर्म से गिर जाएँगे। इसीलिए माल-असबाब का निर्यात जैसा पाप है, आयात भी वैसा ही पाप है। क्योंकि "जिसमें स्वदेशी का भाव है, उसके लिए अन्य धर्म ग्रहण करना घृणाजनक है"। इसी से ऐसी युक्ति के स्वाभाविक परिणामस्वरूप (जो एक यूरोपीय के लिए अप्रत्याशित है) माल-असबाब के निर्यात की जैसी मनाही है, विचारों के निर्यात की भी वैसी ही मनाही है। इतिहास में भारत की जिस निर्मम लांछना का परिचय मिलता है, वह उसे दंड के रूप में मिली है, प्राचीन मिस्र और रोम के साथ हमारे पुरखों ने जो व्यावसायिक सम्बन्ध क़ायम किया था, उसी के परिणामस्वरूप—और पुरखों के उस पाप को बाद के वंशधर उसी तेज़ी से चलाते रहे, उन्होंने उसके सुधार का कोई प्रयत्न ही नहीं किया। सभी देश, सारी जातियाँ अपने-अपने कर्तव्य में लगी रहें, अपनी ही संगति में जीवित रहें, अपनी परम्पराओं में उद्बुद्ध होती रहें। "जिनकी सामाजिक प्रथा हमसे भिन्न है, उनके साथ अन्तरंगता की चेष्टा से हम बचकर चलें। जिन लोगों या देशों के आदर्श हमसे भिन्न हैं, हम उनके साथ अपने जीवन को न जोड़ें। प्रत्येक मनुष्य एक छोटा स्रोत है—प्रत्येक देश एक नदी है, जब तक वे मुक्ति के समुद्र में एकाकार होकर मिल नहीं जाते, तब तक वे अपनी-अपनी स्वच्छ और पवित्र गति से प्रवाहित होते रहें।"

यह है पवित्रतम और साथ ही संकीर्णतम राष्ट्रीयता की जय-जयकार। सब दरवाज़े बन्द करके अपने कोने में बने रहो—कोई उलटफेर न हो, जो तुम्हारा है, सिर्फ़ उसी को जकड़कर पड़े रहो। बाहर से कुछ ख़रीद न सकोगे, बाहर के किसी को कुछ बेच भी न सकोगे—केवल अपने को पवित्र करो, ये बातें बिलकुल मध्ययुगीन पुरोहितों की हैं (बेशक, पुस्तक में बहुत-सी अच्छी-अच्छी नैतिक बातें भी जहाँ-तहाँ बिखरी दीख पड़ती हैं : प्रतिशोध बिलकुल नहीं। "जो हो चुका उसे आज बदला नहीं जा सकता। आज वह शाश्वत काल का अंश बन गया है, उसके विरुद्ध मनुष्य की सारी चेष्टाएँ निष्फल हैं। अतीत के अन्याय-अत्याचार का बदला लेने की बात भी न सोचो, जो अतीत मर चुका है, उसे ज़मीन में गाड़ दो। तुम्हें सिर्फ़ जीवित वर्तमान में आगे बढ़ना है, पथ-प्रदर्शक के रूप में ईश्वर और अपने हृदय को साथ लेकर।" सारी पुस्तक में शुरू से आख़िर तक हिमनद-सरीखा एक ठंडा, कठिन पवित्र भाव है)। अपनी उदारता के कारण ही गांधीजी ने ऐसे वक्तव्य के साथ अपना नाम जुड़ने दिया।

अब यह बात समझ में आती है कि प्रतिक्रियावादी राष्ट्रीयता के इन द्रष्टा ऋषियों के सामने पड़कर रवीन्द्रनाथ क्यों इतने विचलित हो गए हैं। ये लोग शताब्दी की

गति रोकना चाहते हैं, स्वाधीन चित्त को पिंजड़े में बन्द करना चाहते हैं, पश्चिम के साथ मिलन के सारे सूत्र तोड़ देना चाहते हैं (इस प्रकार की रचनाओं से रवीन्द्रनाथ और दुखी होते थे, क्योंकि जहाँ से यह रचना-विशेष प्रकाशित हुई थी, गांधी के उस आश्रम और रवीन्द्रनाथ के शान्ति निकेतन में एक प्रतिद्वन्द्विता का भाव जाग उठा था, जिसे गांधी और रवीन्द्रनाथ, दोनों ही टालने की कोशिश करते थे)। 9 फ़रवरी, 1922 के 'यंग इंडिया' में प्रकाशित एक लेख में गांधी ने शिकायत की कि किसी संवाददाता ने रवीन्द्रनाथ के शान्ति निकेतन के बारे में उनके कथन की ग़लत रिपोर्ट की है। रिपोर्ट को पढ़ने से जान पड़ता है कि गांधी ने शान्ति निकेतन की आलोचना की है। इसी से गांधी ने अपने लेख में रवीन्द्रनाथ की शिक्षण-संस्था के प्रति सम्मान प्रकट किया है और थोड़े कौतुक के भाव से यह भी जोड़ दिया है, "यदि मुझे इस बात पर विचार करना हो कि इन दोनों में से कौन अधिक अच्छा है तो मैं शान्ति निकेतन के पक्ष में ही राय दूँगा, क्योंकि वह शिक्षण-संस्थान हमारे आश्रम का बड़ा भाई है, वयस और ज्ञान में बहुत बड़ा है।" अन्त में थोड़ी ईर्ष्या का भाव स्पष्ट है, गांधी कहते हैं, "लेकिन इस छोटे-से आश्रम की उन्नति और वृद्धि के प्रति शान्ति निकेतन के छात्र सावधान रहें।"

लेकिन गांधी की वास्तविक विचारधारा एकबारगी उतनी उग्र नहीं है, इसका प्रमाण है रवीन्द्रनाथ के प्रति उनकी यह उक्ति, "स्वदेशी का सन्देश सारे संसार के लिए है" (अत: वे जगत को मान लेते हैं, 'धर्मान्तर ग्रहण' को अस्वीकार नहीं करते)। "असहयोग पश्चिम के विरुद्ध नहीं जारी किया गया, उसकी शत्रुता जड़वादी सभ्यता और तज्जनित दुर्बल के शोषण के लोभ से है" (अत: उसकी लड़ाई पश्चिम की भूल से है, पश्चिम की भलाई के लिए भी वह काम करना चाहता है)। "असहयोग के द्वारा हम लोग अपने-आपमें सिमट रहे हैं" (लेकिन यह सिमट रहना सामयिक है, केवल शक्ति-संचय करने और बाद में उस शक्ति का समग्र मानवता की सेवा करने के लिए है)। 'मानवता के लिए मरना सीखने से पहले जीना सीखना पड़ेगा।' गांधी एकबारगी यूरोपियनों के सहयोग का बहिष्कार तो कर नहीं रहे, बेशक उनकी इतनी शर्त ज़रूर है कि उनका आदर्श जिन लोगों की मुक्ति की कामना के लिए है, वे उस आदर्श को स्वीकार कर लें।

उनके समर्थन से जो 'स्वदेशी का सिद्धान्त' प्रकाशित हुआ था, गांधी की वास्तविक नीति उससे कहीं उदार, मानवधर्मी और सार्वजनीन है (मेरा ख़याल है, रवीन्द्रनाथ की तरह गांधी भी विश्व-मानवतावादी हैं, यद्यपि भिन्न अर्थ में। गांधी की विश्व-मानवता का झुकाव नैतिक विवेक की ओर है, जब कि रवीन्द्रनाथ का शुद्ध बुद्धि की ओर। जैसे पहले के युग के धर्म-प्रचारकों ने यहूदी तथा अन्यान्य सम्प्रदायों के बीच भेदभाव नहीं किया था, लेकिन सभी पर नैतिक व्यवस्था का अनुशासन लादना चाहा था, उसी तरह गांधी ने भी प्रार्थना और दैनिक आचार-व्यवहारों से

किसी को छुटकारा नहीं दिया। गांधी यही करना चाहते हैं और यही उनकी संकीर्णता है। यह संकीर्णता उनके उस चित्त की संकीर्णता नहीं है, जो ईसा मसीह के समान उदार है, वह है उनके त्याग और बुद्धि के कृच्छ्रता-साधन में (ठीक यही बात ईसा मसीह के लिए भी कही जा सकती है)। गांधी का विश्व-मानवता-बोध मध्ययुगीन है—उन पर पूरी श्रद्धा रखते हुए भी हम रवीन्द्रनाथ का ही समर्थन करेंगे)।

फिर उस 'स्वदेशी का सिद्धान्त' में वे अपना नाम देने को क्यों राज़ी हुए? उनका जो इतना बड़ा आदर्श है, जिसके लिए उन्होंने सारे संसार का आह्वान किया है, क्यों उन्होंने उनको केवल भारतीय धर्मानुशासन की सीमा में बाँधने दिया? भयानक शिष्य हैं ये! जितने पवित्र, उतने ही भीषण। ऐसे शिष्यों से भगवान ही उन महामानव की रक्षा करें, जो उनके आदर्श का एक क्षुद्र अंश ही समझ सकते हैं। उसी अंश को पक्के-पुख़्ते ढंग से नियम बनाकर उन्होंने उनके मूल आदर्श का सारा सामंजस्य नष्ट कर दिया है—और एकमात्र यह सामंजस्य ही आदर्श की जीवन्त आत्मा का मुख्य अवदान है।

लेकिन बात यहीं ख़त्म नहीं होती। जो शिष्य गुरु के आसपास रहते हैं, वे तो कम-से-कम उनकी नैतिक महिमा से प्रभावित भी होते हैं। लेकिन जो शिष्य सम्मुख नहीं हैं, जो उनके शिष्यों के शिष्य हैं—अथवा दूसरे लोग, सर्वसाधारण, जिनके कानों तक उनकी वाणी की केवल अस्पष्ट प्रतिध्वनि ही पहुँच पाती है—वे चित्तशुद्धि तथा सर्जक आत्मोत्सर्ग सम्बन्धी गुरु की नीति को कहाँ तक समझ पाते हैं? वे लोग जितनी दूर हैं, उस नीति के जड़ अंश को लेकर वे उतनी ही उछल-कूद मचा रहे हैं, मानो चरखा ही मुक्ति देने वाला हो और उसी के द्वारा स्वराज्य-प्राप्ति की प्रतीक्षा की जा रही हो। इसमें प्रगति की अस्वीकृति है, असभ्यता का हुंकार है। पश्चिम के लोगों के लिए नहीं, वहाँ की वस्तुओं के लिए अहिंसा के प्रचारकों का यह जो घृणा का भाव है (और जिससे स्वयं गांधी भी मुक्त नहीं हैं), उसे देखकर रवीन्द्रनाथ का आतंकित होना स्वाभाविक ही है। गांधी ने यह कहा ज़रूर है कि "अगर अंग्रेज़ों के लिए कभी उनके मन में घृणा का भाव उत्पन्न होगा तो वे तुरन्त युद्ध से विरत हो जाएँगे।" उन्होंने कहा है, "शत्रु को भी प्यार करना होगा, केवल उनके अन्यायपूर्ण आचरण से ही घृणा करना उचित नहीं है, शैतान को प्यार करते हुए शैतानी से घृणा करनी होगी।" लेकिन यह बारीक बात समझना आ़म आदमियों के बूते की बात नहीं है। कांग्रेस के प्रत्येक अधिवेशन में नेतागण अंग्रेज़ों के अन्याय और उनकी धूर्तता के बारे में उच्छ्वसित भाषण देते हैं, ख़िलाफ़त आन्दोलन या पंजाब के अमानुषिक हत्याकांड की चर्चा करते हैं, स्वभावत: उसके पीछे क्रोध इकट्ठा होता रहता है और जिस दिन वह बाँध टूटेगा, सर्वनाश हो जाएगा। सन 1921 के अगस्त महीने में जब गांधी के नेतृत्व में बम्बई में बहुत से मूल्यवान विदेशी वस्त्रों की होली जल रही थी, रवीन्द्रनाथ के मित्र एंडूज के आग्रहपूर्ण अनुरोध के उत्तर

में गांधी ने 'ध्वंस की नैतिकता' शीर्षक एक लेख लिखा था (1 सितम्बर, 1921), उसमें उन्होंने लिखा था, "जनता के क्रोध का रुख़ वे मनुष्य से फेरकर वस्तुओं की ओर ले जा रहे हैं।" लेकिन वे यह नहीं समझते कि जनता का क्रोध धीरे-धीरे तैयार हो रहा है और वे सोच रहे हैं, "पहले वस्तुओं को ख़त्म कर लें, फिर आदमियों पर पिल पड़ेंगे।" वे उस समय भी यह नहीं समझ पाए कि सिर्फ़ तीन ही महीनों के अन्दर जनता उसी बम्बई में नरहत्या में लग जाएगी। मनुष्य की जो पाशविक प्रवृत्ति सोई रहती है, गांधी उससे बहुत अधिक मुक्त हैं, वे ज़रा ज़्यादा पवित्र हैं, बहुत अधिक साधु हैं। वे यह नहीं समझ पाते कि आज जो लोग अधीर आग्रह से उनकी बातें निगल रहे हैं, उन्हीं के बीच पाशविक प्रवृत्ति घात लगाए रहती है। रवीन्द्रनाथ अधिक दूरदर्शी हैं, इसी से उन्होंने ठीक ही देखा है कि असहयोगियों की धृष्टता कहाँ है। यद्यपि असहयोगी लोगों ने बड़ी आन्तरिकता के साथ अहिंसा की बात कही है लेकिन साथ ही वे यूरोप के पाप के बारे में जनता को लगातार आगाह भी करते जा रहे हैं और इस तरह वे जनता के मन में भी उस कीटाणु का संचार करते जा रहे हैं, जो किसी-न-किसी दिन हिंसा का आश्रय लेकर रहेगा। लेकिन जिनका चित्त विद्वेष की सारी भावनाओं से मुक्त है, वे धर्म-प्रचारकगण इस बात को नहीं समझ पा रहे हैं। जो लोगों को कर्मक्षेत्र में उतार रहे हैं, अपने हृदय की धड़कन सुनने से उनका काम न चलेगा, उन्हें सिर्फ़ दूसरों के हृदय की ही सुननी पड़ेगी। जनता से सावधान रहना चाहिए। जब उन पर नशा चढ़ेगा तो किसी गांधी का नैतिक आदेश उन्हें बाँधकर न रख सकेगा। बेशक, केवल एक सम्भावना है, जिसके द्वारा जनता बिना सोचे-विचारे नेता की कठोर व्यवस्था को मानने को राज़ी हो सके—अगर नेता अपने को ईश्वर का अवतार घोषित करना स्वीकार कर ले। जनता की छिपी इच्छा भी यही है—लोग तो आज भी गांधी को श्रीकृष्ण के रूप में चित्रित कर रहे हैं। लेकिन गांधी में जो आन्तरिकता और विनय है, उसके कारण ऐसे काम के लिए स्वीकृति देना उनके लिए सम्भव नहीं है।

अत: जो कुछ बाक़ी रह जाता है, वह है उनका अकेला स्वर, जो एक पवित्रतम मनुष्य का स्वर है और जो गरजते-तरजते मानव-समुद्र के ऊपर विचरण करता है। और कितने दिनों तक वह अपना स्वर सुना पाएगा? कैसी महान, कैसी करुण प्रतीक्षा है!

4

सन 1921 के पूरे साल में आन्दोलन का काम तेज़ी से आगे बढ़ा। फिर भी वह साल अनिश्चय और प्रबल विक्षोभ से भरा रहा। उस अनिश्चय के झोंके से गांधी भी अछूते नहीं रहे।

विद्रोह बढ़ रहा था और सरकार की पाशविक दमन-नीति के कारण उस विद्रोह का संगीत द्रुत से द्रुततर लय पकड़ता जा रहा था। नासिक ज़िले के मालगाँव में ख़ून-ख़राबी हुई, बिहार के गिरिडीह में विपत्ति की झलक दीख पड़ी। सन 1921 के मई महीने में और भयानक घटनाएँ हुईं—काम बन्द करने के कारण चाय बागान के बारह हज़ार कलियों पर गोरखा सेना ने हमला किया। इसके विरोध में पूर्व बंगाल के रेल और जहाज़ के कर्मचारियों ने दो महीनों तक हड़ताल चलाई। गांधी उस समय भी समझौता कराने की कोशिश कर रहे थे। वायसराय लार्ड रीडिंग से मई महीने में मुलाक़ात करके उन्होंने विस्तारपूर्वक बातें कीं। अली बन्धु भी अपने उत्तेजक भाषणों से जनता को भड़का रहे थे, गांधी ने उन्हें भी शान्त करने का ज़िम्मा लिया। वे मुसलमान भाइयों से यह वादा लेकर ही रहे कि चाहे जो हो, वे हिंसा का आश्रय न लेंगे।

फिर भी आन्दोलन की तेज़ी नहीं घटी, ख़ास तौर से भारतीय मुसलमानों का दुस्साहस और बढ़ गया। 8 जुलाई को कराची में ख़िलाफ़त सम्मेलन शुरू हुआ, वहाँ मुसलमानों ने इसलाम के बारे मे अपने पुरानी माँगें फिर दुहराईं। उन्होंने कहा, "मुसलमानों के लिए फ़ौज में भरती होना मना है, उस नौकरी के लिए किसी और की मदद करना भी मना है।" सम्मेलन ने यह कहकर अंग्रेज़ी सरकार को धमकी तक दी कि अगर सरकार अंगोरा के नेताओं के प्रति अपना अन्यायपूर्ण रुख़ न बदलेगी तो साल के आख़िर में कांग्रेस का जो अधिवेशन होगा, मुसलमान उसमें असहयोग आन्दोलन और भारत में स्वतंत्र गणतंत्र की घोषणा करेंगे। 28 जुलाई को बम्बई में राष्ट्रीय कांग्रेस समिति की बैठक हुई। (नए संविधान की स्वीकृति के बाद यह समिति की पहली बैठक थी)। समिति में निर्णय किया गया कि प्रिंस ऑफ़ वेल्स जब भारत आएँगे तो उनका बहिष्कार किया जाएगा। 30 सितम्बर से

पहले सारे विदेशी कपड़ों के निषेध की भी घोषणा की गई। कहा गया कि सम्मेलन भारतीय करघा उद्योग को प्रोत्साहन दे रहा है। उसकी इच्छा है कि उस उद्योग को संगठित रूप से चलाया जाए। उसने इस ओर भी ध्यान दिया कि व्यवसायियों की स्वार्थ-रक्षा के लिए सरकार की सारी चेष्टाओं के बावजूद शराबख़ोरी के ख़िलाफ़ और दृढ़ जनमत तैयार किया जाए। लेकिन ख़िलाफ़त सम्मेलन के मुसलमानों से अधिक अनुभवी होने के कारण समिति के सदस्यों ने उपद्रवों की निन्दा की और यह सलाह भी दी कि अभी असहयोग आन्दोलन की आवश्यकता नहीं है। साथ ही उन्होंने अहिंसा के प्रचार के लिए अधिक उद्योग करने की पहल की।

अगस्त में मोपलाओं ने ज़ोर-शोर से उपद्रव शुरू कर दिए। वे उपद्रव कई महीनों तक होते रहे। उनको शान्त करने के लिए गांधी ने मौलाना मुहम्मद अली के साथ मलाबार जाना चाहा। सरकार ने उन्हें जाने तो दिया ही नहीं, उलटे ख़िलाफ़त सम्मेलन में असहयोग आन्दोलन का प्रस्ताव पारित करने के अपराध में मौलाना मुहम्मद अली और उसके भाई मौलाना शौकत अली के साथ बहुत-से जाने-माने मुसलमानों को सितम्बर महीने में गिरफ़्तार कर लिया। इसी के साथ दिल्ली में ख़िलाफ़त केन्द्रीय समिति ने ख़िलाफ़त सम्मेलन में पारित प्रस्तावों को दुहराया और उन्हीं प्रस्तावों की ज़ोरदार गूँज सैकड़ों सभाओं में सुन पड़ी। 4 अक्तूबर, को गांधी ने कहा कि अपने मुसलमान भाइयों की लड़ाई में वे भी शामिल हैं। कांग्रेस के पचास विशिष्ट सदस्यों के साथ मिलकर उन्होंने एक वक्तव्य प्रकाशित किया जिसमें कहा गया कि :

1. सरकार के साथ असहयोग करने के बारे में अपनी राय ज़ाहिर करने का अधिकार सभी नागरिकों को रहेगा,
2. जिस सरकार ने भारत की नैतिक, आर्थिक और राजनैतिक सम्मान की हानि की है, कर्मचारी अथवा सैनिक के रूप में उसके मातहत काम करना प्रत्येक भारतीय के लिए लज्जाजनक है, और
3. इस सरकार से अपना सम्बन्ध तोड़ लेना सबके लिए उचित है।

कराची की अदालत में अली भाइयों पर मुकदमा चला। अन्य अपराधियों के साथ उन्हें भी दो-दो साल के लिए कठोर कारावास की सज़ा मिली। इस फ़ैसले का जवाब भारत ने और उग्र रूप से दिया। 4 नवम्बर को दिल्ली में कांग्रेस समिति ने गांधी के वक्तव्य का समर्थन किया। निश्चय किया गया कि प्रत्येक प्रान्त अपनी ज़िम्मेदारी पर असहयोग आन्दोलन शुरू कर सकता है। इसके अन्तर्गत कर-बन्दी भी आ जाती थी। हाँ, समिति ने यह शर्त भी रखी थी कि असहयोग करनेवाले, स्वदेशी और असहयोग की कर्तव्य-सूची से बाल बराबर इधर-उधर न होंगे, अहिंसा का व्रत लेंगे और चरखा चलाएँगे। गांधी के नेतृत्व में समिति ने यह प्रयत्न भी किया कि आन्दोलन को व्यवस्था और आत्मत्याग की नीति से शान्तिपूर्ण बनाए रखा जाए।

आत्म-त्याग और व्यवस्था के इस निर्देश को और भी स्पष्ट करने के लिए समिति ने कहा कि असहयोग करनेवाले अथवा उनके परिवार के लोग कांग्रेस से किसी आर्थिक सहायता की आशा न रखें।

असहयोग का विराट आन्दोलन शुरू होने ही वाला था कि 17 नवम्बर को प्रिंस ऑफ़ वेल्स बम्बई आ पहुँचे। उनके आगमन के पूरे बहिष्कार के आदेश का मध्यवित्त लोगों तथा उनसे भी नीचे की श्रेणीवालों ने पालन किया। पारसियों, धनिकों और सरकारी कर्मचारियों ने उस आदेश पर ध्यान नहीं दिया। उनके रुख़ से जनता में इतना क्रोध फैला कि लोग उनके प्रति दुर्व्यवहार करने लगे, उन्होंने औरतों को भी नहीं छोड़ा—इस तरह उपद्रव तेज़ी से बढ़ चले। कितने घर लूटे गए, कितने लोग घायल हुए और मरे। बेशक, इसके अलावा और कोई हिंसात्मक विस्फोट नहीं हुआ, हड़ताल के आदेश का सारे भारत में पूरी तरह शान्तिपूर्ण ढंग से पालन हुआ—कहीं कोई दुर्घटना नहीं हुई। लेकिन गांधी ने कहा, बम्बई के दंगे से उनके हृदय में तीर चुभ गया है। उपद्रव की ख़बर मिलते ही वे घटनास्थल पर दौड़ आए। उन्हें देखकर जब उपद्रवकारियों ने जय-जयकार की तो उनकी लज्जा दुगुनी हो गई। उन्होंने नाराज़ होकर जनता को तितर-बितर हो जाने का आदेश दिया, कहा कि अगर पारसी लोगों ने प्रिंस का सम्मान करना चाहा था तो यह उनका मामला था, लेकिन ऐसे हीन हिंसक आचरण को किसी तरह क्षमा नहीं किया जा सकता। जनता उस समय तो शान्त हो गई, यद्यपि थोड़ी ही दूरी पर फिर उपद्रव शुरू हो गए। ऐसा लगा, जैसे मनुष्य की निकृष्टतम मनोवृत्ति ज़मीन फोड़कर बाहर निकल आई हो, ये बीस हज़ार आदमी इतनी आसानी से तर्कों की अधीनता स्वीकार करने को तैयार नहीं हैं। फिर भी उपद्रव सीमाबद्ध ही रहा, यूरोप में तो मामूली-से-मामूली क्रान्ति-दिवस मनाने में भी इससे अधिक तोड़-फोड़ हो जाती है। असहयोगियों और बम्बई के नागरिकों के प्रति गांधी ने वेदना-विक्षुब्ध अपील निकाली, जो बहुत-सी पत्र-पत्रिकाओं में प्रकाशित भी हुई। उन्होंने कहा कि इस घटना से यही प्रमाणित होता है कि जनता अभी असहयोग आन्दोलन के लिए तैयार नहीं है—इसी कारण उन्होंने आन्दोलन को स्थगित करने का आदेश भी दिया। दूसरों के हिंसात्मक कामों के लिए उन्होंने अपने को दंडित करना चाहा। उन्होंने पाँच दिनों का अनशन व्रत किया (सप्ताह में चौबीस घंटों के अनशन का नियम वे यों भी पालन करते हैं)। भारत के यूरोपियनों को बम्बई के दंगे से जितना भय नहीं हुआ था, उससे कहीं अधिक दुश्चिन्ता का कारण बनी वह सामूहिक, शान्त और परिपूर्ण हड़ताल। इसका कुछ उपाय करने के लिए उन लोगों ने वायसराय को घेरा। हर प्रान्त में सरकार एक के बाद एक ऐसे अत्याचार करने लगी, जिनका न्याय से कोई सम्बन्ध ही नहीं था। राजद्रोहियों और गुप्त समितियों के सदस्यों के कार्यों के विरुद्ध 1908 का एक पुराना क़ानून था, अतीत के गड्ढे से निकालकर उसे कांग्रेस के स्वयंसेवकों और

ख़िलाफ़त के विरुद्ध चालू किया गया—हज़ारों आदमी क़ैद कर लिये गए। इसके जवाब में हज़ारों नए स्वयंसेवकों के दलों ने कांग्रेस की सूची में अपना नाम लिखा लिया। अखिल भारतीय शृंखला के द्वारा प्रादेशिक समितियों के स्वयंसेवक दल का संगठन करने का आदेश दिया गया। कलकत्ता में प्रिंस के आगमन के सिलसिले में 24 दिसम्बर को हड़ताल करने का निश्चय किया गया। उस दिन कलकत्ता मरुभूमि की तरह लगता था—प्रिंस सिर्फ़ आए और चले गए।

विद्रोह की आग धीरे-धीरे सुलगनी शुरू ही हुई थी कि अहमदाबाद में राष्ट्रीय कांग्रेस का अधिवेशन हुआ। फ्रांसीसी क्रान्ति के आरम्भ में सन 1789 में फ्रांस की विधान-सभा के प्रतिनिधिगण[1] जिस भारी गम्भीरता के साथ इकट्ठे हुए थे, यह अधिवेशन भी कुछ वैसी ही गहरी गम्भीरता के साथ शुरू हुआ। उस समय, हाल ही में कांग्रेस के सभापति को क़ैद किया गया था, अत: विचार-विमर्श भरसक संक्षिप्त ही हुए। असहयोग की नीति का एक बार फिर ज़ोरदार समर्थन किया गया, स्वयंसेवक दल में नाम लिखाने और जेल जाने के लिए सभी भारतीयों का आह्वान किया गया। कांग्रेस ने भारत में सब जगह सभा-समिति करने को कहा, यह भी ज़ाहिर किया कि क़ानून भंग करने में उसका विश्वास है। कहा गया कि यह आन्दोलन सशस्त्र क्रान्ति से कम शक्तिशाली तो है ही नहीं, मानवता के पक्ष से और अधिक ऊँचे दर्जे का है। कांग्रेस ने यह निर्देश भी दिया कि अहिंसा-नीति में समुचित रूप से जनता के दीक्षित होते ही यह आन्दोलन आरम्भ किया जाएगा। अधिवेशन ख़त्म होने के पहले ही अधिकांश सदस्य गिरफ़्तार हो सकते हैं, इस आशंका से कांग्रेस ने अपने सारे अधिकार गांधी को सौंप दिए, वस्तुत: उन्हें अधिनायक के पद पर बैठा दिया—उन्हें यह अधिकार भी दिया गया कि ज़रूरत पड़ने पर व अपना उत्तराधिकारी स्वयं चुन लेंगे। कांग्रेस ने उन्हें भारतीय राजनीति का एकमात्र नेता बना दिया, एक शर्त ज़रूर रखी गई कि राष्ट्रीय लक्ष्य में हेर-फेर न कर सकेंगे और कांग्रेस समिति की अनुमति के बिना सरकार के साथ समझौता न कर सकेंगे। इस ख़याल से कि भारत और भी जल्दी सम्पूर्ण स्वाधीनता प्राप्त कर सके, विधान-सभा के कुछ लोगों ने हिंसात्मक नीति ग्रहण करने का प्रस्ताव रखा था, यद्यपि गांधीवादी अधिकांश सदस्यों ने उसका विरोध किया।

बाद के कुछ हफ़्तों में भारत में प्रबल उत्साह की आँधी बहती रही—चालीस हज़ार स्त्री-पुरुषों ने प्रसन्नतापूर्वक जेल-यात्रा की।

उनके पीछे और भी हज़ारों-हज़ार आदमी थे, जो अपने विश्वास का प्रदर्शन करने के लिए सिर्फ़ ठीक मुहूर्त की प्रतीक्षा कर रहे थे। गांधी एक बार फिर जनता

---

1. फ्रांसीसी क्रान्ति का आरम्भ हुआ 1789 के मई महीने में, जब फ्रांस की विधान परिषद के प्रतिनिधि एक जगह इकट्ठे हुए थे। यहाँ रोलां का अभिप्राय यही है कि उसी प्रकार की एक भारतीय क्रान्ति का सूत्रपात किया राष्ट्रीय कांग्रेस के इस अधिवेशन ने।

को क़ानून तोड़ने का आदेश देने को तैयार हुए। बम्बई प्रदेश का बारदोली नामक स्थान इस अर्थ में आदर्श है कि वहाँ हमेशा गांधी के आदेशों का सफलतापूर्वक पालन हुआ था। निश्चय हुआ कि आन्दोलन के आरम्भ का प्रथम संकेत वहीं से दिया जाएगा। सन 1922 की 9 फ़रवरी को गांधी ने एक खुली चिट्ठी के द्वारा वायसराय को इसकी प्रथम सूचना दे दी। चिट्ठी में विनय का भाव तो था, लेकिन उसी में संग्राम की स्पष्ट घोषणा भी थी। पत्र में उन्होंने लिखा था, "आन्दोलन का मुख्य दायित्व उन्होंने स्वयं ही लिया है और जिस सरकार ने बोलने, लिखने और सभा-समितियों के आयोजन की जनता की स्वतंत्रता पर निष्ठुरतापूर्वक आघात किया है, उसके विरुद्ध अहिंसक क्रान्ति का प्रथम चरण बारदोली में आरम्भ होगा।" गांधी ने लॉर्ड रीडिंग को सात दिनों का समय दिया, जिसके अन्दर सरकार को अपनी नीति में परिवर्तन करना होगा। यदि सरकार ने ऐसा नहीं किया तो विद्रोह फूट पड़ेगा—आदेश दिया जा चुका है।

पत्र अभी उन्होंने भेजा ही था कि गोरखपुर ज़िले के चौरी चौरा में एक ऐसी भयंकर घटना हो गई, जैसी इससे पहले कभी नहीं हुई थी। एक जुलूस में जा रहे लोगों पर पुलिस ने हमला कर दिया। बाद में जब जनता ने भी पुलिस पर हमला किया तो पुलिस ने गोली चलाई और थाने के अन्दर जा छिपी। तब जनता ने थाने में आग लगा दी। थाने के अन्दर बन्द पुलिसवालों ने व्यर्थ ही दया की भीख माँगी, लेकिन उन्हें जलाकर मार डाला गया। पहल पहले पुलिस की ओर से ही हुई थी और उस हत्याकांड में असहयोग के स्वयंसेवकों ने कोई हिस्सा नहीं लिया था—इसी से इस मामले में गांधी के लिए अपने को दोषी मानने का कोई कारण नहीं था। लेकिन वे तो सारे देश के विवेक हो गए थे, कोई भी भारतीय कोई दुष्कर्म करे तो वह आकर उनके हृदय में लगता था—अपने देशवासियों के समस्त पापों को उन्होंने अपने कन्धे पर ले लिया था। इस घटना से वे इतने दुखी हुए कि उन्होंने तत्काल आन्दोलन को दूसरी बार स्थगित कर दिया—गो कि उन्हीं के आदेश से अभी-अभी आन्दोलन शुरू हुआ था। बम्बई के दंगे के मुक़ाबले इस बार की घटना उनके लिए और कष्टकर हुई। सिर्फ़ कुछ ही दिन पहले तो उन्होंने वायसराय को चुनौती का पत्र भेजा था, अब उसे वापस लेना क्या हास्यास्पद नहीं होगा? उनके अहंकार ने (जिसे वे शैतान कहते हैं) उसे लौटाने से उन्हें मना किया और इसी कारण उन्होंने ख़ासतौर से उसे लौटा लेने का निश्चय किया।

सन 1922 की 16 फ़रवरी के 'यंग इंडिया' में उनके जीवन का वह अद्भुत दस्तावेज प्रकाशित हुआ, 'चौरी चौरा का पाप' (मूल अंग्रेज़ी में 'दि क्राइम ऑफ़ चौरी चौरा')—उन्होंने जनता के सामने निश्छल रूप से अपना दोष स्वीकार किया था। ऐसी पीड़ा की घड़ी में भी उन्होंने लेख का आरम्भ बड़े प्रसन्न व्यक्ति की तरह किया था, उनको इस तरह लांछित किया, इसके लिए उन्होंने ईश्वर को धन्यवाद

दिया—"मेरे प्रति ईश्वर की कृपा का अन्त नहीं है। इस बार तीसरी दफ़ा उन्होंने मुझे बतलाया कि भारत में अभी अहिंसा और सत्य का वातावरण नहीं बना है। केवल अहिंसा और सत्य की नीति ही जनता के क़ानून-भंग आन्दोलन को युक्तिसंगत बना सकती है। और उस आन्दोलन को मैं केवल इसी कारण सर्वसाधारण के लिए उपयोगी बनाना चाहता हूँ कि वह भद्र, नम्र, प्रज्ञा पर प्रतिष्ठित और स्वेच्छा-प्रेरित होगा। हिंसा अथवा पाप के मार्ग पर नहीं, वह सदा प्रेम के मार्ग पर ही चलेगा। सन 1919 में तब ईश्वर ने मुझे इस प्रकार सावधान किया था, जब रौलट क़ानून के विरुद्ध विद्रोह हुआ था, तो अहमदाबाद, बीरमगाम और खेड़ा ने ग़लती की थी। ग़लती अमृतसर और क़सूर में भी हुई। तब मैंने अपने को सुधारा, अपनी भूल को हिमालय-जैसी भूल कहकर स्वीकार किया और ईश्वर तथा मनुष्य के सामने मैं विनयावनत हुआ। मैंने केवल जनता के क़ानून-भंग आन्दोलन को ही नहीं, अपने आन्दोलन को भी बन्द कर दिया। दूसरी बार मुझे वह चेतावनी बम्बई की घटनाओं के समय मिली, ईश्वर ने मुझे जिनका आँखों देखनेवाला गवाह बनाया था। बारदोली में जो क़ानून-भंग आन्दोलन शरू होने जा रहा था. उसे मैंने बन्द किया। उस बार मझे अपमान की चोट ज़्यादा गहरी लगी थी, लेकिन उससे मेरा भला ही हुआ। उस विलम्ब से भारत को लाभ हुआ है, इसमें मुझे सन्देह नहीं है। यह इसी प्रकार प्रमाणित हो सका था कि भारत सत्य और अहिंसा का प्रतिनिधि है। लेकिन जो सबसे कड़वा अपमान है, वह आज का है। चौरी चौरा के माध्यम से ईश्वर की आवाज़ साफ़ सुन पड़ती है। भारत जिस क्षण अहिंसा के माध्यम से स्वतंत्रता के सिंहासन पर चढ़ने चला था, ठीक उसी क्षण जनता के द्वारा इस तरह हिंसा का आश्रय लेना, अशुभ की सूचना देता है। देश में ऐसे हिंसात्मक कार्यों के दमन का भार असहयोगियों को लेना पड़ेगा। भारत के गुंडों को जब तक पूरी तरह क़ब्ज़े में न कर लिया जाएगा, तब तक हिंसा का दमन सम्भव न होगा।"

13 फ़रवरी को उन्होंने बारदोली में कांग्रेस कार्यकारिणी समिति की बैठक बुलाकर अपने संकट की बात कही। अनेक सदस्य उनके साथ सहमत नहीं हुए। लेकिन उन्होंने कहा, उन्हें ईश्वर का आशीर्वाद मिला है, नहीं तो उनके सहकर्मी उनके प्रति इतनी सहानुभूति का भाव कैसे दिखलाते हैं? उनकी दुविधा कहाँ है, यह उनके सहकर्मियों ने समझा है और उन्हीं के अनुरोध से उन्होंने क़ानून-भंग आन्दोलन को स्थगित करना स्वीकार किया है और सारे संगठन को अहिंसा के उपयुक्त वातावरण तैयार करने के लिए आमंत्रित किया है। गांधी ने कहा—"मैं जानता हूँ कि प्राय: सारे उग्रवादी कार्यक्रम में जो आमूल परिवर्तन किया जा रहा है, वह शायद राजनैतिक दृष्टि से बुद्धिमानी का काम नहीं है—लेकिन धर्म की दृष्टि से वह उचित और युक्तिसंगत है, इसमें मुझे सन्देह नहीं है। मेरे लांछना-बोध और दोष-स्वीकार के द्वारा देश लाभान्वित होगा। सत्य और अहिंसा, इन्हीं गुणों

का मेरा दावा है। मैं किसी अतिमानुषिक शक्ति का अधिकारी नहीं हूँ, होना चाहता भी नहीं। जिस तरह किसी दिन मेरे शरीर का मांस नष्ट हो सकता है, वही मांस हमारे अत्यन्त दुर्बल भाइयों के शरीर में भी है, इसीलिए, उन्हीं की तरह कभी मैं भी ग़लती कर सकता हूँ। मेरी शक्ति बहुत सीमित है, फिर भी असम्पूर्णता के बावजूद, उसने ईश्वर का आशीर्वाद पाया है। अपना दोष स्वीकार करके गन्दगी को झाड़ू से बुहारा जा सकता है। मैं अपना दोष स्वीकार कर सका हूँ, इसी से मैं अपने को और अधिक शक्तिशाली पा रहा हूँ—इस बार लक्ष्य को सफलता मिलनी चाहिए, क्योंकि उसने अन्य मार्ग ग्रहण किया है। जो सीधे मार्ग से हमेशा दूर हटता जाना चाहता है, वह व्यक्ति कभी लक्ष्य तक नहीं पहुँच सकता। कुछ लोग मेरे विरोध में कहते हैं कि बारदोली में जो कुछ हुआ, उसके साथ चौरी चौरा की क्रूरता का कोई सम्बन्ध नहीं है—इसके बारे में मुझे भी कोई सन्देह नहीं है। देश के और लोगों की तुलना में बारदोली के लोग बड़े शान्तिप्रिय हैं, लेकिन इस विशाल देश के मुक़ाबले में बारदोली है ही कितनी-सी? दूसरे इलाक़ों के पूरे सहयोग के बिना तो उसका उद्योग सफल नहीं हो सकता। बर्तन-भरे दूध में एक बूँद ज़हर पड़ जाए तो वह सारे दूध को पीने के अयोग्य बना देता है, चौरी चौरा वही प्राणघातक विष है। और, चौरी चौरा में जो कुछ हुआ है, वह अकेला नहीं है, अन्य स्थानों से भिन्न नहीं है—चौरी चौरा के द्वारा सारे देश के रोग का सिर्फ़ एक महत्त्वपूर्ण लक्षण दीख पड़ा है। क़ानून-भंग आन्दोलन का मतलब ही है चुपचाप अत्याचार सह लेने की तैयारी—इसी से उस आन्दोलन को सब तरह की उत्तेजना से रहित होना ही पड़ता है। उसका परिणाम शान्त और दृष्टि से अगोचर होने पर भी अद्भुत होता है। चौरी चौरा की क्रूरता हमें उँगली के इशारे से राह दिखा रही है। यदि हम अहिंसा के माध्यम से हिंसा को लाने के लिए तैयार न हों तो इसमें सन्देह नहीं कि हमें इसी समय सही रास्ते का पता लगाना होगा और फिर से शान्ति का वातावरण तैयार करना होगा। सरकार की तमाम उकसाहट के बावजूद जनता के क़ानून-भंग आन्दोलन को हम शान्तिपूर्ण बनाए रख सकेंगे, जब तक हममें यह विश्वास दृढ़तापूर्वक नहीं आता, तब तक हम आन्दोलन आरम्भ करने की बात सोच भी नहीं सकेंगे। इसके लिए यदि विरोधी हमें डरपोक कहेंगे तो कहें; लोग हमें ग़लत समझना चाहें तो समझें; फिर भी मैं ईश्वर को धोखा न दूँगा।"

दूसरों के लिए हत्याकांड के पाप का प्रक्षालन महात्मा ने करना चाहा, "मुझे व्यक्तिगत चित्तशुद्धि की बहुत आवश्यकता है। मैं एक ऐसा नैतिक यंत्र बनना चाहता हूँ, जिससे मैं अपने आसपास की नैतिक आबोहवा के ज़रा-से फेर-बदल को भी ठीक-ठीक पकड़ सकूँ। मेरी प्रार्थना गम्भीरतर सत्य और विनय से उद्‌बुद्ध हो सके। पूर्णतर आत्मप्रकाश के लिए हो, चाहे देह पर आत्मा की श्रेष्ठता अर्जित करने के लिए, अनशन से अधिक शक्तिशाली दूसरा मार्ग नहीं है।"

इसी से उन्होंने लगातार पाँच दिनों के अनशन के लिए अपने-आपको मजबूर किया। कोई दूसरा उनका अनुकरण न करे, वे अपने को अकेले ही सज़ा देंगे। अब तक वे एक अनाड़ी शल्य-चिकित्सक थे, अब या तो उन्हें अपना धन्धा छोड़ देना होगा, या फिर उसमें अधिक निपुणता प्राप्त करनी होगी। उनका अनशन एक ही साथ तपस्या और दंड होगा—जैसे अपने लिए, वैसे ही चौरी चौरा के लोगों के लिए, जो शायद उन्हीं का नाम लेकर पाप-कर्म में प्रवृत्त हुए होंगे। उनकी ओर से वे अकेले ही कष्ट सहने के लिए तैयार थे, फिर भी उन्होंने उन लोगों को यह उपदेश भी दिया कि वे स्वयं ही अपने-आपको गिरफ़्तार करा दें और अकपट भाव से अपना अपराध स्वीकार करें। क्योंकि जिस लक्ष्य की सेवा में वे नियुक्त थे, उसके प्रति उन्होंने भयंकर अन्याय किया है। गांधी ने कहा, "हमारा आन्दोलन हिंसा के मार्ग पर न जाए अथवा हिंसा का अग्रदूत न बन जाए, इसके लिए मैं सब तरह का दंड सहने को तैयार हूँ—मैं सब तरह के अत्याचार, सम्पूर्ण निर्वासन, यहाँ तक कि मृत्यु को भी स्वीकार करने को राज़ी हूँ।"

मनुष्य की आध्यात्मिक प्रगति के इतिहास में ऐसे महिमान्वित कई पृष्ठों की समता पाना कठिन है। इसका नैतिक मूल्य अनन्य-साधारण है, यद्यपि राजनैतिक दृष्टि से यह विडंबनाजनक है। गांधी ने स्वयं ही स्वीकार किया है कि लोग इस काम को 'राजनैतिक दृष्टि से असम्भव और असंगत' मान सकते हैं। देश की सारी शक्ति को एकत्रित करके, आन्दोलन के ठीक निर्दिष्ट समय पर उसे इस तरह से रोक देना और स्पष्ट संकेत न देना चाहना, सचमुच संकट को आमंत्रित करना है—ख़ासतौर से तब, जब वह देश तीन-तीन बार पूरी तैयारी के साथ आगे बढ़ा है और तीनों ही बार हाथ उठाकर उसे रोक दिया गया है और अब वह हाँफता हुआ प्रतीक्षा कर रहा है। इससे आग्रह के दमित होने की आशंका है और आशंका है देश को बाँधने की क्षमता के अचानक टूट जाने की।

सन 1922 की 24 फ़रवरी को जब कांग्रेस समिति की बैठक दिल्ली में हुई तो स्वभावतः गांधी को बहुत विरोध का सामना करना पड़ा। 13 तारीख़ को बारदोली में जो निर्णय किए गए थे, बहुत बहस-मुबाहसे के बाद उनका समर्थन सम्भव हो सका। असहयोगी दो हिस्सों में बँट गए। गांधी ने कहा, क़ानून-भंग आन्दोलन आरम्भ करने के पहले यह आवश्यक है कि लोग उसके लिए समुचित रूप से तैयार हों। उन्होंने रचनात्मक कार्यक्रम का एक प्रस्ताव भी पेश किया लेकिन आन्दोलन की इस धीमी गति से बहुत से लोगों ने असन्तोष प्रकट किया, क़ानून तोड़ने के निर्णय को स्थगित करने के विरुद्ध भी उन्होंने मत प्रकट किया—उन्होंने कहा कि गांधी के तौर-तरीक़े देश के उत्साह का गला घोंट रहे हैं। एकादल ने कार्यकारिणी समिति के लिए निन्दा का प्रस्ताव उपस्थित किया, उन्होंने समिति के सारे निर्णयों को रद्द कर देना चाहा। जो भी हो, अन्त में गांधीजी की जीत ज़रूर हुई, लेकिन इस बात से उन्हें दुख भी बहुत हुआ। उन्होंने समझ लिया कि अधिकांश सदस्य उनका समर्थन

नहीं करना चाहते और वे लोग उनकी सच्चाई के प्रति आस्था खो रहे हैं। गांधी ने यह भी समझा कि जिन लोगों ने उनके पक्ष में वोट दिया है, उनमें से भी एकाधिक व्यक्तियों ने पीठ पीछे उन्हें 'तानाशाह' कहा है। उन्होंने देखा कि वास्तव में अब उनके माध्यम से देश के मनोभाव प्रतिफलित नहीं होते, और अपनी स्वाभाविक तथा अदम्य सच्चाई के साथ 2 मार्च, 1922 को उन्होंने लिखा,

"जानकर हो या अनजान से, अन्दर-ही-अन्दर हिंसा का एक फल्गुस्रोत प्रवाहित हो रहा है और इसी कारण मैंने नितान्त शाब्दिक अर्थों में भयंकर पराजय के लिए प्रार्थना की थी। मैं सदा से अल्पसंख्यकों के दल का हूँ। दक्षिण अफ्रीका में जब मैंने काम शुरू किया तो मुझे एक स्वर से सबका समर्थन मिला, लेकिन धीरे-धीरे मेरे समर्थकों का दल चौंसठ, यहाँ तक कि सोलह व्यक्तियों तक रह गया और फिर उनकी तादाद बहुत ज़्यादा बढ़ गई। मैं सबसे बड़ा और असल काम जो कर सका हूँ, अल्पसंख्यकों की मरुभूमि में ही कर सका हूँ। बहुसंख्यकों से मुझे भय होता है। जनता की विचारहीन प्रशंसा मुझे अस्वस्थ बना देती है। लोग अगर मुझ पर थूकें तो समझूँगा कि मैं ठीक रास्ते पर हूँ। एक मित्र ने मुझे सावधान किया है कि 'तानाशाह' बनने के मौक़े से मैं लाभ न उठाऊँ। उस मौक़े से लाभ उठाने की बात तो दूर, बीच-बीच में मुझे ऐसा लगता है कि शायद मैं ही दूसरों को मौक़ा देता हूँ कि वे मुझसे लाभ उठावें। मुझे यह स्वीकार करने में संकोच नहीं कि इस भय से मैं बेचैन होता हूँ। ऐसा भय मुझे कभी नहीं हुआ था। मेरा छुटकारा एक मात्र जिसके द्वारा हो सकता है, वह मेरी बेशर्मी है। कांग्रेस के अपने मित्रों को मैंने बतला दिया है कि मुझे सुधारना सम्भव नहीं है। लोग जब भी ग़लती करेंगे, मैं उसे अपनी ग़लती मानकर स्वीकार करूँगा। मैंने जिस एकमात्र स्वेच्छाचारी की अधीनता स्वीकार की है, वह है 'अन्तर का नीरव सामान्य स्वर' और वह हम सभी के अन्दर मौजूद है। साथ ही मुझमें यह विनयपूर्ण विश्वास भी है कि मेरे समर्थकों की संख्या कम होते-होते अगर एक भी रह जाए तो उस असहाय अवस्था को स्वीकार करने का साहस मुझमें है। एकमात्र वही मेरे लिए सत्य मार्ग है। आज मैं पहले से अधिक दुखी, लेकिन पहले से अधिक बुद्धिमान भी हूँ—मैंने जान लिया है कि मेरी अहिंसा सिर्फ़ चमड़ी तक ही पहुँची है, उसे भेदकर वह मर्म को नहीं छू सकी। हम क्रोध से उबल रहे हैं और सरकार भी अपने अमानुषिक अत्याचारों से उस आग में घी डाल रही है। ऐसा लगता है कि सरकार ने भी सारे देश को हत्या, आगज़नी और लूटपाट से भर देने के लिए कमर बाँध रखी है—क्योंकि तभी वह कह सकेगी कि इन सब के दमन की एकमात्र क्षमता उसी में है। इसी से ऐसा लग सकता है कि हमारी अक्षमता ही इस अहिंसा नीति का कारण है—कि हमने यत्नपूर्वक ऐसी इच्छा को छिपा रखा है कि मौक़ा मिलते ही बदला लेकर रहेंगे। क्या दुर्बल की इस आरोपित अहिंसा से वास्तविक, स्वेच्छा-प्रेरित अहिंसा उत्पन्न हो सकती है? मैं जो

परीक्षा करने का प्रयत्न कर रहा हूँ, वह क्या आरम्भ से ही व्यर्थ नहीं है? और जिस दिन सच्चा उन्माद जाग उठेगा और तब यदि एक व्यक्ति भी निरापद न रह सकेगा। अगर हर आदमी अपने भाई को मारने के लिए हाथ उठाएगा तो क्या होगा? अगर कभी सचमुच वैसा सर्वनाश हुआ तो मैंने यह व्यर्थ का आमरण अनशन किसके लिए किया है? यदि तुम अहिंसा के योग्य नहीं हो तो बलपूर्वक हिंसा का मार्ग ही अपनाओ। लेकिन कपटाचार मत करो (गांधी ने समझ लिया था कि जिन लोगों ने अहिंसा-नीति का समर्थन किया है, उनमें से अधिकांश मन-ही-मन ऐसा विश्वास करते हैं कि यह एक सामयिक राजनैतिक चाल है—जैसे किसी दिन परोक्ष में वह हिंसा का मार्ग ही प्रशस्त कर देगा। गांधी की भाषा में, ख़ासी सज्जनता से ही उन्होंने 'अहिंसक आघात देने' की बात उठाई थी। रवीन्द्रनाथ को इस संकट की आशंका बहुत पहले ही हुई थी, गांधी को नहीं हो सकी। लेकिन आज, जब गांधी ने यह बात समझी तो वे स्तंभित हो गए और उन्होंने रवीन्द्रनाथ से भी अधिक कठोर स्वर में बहुसंख्यकों के इस मनोभाव की निन्दा की)—बहुसंख्यक कहना चाहते हैं कि वे अहिंसा-नीति अपना रहे हैं—तो वे उसके दायित्वों के प्रति जागरूक हों। जल्दबाज़ी के क़ानून-भंग आन्दोलन से कोई लाभ नहीं है—पहले शान्तिपूर्वक रचनात्मक कार्य आरम्भ करना चाहिए। अगर हम अब भी सावधान नहीं हुए तो ऐसे पानी में डूबेंगे जिसकी गहराई के बारे में हमें कोई जानकारी नहीं है।"

अल्पसंख्यकों की ओर मुड़कर उन्होंने कहा, "तुम लोग अहिंसा नहीं चाहते? तो कांग्रेस से अलग होकर एक नए राजनैतिक दल का गठन करो। उसका लक्ष्य क्या होगा, यह सबके सामने साफ़-साफ़ ज़ाहिर करो। और देश चाहे तुम्हें, चाहे हमें, किसी एक को चुन ले। लेकिन उल्टी-सीधी बातें मत करो। स्पष्टवक्ता बनो।"

इन कठोर बातों में जैसी कड़वी विषण्णता है, वैसा ही पुरुषोचित पराक्रम भी है। यह मानो ईसा को क्रॉस पर चढ़ाए जाने के पहले की रात है। गांधी क़ैद होने जा रहे हैं...कौन जाने, उस सम्भावना को उन्होंने मुक्ति का ही उपाय समझा था या नहीं।

बहुत दिनों से वे इस प्रतीक्षा में थे कि उन्हें क़ैद कर लिया जाएगा। 1920 के 10 नवम्बर से ही वे तैयार थे—जो कुछ करने लायक़ था, वे कर चुके थे। जब वे न रहेंगे ('जब मैं क़ैद हो जाऊँगा') तब क्या करना और क्या न करना चाहिए, इसके बारे में वे जनता को निर्देश दे चुके थे। 9 मार्च, 1922 के एक नए लेख में उन्होंने फिर वही प्रसंग उठाया—उस समय फिर यह अफ़वाह फैलने लगी थी कि वे गिरफ़्तार कर लिये जाएँगे। उन्होंने लिखा, सरकार के अत्याचार का उनको ज़रा भी डर नहीं है। उन्हें डर सिर्फ़ इस बात का है कि लोग कहीं हिंसात्मक रुख़ न अपनाएँ। वैसा हुआ तो उनके सम्मान को आघात लगेगा। "मेरी गिरफ़्तारी के दिन को लोग आनन्द मानने का दिन समझें। सरकार का ख़याल है कि गांधी क़ैद है तो भारत के बारे में किसी चिन्ता की ज़रूरत नहीं। वह एक बार लोक-शक्ति को

माप ले।' पूर्ण शान्ति बनाए रखकर ही जनता उनके प्रति अपना सम्मान भलीभाँति प्रकट कर सकती है। यह सोचना गांधी को बुरा लगता है कि बाद में कहीं लोग ख़ून-ख़राबे पर न उतर आएँ, क्योंकि इसी भय से सरकार उनको गिरफ़्तार करने में आगा-पीछा कर सकती है। अत: लोग शान्त रहें, काम बन्द करने की कोई ज़रूरत नहीं—लेकिन वे लोग सभा-सम्मेलन न करें। अदालतें बन्द हो जाएँ, कर्मचारीगण दफ़्तरों में जाना बन्द कर दें, विद्यार्थी स्कूल-कालेजों में न जाएँ—अहिंसा का कार्यक्रम नियमानुसार व्यवस्थापूर्वक और पूर्ण रूप से चलाया जाए। अगर लोग इस तरह आन्दोलन को चलाते रह सकें तो उनकी जीत निश्चित है। नहीं तो वे कुचले जाकर ख़त्म हो जाएँगे।

सारी तैयारी हो चुकी थी। गांधी, अहमदाबाद के पास अपने प्रिय साबरमती आश्रम की शान्ति में लौट गए, वहाँ अपने स्नेहास्पद शिष्यों से घिरे, वे शान्त चित्त से पुलिस की प्रतीक्षा करने लगे। वे गिरफ़्तार होना चाहते थे—उनकी अनुपस्थिति में भारत और दृढ़तापूर्वक अपने पैरों पर खड़ा हो सकेगा और 'वे भी थोड़ा विश्राम कर सकेंगे, जिसकी शायद उनको ज़रूरत है।'

(9 मार्च, 1922)

अभी प्रार्थना ख़त्म हुई ही थी कि 10 मार्च की सन्ध्या को पुलिस आ पहुँची—पुलिस आ रही है, यह बात आश्रमवासियों को पहले से मालूम थी। महात्मा ने उन्हें आत्म-समर्पण कर दिया। जेल जाते हुए उनकी मुलाक़ात अपने मुसलमान मित्र मौलाना हसरत मोहानी से हुई—ऐसे शुभ मुहूर्त में उनका आलिंगन करने के लिए मौलाना बहुत दूर से भागे हुए आए थे। 'यंग इंडिया' के प्रकाशक बैंकर के साथ गांधी को जेल ले जाया गया। महात्मा की पत्नी जेल के फाटक तक आईं। उन्हें इसकी अनुमति दी गई थी।

अहमदाबाद के ज़िला और दौरा जज के इजलास में, शनिवार, 18 मार्च को बारह बजे वह 'महान मुकदमा' ('यंग इंडिया' में प्रकाशित लेख 'दि ग्रेट ट्रायल' 23 मार्च, 1922) शुरू हुआ। यह मुकदमा एक आश्चर्यजनक महिमा से मंडित था—जज और अपराधी दोनों में से कोई एक-दूसरे के प्रति विनय और सम्मान प्रदर्शन में एक-दूसरे से कम न था। भारत के स्वाधीनता-संग्राम में इंग्लैंड ने तब तक ऐसी उदारतापूर्ण निरपेक्षता कभी नहीं बरती थी। उस दिन जज ब्रूम्सफ़ील्ड ने सरकार के बहुत से दोषों को धो बहाया। इस मुकदमे के बारे में इस बीच बहुत कुछ लिखा जा चुका है, इसलिए मैं संक्षेप में उसका सारांश मात्र दे रहा हूँ—

सरकार ने गांधी को गिरफ़्तार करने का निश्चय क्यों किया? वे तो पिछले दो बरसों से इस आन्दोलन में लगे हुए थे, लेकिन अब जब गांधी ने जन-आन्दोलन को रोक दिया है और सारी हिंसा के विरुद्ध स्वयं ही बाधा बनकर खड़े हो गए हैं, सरकार ने उनकी गिरफ़्तारी के लिए ठीक वही समय क्यों चुना है? क्या घबराहट

से उसे मतिभ्रम हो गया है? अथवा गांधी की इस भयंकर उक्ति को ही वह सत्य प्रमाणित करना चाहती है—"जान पड़ता है कि सारे देश को हत्या, लूटपाट और आगज़नी से भर देने के लिए सरकार ने भी कमर कस ली है—क्योंकि तभी वह कह सकेगी कि इन सब को पूरी तरह से कुचलने की क्षमता केवल उसी में है।" सच तो यह कि सरकार की हालत पतली थी। वह गांधी का सम्मान भी करती है, उनसे डरती भी है। हो सकता तो वह उनसे सज्जनतापूर्ण व्यवहार करती—लेकिन गांधी तो एकबारगी उसके साथ सहज व्यवहार नहीं कर रहे थे। बेशक वे हिंसा की निन्दा कर रहे हैं, लेकिन उनकी अहिंसा तो तमाम हिंसाओं से अधिक क्रान्तिकारी है। जिस समय वे जनता के क़ानून-भंग आन्दोलन का विरोध कर रहे थे, ठीक उसी समय, दिल्ली में 23 फ़रवरी को हो रहे कांग्रेस-अधिवेशन के एक दिन पहले उन्होंने एक ऐसा लेख प्रकाशित कराया, जिससे ब्रिटिश सरकार को बहुत स्पष्टता से धमकी दी गई थी। लॉर्ड बर्कनहेड और मॉन्टेग्यू के एक ढिठाई भरे टेलिग्राम से सारा भारत अपमान से तिलमिला उठा था ('यदि हमारे साम्राज्य के अस्तित्व को अस्वीकार किया जाएगा, भारत के प्रति अपने कर्तव्य-पालन में यदि उसको बाधा दी जाएगी, यदि भारत ने यह समझ रखा हो कि हम डरकर वहाँ से चले आना चाहेंगे, तो संसार की सबसे दृढ़प्रतिज्ञ जाति के प्रति उसका वह उद्यम निष्फल होगा—उसका समुचित उत्तर हम भी अपनी तमाम ताक़त से देंगे')। क्रोधान्ध होकर गांधी ने भी वह चुनौती स्वीकार की—"ब्रिटिश सिंह जब अपने रक्त-रंजित पंजों से हमारा चेहरा लहूलुहान करता जा रहा है तो समझौते की उम्मीद कहाँ है? शारीरिक रूप से दुर्बल जातियों के संगठित शोषण पर ही जो ब्रिटिश साम्राज्य टिका हुआ है, केवल पाशविक शक्ति के निरन्तर प्रदर्शन से अपने को बचा रखा है, वह ऐसी धरती पर जीवित नहीं रह सकता, जहाँ ईश्वर का न्याय है। एक महीना या एक बरस या बहुत बरस ही क्यों न लगें, जो संग्राम 1920 में आरम्भ हुआ है, वह अन्त तक चलेगा, ब्रिटिश जनता के लिए यह समझने का समय आ गया है। मैं केवल यही आशा और प्रार्थना करूँगा कि ईश्वर भारत को अन्त तक अहिंसक बना रहने के लिए यथोचित शक्ति और विनय दे सकें। इस तरह की ढिठाई-भरी चुनौतियों के सामने झुकने से काम न चलेगा।"

इस लेख और उन्हीं दिनों लिखे दो और लेखों के चलते (ये लेख सन 1921 में 19 सितम्बर और 15 दिसम्बर को लिखे गए थे। पहला लेख था अली बन्धुओं की गिरफ़्तारी के बारे में और दूसरा लॉर्ड रीडिंग के अपमानजनक भाषण के उत्तर में। उनमें भी वही 'आमरण संग्राम' की घोषणा थी। 'हम इस सरकार को गिराकर रहेंगे, इस जनता की अधीनता मानने के लिए लाचार होना पड़ेगा। हम किसी दया की भीख नहीं माँग रहे, उसकी उम्मीद भी नहीं करते') इस बार उन्हें अपराधी साबित किया गया। उन पर यह अभियोग लगाया गया था कि "गांधी क़ानूनी सरकार के

ख़िलाफ़ असन्तोष फैला रहे हैं, उसको गिराने के लिए लोगों को खुल्लम-खुल्ला घृणा और हिंसा के लिए उकसा रहे हैं।" उनके पक्ष से कोई कुछ कहनेवाला तो था नहीं, उन्होंने सारे अभियोगों के लिए अपने को दोषी मान लिया।

बम्बई के एडवोकेट जनरल सर जे. टी. स्ट्रांगमैन ने दावा किया कि जिन तीन लेखों के कारण अभियोग लगाया गया है, उन पर अलग-अलग विचार नहीं किया जा सकता, क्योंकि पिछले दो बरसों से सरकार को उलटने के लिए जो प्रचार-कार्य हो रहा है, ये लेख उसके अंशमात्र हैं—अपने कथन के प्रमाण में उन्होंने गांधी के कुछ और लेखों के अंश पढ़ सुनाए। उन्होंने गांधी के गुणों को स्वीकार किया, लेकिन इसी कारण इस तरह के लेख भयंकर उथल-पुथल मचा सकते हैं, ऐसा समझा जा सकता है। बम्बई और चौरी चौरा में जो क्रूरतापूर्ण घटनाएँ हुई हैं, उसकी ज़िम्मेदारी उन्होंने गांधी पर ही डाली। गांधी अहिंसा का प्रचार ज़रूर करते हैं, लेकिन उसी के साथ वे लोगों के मन में असन्तोष भी उभाड़ते हैं। अत: जो उपद्रव हुए हैं, उनके लिए वही ज़िम्मेदार हैं।

अब गांधी ने कुछ कहने की अनुमति चाही। उनके विवेक का संग्राम और उनकी यंत्रणा—पिछले कई सप्ताहों में वे जो निर्णय लेने के लिए बाध्य हुए हैं, उनके औचित्य-अनौचित्य के बारे में उनका सन्देह और उन निर्णयों का सारे देश के विवेक के पक्ष में क्या फलाफल होगा, इसके बारे में उनका उद्वेग—ये सारी बातें इतने दिनों में स्पष्ट हो चुकी हैं। अपने चित्त का शान्त-संयत, सौम्य भाव उन्होंने वापस पा लिया है। जो कुछ है या अब जो होनेवाला है, क्योंकि होने के सिवा दूसरा उपाय नहीं है, वह सबका सब वे माने ले रहे हैं—उसके लिए शायद उन्हें दुख हो, लेकिन उनके बीच से गुज़रने के अलावा दूसरा उपाय नहीं है। उन्होंने कहा कि एडवोकेट जनरल से वे सहमत हैं—हाँ, सब कुछ की पूरी ज़िम्मेदारी उनकी है। अभियोग में जितना कहा गया है, उससे और भी बहुत अधिक दिनों से वे जनता में असन्तोष का प्रचार कर रहे हैं—उसी की उनमें प्रबल आकांक्षा है। मद्रास की दुर्घटना अथवा चौरी चौरा की 'पाशविक नृशंसता' या बम्बई के 'अबोध्य अत्याचार'—इन सबका सारा दोष उन्होंने अपने ऊपर ले लिया।

"एडवोकेट जनरल ने ठीक ही कहा है कि सुशिक्षित, ज़िम्मेदारी को समझनेवाला और अनेक देशों की जानकारी होने के कारण ही मुझे पहले से इस बात का ज्ञान होना चाहिए था कि मेरे प्रत्येक कार्य का क्या फलाफल हो सकता है। मैं जानता था कि मैं आग से खेल रहा हूँ, फिर भी मैंने वह ख़तरा लिया और अगर मैं छोड़ दिया गया तो फिर वही काम करूँगा। अभी मैं जो कह रहा हूँ, वह न कहूँ तो अपने प्रति अन्याय करूँगा, आज सबेरे मेरे मन में यही बात उठ रही थी। मैंने हिंसा को टालना चाहा था, आज भी टालना चाहता हूँ—अहिंसा मेरे विश्वास और नीति की पहली और आख़िरी शर्त है। लेकिन मुझे किसी-न-किसी का चुनाव करना ही

पड़ा। जिस व्यवस्था ने मेरे देश की अपूर्णीय क्षति की है, ऐसा मैं मानता हूँ, या सिर झुकाकर उसे मान लूँ, नहीं तो उन्मत्त जनता की ज़िम्मेदारी लेने को तैयार रहूँ—जनता जब मेरी बातों की सच्चाई समझेगी तो उन्मत्त होगी ही। मैं जानता हूँ कि कभी-कभी मेरे देशवासी उन्मत्त हुए हैं। उसके लिए मैं दुखी हूँ और इसी कारण आज मैं यहाँ आया हूँ, मामूली सज़ा के नहीं, कठोर-से-कठोर सज़ा के हाथों अपने को सौंपने के लिए। मैं दया नहीं चाहता, यह प्रार्थना भी नहीं करता कि मुझे हल्की सज़ा दी जाए। क़ानून की नज़र में जो जान-बूझकर किया गया अपराध है, लेकिन मेरी नज़र में किसी नागरिक का जिससे बड़ा दूसरा कर्तव्य नहीं है, इसी से आज मैं हँसते-हँसते उसके लिए कड़ी-से-कड़ी सज़ा पाने के लिए यहाँ आया हूँ। अतएव जज महोदय, आप लोग जो कर सकते हैं, वह यह कि या तो आप इस्तीफ़ा दे दें या फिर मुझे कड़ी-से-कड़ी सज़ा दें।"

यह सशक्त वक्तव्य पहले से तैयार किया हुआ नहीं था—अपने-आप उनके मुँह से निकल पड़ा था। इस वक्तव्य में एक ओर जहाँ धार्मिक चित्त के परिमित बोध का परिचय था, वहीं दूसरी ओर राजनैतिक नेता की दृढ़ता प्रतिफलित थी। इसके बाद उन्होंने भारत और इंग्लैंड की जनता के नाम अपना एक लिखित सन्देश पढ़ सुनाया। उसमें उन्होंने कहा था कि एक दिन वे 'ब्रिटिश सरकार के आन्तरिक सहयोगी और अनुगत प्रजा' थे; किस तरह वे ही आज 'प्रबल असहयोगी और असन्तोष' के प्रचारक हो गए हैं, यह बात इन दोनों देशों के लोगों को बतला देना उनका कर्तव्य है। सन 1893 से उनके राष्ट्रीय जीवन में जो कुछ बीता है, भारतीय होने के कारण ब्रिटिश सरकार ने उन पर कितने अत्याचार किए हैं, इसका उन्होंने वर्णन किया—उन्होंने यह भी बतलाया कि इस निरर्थक आशा से कि शायद साम्राज्य से भारत को अलग किए बिना ही इस हालत में सुधार हो सके, वे किस तरह पचीस वर्षों से अथक प्रयत्न करते रहे हैं। तमाम धोखेबाज़ियों और निराशाओं के बावजूद वे 1919 तक बिना दुविधा के ब्रिटिश सरकार का सहयोग करते रहे हैं। लेकिन उसके बाद से अत्याचार और पाप ने सारी सीमाएँ तोड़ दीं। और उस अन्याय का सुधार करना तो दूर रहा, उलटे भारत की इच्छा-अनिच्छा के प्रति चरम अवज्ञा के भाव से सरकार ने उन्हीं अपराधियों को सम्मानित और पुरस्कृत किया है और उन्हें पेंशन में मोटी-मोटी रक़में दी हैं। सरकार ने स्वयं ही अपनी प्रजा से सम्बन्ध तोड़ लिया है। अन्त में, अब तो गांधी यह विश्वास करने को तैयार हैं कि सरकार ने जिन सुधारों का प्रस्ताव किया है, वे यदि सचमुच पूरे हो जाएँ तो भारत के लिए अहितकर होंगे। यह सरकार जनता का शोषण करके टिकी हुई है, इसी से उसके सारे क़ानून भी शोषण के लिए ही उपयोगी हैं। क़ानून की शासन-व्यवस्था शोषक की स्वार्थ-रक्षा के लिए वेश्यावृत्ति कर रही है। आतंक की एक सूक्ष्म और कार्यकारी नीति देश की शक्ति को क्षीण कर रही है और अब ऐसी स्थिति हो गई है

कि केवल उसी से देश के प्राणों में स्पन्दन होता है। भारत की स्थित शोचनीय हो गई है, आज उसे खाना नहीं मिलता, वह सर्वनाश के मार्ग पर है और कुछ लोगों का कहना है कि सम्पूर्ण स्वाधीन राज्य के रूप में स्वयं अपनी शासन-व्यवस्था चलाने की क्षमता अर्जित करने में उसे कई दशक लग जाएँगे। गुज़रे ज़माने में जितनी विदेशी राज्यों ने भारत पर शासन किया है, उनमें से किसी ने इंग्लैंड के जितना अत्याचार नहीं किया। पाप के साथ असहयोग करना कर्तव्य है, गांधी ने वह किया है। लेकिन इतने दिनों तक जहाँ हिंसा ही अन्तिम अवलम्ब थी, वहाँ गांधी ने अपने देशवासियों को अहिंसा का ब्रह्मास्त्र दिया है।

और इसके बाद महात्मा और न्यायकर्ता ब्रूम्सफ़ील्ड के बीच विनम्रता की होड़ शुरू हुई। न्यायकर्ता ने कहा, "मिस्टर गांधी, आपने अपना अपराध स्वीकार करके एक ओर मेरा काम आसान कर दिया है। लेकिन कौन सा दंड उचित होगा, इसका निर्णय करना ही सब न्यायाधीशों के लिए हमेशा सबसे कठिन काम होता है। यह सम्भव नहीं है कि इस बात से आँखें मूँद रखी जाएँ कि आप लाखों लोगों की दृष्टि में एक महान नेता हैं और महान देशभक्त हैं। यहाँ तक कि जो लोग राजनीति में आपसे सहमत नहीं हैं, वे भी आपको एक अत्यन्त ऊँचे स्तर का आदर्शवादी मानते हैं, जानते हैं कि आपका जीवन महिमा-मंडित है, एक साधु के समान पवित्र भी है। लेकिन मेरा कर्तव्य है कि मैं क़ानून के अन्तर्गत एक प्रजा के रूप में आपका विचार करूँ। आप ऐसा काम कर रहे हैं, जिससे किसी भी सरकार के लिए यह सम्भव नहीं है कि वह आपको स्वतंत्र रहने दे और शायद भारत में कम ही ऐसे लोग होंगे, जो यह सोचकर दुखी न हों। लेकिन जब यही सत्य है तो किया भी क्या जा सकता है। आपको क्या दंड दिया जाना चाहिए और राष्ट्रीय हित में कितना दंड दिए बिना काम न चलेगा, मैं इन दोनों की तुलना करके देखने की चेष्टा कर रहा हूँ।"

तब उन्होंने अपराधी से सम्मानपूर्वक परामर्श चाहा : गांधी को क्या दंड दिया जाए? बारह साल पहले तिलक को छ: साल की सज़ा दी गई थी। उन्होंने गांधीजी को तिलक की सज़ा का वही दृष्टान्त स्वीकार करने का प्रस्ताव किया। "यह सज़ा क्या आपको अनुचित जान पड़ती है? बाद में, घटना-चक्र से, यदि इस अवधि को कम किया जा सका तो मुझसे अधिक प्रसन्नता किसी को न होगी।"

गांधी ने विनम्रता में जज से हार न मानी। उन्होंने कहा, तिलक के साथ अपना नाम जोड़ा जाता देखकर मुझे बड़े गर्व का अनुभव हो रहा है। कोई भी न्यायाधीश उससे कम सज़ा नहीं दे सकते थे और मुकदमे की कार्रवाई के समय उनके साथ प्रत्येक क्षण जिस सम्मान का व्यवहार किया गया था, उससे अधिक अच्छे व्यवहार की आशा वे किसी और से न कर सकते थे ('यंग इंडिया' के प्रकाशक बैंकर ने भी मुकदमे के समय, अनुगत की तरह गांधी के सभी दृष्टान्तों का अनुकरण किया,

महात्मा की सारी बातों का चुपचाप समर्थन किया। जुर्माने के साथ उन्हें एक वर्ष की जेल की सज़ा दी गई)।

मुकदमा ख़त्म होते ही गांधी के मित्रगण रोते हुए उनके पैरों पर झुके—उन्होंने हँसते हुए उनको विदा दी, और उनके पीछे साबरमती जेल का फाटक बन्द हो गया। (एक संयत सन्देश के द्वारा श्रीमती कस्तूरबा गांधी ने भारत के स्त्री-पुरुषों को इस सज़ा की सूचना दी। उन्होंने उनसे गांधी के रचनात्मक कामों को याद रखते हुए शान्तिपूर्वक संगठित होने को कहा। साबरमती जेल में गांधीजी को अच्छा व्यवहार मिला, लेकिन वहाँ उनको अधिक दिन रहने नहीं दिया गया। वहाँ से हटाकर पहले उन्हें किसी अज्ञात जेल में और फिर पूना के पास यरवडा में ले जाया गया। 18 मई, 1922 की 'यूनिटी' पत्रिका में प्रकाशित अपने लेख में एन. एस. हार्डीकर ने बतलाया कि गांधी को साधारण क़ैदियों के कमरे में रखा गया है, कोई विशेष सुविधा उन्हें नहीं दी गई है और उनका दुर्बल स्वास्थ्य भी टूट गया है। लेकिन अब सुना है कि जेल की हालत में सुधार हुआ है, क़ैदियों को मानवोचित व्यवहार मिल रहा है और गांधी को लिखने-पढ़ने की सुविधाएँ भी दी गई हैं। सी. एफ़. एंड्रूज ने मुझसे जो कहा था, उससे जान पड़ता है, जेल में गांधी प्रसन्न ही हैं—इसी से एंड्रूज ने उनके मित्रों से गांधी की शान्ति भंग न करने, जेल में उनसे मिलने न जाने को कहा है। गांधी नियमित रूप से प्रार्थना कर रहे हैं, अपनी चित्त-शुद्धि में लगे हुए हैं—उनका दृढ़ विश्वास है कि उन्होंने जो मार्ग चुना है, भारत के लिए वही पूरी तरह से उपयुक्त है। एंड्रूज ने यह भी बतलाया है कि गांधी के जेल जाने से उनका दल और भी शक्तिशाली हुआ है। गांधी के प्रति भारत की आस्था क्रमश: बढ़ती जा रही है, देश उन्हें श्रीकृष्ण का अवतार मानने पर ज़ोर दे रहा है। पुराणों का कथन है, श्रीकृष्ण भी कारागार की सारी परीक्षाओं में विजयी होकर निकले थे। स्वतंत्र रहने पर उन्हें जिस हिंसा का भय बना रहता था, जेल में आकर उसके विस्फोट को वे अधिक प्रभावशाली रूप में रोक सके हैं।)

5

इसके बाद से ही महात्मा जी की आवाज़ मौन हो गई। उनके शरीर को आज क़ब्र की दीवारों ने घेर रखा है—लेकिन वह क़ब्र उनके विचारों को बिलकुल नहीं रोक सकी। उनकी अदृश्य आत्मा भारत के विशाल शरीर को जीवनी-शक्ति दे रही है। 'शान्ति, अहिंसा और कष्टसहन' शीर्षक एक लेख उन्होंने जेल में लिखा (3 अगस्त, 1922 को 'यूनिटी' पत्रिका में 'आधुनिक सभ्यता के विरुद्ध कारागार का पत्र' शीर्षक एक लेख प्रकाशित हुआ। मुझे सन्देह होता है कि शायद उन्होंने इस रूप में कोई पत्र नहीं लिखा—शायद पहले के लिखे और 'हिन्द स्वराज' में प्रकाशित कुछ निबन्धों का यह सारांश है)। उनका वह सन्देश लोगों ने सुना, उनके आदेश की यह वाणी देश के एक कोने से दूसरे कोने तक जा पहुँची। अगर वे तीन साल पहले क़ैद हुए होते तो देश में ख़ूनी उत्तेजना की बाढ़ आ गई होती। इसके बारे में सन 1919 के मार्च महीने में जब पहली बार अफ़वाह फैली, तभी लोग मरने-मारने को उठ खड़े हुए थे। लेकिन अहमदाबाद के मुकदमे की ख़बर भारत ने अपनी स्वाभाविक शान्त और नीरव मुद्रा में सुनी। हज़ारों-हज़ार आदमियों ने शान्ति और प्रसन्नता के साथ जेल-यात्रा की। 'अहिंसा और कष्टसहन' ने एक आश्चर्यजनक उदाहरण स्थापित किया। उससे ज़ाहिर हुआ कि यह देवोचित वाणी देश के मन की कितनी गहराई तक जा पहुँची है।

सभी जानते हैं कि ज़माने से सिखों को भारत की श्रेष्ठ सामरिक जातियों में अन्यतम माना जाता रहा है—महायुद्ध के समय झुंड-के-झुंड सिख सेना में भरती हुए थे। पिछले साल उनमें आपस में एक गहरा मतभेद खड़ा हो गया। हम लोगों की पश्चिमी आँखों में उसका कारण बड़ा तुच्छ जान पड़ता है। धार्मिक नव-चेतना के फलस्वरूप अकाली सम्प्रदाय का अभ्युत्थान हुआ—सम्प्रदाय का लक्ष्य था सिखों के धर्मस्थानों की पवित्रता की रक्षा करना। ये धर्मस्थान असत चरित्र के रक्षकों के हाथों में जा पड़े थे और वे अपना अधिकार छोड़ने को तैयार नहीं थे। अत: क़ानूनी तौर से सरकार ने इस झगड़े में जब रक्षकों की ही तरफ़दारी की तो 1922 के अगस्त महीने में अमृतसर से दस मील दूर गुरु का बाग़ में सिखों की दैनिक

आत्माहुति आरम्भ हो गई। अकालियों ने अहिंसा का मार्ग अपनाया। वे हज़ारों की तादाद में गुरुद्वारा के पास एकत्रित हुए—चार हज़ार अकाली अमृतसर के स्वर्ण मन्दिर में जा टिके। इन चार हज़ार में से एक सौ स्वयंसेवक (जिनमें से अधिकांश सेना में भरती होने की उम्र के थे और बहुत से पिछले महायुद्ध में लड़े भी थे) प्रतिदिन स्वर्ण मन्दिर से निकलते थे—निकलने के पहले वे शपथ लेते थे : कार्य से अथवा विचार से वे हिंसा का आश्रय न लेंगे और या तो बेहोशी की हालत में उन्हें वापस लाया जाएगा या वे गुरु के बाग़ में पहुँचेंगे। एक हज़ार अन्य स्वयंसेवकों में से भी प्रतिदिन पचीस व्यक्ति यही शपथ लेते थे। गुरुद्वारा से थोड़ी ही दूर पर एक पुल था, जहाँ पुलिस के सिपाही अपने डंडों में लोहे की नोंक लगाए उनकी प्रतीक्षा करते थे और हर रोज एक भयंकर घटना होती थी। इसका विवरण, एक स्मरणीय लेख के माध्यम से, रवीन्द्रनाथ के मित्र और शान्ति-निकेतन के अध्यापक सी. एफ़. एंड्रूज ने प्रस्तुत किया (12 सितम्बर, 1922 को मद्रास की 'स्वराज्य' पत्रिका में 'दि अकाली स्ट्रगल' प्रकाशित हुआ, फिर वह दूसरे रूप में पुस्तकाकार भी प्रकाशित हुआ)। पुलिसवाले जब उनसे तीन गज़ की दूरी पर रह जाते तो अकालियों का दल, शान्त और मौन, रुक जाता—उनकी जीभ पर प्रार्थना होती, काली पगड़ी पर सफ़ेद फूलों की एक छोटी-सी माला। पुलिसवाले उन पर धुआँधार लाठी चलाते, उनमें से कुछ ज़मीन पर लोट जाते, कोई उठ पाता तो उठता, आगे बढ़ता, फिर उस पर लाठी पड़ती। कुछ लोग जब तक बेहोश न हो जाते, पुलिस के पैरों से रौंदे जाते। एंड्रूज ने इनमें से किसी को एक बार भी चीख़ते-चिल्लाते नहीं सुना, किसी के चेहरे पर उद्धत भाव नहीं देखा। कुछ दूर सैकड़ों लोग खड़े होकर यह दृश्य देखते, वे भी शान्तिपूर्वक प्रार्थना करते होते, मानसिक यंत्रणा से सिर झुकाए रहते—उनकी आँखों में पूजा का भाव होता। एंड्रूज का कथन है, "उन्हें देखकर मुझे क्रॉस-बिद्ध आर्त ईसा की याद आ जाती।" अंग्रेज़ों ने भी अपने पत्रों में इस घटना का विवरण दिया था (द्रष्टव्य, 'मैनचेस्टर गार्जियन वीकली' 13 अक्तूबर, 1922), जिसमें बात न समझने के कारण इस बात के लिए विस्मय और दुख प्रकट किया गया था कि असहयोगी सेना के लिए इस तरह की निरर्थक आत्माहुति एक बहुत बड़ी विजय है और इस तरह की आत्माहुति के लिए पंजाब के लोगों में बड़ा आग्रह है; लेकिन चूँकि उदार-हृदय एंड्रूज भारतीय आत्मा का रहस्य समझना सीख चुके थे, अत: उन्होंने इस घटना में एक नए युग की सूचना देखी (जैसा गेटे ने वालमी में देखा था[1]) : यंत्रणा की गहन-शक्ति से सम्पन्न होकर धरती पर एक नवीन प्रकार की वीरता, चित्त का एक नवीन संग्राम सिर उठा रहा है...

1. वालमी फ्रांस का एक छोटा-सा गाँव है, जहाँ 20 सितम्बर, 1792 में फ्रांस की क्रान्तिकारी सेना ने युद्ध में प्रशियन सेना को परास्त किया था। जर्मन कवि गेटे फ्रांसीसी जनता की इस विजय से उच्छ्वसित हो उठे थे।

जिन पर जनता को परिचालित करने का भार है, ऐसा लगता है कि गांधी की विचारधारा को उनसे भी अधिक भारत का सामान्य जन ग्रहण कर सका है। उनकी गिरफ़्तारी से बीस दिन पहले, दिल्ली की कांग्रेस समिति में जो विरोध उभर आया था, उसकी बात पहले ही कह चुका हूँ। 7 जून, 1922 को जब लखनऊ में कांग्रेस समिति का अधिवेशन हुआ तो वह विरोध एक बार फिर उठ खड़ा हुआ। गांधी ने धैर्यपूर्वक प्रतीक्षा करने और शान्तिपूर्वक संगठन करने का जो कार्यक्रम बनाया था, उसके प्रति ज़ोरदार विरोध प्रकट किया गया। प्रस्ताव किया गया कि सविनय अवज्ञा आन्दोलन की घोषणा तत्काल की जाए। आन्दोलन के लिए देश समुचित रूप से तैयार है या नहीं, इसकी जानकारी पाने के लिए जाँच कमेटी बनाई गई। सारे भारत का भ्रमण करने के बाद जाँच कमेटी के सदस्यों ने जो विवरण दिया, उसने केवल इतना ही कहा कि देश की तात्कालिक नैराश्यपूर्ण स्थिति में आन्दोलन सम्भव नहीं है, बल्कि समिति के आधे सदस्यों ने, जिनमें से हर-एक ने पहले दृढ़ विश्वास प्रकट किया था, गांधी की असहयोग-नीति का भी त्याग करने को कहा। उन्होंने कहा कि गांधी ने जो राजनैतिक कार्यों से अलग रहने की सलाह दी है, उसे भी नहीं माना जा सकता। उन्होंने चाहा कि सरकारी परिषद के अन्दर ही एक स्वराज्य पार्टी का गठन किया जाए। मतलब यह कि ये असहयोगियों को संसदीय प्रतिपक्षी दल के रूप में बदल देना चाहते थे (लाजपत राय ने मुझसे कहा था कि लखनऊ में जो कांग्रेसी इकट्ठे हुए थे, उनमें से हिंसा पर किसी का विश्वास न था, बल्कि गांधी के रचनात्मक कार्यक्रमों पर ही उनका विश्वास था, लेकिन चूँकि सरकारी संसद और परिषद से देश की बहुत हानि हो रही थी, उन लोगों ने इन पर क़ब्ज़ा कर लेना चाहा था। गया में अपनी हार के बाद 2 जनवरी, 1920 को, कांग्रेस के भीतर ही उन्होंने स्वराज्य पार्टी के नाम से एक अलग दल बना लिया। गांधी के रचनात्मक कार्यक्रमों के साथ वे सहमत रहे—केवल कौंसिल-प्रवेश के प्रश्न पर वे गांधी की बात न मान सके)। इसी से एक ओर जो लोग हिंसा में विश्वास रखते थे और दूसरी ओर जिनकी आस्था संयत आचरण में थी, दोनों ही दलों के द्वारा गांधी की नीति पर हमला हुआ।

लेकिन भारत ने जाँच कमेटी के विवरण को स्वीकार नहीं किया। सन 1922 के दिसम्बर के अन्त में गया में कांग्रेस का जो अधिवेशन हुआ, उसमें सदस्यों ने अपने उत्पीड़ित नेता के प्रति ज़ोरदार भक्ति ही प्रकट नहीं की, नए सिर से उनकी असहयोग-नीति के प्रति आस्था भी व्यक्त की गई। 890 व्यक्तियों के विरुद्ध 1740 व्यक्तियों ने कौंसिल-प्रवेश के प्रस्ताव का विरोध किया (और जो हिंसक क्रान्ति में विश्वास रखते थे, गया में उनकी संख्या कम थी और उस अधिवेशन में उन्होंने कोई उल्लेखनीय भूमिका नहीं निभाई)। अधिवेशन के अन्त में, गांधी के द्वारा प्रस्तावित राजनैतिक हड़ताल की बात सर्वसम्मति से स्वीकार की गई—केवल इस विषय में

थोड़ा-बहुत मतभेद रहा कि हड़ताल को सफल बनाने के लिए कौन मार्ग सबसे अधिक उपयोगी होगा। इसके अलावा अंग्रेज़ी वस्तुओं के बहिष्कार का एक प्रस्ताव स्वीकृत नहीं हो सका, यद्यपि उसी प्रस्ताव को बहुत बड़े बहुमत से ख़िलाफ़त सम्मेलन ने स्वीकार कर लिया—मगर ख़िलाफ़त आन्दोलन के मुसलमान हमेशा से कांग्रेसियों की अपेक्षा अधिक दुस्साहसी थे।

इतिहास के इस मोड़ पर पहुँचकर हमें गांधी के विराट आन्दोलन का विवरण रोकना पड़ रहा है। नेता तथा उनके कतिपय श्रेष्ठ सहकर्मियों और शिष्यों (विशेषतः अली बन्धुओं) की गिरफ़्तारी के कारण उनकी अनुपस्थिति का अनुभव तो हुआ ही, उसी कारण कुछ असुविधाओं का भी सामना करना पड़ा। इन सबके बावजूद, आन्दोलन पहले अनिश्चित वर्ष की बहुत-सी परीक्षाओं में सफलता के साथ उत्तीर्ण हो गया। सन 1922 के गया कांग्रेस अधिवेशन ख़त्म होने के बाद आन्दोलन की प्रगति देखकर अंग्रेज़ी पत्र-पत्रिकाओं में विस्मय और निराशा का स्वर ध्वनित हुआ।

(18 नवम्बर, 1922 की 'यूनिटी' पत्रिका में प्रकाशित ब्लाँश वाट्सन के एक लेख में बतलाया गया कि "अहिंसक असहयोग के द्वारा इसी बीच क्या-क्या सुविधाएँ भारत प्राप्त कर सका है।") लेखक के विचार से भारत का भीतरी राजस्व प्रायः सात करोड़ पचास लाख डालर कम हो गया है और अंग्रेज़ी कपड़ों के बहिष्कार के फलस्वरूप केवल एक ही वर्ष में इंग्लैंड को दो करोड़ डालर की हानि उठानी पड़ी है। उन्होंने कहा है कि लेख लिखने के समय तीस हज़ार भारतीय जेलों में क़ैद हैं और सरकार की शासन-व्यवस्था के ठप्प होने के आसार हैं। लेकिन परम गांधीवादी होने के कारण ही शायद वाट्सन में, अनजाने ही, आन्दोलन की सफलता को बढ़ा-चढ़ाकर कहने की प्रवृत्ति है। दूसरी ख़बरों से जान पड़ता है कि परिस्थिति बहुत आशाजनक नहीं है, बल्कि धनी व्यापारियों की स्वार्थपूर्ण मनोवृत्ति के कारण त्याग की इच्छा बहुत कम हो गई है—उत्साह की पहली लहरों में जिन्होंने सरकारी काम को इस्तीफ़ा दे दिया था, उनमें से भी बहुत से काम पर लौट आए हैं। इससे भिन्न कोई आशा स्वाभाविक भी नहीं है। हर क्रान्ति में एक दल पिछड़ा रह जाता है या पीछे लौट आता है। विचारणीय यह है कि कुल मिलाकर आन्दोलन बढ़ रहा है या घट रहा है। यहाँ एक ओर लेख का हवाला दे रहा हूँ, जिसकी निरपेक्षता पर उँगली नहीं उठाई जा सकती और इसी से इस लेख का मूल्य बहुत अधिक है।

'मैनचेस्टर गार्जियन' अपनी बुद्धिमत्तापूर्ण उदार नीति के लिए प्रसिद्ध है—बेशक, कुछ प्रबल स्वार्थी तत्त्व उसका नियंत्रण करते हैं और गांधी के असहयोग आन्दोलन के कारण उन स्वार्थों को प्रत्यक्षतः आघात भी लगा है। अख़बार ने पिछले दिनों भारत की स्थिति के बारे में जाँच का काम शुरू किया था। जाँच की पहली किस्त पढ़ने से जान पड़ता है कि यद्यपि इस आन्दोलन के प्रति अंग्रेज़ों में एक स्वाभाविक अवज्ञा का भाव है, फिर भी वे उसे हँसकर नहीं उड़ा दे पाते, वह बाक़ायदा उनकी

दुश्चिन्ता का कारण बन रहा है। आख़िरी लेख 16 फ़रवरी, 1920 को प्रकाशित हुआ, जिसमें यह साबित करने की कोशिश की गई है कि गांधी की नीति सफल नहीं हो सकी और असहयोग आन्दोलन का पूरी तरह से नवीनीकरण करना होगा। लेकिन लेख में यह भी स्वीकार किया गया है कि असहयोग की प्रवृत्ति बढ़ती ही जा रही है। विदेशी सरकार के प्रति विरोध और उसके चंगुल से छुटकारा पाने की इच्छा सर्वत्र स्पष्ट है। भारत के जो सर्वाधिक शिक्षित लोग हैं अथवा जो लोग बड़े-बड़े शहरों में रहते हैं, वे इस बारे में एकमत हैं। यद्यपि यह आन्दोलन अभी तक सामान्य रूप से ही किसानों तक पहुँच सका है, लेकिन जल्दी ही ऐसी स्थिति आ जाएगी जब उन्हें भी कोई एक पक्ष चुन लेना होगा। सेना अभी तक अछूती है, लेकिन सेना में नए रंगरूट गाँवों से ही आते हैं और आज हो या कल, असर उन पर भी पड़ेगा। देश के जो महान और सबसे अधिक संयत व्यक्ति हैं, असहयोग आन्दोलन आमतौर पर उन्हीं में अधिक तीव्रता से फैला है—ये लोग क्रान्तिकारी कार्यक्रमों का समर्थन नहीं करते, लेकिन देश के और लोग इसी तरह सोचने को राज़ी नहीं हैं। लेखक का ख़याल है कि असहयोग आन्दोलन को यथार्थ रूप में प्रभावशाली बनाने में भारत को लगभग दस वर्ष और लग जाएँगे। लेकिन इस बीच हालत क्रमशः और ख़तरनाक हो जाएगी। जेल का डर दिखाकर भारतवासियों को रोक रखना सम्भव नहीं है, अब उन्हें उसका डर नहीं रह गया। और अधिक अत्याचार की नीति अपनाने के सिवा दसरा उपाय नहीं है, लेकिन उससे उलटे और अधिक घृणा ही उपजेगी। अगर अब भी बहुत देर न हो गई हो तो इंग्लैंड के लिए शान्तिपूर्ण समाधान का एकमात्र रास्ता यही है कि वह स्वेच्छा से भारत-सुधार का काम आरम्भ कर दे। सन 1919 की तरह कोई अधूरा समाधान ढूँढ़ने से लाभ नहीं है—और न समाधानों को लागू करने की कोशिश भी सरकार पिछले साल ही कर सकी। इससे काम न चलेगा, क्योंकि खोने का वक़्त अब नहीं रहा। इंग्लैंड को तत्काल एक अखिल भारतीय राष्ट्रीय सम्मेलन बुलाना चाहिए, जिसमें भारत के सभी दलों और सभी हितों के प्रतिनिधियों को उपस्थित रहना चाहिए—उसमें गांधी और उनके शिष्य रहेंगे, भारत के रजवाड़े, यूरोप के धनिक, मुसलमान, हिन्दू, पारसी, यूरेशियन, ईसाई, अछूत सभी रहेंगे। ये लोग इकट्ठे होकर साम्राज्य के अन्तर्गत स्वशासित भारत का एक नया संविधान बनाएँगे और यह भी निश्चय करेंगे कि स्वराज्य किन उपायों से प्राप्त हो सकता है। इसी प्रकार साम्राज्य को टूटने से बचाया जा सकता है।

पता नहीं 'मैनचेस्टर गार्जियन' के इस सुझाव को भारत सरकार और ब्रिटिश शासन-व्यवस्था किस रूप में स्वीकार करेगी, यद्यपि मुझे ऐसा नहीं लगता कि गांधी और उनके असहयोगी, भारत और यूरोप के धनिकों के साथ किसी सम्मेलन में इकट्ठे बैठेंगे। लेकिन एक बात निश्चित है कि अब भारत के स्वराज्य के बारे में

किसी को सन्देह नहीं है, वह किसी-न-किसी उपाय से प्राप्त होकर रहेगा। और इस सम्बन्ध में विशेष ध्यान देने की बात यह है कि आन्दोलन आरम्भ होने के बाद से भारत के प्रति इंग्लैंड का मनोभाव बहुत बदल गया है—यूरोप के लोग अब भारतीयों को उपेक्षा की दृष्टि से नहीं देखते। अब वे भारतीयों के साथ सम्मानपूर्वक बातें करना चाहते हैं। सभी ने मान लिया है कि आरम्भ में सरकार ने जो हिंसात्मक रुख़ अपनाया था, वह एक बहुत बड़ी ग़लती थी। अत: भारत तो इसी बीच मानसिक और आध्यात्मिक, दोनों ही दृष्टियों से विजयी हो चुका है।

लेकिन जो प्रश्न छूटा जा रहा है, वह यह है कि अब होगा क्या? पहले की भूल से शिक्षा पाकर क्या इंग्लैंड अब भारतीय आशा-आकांक्षाओं को वांछित पथ पर चलाना सीखेगा? और भारतीय जनता भी क्या इंग्लैंड के उस आदर्श के प्रति अविचल रहेगी? देशों की स्मरण-शक्ति क्षीण होती है और महात्मा की नीति पर भारत आस्थावान बना रहेगा, इस बारे में भी गहरा सन्देह प्रकट करता अगर मैं यह न जानता कि उनकी वाणी ने वस्तुत: उस देश की गम्भीरतम और प्राचीनतम आशा-आकांक्षाओं को ही एक सार्थक अभिव्यक्ति दी है। क्योंकि सचमुच अगर प्रतिभा नाम की कोई चीज़ है, जो अपनी शक्ति से महान है—उस शक्ति के साथ पारिपार्श्विक मतामत का मेल हो या न हो, सभी सार्थक प्रतिभाशाली कार्यकर्ताओं अथवा नेताओं को अपने देश की सभी प्रवृत्तियों का मूर्त रूप बनना ही पड़ता है, मुँह जोहनेवाले संसार के समक्ष अपने समय की आवश्यकताएँ पूरी करनी पड़ती हैं।

महात्मा गांधी ऐसे ही कार्यकर्ता हैं। अहिंसा की उनकी नीति भारत के चित्त में दो हज़ार वर्षों से अंकित है। महावीर, बुद्ध और वैष्णवों ने उसे लाखों-लाख आत्माओं का सार-तत्त्व बना दिया है। गांधी ने केवल इतना ही किया कि उसमें वीरतापूर्वक रक्त-संचार कर दिया। अतीत की विशाल छायाएँ और जाने कितनी महान शक्तियाँ भयंकर जड़ता में निमग्न पड़ी थीं, उन्होंने उनको आवाज़ दी और उनकी आवाज़ सुनते ही वे सब जाग उठीं, वे लोग उन्हीं में अपने को खोज सके। कारण यह है कि आवाज़ तो सिर्फ़ आवाज़ नहीं है, वह एक आह्वान है, एक जाग्रत दृष्टान्त—उनके देशवासियों की आशा-आकांक्षाएँ उसी में मूर्त हैं। धन्य हैं वे, जिन्होंने अपने को एक सम्पूर्ण देश के रूप में परिवर्तित कर दिया है, अपनी मृतक जाति को क़ब्र में से निकालकर अपने ही अन्दर पुनरुज्जीवित किया है।

लेकिन ऐसा पुनरुज्जीवन दैवयोग से हर्गिज़ नहीं होता। और आज अगर भारत की आत्मा अपने मन्दिरों और जंगलों से ऐसे आवेग के साथ निकल आई है तो इसका कारण केवल यही है कि उसे अपने प्रश्न का उत्तर मिल गया है और उसी सन्देश को वह प्रतीक्षारत संसार के पास ले आ रही है।

यह सन्देश केवल भारत की सीमा में ही आबद्ध नहीं है, वह और भी बहुत दूर तक फैल गया है। वह सन्देश केवल भारत ही दे सकता था। उसने केवल अपनी

महिमा को ही पवित्र नहीं किया, अपने त्याग को भी पवित्र किया है। शायद वह ईसा का क्रॉस बनने चला है, अपने-आपको उत्सर्ग करने को उद्यत है।

सम्भवत: किसी सम्पूर्ण जाति के आत्मत्याग से ही विश्व को नवीन जीवन प्राप्त होता है। यहूदियों ने अपने त्राता के लिए इसी तरह अपना बलिदान दिया था, जिसके आगमन की आशा वे अपने शताब्दियों से अपने मन में सँजोए हुए थे। लेकिन अन्त में जब वे त्राता आए, रक्तरंजित क्रॉस पर पुष्पित हुए, तब वे उन्हें पहचान ही न सके। भारतीयों ने अपने त्राता को पहचाना है, यह उनका सौभाग्य है। इसी से उस मुक्तिदाता आत्मत्याग के लिए वे ऐसे आनन्द से दौड़ पड़े हैं।

लेकिन आरम्भिक ईसाइयों की तरह, इनमें से भी बहुत से लोग इस मुक्ति का वास्तविक अर्थ नहीं समझ रहे हैं। क्रिश्चियनों ने ईश्वरीय राज्य की प्रतिष्ठा की प्रतीक्षा में अनेक युग बिता दिये थे। भारत में भी बहुत-से लोग हैं, जिनकी नज़र स्वराज से आगे नहीं बढ़ती। मेरा ज़रूर यह विश्वास है कि शीघ्र ही वे इस राजनैतिक लक्ष्य को प्राप्त कर लेंगे। युद्ध और क्रान्ति के चलते यूरोप को बहुत आघात लगे हैं, आज वह असमर्थ और दुर्बल है—वह एशिया पर प्रभुत्व करता आया था, इसलिए एशियावासियों ने उसके प्रति सम्मान की सारी भावना खो दी है। इस्लाम, भारत, चीन और जापान की जागी हुई जनता की आशा-आकांक्षाओं को यूरोप अधिक दिनों तक दबाकर न रख सकेगा।

फिर भी अन्य कई स्वाधीन जातियाँ, विश्व के स्वर-संगम में जो संगीत मिलाएँगी, वह चाहे जितना मधुर और नवीन क्यों न हो, यदि एशिया की इतनी शक्ति जीवन और मरण का एक नवीन आदर्श न प्रस्तुत कर सके और वह यदि समस्त मानवता को नए रूप में न जगा सके तो उसका कोई विशेष अर्थ न होगा। विकलांग यूरोप को उसे एक नया मार्गदर्शन भी देना होगा।

सारे संसार में हिंसा की आँधी चल रही है। उस आँधी की आग में हमारी सभ्यता की सारी फ़सल जल रही है और वह बिना बादल की बिजली-जैसी नहीं आ गिरी। युग-युग से राष्ट्रीयता के एक पाशविक दंभ को क्रान्ति की मूर्तिपूजक नीति से उत्तेजना मिली है, उसे गणतंत्र के झूठे दिखावे से प्रश्रय मिला है—उसके मस्तक पर मुकुट पहनाया है शताब्दी-व्यापी एक अमानुषिक शिल्पोन्नयन ने, लोभी धनिक सम्प्रदाय के शासन ने और एक ऐसी जड़वादी आर्थिक नीति ने, जो गला टीपकर आत्मा को मार डालती है। आज का जो अनिवार्य हीन संघर्ष है, वह इन्हीं कारणों से है—और इसी तरह पश्चिम का सारा ऐश्वर्य समाप्त हुआ जा रहा है। इसे केवल अनिवार्य कहने से छुटकारा नहीं है, इसे दंड मानना होगा। एक देश दूसरे देश का गला काट रहा है एक ही आदर्श के नाम पर और उस आदर्श के मुखौटे के पीछे उनका एक-ही-जैसा स्वार्थ है, एक-ही-जैसा विद्वेषजनित भ्रातृहत्या का भाव है। राष्ट्रीयतावादी, फ़ासिस्ट, बोलशेविक, अत्याचारी, पीड़ित—कोई भी यह

शोर मचाने से नहीं चूकता कि बल-प्रयोग करने का एकमात्र अधिकार केवल उसी को है, किसी और को नहीं। आधी शताब्दी पहले, जिसमें ताक़त थी, न्याय उसी के हाथ में था। आज हालत और भी ख़राब है—आज ताक़त ही न्याय है, ताक़त ने न्याय को निगल लिया है।

यह जो पुरानी दुनिया धँसी जा रही है, इसमें न आश्रय है, न आशा है। कोई महान आलोक भी नहीं है। गिरजा का उपदेश दवा की पुड़िया की तरह है, वह रोगी को धार्मिकतापूर्ण सान्त्वना देता है और उस उपदेश में शब्दों का व्यवहार ऐसी सावधानी से किया जाता है, जिससे वह सबल को किसी तरह नाराज़ न कर सके। लेकिन उपदेश देने के बाद ही गिरजा का काम ख़त्म हो जाता है। वह कोई दृष्टान्त उपस्थित करने का प्रयत्न नहीं करता। वह केवल कमज़ोर भेड़ा बनकर भें-भें करता रहता है। आगा-पीछा करने की उसकी वृत्ति को समझना मुश्किल नहीं है। वह उस विश्वास की बातें करता है, जिस पर स्वयं उसका भी विश्वास है या नहीं, उसे इसी का पता नहीं है। लेकिन इस अविश्वासी संसार में वह विश्वास किस तरह प्रमाणित होगा? विश्वास केवल कार्य के दृष्टान्त द्वारा ही प्रमाणित होता है—काम करते-करते ही उसको प्रमाणित करना होगा।

भारत का सन्देश है आत्मत्याग। गांधी कहते हैं, भारत केवल यही सन्देश संसार को दे सकता है। रवीन्द्रनाथ ने भी अपनी जादूभरी भाषा में यही बात कही है (2 मार्च, 1921 को लिखी गई उनकी चिट्ठी, जो मई महीने में, 'माडर्न रिव्यू' में प्रकाशित हुई थी)। इस गौरवपूर्ण नीति के बारे में गांधी और रवीन्द्रनाथ एकमत हैं, "आशा है, त्याग की यह भावना बढ़ती रहेगी और उसी के साथ कष्ट सहन करने की इच्छा भी...। यही सच्ची स्वाधीनता है, इससे अधिक महत्त्वपूर्ण और कुछ नहीं है, यहाँ तक कि देश की स्वाधीनता भी नहीं। शारीरिक शक्ति और धन-सम्पत्ति पर पश्चिम का अटल विश्वास है, इसी से शान्ति और निरस्त्रीकरण के लिए वह चाहे जितने ज़ोर से चीख़-पुकार मचाए, उसका भयानक रूप दिनोंदिन बढ़ता ही जाएगा। मछली को पानी का दबाव अच्छा नहीं लगता, इसी से वह आसमान में उड़ना चाहती है—अद्‌भुत कल्पना है। लेकिन उस कल्पना को वास्तविक रूप देना मछली के लिए नितान्त असम्भव है। हमें भारत के द्वारा संसार को दिखलाना है कि सत्य क्या है—एकमात्र उसी सत्य के द्वारा निरस्त्रीकरण न केवल सम्भव है, बल्कि वह सत्य निरस्त्रीकरण को एक शक्ति का रूप दे देता है। निरस्त्र जाति ही इस सत्य को प्रमाणित कर सकती है कि पाशविक शक्ति से नैतिक शक्ति की क्षमता अधिक है। जीवन के विकास-क्रम में दीख पड़ता है कि मनुष्य ने किस तरह अपने सशस्त्र आचरण के बोझ को और मांस के तीव्रतम लोभ को धीरे-धीरे उतारा है और अन्त में पाशविक शक्ति को जीतकर मनुष्य प्रकट हुआ है। ऐसा दिन आएगा, जब सम्पूर्ण रूप से निरस्त्र और दुर्बल मनुष्य अपनी महिमा लेकर खड़ा होगा और प्रमाणित

करेगा कि विनयी लोग ही संसार के उत्तराधिकारी होंगे। इसी से यह स्वाभाविक है कि शारीरिक रूप से दुर्बल और समस्त धन-सम्पत्तियों से हीन होकर भी महात्मा गांधी विनम्रता और विनय की उस अजेय शक्ति को प्रमाणित कर सकेंगे, जो आज के निर्धन और उत्पीड़ित भारत के मानव-हृदय में निहित है। अत: भारत का भाग्य नारायण बनने का है, नारायणी सेना बनने का नहीं—वह केवल आत्मशक्ति पर निर्भर है, मांसपेशियों पर नहीं। वह मनुष्य के इतिहास को तो ऊँचा उठाएगा ही, उसको जड़ युद्ध की कीचड़ भरी ज़मीन से उठाकर आध्यात्मिक संग्राम के उच्च शिखर पर ले जाएगा। पश्चिमवालों से कुछ शब्द सीखकर हम अपने को चाहे जितना धोखा दे लें, हमारा अन्तिम लक्ष्य स्वराज नहीं है। हमारा युद्ध सारी मानवता के लिए है, वह आध्यात्मिक संग्राम है। अपने चारों ओर मनुष्य ने जो जाल बुन रखा है, उससे हम उसको छुटकारा दिलाएँगे, राष्ट्रीय अहंकार के समस्त कारागारों से उसे बाहर निकाल लाएँगे। हम तितली को यह समझाकर रहेंगे कि कीट-कोष (आवरण) की अपेक्षा आकाश की स्वतंत्रता श्रेष्ठ है। 'नेशन' के लिए भारत में कोई प्रतिशब्द नहीं है, इसी से जब हम इसे दूसरे देशों से उधार लेते हैं, तब यह हमारे किसी काम नहीं आता। हम नारायण का ही पक्ष लेंगे और हमारी विजय ईश्वरीय संसार की विजय होगी। बलवान, धनी अथवा सशस्त्र की ओर यदि हम ध्यान न दें, यदि उसे हम अजेय आत्मा की शक्ति दिखला सकें तो मांस-दानव का दुर्ग धूल में मिल जाएगा और तभी मनुष्य अपना सच्चा स्वराज पाएगा। हम जो पूर्व के दीन और जाति-बहिष्कृत हैं, हमें ही समस्त मनुष्यों की सभ्यता अर्जित करनी होगी।"

सिन्धु और गंगा की तरह, भारत की दो महान नदियाँ हैं गांधी और रवीन्द्रनाथ—वे पूर्व और पश्चिम को आलिंगन में आबद्ध करें। पश्चिम वीरता की श्मशान-भूमि है और पूर्व है प्रकाश का एक विराट स्वप्न। हिंसा के हल से क्षत-विक्षत संसार की मिट्टी पर गांधी और रवीन्द्रनाथ दो ईश्वरीय नदियों की तरह प्रवाहित हो रहे हैं—अब वे पूर्व-पश्चिम के समस्त सम्भावनाओं वाले बीज को दिग्-दिगन्त में ले जाएँ।

गांधी कहते हैं, "हमारे संग्राम का लक्ष्य है समस्त संसार के साथ मैत्री की स्थापना। अहिंसा मनुष्य के पास बनी रहने के लिए आई है। उसने विश्वशान्ति की घोषणा की है।"

विश्व-शान्ति अभी भी बहुत दूर है। उसके बारे में मुझे कोई भ्रम नहीं है। मनुष्य कितना निष्ठुर हो सकता है, कितना पाखंडी और कायर हो सकता है, पिछली आधी शती में हमें इसका बहुत परिचय मिल चुका है। लेकिन इसका यह अर्थ नहीं कि हम मनुष्य को प्यार न करेंगे। क्योंकि जो लोग निकृष्टतम हैं, उनमें भी एक ऐसा भाव रहता है कि 'न जाने भगवान कैसे हैं'। हम भली-भाँति जानते हैं कि बीसवीं शती के यूरोप के कन्धे पर किन भौतिक अवरोधों का भारी बोझ है : एक अर्थनैतिक भाग्यवाद के नागपाश से उसकी साँस घुटने-घुटने हो रही है। हम जानते

हैं कि जाने कितनी शताब्दियों की हिंसा और प्रस्तरीभूत भूलों के चलते हमारी आत्मा को ऐसे घने आवरण ने घेर रखा है, जिसको कोई भी आलोक नहीं भेद सकता। लेकिन हमें यह भी मालूम है कि चाहने से ही आत्मा कैसे चमत्कार कर सकती है। इतिहास का विद्यार्थी होने के कारण हम जानते हैं कि आत्मा की ज्योति हमारे आकाश से भी अधिक अनेक अन्धकारपूर्ण आकाशों को आलोकित कर सकती है। हम मरणशील संसार के मनुष्य हैं, दो दिन की ज़िन्दगी है हमारी—आज हम भारत में शिव का डमरू सुन रहे हैं, 'नटराज अपने कराल चक्षु को ढककर, नृत्य के ताल से जगत की रक्षा कर रहे हैं' (शिव का यह वर्णन विशाखदत्त के नाटक 'मुद्राराक्षस' में आया है)।

हिंसावादी (क्रान्तिकारी अथवा प्रतिक्रियावादी) राजनीतिज्ञ इस विश्वास का उपहास करेंगे और ऐसा करके गहरे सत्य के प्रति वे अपना अज्ञान ही प्रकट करेंगे। वे उपहास करें। मुझे यह विश्वास है, यद्यपि आज के यूरोप में यह विश्वास बार-बार अपमानित और लांछित हुआ है। हमारे अपने देश में मेरी तरह इस विश्वास के अधिकारी मुट्‌ठी-भर हैं (मुट्‌ठी-भर भी हैं क्या?)। लेकिन अगर मझे अकेला भी इस मार्ग पर चलना हो तो क्या? सच्चे विश्वास की विशिष्टता यह है कि वह संसार के विरोधी-भाव का अस्तित्व अस्वीकार नहीं करता—जगत की समस्त विरोधिता के बावजूद वह देखना चाहता है, विश्वास करना चाहता है। क्योंकि विश्वास भी एक प्रकार का संग्राम ही है। शान्ति का मार्ग दुर्बलता के मार्ग से भिन्न है। शक्ति के बिना अच्छे या बुरे, किसी का कोई मूल्य नहीं है। खंडित भले की अपेक्षा सम्पूर्ण बुरा भी श्रेष्ठ है। रुआँसा शान्तिवाद शान्ति के लिए घातक है—वह विश्वासहीन और कापुरुषोचित है। जिनको विश्वास नहीं है या जो डरते हैं, वे लौट जाएँ। शान्ति का मार्ग आत्मत्याग है।

यही गांधी की शिक्षा है (और इंग्लैंड के 'विवेकशील विरोधी' दल का भी यही कहना है, जिनका प्रभाव धीरे-धीरे यूरोप के अन्य देशों में फैलता जा रहा है)। महात्मा को केवल क्रॉस की ही ज़रूरत है। सभी जानते हैं कि यहूदी न होते तो रोम कभी ईसा को क्रॉस पर न चढ़ाता। और ब्रिटिश साम्राज्य प्राचीन रोम से कम नहीं है। लेकिन पुकार हुई है, पूरब के लोगों का हृदय तक झकझोर दिया गया है—उसका कम्पन आज सारा संसार अनुभव कर रहा है।

पूर्व में जितने भी महान धर्मभाव आए हैं, वे सभी एक लय में आए हैं। यह निश्चित है कि या तो गांधी की आत्मा विजयिनी होगी, नहीं तो पुन: उसका आविर्भाव होगा—जैसे शताब्दियों पहले ईसा और बुद्ध आविर्भूत हुए थे—जितने दिनों में जीवन की वह नीति एक अर्द्ध-ईश्वर पार्थिव शरीर में मूर्त हो सकेगी और नवीन मनुष्यता को एक नए मार्ग पर ले जाएगी।

फ़रवरी, 1923

गांधी : रिहा होने के बाद

[इकतीसवें संस्करण में संलग्न]

इस पुस्तक का पहला संस्करण तीन मास पहले निकला था।

इस बीच तीन नई घटनाएँ हुई हैं, जिन्होंने आन्दोलन के रूप को न बदलकर केवल उसकी बड़ी-बड़ी मूल धाराओं को और सशक्त बना दिया है।

गांधी के मित्र और भारत के सबसे उल्लेखनीय राजनैतिक नेता चितरंजन दास ने स्वराज पार्टी गठित की। इस पार्टी ने समझौतावादी एक ऐसी नीति अपनाई, जो अहिंसा नीति पर बनी रहकर भी विधान-सभाओं में भाग लेने की अनुमति देती है। दिसम्बर, 1923 के अन्त में जो चुनाव हुआ, उसमें पार्टी को ख़ासी बड़ी सफलता मिली है।

गांधी के मित्र और मुसलमानों के प्रसिद्ध नेता अलीबन्धु अपनी दो साल की सज़ा पूरी करके फिर राष्ट्रीय आन्दोलन के शीर्ष स्थान पर लौट आए हैं। उनमें से एक, मौलाना मुहम्मद अली, कांग्रेस के नए सभापति चुने गए हैं।

सबसे बड़ी बात, गांधी ख़ुद भी जेल से छूट गए हैं।

महात्मा की रिहाई की ख़बर यूरोप को भी मिली है; लेकिन वह जानता नहीं कि कैसे भयानक समय में उनकी रिहाई हुई है। यह बात यूरोप को नहीं बताई गई कि थोड़ी और देर होती तो ब्रिटिश सरकार के हाथों गांधी मर ही गए होते।

बम्बई प्रदेश में पूना के पास यरवडा में गांधी को क़ैद रखा गया था। बहुत दिनों से उनका स्वास्थ्य दुर्बल हो रहा था, इधर वे बहुत बीमार हो गए। दिसम्बर से नाभि के नीचे दर्द रहने लगा, लेकिन उधर किसी ने ख़ास ध्यान नहीं दिया, उसके बाद ज्वर आने लगा। उनके परिवार के लोग उन्हें देखने न आ सकते थे, इसी से किसी को कुछ पता भी न चला।

जनवरी के शुरू में सरकार को होश आया, तो गांधी की हालत इतनी बिगड़ गई कि झटपट सिविल सर्जन कर्नल मैडेक को बुलाया गया। उन्होंने जाँच-पड़ताल करके देखा कि गहरे क़िस्म का अपेंडिसाइटिस है। सर्जन ने यदि तत्काल निर्णय न लिया होता तो गांधी ख़त्म हो जाते। अधिकारियों की अनुमति की प्रतीक्षा किए बिना

मैडेक उसी वक़्त उन्हें अपनी गाड़ी से पूना के सैसून अस्पताल में ले आए, दो-एक छात्रों की सहायता से उन्होंने स्वयं उनका स्ट्रेचर ढोया और शाम को (शनिवार, 12 जनवरी) उनका आपरेशन किया। बाहरवालों को कुछ पता न चला, आपरेशन के बाद गांधी के परिवारवालों को ख़बर दी गई। लेकिन अस्पताल के अन्दर और सरकारी हल्के में बड़ी दुश्चिन्ता थी। अंग्रेज़ अधिकारियों के मत्थे जो ज़िम्मेदारी आ पड़ी, वह भयानक थी। अगर गांधी की मृत्यु हो जाती तो ख़ैरियत न थी, सारा भारत पागल हो उठता।

केवल गांधी अविचलित बने रहे। उनका मधुर स्वभाव ज्यों-का-त्यों रहा। कोई अनहोनी हो जाए तो उसकी भयंकर ज़िम्मेदारी कुछ कम हो सके, इसलिए आपरेशन से एक घंटा पहले अधिकारियों ने एक गवाह बुला लिया। उन सज्जन का नाम था शास्त्री, वे भारतीय उदार-दल के नेता और गांधी के राजनीतिक विरोधी थी—फिर भी गांधी उनका सम्मान करते थे। बाद में शास्त्री ने उस शंकाकुल एक घंटे का वृत्तान्त प्रकाशित कराया था (स्वराज्य, मद्रास, मंगलवार, 15 जनवरी)।

आपरेशन के लिए वे सहमत हैं, इस आशय का एक लिखित वक्तव्य गांधी के पास लाया गया और उनसे हस्ताक्षर करने का अनुरोध किया गया। तब गांधी ने आँखों पर चश्मा लगाया, ध्यानपूर्वक वक्तव्य को पढ़ा और भाषा में थोड़ा हेर-फेर करने की अनुमति चाही। उन्होंने कर्नल मैडेक के नाम एक चिट्ठी भी तैयार की—वे बोलते गए, किसी और ने उसे लिख लिया—उस पत्र में उन्होंने अधिकारियों और डॉक्टरों की सेवा-सुश्रूषा के लिए नम्रतापूर्वक धन्यवाद दिया, सर्जन पर अपने भरोसे की बात कही और यह इच्छा प्रकट की कि आपरेशन बिना विलम्ब किया जाए। फिर उन्होंने घुटने कुछ ऊपर उठाए, काग़ज़ को उसके ऊपर रखा और काँपते हाथों से पेंसिल से हस्ताक्षर कर दिया। आपरेशन का साज-सामान तैयार करने के लिए और लोग कुछ देर के लिए गांधी को शास्त्री के साथ अकेला छोड़कर कमरे से चले गए। तब महात्मा ने धीरे-धीरे बातें शुरू कीं और उन्होंने जो कुछ कहा, उसे मैं ज्यों-का-त्यों यहाँ लिख रहा हूँ, "इस संग्राम का जो कारण है, वह जब तक मौजूद रहेगा, तब तक सरकार के साथ मेरा संग्राम भी चलेगा। कोई और शर्त मानने को मैं तैयार नहीं हूँ। सरकार यदि समझे कि मेरा उद्‌देश्य भला है और स्वयं मैं निष्पाप हूँ, यदि समझे कि मुझे काफ़ी वक़्त तक क़ैद रखा जा चुका है तो अब वह मुझे छोड़ दे सकती है—यह उसके लिए सम्मानजनक होगा। वह मुझे छुटकारा दे सकती है, लेकिन झूठे बहानों से ऐसा करना उचित न होगा।"।

(अभिप्राय यह कि—जिसे बाद में उन्होंने और साफ़ तौर से कहा—बीमारी के कारण वे छुटकारा स्वीकार न करेंगे।)

उन्होंने यह भी कहा कि "यद्यपि सरकार के साथ उनका घोर मतभेद है, फिर भी व्यक्ति के रूप में अंग्रेज़ों के प्रति उन्हें प्रेम है," और यदि उनके छूटने के

बाद भारत के लोग आन्दोलन चलाना चाहें, ('जिसे वे स्वयं नहीं चाहते') तो वह आन्दोलन कम-से-कम अहिंसात्मक हो, यही उनकी प्रार्थना है।

तब शास्त्री ने पूछा कि वे अपने देशवासियों के लिए कोई सन्देश देना चाहेंगे या नहीं। वैसा चाहना गांधी के लिए अधिक स्वाभाविक होता, क्योंकि क़ैद होने के बाद से बाहरी दुनिया के लिए उनकी आवाज़ बिलकुल बन्द हो गई थी। सज़ा होने के बाद उन्होंने देशवासियों के लिए कांग्रेस अध्यक्ष के नाम एक पत्र भेजा था, बीच में सरकार ने वह पत्र खोल लिया और उसकी भाषा में कुछ हेर-फेर करना चाहा। गांधी इसके लिए राज़ी न हुए। गांधी की जगह कोई और व्यक्ति होता तो ऐसे ख़तरनाक आपरेशन के मौक़े पर अपने देशवासियों को एक बार फिर अपने अटल आदर्श की याद दिलाने का मौक़ा न चूकता। लेकिन गांधी के चरित्र की एक आश्चर्यजनक विशेषता है उनका शौर्य-बोध, जो वर्तमान समय में ऊटपटाँग और अनुचित लग सकता है—लेकिन वे कोई सन्देश देने को तैयार न हुए। उन्होंने चुप ही रहना चाहा।

शास्त्री से उन्होंने कहा कि वे सरकार के क़ैदी हैं और क़ैदियों के लिए चुप रहने का जो आदेश है, वे उसका पालन करेंगे। क़ैदी होने के कारण वे बाहरी दुनिया के लिए मरे हुए के समान माने जाते हैं, इसलिए उन्हें कोई सन्देश नहीं देना है।

उस समय रात के दस बजे थे। दरवाज़ा खुला। उनको आपरेशन टेबुल पर ले जाने के लिए लोग आ पहुँचे थे।

आपरेशन में बीस मिनट लगे और एक दुर्घटना के चलते तो वे मरते-मरते बचे। रोगी को क्लोरोफ़ार्म दिया ही गया था कि बिजली की बत्तियाँ गुल हो गईं। तुरन्त लोग रोशनी लाने के लिए दौड़ पड़े। फिर गैस बत्ती भी लानी पड़ी। पेट चीरते ही देखा गया कि एक ख़ासा बड़ा छिपा हुआ घाव है। उसमें मवाद जमा हो गया है। संचार-स्थल को साफ़ रखने के लिए, घाव में छह इंच लम्बी एक नली लगानी पड़ी। गांधी ने आपरेशन को अच्छी तरह बर्दाश्त कर लिया, सिर्फ़ रात बेचैनी में बीती।

ख़बर पाकर अगले दिन गांधी के बेटे आए, बाद में कस्तूरबा भी आईं। बाद के कई दिन देश-भर के लिए किसी दुःस्वप्न की तरह दुश्चिन्ता से भरे हुए थे। कांग्रेस-अध्यक्ष मुहम्मद अली के आदेश से 18 फ़रवरी का दिन सारे भारत में प्रार्थना-दिवस के रूप में मनाया गया। चारों ओर से गांधी की रिहाई के लिए ज़ोर दिया जाने लगा और यह ख़बर सरकारी अख़बारों ने भी छापी। गांधी को क़ैद में रखकर और ख़ासतौर से उनके जीवन को इस तरह संकट में डालकर सरकार जिस भयानक स्थिति में पड़ने जा रही थी, उससे छुटकारा पाने का कोई उपाय ढूँढ़ निकालना ज़रूरी था। 17 फ़रवरी को वायसराय लॉर्ड हार्डिंज ने अचानक बम्बई के गवर्नर को दिल्ली बुला भेजा। महीने के अन्त में नई विधान-सभा का अधिवेशन होने वाला था—इसी कारण कहीं भारतीय सदस्य उस सभा में हो-हल्ला न मचाएँ, इसलिए 4 फ़रवरी को गांधी की रिहाई का हुक्म जारी कर दिया गया।

अब गांधी को भी दुविधा न रही, वे विचार और वाणी से फिर अपने को स्वतंत्र समझने लगे और रिहाई पाने के साथ ही 7 फ़रवरी को उन्होंने कांग्रेस अध्यक्ष के लिए एक सन्देश भेजा ('हिन्दू' मद्रास, 8 फ़रवरी)।

पत्र उन्होंने सरकारी व्यवहार के प्रति क्षोभ प्रकट करते हुए आरम्भ किया। उन्होंने कहा, वे उस व्यवहार को दया के रूप में ग्रहण करने को तैयार नहीं हैं। "बीमारी के चलते सरकार ने मुझे झटपट छोड़ दिया है, इससे मैं दुखी हूँ—इस तरह के छुटकारे से तनिक भी प्रसन्न होना मेरे लिए सम्भव नहीं है क्योंकि मैं इसे युक्ति-संगत नहीं मानता कि बीमार होने से ही क़ैदी छोड़ दिया जाए।"

अस्पताल अथवा जेल में जिन लोगों ने उनसे अच्छा व्यवहार किया था, उन सबको (किसी एक को भी छोड़े बिना) उन्होंने अपनी स्वाभाविक विनम्रता के साथ धन्यवाद दिया था। अभी कुछ समय तक वे अपने को कमर बाँधकर काम में लग जाने के योग्य नहीं समझते। उन्हें कुछ हफ़्तों के विश्राम की ज़रूरत है। दो बरस तक वे दुनिया की आँखों से दूर रहे, अत: भारत की नई परिस्थितियों की ठीक-ठीक जानकारी पाने के लिए भी उन्हें कुछ समय चाहिए। फिर भी इसके साथ ही जो वे सुदृढ़ निर्देश दे रहे हैं, उससे प्रमाणित होता है कि उन्होंने पहले के कार्यक्रम अथवा सिद्धान्त के बारे में अपना विचार बिलकुल नहीं बदला है।

सबसे पहली जो ज़रूरत है, वह है भारत की सारी शक्ति को नए सिरे से एकत्रित करना। उनकी ग़ैरहाज़िरी से वह एकता शिथिल पड़ गई है। "देश की वर्तमान परिस्थिति के बारे में मेरा ज्ञान चाहे जितना कम हो, कम-से-कम यह समझने की क्षमता मुझमें है कि बारदोली के समय की तुलना में आज की राष्ट्रीय समस्याएँ अधिक परेशान करनेवाली हैं। विभिन्न जातियों और धर्मों में एकता न होगी तो स्वराज सम्बन्धी सारे विचार ही व्यर्थ होंगे। सन 1922 में मैंने ऐसा मान लिया था कि यह एकता हमने प्राप्त कर ली है, लेकिन आज उसमें अनेक दरारें पड़ गई हैं, ख़ास-तौर से हिन्दू-मुसलमानों के सम्बन्ध के बारे में। अगर हम स्वाधीन होना चाहते हैं तो विभिन्न सम्प्रदायों के बीच हमें एक अटूट श्रृंखला बनानी ही पड़ेगी। मैं यह नहीं चाहता कि मेरे आरोग्य-लाभ के लिए आप लोग दयापूर्ण कामों में लगें। डॉक्टरों की सेवा-सुश्रूषा से भी आपकी एकता ही मुझे अधिक शीघ्रतापूर्वक आरोग्य दे सकेगी। आपके पारस्परिक मतभेदों की जो ख़बर मुझको मिली है, उससे मेरे हृदय को बहुत चोट लगी है। यह बोझ मुझ पर जब तक पड़ा रहेगा, मैं आराम न कर सकूँगा। यदि आप लोगों में मेरे प्रति किसी तरह का प्रेम हो तो आप एक हों, यही मेरा निवेदन है। मैं जानता हूँ कि यह काम आसान नहीं है, लेकिन ईश्वर पर विश्वास हो तो कुछ भी कठिन नहीं जान पड़ता। हिन्दू और मुसलमान, आप लोग अपनी घृणा का अन्त करें। दुर्बलता से भय का जन्म होता है और भय से घृणा आती है। आइए, हम दोनों ही उस भय का त्याग करें। हमारे सारे झगड़े ख़त्म हो

जाएँगे, यदि हमारे दोनों दलों में से एक दल भी भय करना छोड़ दे। मैं जानता हूँ कि अन्दर-ही-अन्दर हम एक-दूसरे को भाइयों की तरह प्यार करते हैं। एक होने की मेरी जो यह आकुल आकांक्षा है, उसका हिस्सेदार बनने के लिए मैं आपको पुकारना चाहता हूँ।"

दूसरी ओर उनके संग्राम की नीति भी ज्यों-की-त्यों रही। दो वर्षों के एकान्त चिन्तन से उस नीति की उपयोगिता के बारे में उनकी आस्था और बढ़ी ही है। सबसे पहले, ग़रीबी से छुटकारा पाने का एकमात्र साधन चरखा। देश की एकता। छुआछूत हटाना। विचार, वाणी और कर्म से नियमपूर्वक अहिंसा का प्रयोग। "इस कार्यक्रम का यदि दृढ़तापूर्वक पालन किया जाए तो असहयोग आन्दोलन की आवश्यकता ही न रहेगी। बेशक, मैं यह भी कहूँगा कि शान्तिपूर्ण असहयोग की उपयोगिता और न्याय-संगतता के बारे में मेरा जो विश्वास था, इन कई वर्षों के चिन्तन के परिणामस्वरूप उसमें रत्ती-भर भी कमी नहीं आई। मैं आज भी यही समझता हूँ कि जिस देश का जीवन संकट में है, उसके लिए अपना उचित अधिकार पाने का यही ठीक मार्ग है। मुझे इस बारे में भी सन्देह नहीं है कि युद्ध की अपेक्षा इसमें और भी कम संकट है। असहयोग आन्दोलन यदि सफल होता है तो वह जैसे जीतनेवाले को वैसे ही जीते गए को भी लाभ पहुँचाता है—लेकिन युद्ध से दोनों की ही हानि होती है।"

चितरंजन दास ने स्वराज पार्टी के नाम से जो नया दल क़ायम किया है, उसकी राजनीति के बारे में गांधी अभी साफ़ तौर से कुछ नहीं कहना चाहते। उनके लिए यह एक नई राजनैतिक परिस्थिति है, विचार करने के पहले वे इसे अच्छी तरह समझ लेना चाहते हैं। दिसम्बर के अन्त में विधान-सभा का जो निर्वाचन हुआ, उसमें स्वराज पार्टी ने (ये वामपन्थी राष्ट्रीयतावादी और अहिंसा की नीति के समर्थक हैं, लेकिन परिवर्तित नियमों के अनुसार ये संसदीय अनुशासन में रहकर उस नीति का पालन करते हैं) 103 में से लगभग आधी जगहों पर क़ब्ज़ा कर लिया है। और प्रादेशिक राज्य सभाओं में लगभग सभी जगह वे सबसे शक्तिशाली हो गए हैं (1 फ़रवरी के 'मैनचेस्टर वीकली' में प्रकाशित एक लेख में सी. एफ़. एंड्रूज ने बतलाया है कि स्वराज पार्टी की यह सफलता इस कारण और अधिक आश्चर्यजनक लगती है कि कांग्रेस से उन्हें निर्वाचन में खड़े होने की इजाज़त, निर्वाचन-दिवस से मात्र कई दिन पहले मिली थी। असहयोगियों के एक बहुत बड़े भाग ने गांधी की नीति का पूर्ण रूप से अनुसरण करना चाहा था, इसलिए उसने इस निर्वाचन में भाग नहीं लिया। यदि सभी असहयोगियों ने निर्वाचन में खड़ा होना स्वीकार किया होता तो वे बहुत अधिक बहुमत से विजयी होकर रहते)। इस स्वराज पार्टी ने प्रादेशिक राज्य-सभाओं में तुरन्त ही अपनी शक्ति का सुयोग लेना आरम्भ कर दिया, दिसम्बर के अन्त से ही। वे एक के बाद दूसरे दावे भी पेश करने लगे—जैसे, दमन के सारे क़ानून हटा

लिए जाएँ अथवा तत्काल एक स्वशासित सरकार का गठन किया जाए अथवा प्रस्तावित भारतीय संविधान की रूपरेखा तथा आदर्श पर विचार करने के लिए एक बैठक बुलाई जाए और उस संविधान की एक-एक बात पर नई विधान-सभा विचार करे, यहाँ तक कि एशिया की मुक्ति के लिए एशिया के देशों का एक संघ गठित हो, इस सम्बन्ध में एक प्रस्ताव भी पेश हुआ। इतनी सारी नई घटनाएँ हो गई हैं, इसे तो गांधी अस्वीकार नहीं कर सकते। इसके अलावा स्वराज पार्टी के चितरंजन दास जैसे नेताओं के प्रति उनमें श्रद्धा और स्नेह का भाव है—इनके विश्वास और इनकी हार्दिकता की बात वे जानते हैं। अत: यद्यपि ये लोग असहयोग-नीति के उनके मार्ग में इस तरह अलग हो गए हैं, फिर भी इनकी बातों पर विचार किए बिना गांधी उनकी निन्दा कैसे करें? इसी से वे कहते हैं, "संसद और विधान-सभाओं में कांग्रेसी सदस्यों के चुनाव से सम्बन्धित प्रश्न कुंठाजनक हैं—उसके सम्बन्ध में आप लोग मेरे किसी मतामत की आशा न करें। यद्यपि मैंने विधान-सभा, अदालत और सरकारी विद्यालयों के बहिष्कार के बारे में अपना मत तनिक भी नहीं बदला, फिर भी कोई ऐसी नई बात नहीं हुई है, जो नीति के इस परिवर्तित रूप के बारे में विचार करने में मुझे समर्थ बना सके। जिन श्रद्धास्पद देशवासियों ने, देश ही के हित में, आज विधान-सभाओं के बहिष्कार की नीति को न मानना ही अच्छा समझा है, उनके साथ विचार-विनिमय किए बिना मैं किसी तरह का मत नहीं प्रकट कर सकूँगा।"

अन्त में एक बार फिर उन्होंने साफ़ तौर से कहा है—उनका युद्ध अंग्रेज़ों से नहीं है, बल्कि उनकी सरकार और दमनमूलक राजनीति से है।

फ़रवरी में दो और सन्देश प्रकाशित हुए, जिनमें उन्होंने कहा कि रोग कभी भी उनकी शक्ति पर विजयी नहीं हो सकता (बेशक अभी तक, 1924 के मार्च के अन्त में भी, गांधी पूर्ण स्वस्थ नहीं हो सके हैं), यद्यपि डॉक्टर उन्हें विश्राम करने को कहते हैं, फिर भी नेता का अपना कर्तव्य वे ठीक तरह से पूरा करते रहेंगे।

दक्षिण अफ्रीका के भारतीय एक निश्चित सीमा के अन्दर रहने को बाध्य होंगे, इस आशय के एक बिल (क्लास एरियाज़ बिल) पर इन दिनों दक्षिण अफ्रीका की पार्लमेंट विचार कर रही है। गांधी ने इस बिल के विरोध में एक घोषणा प्रकाशित कराई ('बंगाली', 'कलकत्ता', 16 फ़रवरी)। सन 1914 में बने क़ानून के इस उल्लंघन के प्रति उन्होंने विरोध प्रकट किया और नए सिरे से दक्षिण अफ्रीका के आन्दोलन के इतिहास का पूरा विवरण प्रस्तुत किया।

25 फ़रवरी को ('इंडियन डेली न्यूज', कलकत्ता, 26 फ़रवरी) उन्होंने अकाली सिखों के प्रति भी एक विवरण प्रकाशित कराया। अकालियों के साथ ब्रिटिश पुलिस की एक रक्तरंजित टक्कर हुई और एक अंग्रेज़ अफ़सर के आदेश से कुछ गोलियाँ भी चलीं। गांधी ने अकालियों को याद दिलाया कि वे अहिंसा की कड़ी नीति के अलावा किसी अन्य रीति का आश्रय न लें।

गांधी की रिहाई के बाद भारत में जो घटनाएँ हुई हैं—10 फ़रवरी को राष्ट्रीय कृतज्ञता प्रकट करने के लिए मुहम्मद अली का आह्वान, सब सम्प्रदायवालों का मिलकर श्रद्धा के साथ यह दिन मनाना, बम्बई में तीस हज़ार लोगों की सभा, मुसलमानों का विराट जुलूस, सारे देश में उत्सव मनाया जाना—इन सब को क्या सामयिक उच्छ्वास कहा जा सकता है? गांधी आज प्रेम के प्रबल प्रवाह में प्रवाहित हो रहे हैं, और चारों ओर का इतना आवेग शायद उनके आरोग्य होने का मार्ग सुगम नहीं कर रहा, यह सोचकर डॉक्टर लोग शंकित होकर भी निरुपाय हैं। जो लोग गांधी की सेवा-सुश्रूषा कर रहे हैं, वे भी उसी प्रेम से भरे हुए हैं—यहाँ तक कि यह प्रेम प्रकट करने से अंग्रेज़ भी बाक़ी नहीं रहे। एक अंग्रेज़ी अख़बार में एक ऐसे अंग्रेज़ की ख़बर छपी है, जो बयासी साल का एक अवसर-प्राप्त सैनिक है—वह दो दिन के अन्तर से, हाथों में फूलों का गुलदस्ता लिये अस्पताल पहुँचता है, किसी की रोक-टोक माने बिना अन्दर चला जाता है, प्रसन्नतापूर्वक गांधी से हाथ मिलाता है और जाते वक़्त गांधी से कह जाता है, "आप तो ख़ासे अच्छे हो रहे हैं, हिम्मत रखिए भाई!"

महात्मा स्वयं हर वक़्त अविचलित-चित्त हैं, ख़ुद ही अपने मालिक हैं, जान-बूझकर दर्शकों के साथ देर तक बातें करते हैं। बहुत दुबले हो गए हैं, सारा शरीर सिकुड़ गया है, 'अपने आधे भी नहीं रह गए हैं वे, देखने से आँखें भर आती हैं।' लेकिन एक बार उनका वह शान्त, मधुर, स्नेह और विनयपूर्ण स्वर सुनते ही मुग्ध हो जाना पड़ता है। और जो लोग जेल जाने के पहले भी उन्हें पहचानते थे (जैसे वे अल्पवयस्क पारसी, जिन्होंने कुछ ही दिन पहले अस्पताल में गांधी को देखने जाने का अपना वृत्तान्त मुझे सुनाया था), अब उनका भाव-परिवर्तन देखकर आश्चर्य करते हैं। तमाम आत्मशक्ति के बावजूद, जेल जाने से पहले उनका मन जो तरह-तरह के कारणों से दुश्चिन्ताग्रस्त था, वह सहज ही समझा जाता था। आज वे आलोक से आलोकित हैं। "आज सचमुच उनकी आत्मा कह सकती है, उसने संसार के साथ शान्ति स्थापित की है" (यह दिलीप कुमार राय का कथन है)। पूना के अस्पताल में, 2 फ़रवरी को संगीत के सम्बन्ध में गायक दिलीप कुमार राय से उनकी जो बातें हुई थीं, उनका यथोचित विवरण दे पाता तो मझे कितनी ख़ुशी होती! उससे महात्मा के विराट हृदय का परिचय मिलता है। रस-सौन्दर्य से वे इतने प्रेमासिक्त हैं कि "संगीत के बिना भारत के धर्मभावापन्न जीवन के विकास की वे कल्पना भी नहीं कर सकते।" ग्रीक ऋषि और गेटे की तरह वे सुन्दरतम जीवन उसी को कहते हैं, जिसने अपने अन्दर महत्तम कला का आविष्कार किया है। इस भेंट का विवरण 5 फ़रवरी के 'दि बाम्बे क्रानिकल' में प्रकाशित हुआ था।

पहले की तरह यह अध्याय भी हम कर्म के बीचोंबीच ख़त्म करेंगे, ज़रूरत हुई तो आन्दोलन की बाद की बातें नए संस्करण में जोड़ दी जाएँगी। विधान-सभा

में जब स्वराज पार्टी के विरोध के चलते प्रस्तावित बजट स्वीकार नहीं हो सका, अपने इतिवृत्त के इसी स्थल पर पहुँचकर हम विराम लेते हैं। स्वराज पार्टी ने केवल यही दिखाने के लिए बजट स्वीकार नहीं किया कि उनके नीतिगत आदर्शों में मेल नहीं है। और इस अस्वीकृति के माध्यम से उन्होंने सरकार को यह भी जताया कि अब से सरकार को उनके मतामत का भी ख़याल रखना पड़ेगा। अब वे इंग्लैंड के नए प्रस्ताव की प्रतीक्षा में हैं।

यह प्रस्ताव क्या होगा? आने पर भी क्या वह समय पर आ सकेगा? लगता तो नहीं कि पहले की सरकारों की अपेक्षा वर्तमान श्रमिक मंत्रिमंडल भारत को स्वराज देने का अधिक इच्छुक है। रैमज़े मैकडॉनल्ड के मन्तव्य ने केवल इस ग्रन्थ के लेखक को ही क्षुब्ध नहीं किया—यूरोपीय राजनीति के बारे में अब मुझमें बहुत मोह नहीं है—बल्कि उस मन्तव्य से विशेष रूप से आघात पाया है इंग्लैंड और भारत के बहुत से मित्रों ने। मैं जानता हूँ कि दोनों ही के लिए यह समस्या बहुत यंत्रणादायक है। इंग्लैंड अपने स्वार्थ के लिए भारत का सर्वनाश कर रहा है, लेकिन दूसरी ओर अगर वह भारत को राजनैतिक और आर्थिक स्वाधीनता दे देता है तो वैसा ही सर्वनाश मैनचेस्टर के कपड़ा-मिलों के अनगिनत मज़दूरों का होता है। गांधी जिस तरह दोनों पक्षों के स्वार्थ से बहुत ऊपर उठ सके हैं, उन्होंने एक ऐसा मार्ग ढूँढ़ने की कोशिश की है, जिससे दोनों ही दलों का कल्याण हो, वैसा इस संसार में कितने लोग कर सकते हैं? लेकिन गांधी को भी इंग्लैंड में एक ऐसा प्रतिपक्ष ढूँढ़ना होगा, जो नैतिक उच्चता और विचार-शक्ति में उनके बराबर हो। यह क्या सम्भव होगा? ब्रिटिश जाति की शुभ बुद्धि आज यही कामना करे।

जो भी हो, लेकिन आज इंग्लैंड अपने प्रतिपक्ष की शक्ति की अथवा अहिंसा-अस्त्र की कार्यकारिता की उपेक्षा करने को बिलकुल ही तैयार नहीं है। उस शक्ति की युद्ध-सामर्थ्य के बारे में यूरोप के जिन राजनीतिज्ञों में आज भी उपेक्षा का भाव है उनके प्रति 15 फ़रवरी के 'मैनचेस्टर गार्जियन वीकली' में (यह अंग्रेज़ी पत्र जैसा बुद्धिदीप्त, वैसा ही उदारपन्थी है, लेकिन इसे गांधी के प्रति सहानुभूति रखनेवाला भी नहीं कहा जा सकता) प्रकाशित एक लेख का अंश-विशेष यहाँ उद्धृत करके ग्रन्थ समाप्त कर रहा हूँ—

"सम्पूर्ण जड़ता का रूप धारण करके, कुछ वर्षों से, जिस एक राजनैतिक अस्त्र का व्यवहार हो रहा है, उसकी असाधारण शक्ति पर एक बार विचार करके देखा जाए। बड़े परिमाण में उसका संकटपूर्ण परिचय मिला वोट-प्रार्थिनियों के अनशन-हड़ताल में। सिन फ़ाइन आरम्भ में पूरी तरह से निष्क्रिय प्रतिरोध का एक संगठन था। आयरलैंड में अंग्रेज़ या अंग्रेज़ी जो कुछ था—वैसे क़ानून, अदालत, डाकघर, कर उगाहनेवाले और पुलिस—उस सब को यह संगठन अस्वीकार करता था। आज पंजाब एक ऐसा परीक्षागार हो गया है, जहाँ उसी विस्फोटक नीति के

बारे में गवेषणा चल रही है—कोई विस्फोट नहीं हो रहा, लेकिन जो हो रहा है, वह विरोधी को युद्ध में असमर्थ बना दे सकता है। इनकी नीति उदारपन्थी है—शासितों के समर्थक के सिवा किसी दूसरी शासन-व्यवस्था का टिक सकना सम्भव नहीं है। वर्तमान जगत में अथवा यहाँ तक कि भारत में भी धीरे-धीरे यह धारणा बन रही है कि सभी सरकारों का पतन सम्भव हो सकता है, यदि उन सरकारों की प्रजा का एक बड़ा हिस्सा उनके साथ किसी तरह का सहयोग न करने को तैयार हो जाए—यहाँ तक कि जेल के क़ैदी खाना तक खाने को राज़ी न हों। स्वराष्ट्र मंत्री की हालत ख़राब हो आई थी, जब कि भाग्यवश युद्ध के कारण महिलाओं ने अनशन-हड़ताल स्थगित कर दी। और आज पंजाब सरकार क्या यह तय कर पाई है कि उसके लिए क्या करना उचित है? यह प्रतिरोध पूरी तरह से निष्क्रिय है, इसलिए शान्तिपूर्ण है, उसमें केवल सरकार के साथ तुच्छतम सहयोग भी न करने की भावना का प्रकाशन मात्र है, हमारा इतने दिनों का अभ्यास यही है कि उसे अनिवार्य रूप से निष्फल समझें—हमने सोचा कि ज़रूरत पड़ने पर यदि सरकार उस प्रतिरोध के विरुद्ध अपनी प्रचंड शक्ति का दृढ़तापूर्वक प्रयोग करे तो प्रतिरोध टिकेगा कैसे? प्रश्न अभी भी साफ़ नहीं है फिर भी ऐसा लग सकता है कि राजनैतिक शक्ति के बारे में शायद आज हमें अपने विचारों में परिवर्तन करने की ज़रूरत है। 'एक गाल पर थप्पड़ खाने पर दूसरा गाल सामने कर दूँगा', ऐसी नीति की राजनैतिक क्षमता के बारे में शायद सचेत होने की आवश्यकता है। इस नीति को बेकन की तरह केवल 'शुद्ध नैतिकता और संन्यासी सुलभ' समझने से ही अब काम न चलेगा।"

रो. रो.

मार्च का अन्त, 1924

कई भारतीय मित्रों की सलाह से पुस्तक के पचासवें संस्करण का संशोधन किया है। 1924 से गांधी की पार्टी को मुख्य लाभ क्या-क्या हुए हैं और आज 1926 के जून में भारत की क्या स्थिति है, उसके बारे में यहाँ संक्षेप में कुछ कहना उचित समझता हूँ।

जेल से छूटने और स्वास्थ्य-लाभ करने के बाद सन 1925 के लिए गांधी कांग्रेस के अध्यक्ष चुने गए। उनके दल के जो लोग इंग-भारत विधान-सभा में जाकर सहयोग देना चाहते हैं, उन्हें इस सहयोग का अधिकार उन्होंने भारत के स्वार्थ का ध्यान रखकर दिया—यह अधिकार देने के लिए स्वराज पार्टी के कुछ लोगों ने उनसे अनुरोध भी किया था। बेशक, उन्होंने अपनी मूल नीति में कोई हेर-फेर नहीं किया, और व्यक्तिगत रूप से सरकार के साथ सब तरह के सहयोग-वर्जन के सिद्धान्त पर वे स्वयं अटल रहे। वे विशेष रूप से हिन्दू-मुस्लिम एकता क़ायम करने (काम मुश्किल है, क्योंकि मतभेद बढ़ा देने में ही ब्रिटिश सरकार का लाभ

है), खद्दर का प्रचार करने और छुआछूत मिटाने का (इस युद्ध में गांधीवादियों को विशेष सफलता मिली त्रावंकोर राज्य में) काम करने लगे।

सन 1925 के अन्त में कार्य-काल समाप्त होने पर उनकी जगह उनकी शिष्या और कवि श्रीमती सरोजनी नायडू कांग्रेस अध्यक्ष चुनी गईं। सामयिक रूप से इस समय गांधी ने प्रकटत: राजनैतिक कार्यों से अवकाश ग्रहण कर लिया है, वे अपने साबरमती आश्रम में लौट गए हैं। वहाँ उनका समय ध्यान में, छात्रों को शिक्षा देने में, शिष्यों की देख-रेख में और खद्दर के प्रचार में बीतता है। वे धार्मिक नेता बन गए हैं, आज के नैतिक भारत के मुखिया। स्वराज पार्टी के नेता उनका उपदेश पाने के लिए आश्रम में आते हैं। वे अपने द्वारा सम्पादित 'नवजीवन' और 'यंग इंडिया' नामक दो पत्रों के माध्यम से, नियमित रूप से, सारे देश को अपना सन्देश सुनाते हैं, मार्ग दिखलाते हैं और नीति को जाग्रत बनाए रखते हैं।

रो. रो.

जून, 1926

डायरी

यहाँ हम रोमां रोलां की एक दुर्लभ डायरी के कुछ अंश भी प्रकाशित कर रहे हैं। गांधी जी से सम्बन्धित रोमां रोलां की यह डायरी संसार की किसी भी भाषा में अभी तक प्रकाशित नहीं हुई। सर्वप्रथम इसी पुस्तक के द्वारा अब तक अज्ञात इस डायरी को प्रकाश में लाया जा रहा है। डायरी के ये महत्त्वपूर्ण अंश गांधीजी के जीवन से सम्बन्धित अनेक अज्ञात एवं उपयोगी तथ्य प्रकाश में लाते हैं।

1931

मई, 1931

गांधी और लेनिन, अहिंसा और क्रान्ति से सम्बद्ध दुहरे प्रश्नों की बातचीत के सिलसिले में एदमँ प्रिवा के साथ जो चर्चा हुई, यह उसके बाद की बात है। 5 मई को मैंने यूरोप के सत्याग्रहियों के नाम निम्नांकित पत्र लिखा—उद्देश्य यह था कि मैं अपना वर्तमान कार्यक्रम बनाऊँ और कार्य-सम्बन्धी समस्याओं के रूप को समझने की भी कोशिश करूँ—

> "यह तो आप लोग जानते हैं कि कई बरस पहले गांधी लगभग स्वीज़रलैंड तक पहुँच ही गए थे। कहा जा सकता है कि निर्णय करने के पहले वे मेरे ही उत्तर की प्रतीक्षा कर रहे थे, क्योंकि वे मुझसे मिलना चाहते थे। उन्हें देखने की इच्छा मेरे लिए भी स्वाभाविक थी, यह भी आप लोग आसानी से समझ जाएँगे। फिर भी मैंने उन्हें आने से रोक ही दिया एक तरह से। कारण यह था कि मैं चाहता था कि सिर्फ़ मुझसे बातें करने के बदले वे यूरोप की अप्रतिरोधी युवाशक्ति के साथ सम्पर्क स्थापित करने के सुदृढ़ अभिप्राय से आएँ, उनकी बातें सुनें, उनका मार्ग-दर्शन करें। सच, उस समय मैं अपने को उनके योग्य नहीं समझ सका, क्योंकि मैं जानता था कि मेरे बारे में उन्हें बहुत भ्रम है, बेशक हम दोनों की मित्र मीरा बेन से उन्होंने मेरे बारे में बहुत-सी अतिशयोक्तियाँ सुनी होंगी। उनका जो बहुमूल्य जीवन उनके देशवासियों और समस्त मानव समाज के लिए उत्सर्गित है, मैं केवल अपने लिए उस जीवन के थोड़े से दिन भी क्यों छीनूँ? मैं किसी तरह अपने को यह बात न समझा सका कि मुझे इसका अधिकार है। उधर गांधी के मन में अपने विचारों को यूरोपीय युवाशक्ति के सामने रखने का ज़रा-सा भी लोभ न था। उनका स्वभाव ही सावधानी का है, एक-एक पग करके आगे बढ़ते

हैं, यह फ्रेंच कहावत जाने बिना भी मानो उसकी सच्चाई में विश्वास रखते हैं, 'अधिक आदर से प्रेम मिट जाता है।' इसी से भारत की समस्या का समाधान हुए बिना वे यूरोप की समस्याओं में सिर खपाने के लिए किसी तरह राज़ी नहीं हुए।"

उसी समय—"जैसे आज और भी अधिक—मैंने यूरोप के साथ आमने-सामने उनकी बातचीत की नितान्त आवश्यकता का अनुभव किया था। आज बेशक गांधी के साथ विचार-विनिमय करने में मैं पहले की अपेक्षा अपने को अधिक समर्थ अनुभव करता हूँ, उनके साथ भेंट होने पर शायद अपने को उतना अयोग्य न भी समझूँ।

"गांधी का विश्वास और उनकी कार्य-प्रणाली पवित्र है, भारत में उसने अपनी क्षमता विजय के साथ प्रतिष्ठित की है (1 अप्रैल की 'यूरोप' पत्रिका में मेरा जो अन्तिम लेख प्रकाशित हुआ है, उसमें मैंने फिर इस बात पर जोर दिया है।)—लेकिन वही नीति एकमात्र सत्य नहीं है, अथवा कोई परम वस्तु नहीं है (वे स्वयं ही यह नहीं कहना चाहते : आप लोगों को स्मरण दिला दूँ कि अपने अनुभव के सत्य को वे हमेशा 'आपेक्षिक' सत्य कहते हैं—यहाँ तक कि जो अनुभव उनके हृदय के अत्यन्त निकट हैं, उनकी सच्चाई के बारे में भी उनकी यही राय है)। भारत भी कोई परम वस्तु नहीं है। हम, जो सत्य के आन्तरिक और निरासक्त के खोजी हैं, हम लोगों के सामने भी आज का सबसे बड़ा प्रश्न यही है कि किस तरह भारतीय प्रयोग को यूरोप में (और संसार के अन्य भागों में भी) काम में लाया जाए।

"उस विश्वास की सार वस्तु मेरे लिए स्पर्शेन्द्रियातीत है। वह एक ऐसा प्रेम है, जो सक्रिय है और भावावेग से ऊँचाई पर है, वह कोई अमूर्त वस्तु नहीं है। 'वह प्रेम अपने को देश की सेवा में लगाकर सभी लोगों का कल्याण चाहता है।' अहिंसा में उसी प्रेम का एक महान प्रकाश है, और गांधी का न मानने का जो तरीक़ा है, सुनियंत्रित और सविनय अवज्ञा की उनकी जो नीति है, आज के मनुष्य में अपने प्रेम-धर्म को प्रचलित करने का वही सुन्दरतम कौशल है।

"बेशक यह भी जान लेना होगा कि वह क्या यूरोप के वर्तमान कर्तव्य के सम्बन्ध में सारे प्रश्नों का सही उत्तर दे सकेगा? अथवा, अगर और विस्तार से कहा जाए तो क्या ऐसे देश में भी, जिसकी प्रकृति भारत के समान धर्मभावापन्न नहीं है अथवा जहाँ के समाज-जीवन को हज़ारों वर्षों का स्थायित्व नहीं प्राप्त हो सका है, क्या वैसे देश में भी गांधी की रीति को अमल में लाना उसके स्वभाव के अनुकूल होगा?

बात मन में आई है, इसी से यह प्रश्न यहाँ छेड़ दिया है, लेकिन अभी इसका कोई मनगढ़न्त उत्तर नहीं देना चाहता।

"बड़ा अच्छा हो, और मैं तो यह चाहता ही हूँ, यदि अन्तरराष्ट्रीय अप्रतिरोध सम्मेलन में किसी तरह गांधी को खींचा जा सके (इस अभागी बात को हम लोग अपने दिमाग़ से भगा पाते तो बच जाते, लेकिन मुश्किल है कि यह बात वहाँ अटक गई है और उसका अस्तित्व हमारे विचारों में, यहाँ तक कि उस क्षण में भी, जब हमारे समस्त मन-प्राण विद्रोही की तरह चीख़कर ठीक उससे उलटी बात जताना चाहते हैं, "प्राण रहते इसे नहीं मानना है, प्रतिरोध करना ही होगा"—और चूँकि उस समय निश्चय ही गांधी यूरोप में होंगे, उन्हें इस अधिवेशन में पाकर इस प्रश्न पर शुरू से आख़िर तक विस्तारपूर्वक विचार किया जा सकता है। लेकिन एक ओर तो भारतीय राजनीति के प्रश्नों में ही उनका सारा ध्यान लगा हआ है, दूसरी ओर वे यात्रा के कारण थके हुए होंगे—इसके अलावा यूरोपीय समस्याओं में सिर खपाने में उनका स्वाभाविक विरोध तो है ही—इसी से डर लगता है कि मेरी यह इच्छा पूरी करने में वे बाधक होंगे।

"लेकिन फिर भी, फिर भी...! आज गांधी के लिए भी यह उचित है कि वे अपना क्षेत्र-विस्तार करें। जन-संग्राम और श्रेणी-वैषम्य के बारे में उन्होंने इधर जो कुछ लिखा है, उससे आज की दुनिया की रक्तरंजित यात्रा के नवीन चरणों के सम्बन्ध में उनकी अनभिज्ञता प्रमाणित होती है। वंशानुक्रमिक जातिभेद से उत्पन्न जो विषमता है—और उस विषमता के होते हुए भी उनमें एक प्रकार के भ्रातृत्व-बोध के लिए स्थान होना असम्भव नहीं है—केवल उसी के प्रति उनकी आँखें लगी हुई हैं, और धनतंत्र का वे जो अर्थ समझते हैं, वह उनके निकट अहमदाबाद के कुछ सूती मिल-मालिकों के माध्यम से ही मूर्त होता है। हज़ार होने पर भी ये मालिक धर्मभीरु और सज्जन हैं, अपने मज़दूरों के साथ वे सम्बन्ध रखते हैं और गांधी की बातें उनके मन को छू भी पाती हैं। गांधी आज भी उस नई शक्ति की बात, उस हृदयहीन, नामहीन पैसे का रूप नहीं जानते, नहीं जानते कि कितने छिपे हुए कारबार हैं, कितनी अन्तरराष्ट्रीय कम्पनियाँ—वे भयानक अन्धे दानव, जो उस 'यांत्रिकता' से भी बहुत अधिक भयंकर हैं, जिस यांत्रिकता के विरोध में गांधी और रवीन्द्रनाथ, दोनों ही ने जाने कितने व्यर्थ तीर चलाए हैं। कारण यह है कि पैसा ही वह अदृश्य यंत्र है, जिसके आदेश से आज देश-विदेश उठते-बैठते हैं, नित नए मत बनते-बिगड़ते हैं। किसी अत्याचारी को

> (वह चाहे जितना शक्तिशाली क्यों न हो) ठंडा करना अथवा किसी देश के कुछ सौ राजे-रजवाड़ों के ख़िलाफ़ सिर उठाकर खड़ा होना अथवा रक्तमांस वाले एक समूचे देश के विरुद्ध युद्ध-घोषणा करना एक बात है और दूसरी ओर पूरी तरह मनुष्य-सम्पर्क-रहित इतने जो नामहीन-परिचयहीन प्रचंड शक्तियों के दल हैं, उनके विरुद्ध खड़ा होना दूसरी बात है। इन दो विभिन्न रूपों के शत्रुओं के विरुद्ध क्या एक ही प्रकार के रण-कौशल का अवलम्बन करना चाहिए?..."

सितम्बर, 1931

'राजपूताना' जहाज़ से गांधी ने मुझे तार भेजा है—उन्होंने 29 अगस्त को बम्बई छोड़ा है, 11 सितम्बर को मार्सेई पहुँच रहे हैं, चाहते हैं कि मार्सेई और कैले रेलमार्ग के बीच के किसी स्थान में हम लोग उनसे मिल सकें। भारत के वायसराय के साथ तर्क-वितर्क और विचार-विनिमय में उन्हें पन्द्रह दिनों की देरी हो गई है, अब जो भी समय उनके पास रह गया है, उसमें गोलमेज़ सम्मेलन के आरम्भ के लिए सीधे लन्दन पहुँचे बिना उनका काम न चलेगा। मेरे विलनवे के निवास पर वे न रुक सकेंगे।

हमने उन्हें तार भेजा है कि दिजें में उनसे मिलने की चेष्टा कर रहा हूँ, ताकि दिजें से पैरी (पेरिस) तक रेल में उनके साथ यात्रा कर सकूँ। लेकिन इसी बीच फिर उनका एक लम्बा और स्नेहपूर्ण तार आ गया है, जिसमें लिखा है कि चूँकि ट्रेन दिजें में आधी रात के बाद पहुँचेगी, अत: यदि मेरा स्वास्थ्य अनुमति दे तो मैं मार्सेई में ही उनसे मिलने के लिए आऊँ। वहाँ जहाज़ के पहुँचने और बम्बई एक्सप्रेस ट्रेन के छूटने के बीच, बातचीत के लिए सात घंटों का वक़्त मिलेगा। अन्त में उन्होंने यह भी लिखा है कि मुझसे मिले बिना वे यूरोप न छोड़ेंगे।

सितम्बर, 1931

चूँकि मैं मार्सेई नहीं जा सका, मैंने अपनी बहन से लिखाकर यह पत्र (10 सितम्बर) गांधी को भेजा—

> "प्रिय मित्र, जब आप यूरोप की मिट्टी पर पैर रख रहे हैं, तब मैं अपनी बहन के साथ आपके सामने आकर आपको नमस्कार नहीं कर सका, मुझे इसका दुख है। अपने स्वास्थ्य के कारण यह मेरे लिए

सम्भव नहीं हुआ। लूगानो से मैं विलनवे आया था, इच्छा थी कि बाद में मार्सेई जाऊँगा। लेकिन धूप के देश से वर्षा के देश में आने की राह में ठंड लग गई, अब कुछ दिनों तक विलां अलगा में क़ैद रहने के सिवा दूसरा उपाय नहीं है। मैं आशा करता हूँ, भारत लौटते समय आप वक़्त निकालकर एक बार यहाँ से होते जा सकेंगे, जिससे हम दोनों इस जीवन में एक-दूसरे को देख सकें।

"आपके इस कठोर और सुन्दर अभीष्ट के मार्ग में मेरे सारे विचार आपके साथ लन्दन जा रहे हैं। जो लोग ब्रिटिश साम्राज्य चला रहे हैं मैं उनकी राजनैतिक बुद्धि पर आस्था रखना चाहता हूँ—आशा करता हूँ, भारत के और आपके साथ समझौता करने का यह अवसर वे खोएँगे नहीं, क्योंकि यह अवसर फिर नहीं आएगा। लेकिन जो मुझे वैसी ही बड़ी बात जान पड़ती है वह यह है कि दुनिया में जो सबसे उत्पीड़ित जनता है, भारत की उस जनता के साथ आपका घनिष्ठ सम्बन्ध बना रहे, वे आपको अपनी आशा-आकांक्षा के मुखपात्र के रूप में हमेशा पहचानें—आप उन्हीं की ओर से बातें करते हैं, उनका पावना पाई-पाई वसूल कर लेने के लिए आपने कमर बाँध रखी है। आज इस संकट की घड़ी में, जब कि विक्षोभ के दबाव से मनुष्यता के कई अन्तिम बाँध भी चारों ओर डगमगा रहे हैं, ऐसे समय आप पर उनका जो विश्वास है, आपके साथ उनकी आत्मा का जो बन्धन है, उसी से मनुष्य की मुक्ति एकमात्र आशा है। फिर भी उस विद्रोही जनता और आपके बीच ग़लतफ़हमी हो और वे स्रोत के प्रवाह में बह जाएँ, इसकी सारी कोशिशें होती रहेंगी। यूरोप में हम लोग, जो आज स्वाधीनचेता और निरासक्त हैं, जो युद्ध के जागरण के इस मुहूर्त को निस्पन्द चित्त से देख रहे हैं, वर्तमान समाज-व्यवस्था के आमूल सुधार में ही उनकी एकमात्र आशा है। उस सुधार के माध्यम से साम्राज्यवादी धनतंत्र का पतन होगा और उसके बदले एक ऐसा स्वाधीन समाजतंत्र आएगा, जो श्रम को उसका उचित सम्मान देगा—साम्राज्यवादी धनतंत्र का तो एकमात्र काम है देश के शरीर और उसकी आत्मा को दबाकर पंगु बना देना। यह अनिवार्य क्रान्ति अहिंसा और प्रेम के द्वारा सम्पन्न हो, हम लोगों के लिए आज का सबसे बड़ा प्रश्न यही है। यह क्रान्ति कहीं हिंसा की अन्धी शक्ति के सामने आत्म-समर्पण न करे, क्योंकि वैसा हुआ तो संसार का सर्वनाश हो जाएगा। हमारी ओर से उस आगामी युद्ध के सेनापति आप ही हैं, आपने अपनी योग्यता इसी बीच प्रमाणित कर दी है। युद्ध समाप्त होने के पहले यदि आपको प्राणों

> से हाथ भी धोना पड़े तो आपका दृष्टान्त बाद में हमें आगे बढ़ाएगा। इसी से हमारी मैत्री को किसी तरह टूटना नहीं चाहिए, बल्कि आइए, हम लोग उसे और सुदृढ़ बनाएँ। मैं चाहता हूँ कि लन्दन में जब आप साम्राज्य के कर्ता-धर्ताओं के साथ बातचीत करें, तब केवल भारत की ही नहीं, समूचे यूरोप की जनता की उस प्रचंड शक्ति का प्रति पल अनुभव करें। स्मरण रखिएगा कि उस शक्ति की सबसे ऊँची आवाज़ आप ही हैं। उसके सजग विवेक भी आप ही हैं। यूरोप का जो कुछ उत्तम है, वह आपके पक्ष में है। आपको मेरा सस्नेह मिलन, श्रद्धापूर्ण नमस्कार।"

गांधी और उनके साथियों को लेकर 'राजपूताना' जहाज़ मार्सेई बन्दरगाह में जहाँ लगा था, वहाँ शुक्रवार 11 सितम्बर को 6 बजे मेरी बहन और प्रिवा दम्पती मिले। पत्रकारों और फोटोग्राफ़रों की भयानक भीड़ होते हुए भी एंड्रूज़ और मिस स्लेड की कृपा से मेरी बहन तुरन्त गांधी के पास पहुँचकर अपना परिचय दे सकीं—गांधी ने बड़े स्नेह से उनका स्वागत किया। और उसके बाद गांधी के द्वितीय श्रेणी के उस छोटे-से केबिन में उन्हीं के बिछावन पर बैठकर इन लोगों को पूरे चार घंटे उनके साथ बिताने का सौभाग्य प्राप्त हुआ—सबेरे सात बजे से ग्यारह बजे तक, बेशक इस बीच पत्रकारों और सरकारी प्रतिनिधियों का दल भी बराबर आता रहा और गांधी को उनसे भी बातें करनी पड़ती थीं। इन अतुलनीय क्षणों की बात सोचकर गांधी की प्रशंसा करते मेरी बहन और प्रिवा दम्पती अघा नहीं रहे थे (यद्यपि स्वभावत: मेरी बहन की दृष्टि ज़रा तीखी और मन दोषदर्शी है)। जान पड़ता है, गांधी का शारीरिक और मानसिक स्वास्थ्य आश्चर्यजनक है। मानो वे किसी बात से विचलित नहीं होते, शान्त बने रहकर कान खड़े किए दूसरे की बात सुनने के लिए व्यग्र रहते हैं, टूटे दाँतों के बीच ज़ोर से या धीमे हँसते ही चले जाते हैं। वे स्वयं ही अपने मालिक हैं, हमेशा सरल, सत्यमय, स्वत:स्फूर्त और विवेचक हैं—आँखें दोनों जीवन्त और तीक्ष्ण हैं, पहली नज़र में ही जैसे वे मनुष्य के मन के कोने-अँतरे तक को देख लेती हैं। मीरा बेन (मिस स्लेड) का व्यक्तित्व भी आश्चर्यजनक गम्भीरता से परिपूर्ण है, जिससे अपने-आप ही सम्मान का भाव उत्पन्न होता है। जो मित्र अनुपस्थित है और विलनवे में पड़ा हुआ है, उसके बारे में दोनों ही ने स्नेहपूर्ण बातें कहीं—और मार्सेई में छात्रों की एक सभा में भाषण देते हुए गांधी ने फिर उसकी चर्चा की (बेशक पैरी के समाचार-पत्रों ने मेरे बारे में गांधी की प्रशंसापूर्ण बातों को अपने विवरण में से जान-बूझकर छाँट दिया है, उन्होंने मेरा नामोल्लेख तक नहीं किया)। बम्बई एक्सप्रेस से कैले की ओर रवाना होने से पहले, तीसरे पहर तीन बजे गांधी ने फिर मुझे एक टेलिग्राम भेजा, उसमें उन्होंने वादा किया कि मुझसे मिलने वे अवश्य आएँगे।

सितम्बर, 1931

गांधी को देखने के बाद उनके बारे में मेरी बहन और प्रिवा दम्पती का ख़याल है कि वे लम्बे नहीं हैं, मस्तक बड़ा है, गंजे नहीं हैं, लेकिन बाल छोटे कटे हुए हैं, सुन्दर न होने पर भी बड़े मधुर हैं (यहाँ तक कि अन्तत: वे अच्छे लग ही जाते हैं), ललाट माथे की ओर चढ़ गया है, आगे के दाँत नहीं हैं (आम तौर पर मुँह नहीं खोलते, लेकिन हँसने पर मुँह खुल ही जाता है और साथ ही दाँत के बदले सामने की ख़ाली जगह दीख पड़ता है, प्रिवा दम्पती का तो ख़याल है, अन्त में उनकी हँसी से मुग्ध होना ही पड़ता है)—शरीर का रंग वैसा काला नहीं है, लगभग यूरोपियनों जैसा ही है—मोटे चश्मे के पीछे से अत्यन्त सजीव दो आँखें झाँकती हैं, वे आँखें सीधी चेहरे की ओर देखती हैं, एकदम भीतर तक पैठ जाती हैं—उनमें शरारत का भाव है और रसिकता का भी, जिसके बीच अचानक गम्भीर हो जाते हैं, एकाग्र होकर सोचने लगते हैं। उनके गले की आवाज़ बड़ी मीठी और गम्भीर है (उसमें रवीन्द्रनाथ की तरह ऊँचे पर्दे में बँधे स्वर का स्वर-विन्यास नहीं है, लेकिन गांधी जान-बूझकर अपनी आवाज़ को बीच के पर्दे पर रख देते हैं, हमेशा शान्त, सम और उठने-गिरने से रहित)। शुद्ध निर्दोष अंग्रेज़ी बोलते हैं, एक बात को दो बार नहीं कहते, उनकी बातों में जोड़-टाँका नहीं रहता, लगता है, जैसे बोलने के पहले हर वाक्य को उन्होंने सोच रखा है, जैसा सोचते हैं, ठीक वैसा ही बोलते हैं। शरीर मज़बूत है, छाती ख़ासी चौड़ी है, हाथ लम्बे, पतले और ठंडे हैं। लेकिन हाथों का निम्नार्ध और ख़ास तौर से दोनों पैर बहुत पतले हैं। (शायद भारतीय अभ्यास के अनुसार घुटने मोड़कर बैठने के कारण); कहते हैं कि दो बरसों से सभा-समितियों में बैठे बिना वे नहीं बोल सकते। बहुत साफ़-सुथरे रहते हैं (वैसे ही उनके आसपास रहनेवाले लोग भी), छोटी-सी-छोटी बात भी उनकी नज़र से नहीं चूकती।

प्रिवा कहते हैं, "डर था कि वहाँ जाकर किसी साधु-सन्त धर्म-पुरोहित को देखूँगा, अथवा वैसे ही किसी तेजस्वी को। लेकिन देखा एक सुकरात को। सच, उनके बारे में मुझे सबसे ज़्यादा सुकरात की बात ही याद आती है, ख़ास तौर से जब बगल से उनका चेहरा देखता हूँ।"

वे जो कहते हैं, यद्यपि उस पर ज़ोर नहीं देना चाहते, लेकिन उनकी बातें बेहद महत्त्वपूर्ण हैं, वे संसार का रूप बदल दे सकती हैं। स्लोचम नाम के एक अंग्रेज़ पत्रकार ने उनकी विनम्रता की झूठी निन्दा करते हुए कहा कि गांधी ने प्रिंस ऑफ़ वेल्स के सामने साष्टांग दंडवत किया था। गांधी ने धमकी देते हुए उत्तर दिया, "आप जिस युवक की बात कहते हैं, उसके प्रति मेरे मन में कोई विद्वेष नहीं है, बल्कि व्यक्तिगत रूप से मैं उसकी मंगल-कामना ही करता हूँ। मैं सामने आई चींटी को भी पैर से कुचलना नहीं चाहता, बल्कि उसे सहृदय करुणा की दृष्टि से देखता

हूँ, लेकिन उसे साष्टांग दंडवत नहीं करता।" (यह बात उन्होंने जैसे मधुर, वैसे ही स्वाभाविक स्वर में कहीं।) सुनकर मेरी बहन को तो लगा कि वह स्वप्न देख रही है और स्लोचम सिर झुकाकर उनकी बात हज़म कर गया।

एक और मज़ेदार घटना है, जिससे गांधी के चरित्र की विशिष्टता ज़ाहिर होती है। लन्दन से प्लेन के ज़रिये एक राजदूत आए थे, उनके हाथ किसी मंत्री ने गांधी का स्वागत करते हुए पत्र भेजा था—लन्दन पहुँचकर सम्मेलन में प्रस्तुत करने के लिए गांधी क्या करना, क्या नहीं करना चाहते, इसकी जानकारी भी चाही थी। और सब लोगों की ही तरह गांधी ने उस राजदूत को बैठा रखा—जब उसका समय आया, वह उनके पास गया (सभी लोग गांधी से सिर्फ़ पाँच मिनट मिल सकते थे और ये पाँच मिनट बीत न जाएँ, गांधी बार-बार कमर से घड़ी निकालकर इसका ध्यान रखते थे)। राजदूत जब अन्दर घुसा, गांधी ने एक तरह से उसका स्वागत भी नहीं किया। राजदूत नाटा और वाचाल था, उस हालत में हास्यकर और ठगा-सा लग रहा था, अदब-क़ायदे में ख़ासा चालू था, गांधी के आसपास के लोगों के क़ायदे के मुताबित नमस्कार किए जा रहा था। गांधी का इन बातों की ओर ध्यान ही नहीं था, वे निःशब्द गम्भीरता के साथ पत्र की एक-एक बात तौलकर पढ़ रहे थे, उन्हीं जल्दी बिलकुल नहीं थी—और ज्यों ही उन्होंने पत्र पढ़कर ख़त्म किया, गांधी ने सिर्फ़ इतना कहकर राजदूत को जाने की अनुमति दे दी कि पत्र की बातों पर वे विचार करेंगे और दोपहर के पहले अपनी राय ज़ाहिर करेंगे।

उनके लिए जिस भोज-सभा का आयोजन किया गया था, उसमें शामिल होने में उन्हें घोर आपत्ति थी, दृढ़तापूर्वक उन्होंने वहाँ जाने से इनकार कर दिया। अगर पसन्द आया तो फिर जाएँगे, यह बहाना करके सब की आँखों से ओझल कहीं जा छिपे। एक घंटे तक उन्हें चारों ओर खोजा-ढूँढ़ा गया, बाद में किसी के मुँह सुना गया कि उसने जहाज़ में किसी जगह मार्सेई बन्दरगाह के मज़दूरों के साथ उन्हें गप्पें मारते देखा है। केवल हाव-भाव से और तरह-तरह से हाथ-मुँह बनाकर वे बातें किए जा रहे थे। यहाँ भी साधारण मनुष्यों के सम्पर्क में आकर वे धन्य थे, मज़दूर भी कम ख़ुश नहीं थे, उनके चले जाने पर वे छाती ठोंककर एक-दूसरे से कहते थे, "आदमी एकदम ख़ालिस है, सचमुच का कम्यूनिस्ट!"

मेरी बहन को अपनी बाईं ओर बैठाकर, जिन तीन-चार घंटों तक वे केबिन में बैठे थे और लगातार एक के बाद एक पत्रकारों तथा सरकारी प्रतिनिधियों से मुलाक़ात कर रहे थे, उससे दरवाज़े को बार-बार थोड़ा खुलते देखा जाता था और उसी राह से भारतीय खलासी झुके पड़ रहे थे। वे चुपचाप श्रद्धा-लोलुप दृष्टि से गांधी को सिर से पैर तक देख रहे थे अथवा आगे बढ़कर बिना कुछ बोले उनका हाथ अपने हाथ में ले लेते थे और उसे अपने कलेजे से, मुँह से लगाते, फिर धीरे-धीरे लौट जाते थे। जिनमें इतना साहस नहीं था, वे एक कोने में खड़े होकर भाव-विह्वल

दृष्टि से उनकी ओर देखते रहने में ही सन्तोष पा रहे थे। और उसके बाद धीरे-धीरे लौटते जा रहे थे। लगभग बीस-एक खलासियों को इस तरह आते-जाते देखा गया था। और यह घटना भी कम विह्वल करनेवाली नहीं थी।

दिसम्बर, 1931

बहुत दिनों से जानकारी होने पर भी इतने समय के बाद गांधी के साथ हमारी भेंट हो रही है। गोल-मेज़ सम्मेलन की मन्थर गति के कारण आने में उनको लगभग दो महीनों की देर हो गई। मीरा के माध्यम से किस तरह लगातार तार और चिट्ठियाँ लन्दन भेजी गईं। दूसरी ओर गांधी आ रहे हैं, यह सुनकर जाने कहाँ-कहाँ से गड्डी-की-गड्डी चिट्ठियाँ आकर जमा होती जा रही हैं—जाने कितने टेलीफ़ोन, कितनी तरह के अनुरोध—इन सबका धक्का भी सँभालना पड़ता है। कोई-कोई चिट्ठी तो सचमुच बड़ी अजीब होती है, एकदम पागलपन से भरी। (मेरे पते से गांधी को एक इटालियन महिला ने पत्र लिखकर जानना चाहा है कि वे बतलाएँ कि आगामी लॉटरी में अन्तिम दस कौन से नम्बर जीतेंगे...), स्वीज़रलैंड के जर्मनभाषी 'नग्नतावादियों' (वर्नर जिमरमैन) ने इधर गांधी को दबोच रखा है, उनके हाथ से किसी तरह गांधी को बचाना होगा। तमाम ला-दिमाग़ आदमियों के दल, वैसे लोग जो अपने को 'ईश्वर का पुत्र' कहते हैं, इस समय वे घोंघे की तरह ज़मीन फोड़कर निकल रहे हैं—कुछ लोग सदिच्छा से भी, महात्मा की खिड़की के नीचे बाँसुरी या वायलिन के साथ हाज़िर हो जाते हैं—गांधी को सुनाने के लिए वे कोई मधुर राग बजाना चाहते हैं। 'लेमन के दुग्ध व्यवसायी यूनियन' ने बड़े आडम्बर के साथ टेलीफ़ोन पर कहा है कि 'भारत के राजा' जब तक यहाँ रहेंगे, उन लोगों ने उनके स्वास्थ्य-संवर्धन के लिए कमर बाँध रखी है। और संवाद-पत्रों के प्रतिनिधियों ने तो विला के चारों ओर तम्बू डालना शुरू कर दिया है। स्वभावत: लोजान की पुलिस परेशान है—विलनवे के होटलों में जगह नहीं रह गई है, गांधी नामक अद्भुत व्यक्ति को मुँह फाड़कर निगल जाने के लिए दुनिया-भर के पागल बना देनेवालों की भीड़ लगी हुई है। पैरी से यहाँ आने में मैंने तरुण जापानी मूर्तिकार ताकाता की सहायता की है, ताकि वह गांधी का स्केच तैयार कर सके।

शनिवार, 5 दिसम्बर को गांधी लन्दन छोड़ देंगे, पैरी में हमारे मित्र लुइजेत गियेस के यहाँ ठहरेंगे, शाम को मैजिक सिटी में आयोजित सार्वजनिक सभा में भाषण देंगे। रविवार को सबेरे तेरिते के लिए रवाना होंगे, वहाँ पहुँचेंगे शाम 6 बजे, यानी तब तक ख़ासी रात घिर आई होगी। मौसम भी कुछ ठीक नहीं चल रहा, अक्सर बारिश होती रहती है। इधर मेरा स्वास्थ्य ऐसा है कि वहाँ से उनको ले आ सकना

भी मेरे लिए सम्भव नहीं है (वे जब तक मेरे अतिथि के रूप में ठहरेंगे, उसमें मैं सिर्फ़ एक बार घर से बाहर जा सकूँगा—विदा के समय जब उन्हें विलनवे स्टेशन पर गाड़ी पर चढ़ाने जाऊँगा)। लेकिन एकमँ प्रिवा उनको लाने के लिए सपत्नीक पैरी पहुँच गए थे। मेरी बहन तेरिते स्टेशन पर उनकी प्रतीक्षा कर रही है। वालर्व से लेकर स्वीज़रलैंड के सारे रास्ते में उनका अभिनन्दन किया गया। यहाँ भी वे जब तक रहेंगे, डॉ. निहान और पेरे ने अपनी मोटरें उनके उपयोग के लिए छोड़ रखी हैं (बेशक, वे उनका बिलकुल ही उपयोग न करेंगे, सब जगह रेल के तीसरे दर्ज़े से जाना चाहेंगे, वही उनके यातायात की सबसे सरल पद्धति है)।

हम लोगों के विला बायरन पार्क के किनारे-किनारे हैं—आजकल मकानों का मालिक एक अंग्रेज़ी कॉलेज (चिलन कॉलेज) है, जिसके छात्र धनिकों की सन्तान हैं, और साम्राज्यवादी भी हैं (अभी कुछ ही समय पहले पिछले चुनाव में मज़दूर दल की हार पर उन लोगों ने कैसा शोर-गुल मचाया था!) गांधी के पहुँचने से पैंतालीस मिनट पहले से इन युवकों का दल रास्ते के दोनों किनारों पर खड़ा हो गया है और तरह-तरह की खेदजनक और मज़ाक की आवाज़ें लगा रहा है। लेकिन प्रसन्नता की बात है कि एक ओर स्वीज़रलैंड की जनता से और दूसरी ओर हाथों में फ़्लैश लिये फ़ोटोग्राफ़रों से सारा पार्क घिर गया है—वे इन क्षुद्र अंग्रेज़ों को शान्त करने की कोशिश कर रहे हैं। महात्मा के आने के साथ ही और कोई आवाज़ न सुनी जाएगी, सिर्फ़ एक छायादार, घने और सुरक्षित कोने से कुछ लोग गाने लगेंगे, 'गॉड सेव दि किंग'। (अगले दिन बेशक लड़कों पर कॉलेज में ख़ूब फटकार पड़ेगी, उसके बाद इन्हीं लोगों को श्रद्धापूर्ण कौतूहल के साथ विला के चारों ओर घूमते-फिरते देखा जाएगा—उस समय तक ये समझ चुके होंगे कि गांधी कितनी बड़ी चीज़ हैं। यहाँ तक कि उनके अध्यक्ष जो मि. पिम हैं, वे भी गांधी के दर्शनार्थी होकर आएँगे, अपने कॉलेज में भाषण देने के लिए गांधी को आमंत्रित भी करेंगे और लौटने से एक दिन पहले गांधी भाषण देने जाएँगे भी।)

लिअनेत विला (मेरी बहन मादलेन रोलां का घर, अलगा विला से यहाँ ज़्यादा जगह है) के दरवाज़े पर, वर्षा से धुले अन्धकार में, मैं प्रतीक्षा कर रहा हूँ, अपनी बिजली के अस्पष्ट प्रकाश में किसी वक़्त उनको आता देखता हूँ सादे कोट में, टिपटिपाती वर्षा से उनका ख़ाली माथा भीगा हुआ है, आँखों पर चश्मा है, दाँत नहीं हैं, हँस रहे हैं (जितनी बार मुझसे मिलने आए, उनके चेहरे पर यही सलज्ज हँसी थी, जैसे हँसी से ही स्वागत-सम्भाषण जता रहे हों)—दोनों जुड़े हाथ मुँह तक उठाकर भारतीय ढंग से नमस्कार करते हैं। मुझे दाहिने हाथ से जकड़ लिया, उनका गाल मेरे कन्धों से छू गया और मेरे गालों से सट गया उनका कटे केशोंवाला धुआँया माथा, वर्षा से भीगे छोटे-छोटे केश काँटेदार हो गए थे। वह जैसे सन्त दमिनिक और सन्त फ्रांसिस का आलिंगन हो। पीछे मीरा आ रही हैं (उनका चेहरा दमक रहा है,

चलने का ढंग वीरों-जैसा हैं) और तीन अन्य भारतीय—पहले गांधी के दो सेक्रेटरी, महादेव देसाई और प्यारेलाल, उसके बाद उनके पुत्र देवदास (इनकी उम्र तीस है, लेकिन देखने से बीस वर्ष से ज़्यादा के नहीं जान पड़ते, गोलमटोल, हँसता-खिलता चेहरा है)। इसके बाद हम लोग दुमंज़िले पर गए, जहाँ सामने बरामदे वाला कमरा पहले ही से गांधी के लिए तैयार कर दिया गया है। कमरे में तीन खिड़कियाँ हैं। एक खिड़की से रोन उपत्यका और मिदि की ऊँची चोटी दीख पड़ती है, दूसरी दो खिड़कियों में से एक लेमन झील की ओर तथा दूसरी अलगा विला की ओर है। कमरे में घुसते ही दो-एक बातों के बाद गांधी और अन्य भारतीय पालथी मारकर ज़मीन पर बैठ गए—कुर्सियों पर अपनी बहन के साथ मैं बैठा—बत्तियाँ बुझा दी गईं और सबने मिलकर सान्ध्य प्रार्थना शुरू की (गांधी अपने संगियों के साथ रोज़ एक बार और प्रार्थना करते हैं, रात तीन बजे)। प्रार्थना का अन्त प्रतिदिन तीन गीतों के द्वारा होता है—संस्कृत मंत्रों का गांधी के द्वारा किया गया अनुवाद, फिर राम-सीता सम्बन्धी सुप्रसिद्ध भजन, जिसकी एक-एक पंक्ति पहले अपने गम्भीर और ऊँचे गले से मीरा गाती हैं, फिर सब लोग उनका साथ देते हैं।

पहला गीत बहुत कुछ ग्रेगरीय पद्धति से गाया गया—दूसरा उसी तरह का होकर भी ज़रा ग्रामीण ढंग का था, उसमें स्वर का आरोह-अवरोह और कारीगरी ज़्यादा थी। केवल शिक्षित भारतीय गायक के लिए ही उसे गाना सम्भव है (मीरा ने मुझे बताया, वे अभी तक ठीक तरह से नहीं गा पातीं)। ये सारी मधुर तानें रात में शान्ति की तरंग उठाती हैं, प्रत्येक गीत के बाद पूरी निस्तब्धता छा जाती है—अन्तिम गीत के बाद की निस्तब्धता सबसे ज़्यादा देर तक रहती है, उसके बाद गांधी अपने धीरे स्वर में बत्ती जलाने का आदेश देते हैं। नए सिरे से बातचीत भी शुरू होती है। सारी बातें बहुत अभिभूत कर देनेवाली हैं, लेकिन गीत अच्छे लगने पर भी मैं उनके साथ किसी तरह की आत्मीयता का अनुभव न कर सका, मैंने अपने-आपको बड़ा बेमेल-सा पाया। हिन्दू हो या ईसाई, ये सब आनुष्ठानिक प्रार्थना-गीत मेरे लिए नहीं हैं। ऐसे गीत सुनकर मेरा अकेलापन और बढ़ जाता है।

गांधी को हम लोग भोजन (लगभग चालीस खजूर, कच्ची-हरी सब्जियाँ, बकरी का दूध) देकर चले आए। अगले दिन सबेरे कब मुलाक़ात होगी, यह भी तय कर आया—इसलिए कि बगीचा पार करके मुझे उनके पास न आना पड़े, उन्होंने ज़िद पकड़ ली कि वे ही अलगा विला में मेरे पास आएँगे। मीरा और अन्य भारतीय हम लोगों के साथ भोजन करने आए (ये सभी निरामिष-भोजी हैं, लेकिन गांधी-जैसे कट्टर नहीं हैं। बेशक अंडा या हमारा पाश्चात्य पेय न लेंगे, सिर्फ़ पकी हुई सब्जियाँ और भात या उसी तरह की कोई चीज़ वग़ैरह)। इन लोगों के आने के समय से ही टेलीफ़ोन की घंटी बजती रही है, बेचारी मीरा को सब ओर देखना पड़ता है।

अगला दिन सोमवार था—गांधी का मौन-दिवस। बातें नहीं करते, सिर्फ़ दूसरों की बातें सुनते हैं। हँसकर कहते हैं, इस दिन दूसरे लोग अपनी मनचाही बात उन पर लाद सकते हैं, उत्तर देने का उनके पास कोई उपाय नहीं है। (बेशक, यहाँ एक बात कहनी है, ज़रूरत पड़ने पर किसी प्रश्न का लिखित संक्षिप्त उत्तर वे दे सकते हैं)। घड़ी के काँटे से ठीक दस बजे वे मेरे यहाँ आ पहुँचे—क्या तो आठ बजे तक वे सोते रह गए थे, जैसा कभी नहीं करते (लन्दन में वे लोग रात को तीन-चार घंटे से ज़्यादा नहीं सो पाते—घर लौटते-लौटते ही तो रात के एक बज जाते थे, फिर रात को तीन बजे प्रार्थना के लिए उठना पड़ता था। इसी से ये सभी, ख़ास तौर से गांधी, बहुत थके हुए थे। इसके अलावा लन्दन के नवम्बर के कुहासे की कृपा से गांधी को ख़ासा ज़ुकाम भी हो गया था—लेकिन शरीर तगड़ा था, इससे उन्हें कुछ ख़याल नहीं हुआ, सभा-समितियों में नियमानुसार उपस्थित होते रहे)। बार-बार उनके हँसने की आवाज़ सुनकर ही मैं समझ गया कि सीढ़ियाँ चढ़ रहे हैं, उसके बाद जिस बड़ी, घूमनेवाली कुर्सी पर बैठकर मैं काम करता हूँ, उसी पर मैंने उनको बैठाया। तुरत ही चप्पल ज़मीन पर रखकर, पैरों को कोट के अन्दर, मोड़कर, वे सिमट बैठे। आँखों पर मोटा चश्मा था, हर आँख के लिए दो तरह के काँच बीच से गोलाई में कटे हुए थे, जिससे दूर और पास की चीज़ें एक साथ देखी जा सकें। शरीर का रंग धूप में ख़ूब झुलस गया है, उतना काला नहीं है, जितना ताँबे का-सा है। मुँह लम्बा होकर झूल गया है और सामने के दाँत न होने की वजह से चेहरा चूहे के मुँह की तरह पतला जान पड़ता है। नीचे का होंठ ख़ासा मोटा है, सामने की ओर बढ़ा आ रहा है और दूसरा होंठ कच्ची-पक्की मूँछों से ढका है। ज़रा भीतर धँसी होने और अन्त की ओर थोड़ी चिपटी होने पर भी नाक ख़ासी लम्बी है, नासारन्ध्र भी बड़े हैं। कान दोनों सूप की तरह हैं। चौड़ा और गठा हुआ ललाट है, बातें करते हुए उस पर बाक़ायदा लकीरें उभर आती हैं लेकिन गाल और चेहरे के दूसरे हिस्से काफ़ी कठोर हैं, हम यूरोपियनों की तरह उनमें सिकुड़न का कहीं नाम तक नहीं है। पहली नज़र में वे कमज़ोर जान पड़ते हैं, लेकिन यह ग़लत है, ख़ासे पोढ़े आदमी हैं। पतले और लम्बे हाथों से लगातार कोट को अपने गिर्द लपेटे ले रहे हैं, लेकिन हाथ के इस ख़ाली हिस्से में ही देख रहा हूँ, वहाँ की हड्डी, शिरा-उपशिरा और मांसपेशियों का दृढ़-समर्थ रूप। दोनों हाथों को (और निश्चय ही कोट के अन्दर दोनों पैरों को भी) वे लगातार हिलाए जा रहे हैं, उनकी यह अस्थिरता मुझे ज़रा आश्चर्यजनक लग रही है; विशेषत: जब जानता हूँ कि ऐसे शान्त प्रकृति के व्यक्ति हैं (यद्यपि शान्त होने पर भी सदा सतर्क हैं)—उनका आत्म-संयम भी प्रबल है। (मीरा ने भी मुझसे यही बात कही, उनके शरीर की अत्यधिक अनुभव-प्रवणता की, जिस शरीर को चित्त ने वश में कर रखा है। जब उनके पैरों में तेल मालिश करती हैं—और बड़े ध्यान से करती हैं—तब भी तेल में अगर एक तिल भी रहे और वह

गांधी के पैरों में लग जाए तो वे 'आह-ऊह' किए बिना नहीं रहते)। बातचीत में मेरी बहन साथ रहकर अनुवादिका का काम कर रही हैं (क्योंकि अंग्रेज़ी के सिवा गांधी न कोई भाषा बोलते हैं, न समझते ही हैं), मीरा पैरों के पास कार्पेट पर बैठी हैं, गांधी के दोनों सेक्रेटरी नोट ले रहे हैं (दूसरी बातचीत के समय से मेरी पत्नी मेरी भी मेरे लिए सारी बातचीत लिख लिया करेंगी)।

पहले से ही तय था, पहले दिन मैं अकेला ही बातें करूँगा। मैंने यूरोप महादेश का, विशेषत: फ्रांस की नैतिक और सामाजिक स्थिति का चित्र गांधी के सामने विस्तारपूर्वक प्रस्तुत किया। सन 1900-1914 के युद्ध के समय और फिर राजनीति के तथाकथित वास्तववादी और आदर्शवादी गण कैसी दुहरी व्यर्थता में जा पहुँचे थे और विल्सन तथा क्लेमाँसो के एक साथ चरम पराजय का अर्थ क्या है, यह समझाने के लिए मैंने अपनी बात उस युग की संक्षिप्त चर्चा के साथ शुरू की और उसके बाद का, पीढ़ी-दर-पीढ़ी का, यह जो कड़वी हताशा का भाव है, वह उसी युग के व्यर्थता-बोध से ही उत्पन्न हुआ। मुखौटा हटाकर मैंने राजनीति का सच्चा चेहरा सामने रखा, जिस चेहरे का आभास हम लोग स्वयं ही युद्ध के बीच के समय से पाने लगे थे। पैसे, बड़े-बड़े उद्योगपतियों के दुस्साहसिक अभियान (जहारफ़, डिटार्डिंग), सुविधावादी जाने कितने व्यावसायिक समझौते और कम्पनियाँ—किस तरह ये सब दिनोंदिन देश-देशान्तरों में अपना एकच्छत्र आधिपत्य फैला रहे हैं, समाचार-पत्रों को ख़रीदकर जनमत तक तैयार कर रहे हैं, इन सबका कुछ ज्वलन्त दृष्टान्त भी मैंने दिया—फोर्ज समिति, युद्धकालीन ब्रिये की घटना, इस्पात के कारख़ाने, तेल और पेट्रोल की कम्पनियाँ, हुगेनबर्ग-रेनो की बैठक, अन्तरराष्ट्रीय व्यवसाय के लोभ में पड़कर जघन्य राष्ट्रीयतावाद का जाने कितना उन्माद। जिस घाव के मवाद से आज सारा यूरोप और अमेरिका जर्जर है और जो पृथ्वी के अन्यान्य देशों को भी अपने क़ब्ज़े में लाने का उपाय ढूँढ़ रहा है, उसके विरोध में खड़ा होकर कैसे उससे छुटकारा पाया जा सकता है, मैं इस पर विचार करने बैठा। गणतंत्र के लिए तो अपनी रक्षा करने का कोई उपाय नहीं है, पैसे की कृपा से आज वह नस-नाड़ी से दूषित, बिका हुआ और निस्तेज है, एक देश से दूसरे देश की जनता की एकता बहुधा विभक्त है। फ़ासिज़्म तक (और उसके व्यवहार से ही यह स्पष्ट है) उसी पैसे के हाथ का खिलौना भर है!...इसके विरोध में ईसाई अथवा गांधीवादी, किस अप्रतिरोध की नीति को खड़ा किया जाएगा? अगर कोई खड़ा करना चाहे ही तो जानना होगा कि प्रश्न केवल युद्ध-सम्बन्धी ही नहीं है। पश्चिमवालों के लिए जिसमें सबसे कम ख़तरा है, वह है युद्ध। सब चोर देखते हैं कि किस तरह दूसरों के माथे पर हाथ फेरकर वे अपने स्वार्थ के लिए इकट्ठे हो सकते हैं। अत: संसार के अन्यान्य देशों में भी उनका शोषण न आरम्भ हो, इसके लिए उसी के विरोध में आज जनता को खड़ा करना

होगा। और ऐसा कर पाना स्वभावत: इस कारण से और कठिन होगा कि यहाँ जो प्रश्न है, वह तो केवल किसी आसन्न विपत्ति के विरोध में उन्हें खड़ा करना नहीं है, जो सहज ही पास आकर उन्हें छू न लेगी, वह ऐसी भी कोई चीज़ नहीं है, जैसा युद्ध अपने ही देश में उठ खड़ा हुआ है—बल्कि प्रश्न उससे बहुत बड़ा है। इसी से स्वार्थ के लिए ही ये अन्य देशों के सर्वनाश की ज़िम्मेदारी लेकर भी पश्चिमी और मध्य यूरोप में शान्ति की स्थिति बनाए रखना चाहते हैं। अत: सफल और सच्चा अप्रतिरोध आ सकता है कारख़ानों से, अस्त्रागारों से तथा मज़दूरों के पास से। नामहीन पैसे का जो ऑक्टोपस है, उसके मुक़ाबले सच्चे अर्थों में केवल ये ही खड़े हो सकते हैं। इनके पास सब कुछ है—संख्या, उसकी अक्षुण्ण शक्ति, उस अन्याय का बोध, जो उसे भी कुचलकर मारे जा रहा है। केवल इतना ही नहीं, इनके पास वह नैतिक शक्ति भी है, जिसके द्वारा ये सोच और समझ सकते हैं कि सारे संसार में केवल वे ही अपने हित और न्याय के विधायक हैं। यहाँ यह भी कह देना उचित है कि यांत्रिकता के विकास की कृपा से अब एक बुद्धिमान श्रमिक वर्ग की उत्पत्ति हो चुकी है, जो वस्तुत: ऊँचे स्तर के हैं और जिनमें देह और आत्मा की दुहरी क्रिया का सार्थक सम्मिलन मूर्त हुआ है। दानव धनतंत्र का रास्ता रोककर यही सेना खड़ी है। अभी से उनकी जिस समस्या की बात सोचनी पड़ रही है, वह यह है कि उन्हें किस कौशल से अवलम्बन करना चाहिए। लक्ष्य तो स्पष्ट है—श्रम की और समस्त मानव जाति की विजय चाहिए—एकमात्र वही नीति न्यायधर्मी और प्रयोज्य है। लेकिन किस मार्ग से वहाँ पहुँचा जा सकता है? अहिंसा के द्वारा अथवा हिंसा के? श्रेष्ठ वही मार्ग होगा, जो उस न्याय को ला सकेगा। अहिंसा क्या वैसा कर सकेगी? कर सकती है, अगर उसकी आत्मा में ज़रा-सा भी रद्दोबदल किए बिना उसका प्रयोग किया जा सके, उसमें किसी तरह का कोई समझौता न ढूँढ़े, जैसा आज आप (गांधी) भारत में कर रहे हैं। लेकिन आप भी अगर अपने देश के लोगों में इस नीति को ग्रहण करने के लिए उपयुक्त वातावरण न ढूँढ़ पाते तो इसका प्रयोग न कर सकते। आपके देशवासी स्वभाव से धार्मिक हैं, अनेक शतियों से वे अहिंसा के अभ्यस्त हैं। लेकिन यूरोप में तो यह बिलकुल ही नहीं है। ऐंग्लो-सैक्सन, चेक और स्लाव देशों में तो फिर भी अहिंसा का एक-आध छींटा-धब्बा हो सकता है, लेकिन लातीनी देशों में तो वह भी नहीं है। प्रश्न यहाँ धर्म-भावना का नहीं है, पश्चिम में धर्म भाव तो क़ाफी है, लेकिन सब जगह उसका एक युद्धं-देहि रूप है—यहाँ गिरजा भी संग्रामशील है। जो लोग अपना धर्म राष्ट्रबल से चलाना चाहते हैं, पवित्र ग्रन्थों की अंगहानि वे ही करते हैं—इसके अलावा पवित्र ग्रन्थ ठीक क्या कहना चाहते हैं, हमेशा वह भी स्पष्ट नहीं होता, युद्ध के समय तो शत्रु-मित्र दोनों ही उसकी दुहाई देकर एक भद्दे तूतू-मैंमैं की शुरुआत कर देते हैं। ख़ासतौर से पश्चिमवालों का दृष्टिकोण व्यावहारिक है,

वह दृष्टि दूर तक नहीं जाती, सिर्फ़ निकट का लक्ष्य ही उसके लिए सब कुछ है। इसी से जब कभी पश्चिमवाला प्रगति की बात करता है, वह बहुत दूर की बात नहीं सोचता, वह केवल आनेवाले कल की बात सोचता है। लेकिन उसे जिसको आज सँभालना होगा, वह किस तरह का शत्रु है? वह एक दैत्य है, रोज़ बढ़ता ही जाता है, और जल्दी ही वह सारी मनुष्यता को निगल जाने को उद्यत है। इसी से तत्काल कुछ करना चाहिए, तैयार होना चाहिए मल्लयुद्ध के लिए। अपने को सँभालो और चलो। अहिंसा से क्या ऐसा हो सकेगा? लाजपत राय ने हम लोगों से कहा था—"भारत में हम अहिंसा के झंडाबरदार हैं, क्योंकि वह हमें सफलता देगी ही, इस बारे में हमें ज़रा भी सन्देह नहीं है। लेकिन यूरोप में हम अहिंसा नहीं चलाएँगे।" इस बारे में गांधी को क्या कहना है? जो भी हो, जो हो रहा है, वह तो स्पष्ट है—अकथनीय उत्पीड़नों के बीच भी सन 1917 से मज़दूरों ने एक नए संसार की नींव डाली है, ऐसे संसार की, जो बाक़ायदा शस्त्र-सज्जित है। उसे इन अस्त्रों की ज़रूरत थी, पुरानी दुनिया ने ही उसे अस्त्र ग्रहण के लिए मजबूर किया है। चार-पाँच बड़े-बड़े और शक्तिशाली देशों ने रूस के भीतरी मामलों में सिर खपाया, रूस के विरुद्ध अनगिनत षड्यंत्र होने लगे, अर्थ-पिशाचों की कितनी ही नारकीय शरारतें सोवियत रूस को उखाड़ फेंकने में लग गईं। सोवियत रूस अपनी रक्षा करने की कोशिश कर रहा है। पश्चिम में हम लोग क्या कर सकते हैं? यह सब देखकर भी हाथ पर हाथ धरे बैठे रहें? हम सोवियत रूस को भी हाथ पर हाथ रखकर बैठे रहने को कहें? लेकिन हम लोगों को तो ऐसा लगता है कि सोवियत रूस नष्ट हुआ तो संसार की सारी आशा और भरोसा ही नष्ट हो जाएगा। हम क्या मज़दूरों से इस बात के लिए हड़ताल कराएँ कि कोई रूस के मामले में हाथ न डाले? हाँ, हम यही चाहते हैं—इसी का नाम विद्रोह है (इसे देखे बिना समझा नहीं जा सकता); गृहयुद्ध है। शायद आप मुझसे कहेंगे—यूरोप के मज़दूर आत्मत्याग क्यों न करें? लेकिन वे किसी बात के लिए यह आत्मत्याग करें? तब तो उन्हें एक मंगलमय ईश्वर पर विश्वास करना होगा, लेकिन उनमें यह विश्वास नहीं है। उनका विश्वास एक आदर्श पर है, सामाजिक न्याय के एक देवता पर। और वह मामूली नहीं है। लेकिन उनके उस आदर्श को जब जड़वाद कहकर उसकी निन्दा की जाएगी तो मैं उसका विरोध करूँगा ही, क्योंकि ऐसे वीरोचित त्याग का उत्स और क्या है? लेकिन उनके इस आत्मत्याग और अहिंसा में कोई पारस्परिक सम्बन्ध नहीं है। मैं फिर कहता हूँ कि यह समस्या क्रियात्मक कर्मनीति की समस्या के रूप में उठती है—कर्म को जितना सफल, उतना ही क्षिप्र होना होगा। मनुष्य के द्वारा अथवा अन्य स्रोतों से यदि बाधा-विघ्न उठें तो उनका समूल नाश करना ही होगा—निर्मम होकर, बिना किसी तरह का क्रोध प्रकट किए हुए। मैंने गांधी से यह कहने की कोशिश की कि सोवियत न्याय की नीति कितनी निर्मम

और निर्लिप्त है। वह नीति कभी (कम-से-कम शब्दों के स्वभाव से) बदला लेने की इच्छा नहीं पालती। देश के लिए जो व्यक्ति भयानक होता है, वह उसे चूर-चूर कर डालती है; लेकिन फिर अगर वह भयानक नहीं रह जाता तो वह उसे मारती नहीं, उसके पहले के अपराध कैसे भी क्यों न हो; वह उससे बदला नहीं लेती। यह नीति इतनी ही व्यवस्था करके सन्तुष्ट हो जाती है कि वह फिर कोई हानि न कर सके। यहाँ तक कि वह व्यक्ति देश के काम आ सके, इसके लिए वह नीति सब तरह से उसकी सहायता करने को भी तैयार रहती है। किसी व्यक्ति विशेष के प्रति लेनिन को ज़रा-सी भी घृणा नहीं थी। मनुष्य की कल्याण-कामना से ही वे भरे हुए थे। और इस लक्ष्य को प्राप्त करने के लिए उन्होंने उन्हीं मार्गों का अनुसरण किया था, जो उन्हें कार्यक्षम और शक्ति की सम्भावनाओं से पूर्ण जान पड़े थे। अब अगर अहिंसा इस नीति की विरोधी हो तो वह एक आदर्श के विरोध में सिर न उठाएगी (वह यथेष्ट न होगा), वह प्रश्न उठाएगी उस नीति द्वारा अर्जित समस्त फलाफलों के मूल्य को लेकर।

मैंने लगभग डेढ़ घंटे तक गांधी से जो कुछ कहा, मोटे तौर से यही उसका सारांश है (1900 से 1914 की घटनाओं की चर्चा तो मैंने यहाँ प्रायः उठाई ही नहीं)। गांधी ने बड़े ध्यान से मेरी बातें सुनीं, यद्यपि अक्सर वे मेरी ओर देखते ही नहीं थे, उन्होंने अपना चेहरा फिरा रखा था (इसी से उनके चेहरे का सारा चढ़ाव-उतार मैं देख सका), वे मेरी बहन की ओर देखते रहे थे। मैं जो कुछ कह रहा था, मेरी बहन गांधी के लिए उसका अनुवाद करती जाती थी। लेकिन जब-जब बड़े प्रसंग उठे, गांधी ने अपनी बुद्धिदीप्त एकाग्र आँखों से बार-बार मेरी ओर देखा था और मेरी बातों से अपनी सहमति जताने के लिए एकाधिक बार ज़ोर-ज़ोर से अपनी गर्दन हिलाई थी—जैसे तब, जब मैंने रूस की जनता के तथाकथित 'जड़वाद' के समर्थन में यह कहा कि रूस के लोग आज समस्त मानवता के भावी कल्याण के लिए त्याग करने को प्रस्तुत हैं और उनके उस 'जड़वाद' में भी मैं ऐसा आदर्शवाद देखता हूँ, जो पश्चिम के अनेक ढोंगी, आदर्शवादियों के दृष्टान्त से श्रेष्ठ है, पश्चिम का आदर्शवाद केवल मौखिक है, वहाँ त्याग करने के लिए कोई तैयार नहीं है।

मैं जब अपनी बातें कह चुका तो गांधी ने काग़ज़ पर लिखकर मुझे बतलाया कि मैंने जो कुछ कहा है, आज वे उस पर विचार करके कल मुझे उत्तर देंगे। बहुत से लोगों ने गांधी के लिए मेरे पास लिखित प्रश्न भेजे हैं—मानत दल के सदस्यों ने और फ्रांसीसी कम्यूनिस्ट कर्मचारी यूनियन ने भी कुछ जानना चाहा है, वे सारे प्रश्न भी मैंने गांधी को दे दिए। मैंने कहा, विलनवे के बाद उनके इटली-भ्रमण के बारे में जो कुछ कहना चाहता हूँ, लेकिन वह फिर किसी दिन कहूँगा। इस पर उन्होंने लिखकर कहा कि यदि सम्भव हो तो वह भी मैं अभी ही बता दूँ, वे सुनने को तैयार हैं। इसके बाद पाँच मिनट का छोटा-सा विराम हुआ, जब एक गिलास

नीबू का रस (यह उनका दैनिक अभ्यास है, रोज़ ग्यारह बजे पीते हैं) गरम करके उन्हें दिया गया, मैंने भी नीबू जातीय फल का रस मिला जल पिया। फिर मैं उन्हें यह समझाने की कोशिश करने लगा कि फ़ासिस्ट इटली में उनके लिए कैसा संकट (भले ही सीधे आक्रमण न हो) प्रतीक्षा कर सकता है—जैसा उन लोगों ने रवीन्द्रनाथ के साथ किया था, वैसे ही हो सकता है कि चतुराई से वे गांधी को भी अपनी ओर खींच लें। क्योंकि आज ऐसा कोई पाशविक तानाशाही राष्ट्र नहीं है, जो ढोंग करके, मुखौटा पहनकर, बड़े-बड़े वास्तविक आदर्शवादियों को भुलाकर अपने क़ब्ज़े में करने का बहाना न ढूँढ़ेगा। कई ज्वलन्त उदाहरणों (मात्तेओत्ति, आमेन्दोला) के द्वारा मैंने फ़ासिज़्म का असली चेहरा उनके सामने उघाड़कर रख दिया। भारत में इटली के राजदूत स्कार्पा हैं, उनके द्वारा गांधी को रोम की कुछ बुद्धिजीवी संस्थाओं का निमंत्रण मिला। चूँकि इन संस्थाओं में एक इस्तितुतो दि कुल्तुरा (संस्कृति भवन) भी थी, और जिसके अध्यक्ष भूतपूर्व मंत्री जेन्तिले थे मैं जेन्तिले से ही आरम्भ करके गांधी को इन व्यक्तियों का परिचय देने लगा। इस फ़ासिस्ट इटली के साथ मैंने उन हज़ारों उत्पीड़ित इटालियनों की तुलना का प्रसंग छेड़ा, जो अपने देश के नैतिक अध:पतन की कड़वाहट से जर्जर हैं, जो आज मिथ्या और नीरवता की नियति में पड़े हुए हैं। मैंने यह भी कहा कि आज यदि गांधी उन पर अत्याचार करनेवालों के पास जा खड़े हों तो वे एकदम स्तंभित हो जाएँगे। इटली के अख़बार भी फ़ासिज़्म की मुट्ठी में हैं, इसी से वे वहाँ गांधी की उपस्थिति को बढ़ा-चढ़ाकर अपने काम में लाएँगे—कोशिश करके भी गांधी उसे अन्यथा न कर सकेंगे, इटली में रहते उसके विरोध में कुछ बोलने की सम्भावना भी न रहेगी। न जाने किस तरह रवीन्द्रनाथ भी इन फ़ासिस्ट सभा-समितियों और लक्ष्यों के जाल में जा फँसे, मैंने गांधी को इसकी भी याद दिलाई—रवीन्द्रनाथ बेशक कुछ समझ नहीं सके, उन्होंने समझा था शायद वे उनका गुणगान करने में मतवाले हो रहे हैं। यद्यपि वे जितने दिनों तक इटली में थे, उन पर कड़ी नज़र रखी गई थी, एक बार भी वे किसी ऐसे सम्पर्क में न आ सके, जो राष्ट्र के द्वारा अनुमोदित न हो। गांधी ने ध्यानपूर्वक सारी बातें सुनीं। ठीक साढ़े बारह बजे हमारी बातें ख़त्म हुईं। विला के आसपास बगीचे में और पार्क के चारों ओर फ़ोटोग्राफ़रों का समूह भरा हुआ था, अत: लिअनेत विला लौटने के मार्ग में गांधी असंख्य कैमरों के शिकार हुए।

कहना भूल रहा हूँ कि ज्यों ही हम लोगों की बातचीत ख़त्म हुई दरवाज़ा खोलकर धड़धड़ाती हुई म्यूरियल लेस्टर मेरे कमरे में दाख़िल हुईं। लन्दन में गांधीजी इन्हीं के अतिथि थे। ये अंग्रेज़ महिला जैसी बुद्धिमती, वैसी ही खुले दिल की थीं, लन्दन के ग़रीबों के मामले में भी ये सिर खपाती हैं, लेकिन इनके तौर-तरीक़े बड़े अशिष्ट और उद्धत हैं। बेशक, इस तरह कमरे में घुस आने के लिए मैं उनको माफ़ करने को तैयार था, अगर वे अपने पीछे और भी कई आदमियों को न लेती

आतीं। इन लोगों में भी एक ख़ास आदमी ऐसे थे, जिनका परिचय अगर मुझे समय पर मिल गया होता तो मैं किसी तरह उनको अन्दर न घुसने देता—वे थे इवान्स, भारी-भरकम शरीरवाले एक अंग्रेज़ पुलिस इंस्पेक्टर, वे अपने एक सहकर्मी के साथ इस बहाने आए थे कि गांधी जब तक भारत की ओर रवाना न होंगे, तब तक उनके साथ रहने की उनकी ज़िम्मेदारी है। गांधी ने उनको देखने का बहाना किया, फिर मित्र कहकर उनका परिचय दिया (यह क्या उनकी भलमनसी की सरलता थी या ऐसा भाव था कि 'मेरी बला से'? मुझे दूसरी ही बात ठीक जान पड़ती है, गांधी को जानने के बाद अब तो ऐसा नहीं लगता कि उनमें सिर्फ़ भलमनसी-भलमनसी ही है)। लेकिन यह बात परेशान करनेवाली है। ये पुलिसवाले कहते हैं कि ये गांधी की रक्षा करने के लिए ही उनके साथ-साथ हैं। लेकिन असल में ये उनकी निगरानी कर रहे हैं, देख रहे हैं कि वे क्या करते हैं, क्या नहीं करते, किससे मिलते हैं, किससे नहीं मिलते। मोटे इवान्स के मुँह से तो बात निकल ही पड़ी कि वह एदमँ प्रिवां से पूछ बैठा था कि इतनी देर से आख़िर हम लोग किस बात पर विचार कर रहे हैं—हम लोग, यानी गांधी और मैं। प्रिवा भी ऐसे अहमक़ निकले कि उन्होंने सीधे कह दिया, मैं रूस के बारे में गांधी से बातें कर रहा हूँ। (नतीजा यह होगा कि कुछ ही दिनों में मंत्रों के अख़बार सारे स्वीजरलैंड में मेरे द्वारा गांधी के वशीकरण की बात भंडाफोड़ कर देंगे और "बोलशेविक रोमां रोलां के घर से लौटे आ रहे हैं" कहकर गांधी का परिचय देंगे। ऐसी बातें भी सुनने में आएँगी कि गांधी का यही लक्ष्य है कि स्वीज़रलैंड के साहसी सज्जनों को किस तरह मास्को के कम्युनिज़्म के हाथों सौंप दिया जाए)।

सोमवार को तीसरे पहर तक लगातार ख़ूब पानी बरसता रहा। अचानक गांधी कब बाहर निकल गए, मीरा को इसका कुछ पता ही न चला, क्योंकि वे बहुत तेज़ चलते हैं। वे दोनों विलनवे का ख़ासा चक्कर लगा आए। वे लोग छोटे पुल तक गए, जहाँ झील के पास से रास्ता मुड़ गया है—झील के ऊपरवाले रास्ते से, पेड़-पत्तों के बीच होकर वे चलते रहे। सुविधा होते ही फ़ोटोग्राफ़र उनकी तसवीरें खींचे ले रहे थे और विलनवे के लोग भी गांधी के बारे में मनमानी बातें कह रहे थे, जैसे मीरा ने सुना, "बाप रे, कैसा बदसूरत आदमी है!" अथवा, "कुछ लोग किस तरह अपने को दिखाने का लोभ नहीं सँभाल पाते।" स्विस और अंग्रेज़ पुलिस दूर-दूर रहकर उनका पीछा कर रही थी। इधर घर पर टेलीफ़ोन घनघनाता ही जा रहा था। शाम को टेलीफ़ोनों का जवाब देते हए प्रिवा मेरे यहाँ दो-तीन घंटे बिता गए। टेलीफ़ोन तो बजता ही जा रहा है, एक मिनट के लिए भी चोंगा रख नहीं पाते वे। जेनेवा की शिकायत है कि लोजान ने गांधी पर एकाधिपत्य कर रखा है, वे भी उनका सम्पर्क चाहते हैं। आगामी बृहस्पतिवार को वहाँ सभा का आयोजन हो रहा है। इच्छा न रहने पर भी प्रिवा राज़ी हो गए—उन्हें भय था कि शायद वहाँ गांधी को

विरोधी जनता का सामना करना पड़े। लेकिन इसी कारण तो गांधी को और आग्रह होगा—जहाँ जितनी आपत्ति है, उसका उत्तर देने में उनको उतना ही आनन्द है।

मंगलवार 8 तारीख़ को सबेरे साढ़े नौ बजे फिर गांधी के साथ बातचीत शुरू हुई। पहले वह इटली के प्रश्न पर ही बोलना चाहते हैं। उन्होंने कहा, जिसके पास से आमंत्रण आया है, वे राजदूत स्कार्पा शिक्षित व्यक्ति हैं, वे बहुत से भारतीयों को पहचानते हैं और भारत के लिए उन्होंने काम भी किया है। भारत में उनकी सुख्याति है। उनकी यह ख्याति, भारत के राष्ट्रीय संग्राम के प्रति उनकी सहानुभूति के कारण ही है। बेशक, गांधी बड़े सावधान व्यक्ति हैं—उनका ख़याल है, स्कार्पा जो कुछ करते हैं, अपने स्वार्थ के लिए करते हैं। इससे पहले भी गांधी को इटली जाने का एक निमंत्रण मिला था।

"जाने की मेरी इच्छा हो रही है—मुसोलिनी को देखूँगा।" (मेरी ने जो नोट लिया था, मैं उसे ही यहाँ लिपिबद्ध कर रहा हूँ।) "जनसाधारण से भी मिलने की मेरी इच्छा है, मैं उन्हें शान्ति का सन्देश सुनाना चाहता हूँ। यदि वे मेरी बात न सुनेंगे तो उससे मेरा कुछ बने-बिगड़ेगा नहीं, उसके चलते मैं अपना मार्ग न बदलूँगा। मैं पोप से भी मिलना चाहता हूँ, उन्होंने मुझे सन्देश भेजा है। उनसे बातें करने के बाद फिर मैं भारत के रोमन कैथोलिकों को और अच्छी तरह से अपनी बात सुना सकूँगा—क्योंकि एकदम से मैं उनके मालिक से ही मिल आया हूँ कि नहीं? जैसे इस्लाम के भी बड़े-बड़े कर्ता-धर्ताओं से मिलता हूँ वैसे ही। रोमन, प्रोटेस्टेंट, मुसलमान, जाने कितने बिशपों को मैं देख चुका हूँ—जानता हूँ कि उनमें भी जैसे बुरे लोग हैं, वैसे ही भले भी हैं। इटली की बात मैं लगभग भूला ही जा रहा था, लेकिन स्कार्पा नहीं भूले, यह देखिए उनका अन्तिम पत्र। इटली छोड़ने से पहले मैं ब्रिन्दिसी घूम आ सकूँ, इसके लिए जहाज़ को देर तक रोक रखने को लायड ऑफ़िस राज़ी हो गया है—लेकिन मैं कृपा नहीं चाहता। इटली की सीमा पर पहुँचने के साथ ही स्कार्पा मुझे प्रथम श्रेणी के दो डिब्बे दे रहे हैं, यद्यपि मैंने तृतीय श्रेणी में ही यात्रा करनी चाही थी—लेकिन इस बात पर मैं हो-हल्ला नहीं करना चाहता। स्कार्पा चाहते हैं कि मैं सीमा पर किस दिन, किस समय पहुँच रहा हूँ, इसकी सूचना उन्हें दे दूँ। उन्होंने लिखा है कि इटली में ठहरने की जो अवधि मैंने निश्चित की है, वह उनके पूर्व निर्धारित कार्यक्रमों के लिए पूरी नहीं पड़ती। वे मुझे आश्वासन देते हैं कि मेरी यह इटली-यात्रा बिलकुल ग़ैर-सरकारी है, निमंत्रण वे ही भेज रहे हैं। लेकिन यह तो बात की बात है; उनके पीछे इटली की सरकार है, वे तो निमित्त मात्र हैं। लेकिन मिलान में और रोम में ऐसे बहुत से लोग हैं, जो मुझे देखना चाहते हैं। स्कार्पा की इच्छा है कि मैं मिलान पहुँचूँ 9 तारीख़ को, रोम 11 तारीख़ को और 13 तारीख़ को इटली छोड़ूँ। लेकिन मैं यहाँ के अपने निवास-काल को संक्षिप्त नहीं करना चाहता—इटली को एक दिन से अधिक देने को तैयार नहीं हूँ। इटालीय बैंक

के डाइरेक्टर की पत्नी मादाम तेपलित्स चाहती हैं कि मैं उनके यहाँ ठहरूँ। रोम में जेन्तिले जो संस्था चला रहे हैं, वह स्वागत का आयोजन कर रही हैं। काउंटेस कार्नेवालि भी चाहती हैं कि मैं उनका अतिथि बनूँ। इन लोगों ने तार के द्वारा मेरा विचार जानना चाहा है, जैसे, मेरी कोई ख़ास इच्छा हो, या मैं किसी ख़ास संस्था वग़ैरह को देखना चाहूँ। मेरी अपनी इच्छा तो रोम में एक दिन बिताने की है—किसी सभा-समिति में भाग लेने की बिलकुल इच्छा नहीं है। लेकिन चूँकि इस संस्था का नाम है, इसलिए दो-चार बातें कहने के लिए वहाँ प्रसन्नतापूर्वक चला जाऊँगा। इसके अलावा, पोप अगर मुझसे मिलना चाहेंगे तो वहाँ भी जाऊँगा। मुझे नहीं लगता कि मुसोलिनी मुझसे मिलना चाहेंगे, लेकिन अगर उन्होंने चाहा तो उनसे मिलने में मुझे दुविधा न होगी। लेकिन गुप्त रूप से उनसे न मिलूँगा, गुप्त रूप से मैं किसी से नहीं मिलता—यह मेरी एक नीति है। अब आप कहिए।"

मैंने फिर इटली की जटिल और संगीन हालत की बात छेड़ी। इटली के बड़े-बड़े गुणी भी आज शर्मनाक ढंग से राष्ट्र के तलवे चाट रहे हैं। मैंने बौद्ध धर्म के विद्वान प्रोफ़ेसर फ़र्मिची का दृष्टान्त दिया, जिन्होंने रवीन्द्रनाथ के मित्र होकर भी मुसोलिनी को ख़ुश करने के लिए रवीन्द्रनाथ को फन्दे में डाला था। मैं तेपलित्स की कन्या को पहचानता था, जो तथ्यों की जानकारी के लिए तिब्बत गई थीं। उन्होंने गद्गद श्रद्धा की बातें लिखकर मुझे अपनी कई किताबें भेंट में दी थीं। लेकिन उनमें बुद्ध और क्राइस्ट के साथ ही मुसोलिनी की यशोगाथा देखकर मैं स्तब्ध हो गया, वहाँ मुसोलिनी का चित्रण एक कल्याणकारी ईश्वर के रूप में हुआ था। लिहाज़ा मैंने उस लड़की को एक कड़ी चिट्ठी लिखी—उस चिट्ठी के जवाब में उन्होंने चूँ तक नहीं किया, लेकिन फिर उसके बाद की पुस्तक भी मुझे नहीं भेजी। इसके बाद मैंने जेन्तिले का जिक्र छेड़ा—प्रकांड दार्शनिक, क्रोचे के छात्र, लेकिन उन्होंने भी कैसी बारीकी से राष्ट्रीय अनुशासन और उत्पीड़न की नीतियों का, एक-एक करके, बड़े-बड़े विचारों से तालमेल बैठाया। और उनकी चर्चा करते हुए ख़याल आया जानोत्ति बियांको का, जो एक बार उनके साथ उलझ गए थे। मैंने उन पवित्र धर्मात्मा का चित्र सामने रखा, जिन्होंने दक्षिण इटली के दुखी-दरिद्रों की सेवा में आत्मोत्सर्ग किया था। मैंने बतलाया कि किस तरह फ़ासिज़्म ने उनको और उनकी दातव्य संस्था को अपने फन्दे में फाँसने की कोशिश की थी, उस संस्था के सभी कर्मचारियों को फ़ासिस्ट नीति ग्रहण कराना चाहा था। इसी से जानोत्ति ने जेन्तिले (उस समय वे मंत्री थे) को ढूँढ़ निकाला और उनसे पूछा—"आप लोग क्या मनुष्य के विवेक से भी वेश्यावृत्ति कराना चाहते हैं, उसको आत्मच्युत कर देना चाहते हैं?" तब जेन्तिले ने श्लेष के स्वर में उत्तर दिया था, "हमारे धर्मग्रन्थों का आदेश तो आप जानते ही हैं—आत्मा का उद्धार करने के लिए पहले उसको खोना पड़ता है।" इस सांस्कृतिक संस्था में बहुतेरे बुद्धिमान गुणियों का समावेश है, लेकिन किसी के पास

विवेक नाम की चीज़ नहीं है—और सबके सब ख़ौफनाक हैं, क्योंकि उनमें से हर एक झूठा है। इस मुश्किल को कैसे टाला जाए? मुश्किल आपके अपने लिए नहीं है गांधी, यह सवाल नहीं उठता; लेकिन आप जिस आदर्श का पक्ष लेकर खड़े हैं, मुश्किल उसी आदर्श के लिए है। एक बार उन हज़ारों इटालियनों की बात सोच देखिए, जो आज उत्पीड़ित हैं, जिनकी ज़बान बन्द कर दी गई है, सोचकर देखिए कि आप उनके लिए किस आदर्श और भाव के प्रतिनिधि हैं। जो शासन-व्यवस्था आज उन्हें पीस-कुचलकर मार रही है, उसके प्रति यदि आभास मात्र से भी आप समर्थन जतावेंगे तो वह क्या उनका हृदय न तोड़ देगा? आपको क्या वह सोचते भय नहीं होता? बाइबिल की यह एक दूसरी बात भी आप एक बार स्मरण कीजिए, "जो छोटे और साधारण लोगों का अपमान करता है, उसका भला नहीं होता।" इस अत्याचारी राष्ट्र के साथ आपका कोई सम्पर्क रह ही नहीं सकता, आपको उन लोगों के मन में केवल यही धारणा बैठानी होगी। इटली सरकार का कोई दान ग्रहण करना आपके लिए उचित नहीं है, अपने लिए रेल का टिकट आप अपने पैसे से ख़रीदिए, और जिन लोगों की ईमानदारी के बारे में आप आश्वस्त नहीं हैं, उनका आतिथ्य ग्रहण करने के लिए आप जाएँ ही क्यों? आप ऐसा इन्तज़ाम कीजिए जिससे आप पूरी तरह स्वाधीन रह सकें। वेटिकन जाना चाहते हैं या पोप से मिलना चाहते हैं तो जाएँ, लेकिन जो कुछ सरकारी है, उससे अपने को दूर रखें।

गांधी : स्कार्पा ने जो कुछ लिखा है (यानी निमंत्रण उन्हीं का है, सरकारी नहीं है), उसे अक्षरशः मान लेने के सिवा दूसरा उपाय नहीं है। निमंत्रण (इस सांस्कृतिक संस्था में भाषण करने का निमंत्रण) तो मैं स्वीकार करूँगा ही, लेकिन बोलूँगा इसी शर्त पर कि वे मेरी मर्ज़ी के मुताबिक मुझे बोलने देंगे।"

रोलां : तब तो आप यह भी चाहते हैं कि विदेशी रिपोर्टर भी वहाँ मौजूद रहें ताकि आप जो बोलें, उसे वे लिख लें। बेशक, वे विदेशी भी फ़ासिस्ट हो सकते हैं, अतः आप जो बोलेंगे, उसे दबा न जाएँगे अथवा उसे विकृत रूप में पाठकों के सम्मुख न उपस्थित करेंगे, इसके बारे में भी निश्चिन्त होना कठिन है।

गांधी : पहले से इतना जोड़-तोड़ करने का मेरा स्वभाव नहीं है।

रोलां : देखिएगा, वे किस तरह आपको सूने कमरे मे रोककर क़ायल करते हैं। सिर्फ़ फ़ासिस्ट ही आपको घेरे रहेंगे, यहाँ तक कि विदेशी पत्रकार भी...।

गांधी : इसके बारे में मैं सावधान हूँ, लेकिन मेरी ज़बान बन्द करना इतना आसान न होगा। मेरी यह शर्त तो रहेगी ही कि मैं स्वतंत्रतापूर्वक बोल सकूँ—और वह भी निरपेक्ष विषयों पर नहीं, मैं अपने विश्वास के अनुसार बोलूँगा। मुझे तो अभी ऐसा ही जान पड़ता है—इसे मैं और किसी भाव से नहीं देख पाता। निमंत्रण मैंने माँगा तो था नहीं, वह अपने-आप ही मेरे पास आया है और मुझे तो ऐसा लगता है कि ऐसी परिस्थिति में भी अपनी बातें तो मैं कह ही सकूँगा।

रोलां : वे आपको बोलने ही नहीं देंगे, ऐसा तो मैं भी नहीं समझता। लेकिन सवाल यह है कि आप जो बोलेंगे, उसे अख़बारवाले या तो पूरे का पूरा दबा जाएँगे या उसे विकृत रूप में छापेंगे। (इस सम्बन्ध में रवीन्द्रनाथ के ऐसे ही अनुभव की बात मैंने कही।)

गांधी : अच्छा, मान लें कि मैं जो कहूँगा, उसे वे न छापेंगे अथवा विकृत करके छापेंगे। इंग्लैंड में तो ऐसा ही हुआ था, बेशक 'मैनचेस्टर गार्जियन' ने ऐसा नहीं किया लेकिन दूसरे अख़बारों ने मेरा वक्तव्य छापा ही नहीं। मैंने पैरी में जो कुछ कहा, उसे भी विकृत करके छापा गया और 'ला फ़िग़ारो' तो गन्दा झूठ छापने पर उतर आया। लेकिन मैंने जो कुछ कहा है या कहूँगा, वह 'यंग इंडिया' में ज्यों-का-त्यों छापा जाएगा।

रोलां : लेकिन इंग्लैंड और फ्रांस में आपके वक्तव्य को विकृत करने से जो बुराई हुई, वह तो आपके ख़िलाफ़ ही जाएगी। इटली में आप जो कहेंगे, इससे इटली का कोई नुकसान न होगा, लेकिन देखिएगा, किस तरह वह इटली के जन साधारण के ख़िलाफ़ जा पड़ेगा। लोग कहेंगे, "तो महात्मा ने उत्पीड़ितों के ख़िलाफ़ खड़े होकर उत्पीड़कों से ही हाथ मिलाया।" एक और मुश्किल है। आप जो बोलेंगे अंग्रेज़ी में बोलेंगे, वे लोग उसका इटालवी में अनुवाद करेंगे। अनुवाद ठीक हो रहा है या नहीं, इसे कौन देखेगा? वे लोग सारा-का-सारा मतलब ही बदल दे सकते हैं। आप जो बोल रहे हैं, वह ठीक-ठीक लिखा जाए, यह चेष्टा करना आपके लिए उचित है।

गांधी : देखिए, यदि मुझे ऐसा जान पड़ेगा कि मेरा बोलना उचित है तो मैं अपने को ईश्वरार्पित करके बोलूँगा। सब कुछ मैं अभी ही देख पा रहा हूँ—पता नहीं कैसे यह सम्भव होगा, लेकिन किसी-न-किसी तरह यह सम्भव होकर रहेगा। पहले से ज़रा-ज़रा-सी बातों के बारे में इतना सावधान नहीं हो सकता।

रोलां : आप जब बोलें तब मीरा और देसाई को बराबर आपके पास रहना चाहिए।

गांधी : गुप्त बैठकों का सवाल ही नहीं उठता। इतनी बातों के बाद अब यह देखा जाए कि हमारे लक्ष्य के हित की दृष्टि से मेरा रोम जाना उचित है या नहीं। कभी-कभी कार्य के साथ ही उसके परिणाम नहीं होते। परिणाम में समय लगता है। इस काम का तात्कालिक फल यही हो सकता है कि अख़बारवाले मेरे वक्तव्य को विकृत करके छापें। लेकिन काम अगर अच्छा हो तो अन्ततः उसका परिणाम भी अच्छा होता ही है—इसी से यह ज़िम्मेदारी मुझे लेनी ही चाहिए, ऐसा मुझे लगता है, क्योंकि मुझे विश्वास है, लोभ में पड़कर अपने को भुला देने का ख़तरा मुझे नहीं है। उसे छोड़कर और क्या हो सकता है अथवा नहीं हो सकता, इसे पहले से नहीं जाना जा सकता—लेकिन एक निर्णय तो करना ही होगा।

रोलां : कोई अच्छा परिणाम तो असम्भव दीखता है, क्योंकि आपको जिन लोगों से मिलने की ज़रूरत है, उन लोगों के सम्पर्क में आप आ ही सकेंगे—केवल

राष्ट्र के स्वनिर्वाचित दुष्कर्मियों के साथ आपको हर वक़्त रहना पड़ेगा—जेन्तिले, फर्मिची तथा इसी तरह के लोगों के साथ, जो भीतर से तो पाखंडी हैं, लेकिन जिनके चेहरों पर बुद्धिजीवियों का मुखौटा है। कहाँ, कब और किस उपाय से आप दूसरे लोगों से मिल सकेंगे? और वे दूसरे समझेंगे कि आप अत्याचारियों का गुणगान करने के लिए ही आए हैं।

गांधी : तब रोम में मेरे रुकने के बारे में आप साफ़-साफ़ अपनी राय दीजिए।

रोलां : आपकी जगह मैं होता तो पहले से ही कुछ शर्तें रखता। नहीं तो डर लगता है कि बाद में कहीं आप किसी धोखे के फन्दे में पैर न डाल दें। इसी से मीठे ढंग से नहीं, भलमनसी से नहीं, बिलकुल निर्मम होकर इस मामले में आगे बढ़ना चाहिए। आपकी सभी बातों के जवाब में वे लोग हाँ-हाँ कहेंगे (जैसे जब रवीन्द्रनाथ ने कहा कि हिंसा की बात सुनते ही मेरा पूरा शरीर सिहर उठता है तो मुसोलिनी ने उनसे कहा, "मुझे भी बिलकुल वैसा ही होता है"), यद्यपि उन लोगों का विश्वास उससे ठीक उलटा है। मुझे तो लगता है, जानोत्ति बयांको से आपका मिलना उचित ही है...यदि आप कहें तो अपने मित्र जेनरल मॉरिस को भी एक तार दे दूँ कि आप उन्हीं के यहाँ ठहरेंगे। इन सज्जन पर पूरा भरोसा किया जा सकता है और चूँकि समाज में उनका स्थान ऊँचा है और उन्होंने लोक-सेवा का काम भी किया है, उनके मतामत की एक स्वतंत्रता भी है, अत: वहाँ उनकी तरह आपकी रक्षा कोई और न कर सकेगा। उनमें आत्म-सम्मान का बोध बहुत अधिक है और इटली में जो कुछ हो रहा है, उससे वे आन्तरिक रूप से पीड़ित हैं। राजा के आसपास और सेना के बीच फ़ासिज़्म-विरोधी एक विपक्षी दल है, और इस तरह के उच्च स्तर के कुछ व्यक्तियों को छूने का साहस भी फ़ासिज़्म नहीं कर सकता—हमारे जेनरल मॉरिस उन्हीं व्यक्तियों में एक हैं। इटली का हवाई बेड़ा उन्हीं का स्थापित किया हुआ है, और उसके संचालन का भार भी उन्हीं ने लिया है।

गांधी इस बात पर राज़ी हो गए, अभी तो उन्होंने स्कार्पा का निमंत्रण स्वीकार नहीं किया है। हम लोगों ने कुछ देर और इटली तथा उस सांस्कृतिक संस्था के बारे में बातें कीं, सन्त फ्रांसिस की एक शिष्या के बारे में भी बातें हुईं, जो सियेन के पास रहती हैं और कई बरसों से गांधी जिनके साथ पत्राचार करते रहे हैं। उन महिला ने स्वेच्छा से गांधी के आश्रम के तौर-तरीक़े अख़्तियार किए हैं और गांधी जब यहाँ आ ही गए हैं तो उनसे मिलना चाहते हैं—लेकिन सियेन तो रोम से बहुत दूर पड़ता है। आख़िर तय हुआ कि जेनरल मॉरिस को मैं तार भेज दूँ।

गांधी : बस, इसके बारे में बातें ख़त्म हुईं। अब आप अपनी बात शुरू कीजिए। क्या बात करना चाहते हैं?

रोलां : कल तो बराबर मैं ही बातें करता रहा था। मैंने जो कुछ कहा था, उसके बारे में आपकी राय जानना चाहता हूँ।

गांधी : कल आपकी बातें सुनते हुए मुझे ऐसा लगा कि आप बड़ी कठोर मानसिक यंत्रणा में हैं। मैं यह भी समझता हूँ कि अपने निश्चयों पर पहुँचने के पहले आपने कितना परिश्रम किया है, मैं बेशक दूसरी तरह से तैयार हुआ हूँ। मैं अपने जीवन में जिन निर्णयों पर पहुँचा हूँ, उन्हें मैंने इतिहास से नहीं पाया—मेरे विचार-चिन्तनों पर इतिहास का प्रभाव बहुत थोड़ा ही है। मेरी कार्य-प्रणाली की नींव अभिज्ञता पर है अर्थात मेरे सभी निर्णय अपनी व्यक्तिगत अभिज्ञता से प्राप्त हुए हैं। यह मैं मानता हूँ कि इसमें ग़लती होने की सम्भावना है। मैं ऐसे अनेक पागलों को जानता हूँ, जो किसी ख़ास बात पर इतना अधिक विश्वास करते हैं कि उनके उस विश्वास को तोड़ना किसी तरह सम्भव नहीं है। और वे विशेष बातें ही उनकी अभिज्ञता हैं। एक ओर पागलों की वह अभिज्ञता, दूसरी ओर मेरी यह अभिज्ञता, इसके बीच की सीमारेखा बड़ी सूक्ष्म है। फिर भी अपनी उस अभिज्ञता पर पूरा-पूरा विश्वास रखने के अलावा मेरे लिए भी और कोई उपाय नहीं है। प्राचीन काल में अपनी बोध-शक्ति के भरोसे ऋषियों ने अपनी अभिज्ञता की बात कही है—सभी समझते हैं कि उनकी वे अभिज्ञताएँ सत्य हैं, यहाँ तक कि इतिहास ने भी उनकी सत्यता प्रमाणित की है। मैं यही कहकर अपने को सांत्वना देता हूँ कि उसी तरह मेरी अभिज्ञताएँ भी भित्तिहीन नहीं हैं।

कल जब मैं आपकी बातें सुन रहा था तो मन में यह बात उठ रही थी कि हम किस मार्ग का अनुसरण करेंगे? तब मैंने अपने आप से कहा—मैं तो यह कह नहीं सकता कि मेरा विश्वास भी यही है (यानी आपका विश्वास ही मेरा विश्वास भी है)। आपने जो समस्याएँ मेरे सामने रखीं, वे भयानक हैं। भारत में जब कि सफलता के साथ अहिंसा-नीति चल रही है या चलती रहेगी, यूरोप से वह असफल हो रही है या होगी। लेकिन इससे मैं परेशान नहीं हूँ। मेरा विश्वास है कि अहिंसा का एक सर्व जनोपयोगी प्रयोग सम्भव है। लेकिन मुझे ऐसा नहीं जान पड़ता कि यूरोप में भी वह प्रयोग मैं ही करूँगा। मैंने बहुत से अंग्रेज़ सज्जनों से बातें करके देखा है, अन्य विदेशियों से भी चर्चाएँ की हैं, उनसे मैंने कहा है—जब तक आप में आत्मविश्वास न जागे, आप एक क़दम न रखिएगा। लेकिन अगर आप बात कहें तो अहिंसा पर सारी दुनिया के विश्वास न करने पर भी मैं करूँगा। मैं देख चुका हूँ कि कितनी कठिनाइयाँ आ सकती हैं। कल मैंने आपकी बातें भी सुनीं और उन्हें सुनने के बाद मेरा विश्वास और सुदृढ़ हो गया है कि अहिंसा में ही यूरोप का उद्धार है। नहीं तो उसके सर्वनाश को रोका नहीं जा सकता। रूस में जो कुछ हो रहा है, उसे समझना कठिन है। रूस के बारे में मैंने ज़्यादा कुछ कहा नहीं है, लेकिन उसकी अभिज्ञता अन्ततः कितनी सफल होगी, इसके बारे में मुझे बहुत सन्देह है। मुझे लगता है कि वह अहिंसा को नकारने को उद्यत है। ऐसा लगता है कि सामयिक रूप से वह सफल हो रहा है, लेकिन इस सफलता के पीछे शरीर की ताक़त (हिंसा) है। इस

संकीर्ण मार्ग पर समूचे समाज को चलाने के लिए बल-प्रयोग कितने दिनों तक समर्थ रहेगा, यह नहीं कहा जा सकता। जिन भारतीयों पर रूस का प्रभाव पड़ा है, उनमें सहनशक्ति का बड़ा अभाव दीख पड़ता है। नतीजे में वे एक संत्रासवाद के क़ब्ज़े में जा पड़े हैं। उनकी इस अभिज्ञता को मैं सन्देह की दृष्टि से देखता हूँ। मैं ऐसे बहुत से अंग्रेज़ों को (और अमरीकनों को भी) जानता हूँ, जो रूस से हो आए हैं। वे मुझे निरपेक्ष ही लगते हैं। उनमें से किसी ने रूस की प्रशंसा की है, किसी ने निन्दा की है। लार्ड लोथियन और बर्नार्ड शॉ से भी मैंने इस बारे में बातें की हैं। यह शक्ति समाज को एक विशिष्ट रूप दे सकेगी या नहीं, दे भी सके तो कितना दे सकेगी, इसके बारे में लार्ड लोथियन को निश्चय नहीं है। शॉ ने बेशक इस बारे में उत्साहपूर्वक लिखा है...लेकिन जब मैंने उनसे बातें कीं, मुझे इस उत्साह का परिचय नहीं मिला। बेशक, इस सम्बन्ध में उनके साथ ज़्यादा बातें करने का सुयोग नहीं मिला, क्योंकि भारत के बारे में उन्होंने इतनी उत्सुकता प्रकट की कि हमारी सारी बातचीत लगभग उसी के इर्द-गिर्द होती रही। यूरोप का मैं जो कुछ देख सका, उससे तो मुझे नहीं लगा कि वह भी अहिंसा के हाथ से छुटकारा पा सकेगा। प्रसन्नता की बात है कि इसके लिए किसी विराट संगठन अथवा विधि-व्यवस्था की आवश्यकता नहीं है—आवश्यकता सिर्फ़ एक ऐसे व्यक्ति की है, जिसमें अहिंसा का विश्वास मूर्त हो उठे। और जब तक वैसा व्यक्ति नहीं आता, तब तक आशा के साथ प्रतीक्षा करनी होगी, उसके लिए उपयुक्त आबोहवा तैयार कर रखनी होगी।

रोलां : आइंस्टाइन की घोषणा के बारे में मैंने रैनहम ब्राउन को जो पत्र लिखा था, उसकी एक प्रतिलिपि आपको भेजी थी। मैंने उस पत्र में लिखा था—अहिंसा आन्दोलन को यदि किसी नेता के अधीन एक बड़ी और मज़बूत नींव पर खड़ा करके संगठित किया जाए तो समय पाकर वह विजयी हो सकता है। लेकिन यूरोप के मामले में तो शुरू में ही सब गड़बड़ है—उसके पास वह समय ही नहीं है। वर्तमान समय में हम एक भयानक संकट से गुज़र रहे हैं—हिंसा की ताक़त के चंगुल में फँसकर आज मनुष्य की सारी आशा-आकांक्षाओं के समूल नष्ट हो जाने का ख़तरा पैदा हो गया है। इस हिंसा के भारी बोझ से सारी दुनिया झुकी हुई है। अगर एक समूचे देश को अहिंसा के मार्ग पर पहुँचा देना सम्भव भी हो तो यह काम जल्दी न होगा। ईसा का सन्देश फैलने में भी एक शती लग गई थी। और अगर तुरन्त कोई व्यवस्था न की जा सकी तो आगामी बीस बरसों में तो सब कुछ समाप्त हो जाएगा। और यदि ऐसा ही हुआ तो अहिंसा यूरोप में क्या रूप लेगी?

गांधी : मैंने पैरी में भी ऐसे एक प्रश्न का उत्तर दिया था। हाय, संसार सचमुच मूर्तिपूजक है। ईसाई धर्म भी मूर्तिपूजा के हाथ से छुटकारा न पा सका। आज उसे अपने पंचेन्द्रियों को काम में लगाना होगा, देखना होगा, छूना होगा, अनुभव करना होगा। अहिंसा क्या चीज़ है और वह सफल हो सकती है या नहीं, इसका आँखों

देखा प्रमाण पाए बिना वह किसी नतीजे पर न पहुँचेगा। लेकिन भारत तो उसे वह परिचय दे रहा है और अगर भारत में उसको सफलता मिली तो सब कुछ बहुत आसान हो जाएगा। मेरा विश्वास है कि उसके लिए बीस बरस तक प्रतीक्षा न करनी पड़ेगी। भारत यदि वस्तुतः इस मार्ग से स्वाधीनता प्राप्त कर ले तो सारा संसार वह परिचय पा लेगा। और मेरा यह भी विश्वास है कि तब प्रत्येक समझेगा कि यह काम कितना आसान है। इंग्लैंड भी लाचार होकर वह मार्ग अपनाएगा, जिस पर उसको चलना चाहिए। बेशक यदि भारत में हिंसा सिर उठाए अथवा हिन्दू-मुसलमानों में संघर्ष शुरू हो जाए और अन्त में सब कुछ गड़बड़ हो जाए—लेकिन जाने क्या सोचकर मुझे वहाँ भी सांत्वना मिलती है, मेरा विश्वास बना रहता है। अहिंसा से अभी तक भला छोड़कर बुरा नहीं हुआ और इसमें सन्देह नहीं किं इंग्लैंड के जनमत पर उसका प्रभाव पड़ा है। (यद्यपि अभी भी वह प्रभाव पर्याप्त नहीं है!) यह तो सभी को समझना चाहिए कि यदि अहिंसा न होती तो गोल-मेज़ सम्मेलन हो ही नहीं सकता था। अभी तक वांछित फल न मिलने पर भी परोक्ष फल तो गिनती में अनेक हैं। और जब हम अग्नि और यंत्रणा की परीक्षा में उत्तीर्ण हो जाएँगे तो सब कुछ बड़ा सहज हो जाएगा। शायद मैं ग़लती कर रहा होऊँ, लेकिन अगर मैं सफल न भी होऊँ फिर भी अपना विश्वास मैं न खोऊँगा—और जिन थोड़े से लोगों की मुझ पर आस्था है, उस समय मैं उनके शुद्धीकरण का व्रत लूँगा। दक्षिण अफ्रीका में मुझे छह बरसों तक इन्तज़ार करना पड़ा था, भारत में 1922 से लेकर पिछले साल तक मैं युद्ध में उतर ही नहीं सका। लेकिन चाहे जैसे भी हो, सन्देश तो आता ही है—वह आया है, आएगा। मुझे तो लगता है कि समय आने पर आप लोग भी युद्ध में कूद सकेंगे। लेकिन कोई निर्देश या परामर्श मैं आप लोगों को नहीं दे पा रहा। यूरोप की स्थिति बहुत उलझी हुई है...।

रोलां : परिग्रह न करने की जो शक्ति भारत ने दिखलाई है, उसका आलोक सभी दिशाओं में फैल जाएगा, इसके बारे में मैं आश्वस्त हूँ। यहाँ तक कि यूरोप में भी संघबद्ध होकर अहिंसा को काम में लाने का दृष्टान्त मौजूद है—1860 में पोलैंड में जो कुछ हुआ, वह तो एक अत्यन्त उल्लेखनीय दृष्टान्त है। लेकिन यूरोप में हमारी जो कठिनाइयाँ हैं, वे तादाद में दो-तीन गुनी हैं। कुछ समस्याएँ राष्ट्रीय हैं, कुछ सामाजिक हैं। 1919 के समझौते के चलते जो देश आज भी कष्ट पा रहे हैं, वे परिग्रह न करने की नीति को सहज ही सुनेंगे और समझेंगे। लेकिन परिग्रह न करने की नीति को किस कौशल से चलाया जाए, सामाजिक अत्याचार के क्षेत्र में इसका दृष्टान्त या तो है ही नहीं, या बहुत कम है। आप लोगों ने भारत में बुरा व्यवहार पाया है, आज भी पा रहे हैं, लेकिन बाल्कन देशों को और पोलैंड निवासियों को जितना अपमानजनक व्यवहार सहना पड़ा, उतना आप लोगों को भी सहना पड़ा है, ऐसा तो मुझे नहीं लगता। यूरोप और एशिया (जापान) के किसी-किसी

देश में बच्चों और औरतों से काम लेकर जिस तरह उनका शोषण किया जाता है, यह बड़ा भयानक है। आज इन्हीं उत्पीड़ित वर्गों के पास से मुक्ति का सन्देश लाना होगा। यदि वे आत्मरक्षा के लिए दल बाँधकर, एक होकर, हमला करने को तैयार हो जाएँ, तो क्या उनके विरोध में कहने को कुछ रह जाता है? रूस जब धनतंत्र और ज़ारशाही के अत्याचारों के चंगुल में पड़ा था, उस समय की उसकी हालत एक बार सोच देखिए। आज यदि यूरोप या अमेरिका अथवा जापान उस पर हमला करें तो क्या उससे यह कहा जा सकता है कि तुम प्रतिरोध मत करो? बल्कि उस रूस की रक्षा करने के लिए हमारे यूरोप के श्रमिकों को एक होने की ज़रूरत है, परिग्रह न करने की नीति वे मज़दूर ही अपनाएँ। यूरोप में राष्ट्रीय प्रश्न की अपेक्षा सामाजिक प्रश्न और भी बड़ा हो गया है। असल में धनतंत्र और श्रमिक-मज़दूरों का परस्पर विरोधी दबाव सारी दुनिया के लिए एक-जैसा सत्य है, इसी से आज दो तरह की अन्तरराष्ट्रीयता दीख पड़ती है, जो एक-दूसरे की विरोधी है।

गांधी : (जिसे उन्होंने स्वयं देखा नहीं या जिसकी उन्होंने स्वयं परीक्षा नहीं की, वैसे किसी प्रश्न के लिए मैंने गांधी में कम आग्रह देखा है—वैसे प्रश्नों से वे कतराकर निकल जाते हैं) इंग्लैंड में तीस लाख लोग बेकार हैं—मैंने मालिकों से बातें कीं। उनके साथ श्रमिकों का सम्पर्क अच्छी बात है। मैंने श्रमिकों से कहा कि यदि वे समाधान चाहते हों तो वह पूँजीवाद से संघर्ष करने से न मिलेगा, उन्हें स्वयं अपने विरुद्ध लड़ना होगा। वे चाहते हैं कि मालिक उनके अभाव दूर करें। मालिकों को वैसा करने में कोई आपत्ति नहीं है, लेकिन जो ख़रीदकर वह अभाव मिट सकेगा, वह ख़रीदने की जगह कहाँ है? धनी लोगों के पास जो सम्पत्ति है, वह यदि बेकार श्रमिकों में बाँट दी जाए तो उससे कितने दिन काम चलेगा? इसीलिए मैंने उनसे कहा कि अपनी सहायता करने के लिए तुम लोग ख़ुद ही आगे बढ़ो, अपने कुटीर शिल्प चलाओ। वेल्स देश में बहुत मामूली होने पर भी वे लोग इस तरह की कुछ कोशिश कर रहे हैं, वहाँ के कुछ खान-मज़दूरों ने अपने पुराने धन्धे में लौट जाकर देखा है कि उनकी मुक्ति उसी में है। दूसरे की सहायता पर निर्भर रहकर किसी का जीवित रहना उचित नहीं है।

रोलां : इंग्लैंड में सुविधाएँ बहुत हैं, लेकिन दूसरी जगहों में हालत वैसी ही नहीं है (और इस प्रश्न पर मैं फिर बातें करूँगा अपनी पाँचवीं बैठक में)। लेकिन यूरोप और अमरीका की एक मुश्किल और है वह है एक मध्यवित्त श्रेणी की मौजूदगी, यह श्रेणी नीचे के उत्पीड़ितों के माथे पर हाथ फेरकर जीती है। लड़ाई के बाद जब जीत हुई, तो सबने फ्रांसीसियों से कहा, "इस बार जो प्रायश्चित करना होगा, जर्मनी करेगा।" आज पश्चिम के लोग सुन रहे हैं, "जो दाम देना है, वह दुनिया देगी, एशिया देगा, अफ्रीका देगा।" जितनी लड़ाई अभी बाक़ी है, उसके लिए अब तैयार होना पड़ेगा ग़ैर-सफ़ेद चमड़ीवालों की सेना को। मतलब यह हुआ कि हम

फिर रोमन साम्राज्य के उस सुख-सुविधा-सम्पन्न जाति के युग में लौट रहे हैं, जिस जाति ने एक दिन अपने सिर से तमाम परतंत्र जातियों का बोझा उतार फेंका था और चैन की साँस ली थी। हमारा देश यह फ्रांस ही आज जिस सम्पत्ति का उपभोग कर रहा है, उसकी नींव सारे संसार की दुख-दरिद्रता पर है। यहाँ तक कि हमारे बुद्धिजीवी सज्जनगण भी ज़्यादा गहराई में नहीं देखना चाहते, वर्तमान स्थितियों की कृपा से उनके व्यक्तिगत लाभ के अंक ख़ासे तगड़े हैं, अत: शरीर-बल पर टिकी हुई यह जो समाज-व्यवस्था है, स्वभावत: वे उसे तोड़ना नहीं चाहते।

गांधी : जो लोग शोषित हैं, समाधान का मार्ग क्या उन्हीं के हाथ में नहीं है? मान लीजिए कि अगर वे शोषकों का साथ छोड़ दें तब?

रोलां : जिन लोगों का धर्म नहीं है; उनके लिए यह असम्भव है। ज़्यादा तनख़्वाह का लोभ देकर श्रमिकों को ख़रीदा जा सकता है, क्योंकि जिस रुपये से वे लोग अस्त्र-शस्त्र तैयार करते हैं, उनका उपयोग अन्यत्र वे अपने ही भाइयों के ख़िलाफ़ करेंगे। आज सब के पास जो सन्देश पहुँचाना आवश्यक है, वह है दरिद्रता का, निरासक्ति का, आत्मत्याग का महान सन्देश। प्रेम का एक उदात्त मंत्र होता है। लेकिन विजित और उत्पीड़ितों के बीच दरिद्रता अथवा आत्मत्याग का प्रचार करना अपेक्षाकृत सहज है—विजयी और अत्याचारी उतनी आसानी से ये बातें न सुनेंगे।

गांधी सहमत हुए और यहीं उस दिन की बातचीत का लिखित वृत्तान्त समाप्त हुआ। मनात दल के फ्रांसीसी क्रान्तिकारी कर्मचारी यूनियन ने जो प्रश्न भेजे थे, चलते समय मैंने उन्हें मीरा और देसाई को देकर कहा कि वे उनका अनुवाद गांधी को दें और गांधी के उत्तरों को लिख लें।

जब इतनी सारी बातें हो रही थीं, कमरे के एक कोने में चुपचाप बैठे थे जापानी मूर्तिकार ताकाता—बड़े मनोयोग से वे अपनी मिट्टी ठीक करने में लगे हुए थे—उनकी उपस्थिति की ओर किसी ने ध्यान भी नहीं दिया।

तीसरे पहर गांधी लोजान गए—एदमँ प्रिवा और सेरेजोल ने वहाँ कई सभाओं का आयोजन कर रखा था। दोनों डॉक्टरों, निहान और पेरे ने उनके लिए जिन गाड़ियों का इन्तज़ाम कर रखा था, गांधी ने उनका इस्तेमाल न करना चाहा—उन्होंने रेल के तीसरे दर्जे में यात्रा करने की इच्छा प्रकट की। लेकिन पहुँचते ही भीड़ का सामना न करना पड़े, इसलिए लोजान के पहले के स्टेशनों पर गाड़ी को रुकवाने का इन्तज़ाम किया गया, वहाँ से गांधी को मोटर में ले जाया जाएगा।

एक ही दिन एक के बाद एक तीन सभाएँ थीं—एक चार बजे, दूसरी छ: बजे, तीसरी सात या आठ बजे। सिर्फ़ दूसरी सभा सर्वसाधारण के लिए खुली थी। स्विस रेडियो ने उसे प्रसारित भी किया था। इसी से अपने भोजन के कमरे में मैंने उनकी

साफ़ आवाज़ सुनी (क्योंकि मेरी के साथ मैं अकेला था, बाक़ी सब लोग लोजान में थे)। उनकी आवाज़ ऐसी थी कि कान में पड़ने पर उसकी ओर ध्यान दिये बिना न रहा जाए—ख़ूब साफ़, धीर, दृढ़ और बहुत प्रांजल (आवाज़ को थोड़ा ऊँचा भी कहा जा सकता है), उनकी आवाज़ में ताक़त कितनी है, अब मैं और अच्छी तरह यह समझ सका, उनके पास बैठकर सुनने में उतना नहीं समझा जाता। इस तरह वे घंटों बोलते रह सकते हैं, क्षण-भर के लिए उनको थकावट नहीं जान पड़ती। अंग्रेज़ी से फ्रेंच में अनुवाद करते हुए प्रिवा को भी मज़े में सुना गया—और मानो श्रोताओं का भाव तक समझ में आता था, उनकी उच्छ्वसित तालियाँ सुनाई पड़ती थीं। गांधी के श्लेषपूर्ण उत्तरों से बहुत से लोग हँस पड़े। प्रथम भाषण शायद सबसे सुन्दर था, दुर्भाग्यवश वह नहीं सुना जा सका, जब मेरी बहन लौटी तो उनकी ज़बानी ठीक आधी रात को मैंने उसका वृत्तान्त सुना। चार बजे वाला वह भाषण सर्वसाधारण के लिए नहीं था—गांधी के साथ उसमें सिर्फ़ सेरेजोल और उनके सर्विस सिविल इंटरनेशनल आन्दोलन के कई प्रमुख व्यक्ति थे—स्वीज़रलैंड के 'विवेकी विरोधी' दल का भी एक आदमी था। चर्चा का मुख्य विषय था अहिंसा और उसके आचरण से सम्बन्धित बात—यह वक्तव्य बाद में 'यूरोप की चिट्ठी' शीर्षक से 'यंग इंडिया' में प्रकाशित हुआ था, जिसे देसाई ने यहाँ से भेजा था। यहाँ मैं सिर्फ़ उसके उसी प्रसंग का उल्लेख करूँगा, जिसके साथ आइंस्टाइन के प्रतिपाद्य का सम्बन्ध है (जिसकी समालोचना मैंने स्वयं भी की है)—और उसके बारे में गांधी का विरोधी मत भी रखूँगा—"अहिंसा-नीति को कैसे सफल बनाया जाए, क्या केवल अस्त्र ग्रहण करना अस्वीकार करके? आइंस्टाइन ने सबका आह्वान किया है कि लड़ाई में कोई सहयोग न करे...।" तब गांधी ने उपहास के स्वर में उत्तर दिया, "एक इतने बड़े आदमी के बारे में मैं ऐसी बात कैसे कहूँ—लेकिन आप यदि अनुमति दें तो कहूँ, वह नीति आइंस्टाइन ने मुझसे ही चुराई है। लेकिन अगर आप यह चाहते हों कि मैं इस बात की अधिक गहराई में उतरूँ तो मैं कहूँगा, युद्ध में शामिल न होने की इच्छा ही यथेष्ट नहीं है। समय आने पर भी युद्ध में नहीं जाऊँगा, ऐसे मनोभाव का अर्थ होगा, पाप के विरुद्ध खड़े होने के मौक़े को उपेक्षा से खो देना। असल में लड़ाई में शामिल होने के सवाल के अन्दर एक गम्भीरतर पाप का लक्षण छिपा हुआ है। जो लोग मुँह बन्द करके और तरीक़ों से राष्ट्र का समर्थन करते जाते हैं, उन्हीं-जैसे पापी वे भी हैं, जो लड़ाई में नाम नहीं लिखाना चाहते। जो भी स्त्री या पुरुष प्रत्यक्ष अथवा परोक्ष रूप से किसी युद्धवादी राष्ट्र का समर्थन करता है, वह पाप का हिस्सेदार है। मालगुज़ारी देकर जो राष्ट्र को जिलाए रखता है, भले ही वह जवान हो या बूढ़ा, वह पाप करता है। इसी से लड़ाई के वक़्त मैंने बार-बार अपने से यह बात कही है कि यदि सेना के द्वारा सुरक्षित आटा ही मुझे खाते रहना है अथवा यदि ख़ुद सैनिक न बनकर राष्ट्र के अन्य सब कर्तव्यों

का पालन करना है तो उससे तो अनेक गुना अच्छा होगा लड़ाई में मेरा जाना और सैनिक के रूप में मृत्यु का वरण करना भी। इसी से जो लोग युद्ध में शामिल नहीं होना चाहते, उन्हें राष्ट्र के साथ सब तरह का सहयोग बन्द करना होगा। राष्ट्र जिस व्यवस्था में जकड़ा हुआ है, उससे असहयोग करने के मुक़ाबले सिर्फ़ लड़ाई में जाने से इनकार करना एक फ़िजूल-सी बात है। लेकिन तब तुम्हें ऐसे विरोध का सामना करना पड़ेगा कि उसके परिणामस्वरूप न सिर्फ़ तुम्हें जेल ही जाना होगा, बल्कि राह का भिखारी भी बनना पड़ेगा।"

स्वभावत: सेरेजोल (जो बेचारे बड़ी ईमानदारी के साथ अपने जीवन में इन दो विपरीतों को मिलाने की जी-जान से कोशिश कर रहे थे—एक ओर उनका विवेक और दूसरी ओर नागरिक के रूप में उनका कर्तव्य) बड़े विचलित हुए, उन्होंने समझाने की कोशिश की कि राष्ट्र का सब कुछ ख़राब नहीं है, वहाँ ऐसी बहुत-सी अच्छी बातें भी हैं, जिनके प्रति सहयोग का भाव प्रकट करने से लोगों का कल्याण ही होता है। तब गांधी ने दृढ़ स्वर में उत्तर दिया, "अब आप मनुष्य-स्वभाव के एक जटिलतम पक्ष की बात कर रहे हैं। भारत में असहयोग आन्दोलन के प्रवर्तक के रूप में मुझे बार-बार इस प्रश्न का सामना करना पड़ता है। तब मैंने कहा है, ऐसा कोई राष्ट्र ही नहीं है—उसका अधिपति चाहे नीरो हो या मुसोलिनी—जो अच्छाई से बिलकुल रहित हो। लेकिन जिस क्षण हम किसी राष्ट्रीय व्यवस्था के साथ असहयोग करने का निश्चय करेंगे, उसी क्षण हमें उस राष्ट्र का सब कुछ त्याग देना होगा। हमारे देश में बड़ी-बड़ी सड़कें हैं और ऐसी शिक्षण-संस्थाएँ भी हैं, जो बिलकुल महलों-जैसी विशाल हैं, लेकिन वे सभी एक ऐसी व्यवस्था के अंग हैं, जो देश को कुचलकर मारे डाल रही हैं। उनके साथ मैं कोई सम्पर्क नहीं रखना चाहता—वे कहानी के उस साँप की तरह हैं, जिसके माथे में मणि है, लेकिन जिसका फन विष से भरा है। इसी से मैं इस निश्चय पर पहुँचा कि अंग्रेज़ी शासन-व्यवस्था ने भारत की सारी शक्ति सोख ली है, उसकी वृद्धि का रास्ता एकदम रोक दिया है। तब मैंने सुयोग-सुविधाओं के सब अवसरों को अस्वीकार करने का निश्चय किया—वह चाहे नौकरी-चाकरी हो, क़ानून-अदालत हो, पद-प्रतिष्ठा हो या और कुछ हो। कौन सी नीति ग्रहण करनी होगी, देश के अनुसार उसका रूप अलग-अलग होगा—फिर भी सभी नीतियों में त्याग और अस्वीकृति, ये दोनों मुख्य अंग के रूप में रहेंगे। आइंस्टाइन जो कहते हैं, वह बहुत थोड़े से लोगों के लिए सत्य होगा और वैसा साल-भर में एक बार से अधिक न होगा। लेकिन मेरी राय में, आप लोगों के लिए जो सबसे पहला कर्तव्य है, वह है असहयोग आरम्भ करना।"

सेरेजोल ने इसके बाद भी तर्क दिया, कहा कि स्वाधीन और पराधीन देशों में तो एक गहरा अन्तर रहेगा ही। जो शासन-व्यवस्था उसके लिए विदेशी है, वैसे राष्ट्र के साथ निश्चय ही भारत का बड़ा संघर्ष हो सकता है। लेकिन स्विस लोगों ने

स्वेच्छा से जिस राष्ट्र का निर्वाचन किया है, उससे वे लोग कैसे सम्बन्ध तोड़ लेंगे? गांधी ने उत्तर दिया, "इन दोनों में अन्तर ज़रूर है। यदि मैं पराधीन देश का व्यक्ति हूँ तो मैं पराधीनता की ज़ंजीर को ज़ोरदार झटका देकर ही उस देश की सहायता करूँगा। लेकिन आप लोग मुझसे जो जानना चाहते हैं, वह यह है कि आप युद्ध की मनोवृत्ति से किस उपाय से छुटकारा पा सकेंगे। राष्ट्र ने आपको तरह-तरह की सुख-सुविधाएँ दी हैं, बेशक इस शर्त पर कि राष्ट्र के लिए आप लोग युद्ध करने को तैयार रहेंगे; अत: उस राष्ट्र के लिए आपका जो कर्तव्य है, वह यह कि आप उसी को उसकी सामरिक मनोवृत्ति से मुक्त करें। आप लोग एक के बाद एक सुख-सुविधा को छोड़ते क्यों न जाएँ—बच्चे-बच्चियों को स्कूल न भेजें, रोगियों को अस्पताल में न भेजें, नौकरी न करें, तनख़्वाह न लें, डाकखाने में न जाएँ, अन्यान्य नागरिक सुविधाओं का भी त्याग कर दें। मालगुज़ारी न देना तो बड़ा आसान काम है—वह बाद में होगा। वहाँ तक पहुँचने के पहले, भारत में हम लोगों ने दस बरसों तक प्रतीक्षा की थी।"

बातें बड़ी साफ़ थीं, उन्होंने सेरेजोल के मन को स्पन्दित किया। सेरेजोल के जो अन्यान्य शिष्य थे—उसी सर्विस सिविल इंटरनेशनल के—वे लोग भी कम विचलित नहीं हुए। फिर भी इन बातों को तुरत मान लेना भी उनके लिए सम्भव नहीं था—लेकिन सज्जन और विवेक-सम्पन्न व्यक्ति होने के कारण, इस तरह की बातें उनको चिन्तित कर देंगी, इसमें भी सन्देह न था। और तीसरी सभा में (जो गुप्त न होने पर भी दूसरी सभा की तरह सब के लिए खुली नहीं थी—विवेकी विरोधियों का छोटा-सा दल ही उसका श्रोता था) सेरेजोल ने स्वयं भी उसे स्वीकार किया, कहा कि गांधी की बातें सुनने के बाद वे समझ सके हैं कि उन लोगों का उद्योग कितना शक्तिहीन है। और सर्विस सिविल की उन उदार हृदय नेत्री, एलेन मनास्तियें ने तो मर्मस्पर्शी विनय के साथ कह ही दिया कि गांधी के सामने वे लोग अपने को जाने कैसा ठगा-सा अनुभव करते हैं—क्योंकि गांधी किसी बात से डरते नहीं हैं और हम लोगों को सबका भय बना रहता है। सेरेजोल ने कहा, "हम लोगों ने अपना सत्य पाया है, लेकिन जो एकमात्र सत्य है, उसे आपने पाया है।"

लोजान की वह तीसरी सभा एक गिरजे में हुई थी, जहाँ एक ओर सेरेजोल के सैनिकों ने और दूसरी ओर विवेकी विरोधियों के दल ने खड़े होकर और हाथ में हाथ मिलाकर स्विस मैत्री का एक गीत गाया। यहाँ गांधी से पूछा गया, "ईश्वर को आप सत्य के रूप में क्यों मानते हैं?" इसके जवाब में गांधी ने जो कहा, वह गहरे अर्थ से भरा हुआ है।

गांधी : हिन्दू शास्त्रों में ईश्वर के हज़ारों नाम मिलते हैं, यह बात मैंने अपने यौवन के आरम्भ में सीखी थी। लेकिन उनके वे हज़ारों नाम भी यथेष्ट नहीं हैं। मेरा विश्वास है, जितने प्राणी हैं, ईश्वर के उतने ही नाम हैं—इसी से हम कहते

हैं, उनका नाम नहीं है और चूँकि ईश्वर के रूप भी अनन्त हैं, इसलिए हम उनको आकारहीन समझते हैं और चूँकि वे अनेक भाषाओं में हमसे बातें करते हैं, इसलिए हम उन्हें वाणीहीन समझते हैं। जब मैंने इसलाम धर्म का अध्ययन आरम्भ किया, देखा कि वहाँ भी ईश्वर के अनेक नाम हैं। जो लोग कहते हैं, ईश्वर प्रेम हैं, उनसे मैं कहूँगा, हाँ, ईश्वर ही प्रेम हैं, गो कि भीतर-ही-भीतर मेरा विश्वास है कि ईश्वर शायद प्रेम हो सकते हैं, लेकिन सबके ऊपर वे सत्य हैं। मनुष्य की भाषा में यदि उनकी पूर्णतम व्याख्या सम्भव हो तो मैं कहूँगा, मेरी राय में वे सत्य हैं। लेकिन लगभग दो साल पहले मैं एक क़दम और आगे बढ़ आया और मैंने कहा, सत्य ही ईश्वर है। इस निश्चय पर पहुँचने के पहले लम्बे पचास वर्षों तक लगातार सत्य का परीक्षण-निरीक्षण करता रहा था और अन्त में मैंने जाना कि केवल प्रेम के माध्यम से ही सत्य के अधिक-से-अधिक पास पहुँचा जा सकता है। लेकिन अंग्रेज़ी भाषा में प्रेम के अनेक अर्थ हैं और मनुष्य का प्रेम कहने पर जब लालसा का भी बोध होता है तो वह एक अत्यन्त निन्दित वस्तु हो जा सकता है। मैंने यह भी जाना है कि अहिंसा के अर्थ में यदि प्रेम को चलाया जाए तो दुनिया में बहुत कम लोग उसको समझने को तैयार होंगे। लेकिन सत्य शब्द के लिए मुझे एक के सिवा दूसरा अर्थ कभी नहीं मिला। यहाँ तक कि नास्तिक लोग भी सत्य की शक्ति और प्रयोजनीयता के बारे में सन्देह नहीं करते—सत्य की तलाश के नशे में वे ईश्वर के अस्तित्व तक को बेहिचक अस्वीकार कर देते हैं और उनके दृष्टिकोण से विचार करने पर वहाँ उनको ठीक ही कहना पड़ता है और इसी तर्क के कारण मैं कहूँगा कि 'ईश्वर सत्य है' कहने की अपेक्षा 'सत्य ही ईश्वर है' कहना अधिक समीचीन है। चार्ल्स बैडलफ़ की ही बात कहूँ—नास्तिक के रूप में अपना परिचय देना वे पसन्द करते हैं, लेकिन उनके साथ परिचय होने के कारण ही मैं कहता हूँ, मैं तो कभी उन्हें नास्तिक न समझूँगा—बल्कि कहूँगा कि वे ईश्वर से डरते हैं। मैं यह भी जानता हूँ कि वे इसे मानेंगे नहीं। अत: मैं यह कहकर उनके तर्क की धार भोथरी कर दे सकता हूँ कि सत्य ही ईश्वर है—ठीक इसी तरह मैंने अन्य अनेक युवकों के तर्क भी भोथरे कर दिए हैं। बेशक, यह कहना भी ज़रूरी है कि ईश्वर के नाम पर बहुतेरे लोगों ने अकथनीय अन्याय किया है—ऐसा भी नहीं है कि सत्य के नाम पर ज्ञानी-गुणी लोग तरह-तरह की निष्ठुरताओं में प्रवृत्त न हुए हों। मैं तो स्वयं जानता हूँ, विज्ञान और सत्य के नाम पर पशुओं पर कैसा अमानुषिक अत्याचार किया जाता है—जीवित अवस्था में उनका एक-एक अंग काटा जाता है। लिहाज़ा चाहे जिस तरह ईश्वर का वर्णन क्यों न किया जाए रास्ते में कोई-न-कोई विघ्न रहेगा ही। लेकिन मनुष्य का मन सीमित है और जब वह किसी ऐसी सत्ता अथवा विराट को समझना चाहता है, जो उसकी समस्त बुद्धि-शक्ति से नितान्त परे है, तो उसे अपनी सीमा में ही हाथ-पैर मारना होता है। इसी से हिन्दू-दर्शन कहता है, 'एकमात्र ईश्वर

ही है और कुछ नहीं है।' इसलाम के 'कलमा' में भी इसी सत्य पर ज़ोर दिया गया है—इसके कितने ही दृष्टान्त भी वहाँ हैं। संस्कृत में 'सत्य' शब्द का आक्षरिक अर्थ है, जिसका अस्तित्व हो—'सत'। इसी कारण—और अन्य कारणों से भी—अन्त में मैंने निश्चय किया कि ईश्वर की जो संज्ञा मेरे लिए सबसे अधिक सन्तोषजनक है, वह है 'सत्य ही ईश्वर है'। और सत्य को जब आप ईश्वर के रूप में जानना चाहते हैं, जिसे एकमात्र अव्यर्थ माध्यम से आप वैसा कर सकते हैं, वह है प्रेम अर्थात अहिंसा, और चूँकि अन्तत: मैं लक्ष्य और मार्ग की अभिन्नता का विश्वासी हूँ, मुझे यह कहने में दुविधा नहीं है कि ईश्वर ही प्रेम है।

आलोचना रुकी नहीं, लोगों ने फिर प्रश्न किया—लेकिन तब सत्य क्या है?

गांधी : सवाल मुश्किल है। लेकिन अपने लिए मैंने यह कहकर इसका समाधान कर लिया है कि हमारे हृदय की आवाज़ जो कहे, वही सत्य है। बेशक, यहाँ आप लोग यह कह सकते हैं कि वह क्या है, क्या वह जो जैसा सोचे, उसी तरह भिन्न-भिन्न और परस्पर-विरोधी है? लेकिन देखिए, मनुष्य के मन का कारबार असंख्य माध्यमों से होता है, और एक व्यक्ति के मन की गति, दूसरे व्यक्ति के मन की गति की तरह नहीं होगी। इसका मतलब यह हुआ कि एक व्यक्ति के लिए जो सत्य है, वह दूसरे व्यक्ति के लिए असत्य है। जिन लोगों ने ऐसी परीक्षाएँ चलाई हैं, वे इस निष्कर्ष पर पहुँचे हैं कि परीक्षा की प्रकृति के अनुसार कुछ विशेष नियमों को मानकर चलना चाहिए। जैसे, कोई वैज्ञानिक परीक्षा करने के पहले कुछ अनिवार्य वैज्ञानिक शिक्षा-प्रणालियों से होकर गुज़रना ही पड़ता है, उसी तरह जो किसी प्रकार की आध्यात्मिक अभिज्ञता चाहता है, उसको भी कुछ प्राथमिक कठोर शृंखलाओं का अवलम्बन करना पड़ता है। इसी से अपना-अपना हृदय क्या कहता है, इसके बारे में मुँह खोलने से पहले प्रत्येक व्यक्ति को जान लेना होगा कि उसकी सीमा कितनी है। हम लोगों का एक विश्वास है, जो अनुभव पर आधृत है और जिसका कहना है कि यदि कोई अपने व्यक्तिगत जीवन में सत्य को ईश्वर के रूप में पाने की परीक्षा करना चाहे तो उसको कुछ व्रतों का पालन करना होगा, जैसे सत्य का व्रत, ब्रह्मचर्य का व्रत (क्योंकि सत्य और ईश्वर के प्रति हमारा जो प्रेम है, उसमें तो और किसी बात के लिए हिस्सा नहीं लगाया जा सकेगा), अहिंसा का व्रत, दरिद्रता का व्रत और त्याग का व्रत। यदि आप इन पाँच व्रतों का पालन न करें तो सत्य की परीक्षा के मार्ग पर आप आगे नहीं बढ़ सकते। कुछ और भी नियमों का उल्लेख है, लेकिन यहाँ सब के बारे में बातें करना तो मेरे लिए सम्भव नहीं है। केवल इतना ही कहना काफ़ी है कि जिन लोगों ने इस तरह की परीक्षा की है, वे जानते हैं कि अपने-अपने विवेक का स्वर सुनने का उनका बहाना हर वक़्त काम नहीं आता। चूँकि आजकल बिना कोई नियम-बन्धन माने हर आदमी विवेक का दावा करना चाहता है और चूँकि आज इस भौचक्के संसार में असत्य की

इतनी भीड़ है, अतः मैं हार्दिक विनय के साथ आप लोगों से सिर्फ़ इतना ही कह सकता हूँ कि जिसमें विनय की अधिकता नहीं है, वह सत्य को नहीं पा सकता। यदि आप सत्य के समुद्र में तैरना चाहते हैं तो शून्य में लौट जाने के सिवा दूसरा उपाय नहीं है। यह एक अत्यन्त विचित्र मार्ग है, लेकिन इसकी चर्चा में मैं और आगे नहीं बढ़ना चाहता।

लोजान की पहली सभा में गांधी ने जो घोषणाएँ की थीं, वे बड़ी भयानक थीं—वहाँ उन्होंने राष्ट्र को पूरी तरह से अमान्य करने का आवेदन किया था। इस कारण सरकारी अख़बार अनायास ही उनके ख़िलाफ़ उठ खड़े हो सकते थे और परिणामस्वरूप, कौन जाने, उन्हें यहाँ से ज़बर्दस्ती बहिष्कृत ही कर दिया गया होता। लेकिन चूँकि वे घोषणाएँ उन्होंने एक ऐसी सभा में की थीं, जो सर्वसाधारण के लिए खुली हुई नहीं थी, लोगों को उनकी इन बातों का पता ही न चल सका। और जो सरकारी लोग वहाँ थे, उन्होंने गांधी के वक्तव्य की उपेक्षा करना ही उचित समझा। लेकिन यही बात तो दूसरी सभा के बारे में नहीं कही जा सकती, जो सब के लिए खुली हुई थी—उस सभा में 'ला जूरनाल द जनेव' और 'ला त्रिब्यून द लोजान', फ्रांसीसी भाषा के इन दो जन्मजात मिथ्यावादी स्विस अख़बारों के प्रति गांधी खड्ग-हस्त हो उठे। इनमें से एक अख़बार ने तो, गांधी ने पैरी में जो कुछ कहा था, उसकी बिलकुल उलटी व्याख्या की थी, सत्य को पूरी तरह से उसके विपरीत बना दिया था। दूसरे ने गांधी के विचारों में एक छिपा हुआ इशारा ढूँढ़ लिया था, उसने कहना चाहा कि असल में हिंसा को तो गांधी ने पहले से ही मान रखा है, सिर्फ़ कुछ दिनों तक अहिंसा के ज़रिए कोशिश पैरवी करने के बाद वे हिंसा को अपनाएँगे। दोनों ही अख़बारों ने कमर बाँधकर गांधी को एक ऐसे राष्ट्रीयतावादी का रूप देना आरम्भ किया, जो स्पष्टवादी नहीं है—यानी उन दोनों अख़बारों का कुछ ऐसा इरादा था कि चाहे जैसे भी हो, वे उनको स्विस युद्धवादियों के तथाकथित निरपेक्ष नीति के पाखंड का समर्थक बनाकर रहेंगे। गांधी ने बेशक इस अन्यायपूर्ण झूठ का स्पष्ट प्रतिवाद किया। उन्होंने कहा कि जेनेवा के पत्रों के सम्पादकों की सज्जनता पर यद्यपि वे सन्देह नहीं करते, फिर भी अख़बार के जिन संवाददाताओं ने यह विवरण दिया है, उन्हें अब विश्वासघाती कहना ही सम्पादकों का कर्तव्य है—साथ ही सम्पादकों को इस बात का भी ध्यान रखना चाहिए कि उनके पत्रों में इसका प्रतिवाद प्रकाशित हो। यह सुनकर लोजान के लोगों को बड़ी ख़ुशी हुई, बड़ी प्रसन्नता से उन्होंने तालियाँ बजाईं और साथ-ही-साथ वे दोनों संवाददाता क्रोध से काँपते हुए, सभा-भवन का दरवाज़ा खोलकर तेज़ी से बाहर निकल गए।

स्विस अख़बार अब तक गांधी के बारे में एक भद्र चतुराई की नीति बरत रहे थे, अब रातोंरात उनका मुखौटा उतार देने में कोई आश्चर्य नहीं था। वह मुखौटा जब उन्होंने उतार दिया तब भी एक संयत श्लेष का सुर उन्होंने बनाए रखा—क्योंकि

ये बातें सिर्फ़ दो-एक अख़बारों को सीधी जा चुभी थीं। दूसरे अख़बारवालों को जो कहना था, उनके लिए वे जेनेवा की सभा के अगले दिन की, बृहस्पतिवार की, प्रतीक्षा करते रहे। लेकिन उस वक़्त वे क्या कहेंगे, इसकी बात पहले से क्यों सोची जाए?

बुधवार, 9 दिसम्बर

गांधी ने जिन दर्शनार्थियों को पहले से ज़बान दे रखी थी, सबेरे का वक़्त उनके लिए ख़ाली रखा। (इस प्रसंग में यह भी कह दूँ कि रविवार की शाम को जब गांधी आए तो हमारी बातचीत और प्रार्थना ख़त्म होने के बाद, नौ बजे रात में, बारह संवाददाता उनके सामने आए—वे ऐसे प्रचंड मूर्ख थे कि कोई भी एक अच्छा प्रश्न तक नहीं पूछ सका।) लेकिन मैंने उनसे यह अनुमति ले रखी है कि फ़ोटो खिंचवाने के लिए (मंत्रों और श्लेम के एक फ़ोटोग्राफर आ रहे हैं) वे ठीक साढ़े ग्यारह बजे मेरे घर आ जाएँगे। आमतौर पर इस तरह की अनुमति वे कभी नहीं देते। उसके बाद, मैंने एक बार फिर उनसे बातचीत शुरू की।

तीसरे पहर गांधी, मीरा को साथ लेकर एक बूढ़ी किसान-महिला के यहाँ जाना चाहते थे। किसी भारतीय किसान महिला की तरह ही ये वृद्धा चरखे पर सूत कातती थीं। मीरा एक बार पहले भी उनके यहाँ गई थीं। उस समय उन दोनों ने गांधी के बारे में बातें भी की थीं। अत: एक मोटर-भ्रमण का प्रबन्ध किया गया, जिससे यह लाभ हुआ कि बाद में गांधी को लेज़ाँ भी ले जाया जा सकेगा, ताकि वे डॉ. भोतिये का अन्तरराष्ट्रीय विश्वविद्यालय स्वास्थ्यावास भी देख आ सकेंगे। (यहाँ एक छोटी-सी घटना याद आ रही है, जिससे गांधी की चारित्रिक विशिष्टता प्रकट होती है। गांधी के लौट जाने के एक सप्ताह बाद स्वास्थ्यावास के अध्यक्ष डॉ. भोतिये ने बहुत चिन्तित होकर मुझे फ़ोन किया। उन्होंने स्वास्थ्यावास का 'स्वर्णग्रन्थ' उन्हें इस इच्छा से दिया था कि गांधी उसमें कुछ लिख दें और अपने अतिथि से मैंने इस ग्रन्थ के बारे में कभी कुछ सुना ही नहीं। आख़िर मैंने किताब को ढूँढ़ निकाला। कमरे के एक कोने में परित्यक्त-सी पड़ी थी और उसमें गांधी ने कुछ लिखा भी नहीं था।) उच्च शिक्षितों से भरे स्वास्थ्यावास को देखकर गांधी कितने अभिभूत हुए, यह तो नहीं जानता, उसके बारे में उन्होंने कुछ कहा ही नहीं, सिर्फ़ उसकी सफ़ाई की चर्चा की थी। लेकिन वृद्धा किसानी के यहाँ जा सके, इससे वे ख़ुशी से झूम उठे थे। वृद्धा जहाँ सूत कातती थी, गांधी सीधे वहाँ जा पहुँचे और वृद्धा के सामने ज़मीन पर बैठ गए, बक-बक करने लगे। बगलवाले कमरे में रहती हैं वृद्धा की दो बकरियाँ और दो गाएँ। गांधी को जान पड़ा, वे भारत में ही हैं—कह

रहे थे, वहाँ भी सब कुछ ठीक ऐसा ही रहता है। वृद्धा, गांधी के इस अचानक आगमन से प्रसन्न तो बेशक थीं, लेकिन उतनी विस्मित नहीं थीं। दो अन्तरंग मित्रों की तरह वे हँसते रहे, बातें करते रहे।

लौटकर, पाँच बजते न बजते, गांधी मेरे पास आ पहुँचे। लेकिन मुझे कुछ थकावट मालूम हो रही थी और मैं यह भी स्वीकार करूँगा कि उस दिन मुझे ऐसा जान पड़ता था कि गांधी का मार्ग अनेक बातों में मुझसे इतना भिन्न है और उस मार्ग को इसी बीच उन्होंने इतनी सफ़ाई से तैयार कर लिया है कि उनसे बातचीत करने के लिए मेरे पास कुछ है ही नहीं। हम दोनों ही जानते हैं कि हम कहाँ जा रहे हैं—और गांधी का मार्ग जैसे उनके लिए, वैसे ही उनके अनुयायियों के लिए भूल-रहित मार्ग है और मैं भी चाहता हूँ कि वह वैसा ही बना रहे। मेरी उन पर श्रद्धा है, प्रेम है। लेकिन हम एक-दूसरे को क्या कह सकते हैं, सिर्फ़ उनके हाथ को अपने हाथों में ले लेने (जैसा मैंने उनके साथ पहली मुलाक़ात में किया था), अथवा उनकी आँखों से आँखें मिलाकर हँसने के सिवा? और वे भी मुँह फैलाकर हँसेंगे अपनी वह रुक-रुककर आनेवाली हँसी; जैसे पालतू और लाचार कुत्ता कभी-कभी जीभ निकालकर हाँफता है। जो भी हो, बातें तो उस शाम भी मेरे मुँह से निकली ही थीं—तब यह ज़रूर कहूँगा कि हमारी कुल पाँच बैठकों में 9 तारीख़ की बैठक में जो बातें हुईं, वे सबसे कम हृदयग्राही थीं।

बातें शुरू की मेरी बहन ने, उन्होंने गांधी से पूछा, रैमजे मैकडॉनल्ड उन्हें कैसे लगते हैं, वे क्या उन्हें सज्जन कहेंगे?

गांधी : हाँ भी और नहीं भी। वे जो कहते हैं, उसे मानते हैं, इस अर्थ में वे सज्जन हैं। लेकिन उन्हें यह भी जानना चाहिए, और वे जानते भी हैं कि उसका अर्थ होगा भारत के प्रति इंग्लैंड का दायित्व-लोप; लेकिन फिर भी वे कहते हैं कि दायित्व तो है ही—जो सच नहीं है, उसे वे इस तरह सत्य बताकर विश्वास कराना चाहते हैं। एक और तरह से मैंने उनमें हार्दिकता का अभाव देखा है। बातें करते समय वे मन नहीं खोलते विषय को टाल जाते हैं। उनके प्रति मेरी अच्छी धारणा नहीं है। लेकिन मैं उनके प्रति अन्याय भी नहीं करना चाहता, उनके सिर बहुत बड़ी ज़िम्मेदारी का बोझ है और वह ज़िम्मेदारी बड़े कठिन ढंग की है। अब वे उसे ठीक तौर से सँभाल नहीं पा रहे हैं और मैं भी उनके लिए बहुत सहज़ प्रजा नहीं हूँ। वे जानते हैं कि मैं युद्ध करने के लिए मैदान में आया हूँ और मेरी माँगें ऐसी आकाश छूनेवाली हैं कि उनके लिए मुझ तक पहुँचना मुश्किल हो रहा है। इसी से वे स्पष्टवादी नहीं हो पाते—उसे हार्दिकता का अभाव न कहकर शायद उनकी दुर्बलता कहना ही उचित होगा। उन्हें मैं बहुत दिनों से जानता हूँ, आरम्भ के उनके वक्तव्य हमारे पक्ष में ही थे—लेकिन उस समय वह उन्हें सहज जान पड़ा था, क्योंकि उस समय तो उनकी कोई ज़िम्मेदारी थी नहीं।

रोलां : गोल-मेज़ सम्मेलन में आपका अन्तिम भाषण सुनकर कुछ लोग विचलित हुए हैं। पैरी और बलगेरिया के कुछ अख़बारों ने कहा कि आपने 'कम्यूनिस्टों-जैसी धमकी' दी है। (यहाँ मैंने उन्हें एक लेख के कुछ अंश पढ़कर सुनाए)।

गांधी : वह तो मेरा अन्तिम भाषण नहीं था—रोज़गार के मामले में सब को एक नज़र से देखने के बारे में मैंने 'फ़ेडरल स्ट्रक्चर' समिति की एक बैठक में भाषण दिया था। उसे सुनकर मेरे कई मित्र भी घबरा गए थे। लेकिन मेरे नाम से इन अख़बारों ने जो कुछ लिखा, वहाँ तक तो वस्तुत: मैं भी नहीं पहुँचा था। मैंने कहा था कि व्यक्तिगत रूप से मैं जाति-वर्ग-श्रेणी में ऊँच-नीच नहीं मानता—ऊँच-नीच अगर मानना ही पड़ता है तो अन्य सामाजिक कारणों से मानता हूँ। मैं कहता हूँ कि अगर वह ग़ैरक़ानूनी न हो अथवा राष्ट्रीय स्वार्थ के विरुद्ध न पड़े तो किसी की किसी तरह की स्वार्थ-हानि की आशंका न रहेगी। राष्ट्रीय कांग्रेस जब देश की शासन-व्यवस्था सँभाल लेगी, तब यदि यह देखा जाएगा कि किसी का स्वार्थ ग़ैरक़ानूनी जान पड़ता है अथवा ग़ैरक़ानूनी न होने पर भी वह राष्ट्रीय स्वार्थ के प्रतिकूल प्रतीत होता है तो राष्ट्र उस सम्पत्ति को ज़ब्त कर लेगा। यह नीति भारतीय और यूरोपीय के भेदभाव के बिना सबके लिए आवश्यक होगी। बेशक, इतनी बड़ी क्षमता किसी कार्य-निर्वाहक समिति को न सौंपी जाएगी, केवल राष्ट्रीय सुप्रीम कोर्ट के फ़ैसले पर ही ऐसा निर्णय किया जाएगा। यदि किसी की सम्पत्ति ज़ब्त करनी होगी तो पहले सुप्रीम कोर्ट में यह साबित करना होगा कि उसका स्वार्थ राष्ट्रीय स्वार्थ के प्रतिकूल है।

इसके बाद हम लोग भारत की वर्तमान घटनाओं के बारे में बातें करते रहे। बंगाल में नया क़ानून बनाने की बात उठने पर गांधी ने कहा, "मैंने मैकडॉनल्ड से कहा कि यह मुझे प्रचंड विद्रोह के ठीक पहले के समय की याद दिला देता है।"

तब मैंने जानना चाहा कि भारत की स्थानीय शक्ति और केन्द्रीय (अर्थात लन्दन और वायसराय की) शक्ति में संघर्ष का मौक़ा है या नहीं। यहाँ तक कि ख़ास भारत में भी एक ही शक्ति के विभिन्न प्रतिनिधियों में संघर्ष होता है या नहीं—ऐसी घटना हमने जापान में देखी है, जहाँ की सामरिक पार्टियाँ तो कभी-कभी सरकार के ख़िलाफ़ भी उठ खड़ी होती हैं।

गांधी : भारत सरकार और सरकारी कर्मचारियों में मतभेद तो अक्सर होता रहता है। ख़ास करके टैक्स वसूल करनेवालों को जब कड़ाई न करने का आदेश दिया जाता है तो वे इसे किसी तरह नहीं सुनते। बेशक वैसे आदेश हमेशा दिए नहीं जाते लेकिन जब भी दिया जाता है कर्मचारी कठिन स्थिति उत्पन्न कर देते हैं। वे ऐसा प्रकट करते हैं कि अनुशासन का पालन करना उनकी रीति है (बेशक वे साधारणत: नियम-भंग नहीं करते—सिर्फ़ जब कभी वे उदार होने का आदेश पाते हैं तो उसका पालन नहीं करते)। और केन्द्रीय सरकार उनके विरोध

में नहीं जा सकती, क्योंकि इन कर्मचारियों को बर्ख़ास्त करने पर सारा ढाँचा ही बिखर जाएगा।

तब मैंने बतलाया कि यूरोप में पुलिस के गोपनीय कार्य विभाग का क्या काम है—मैंने बतलाया, लोग कहते हैं, वह कितनी तरह के गुप्त कामों में लगी रहती है।

जवाब में गांधी ने कहा, "अंग्रेज़ों का भारतीय सिविल सर्विस उससे कहीं बुरा है। वह एक साँप की तरह है जिसने अपनी एक-एक लपेट में सारे देश को घेर रखा है।"

पिछले साल मुझे भारतीय सिविल सर्विस के एक पुराने कर्मचारी का पत्र मिला था। पत्र की बात मैंने गांधी को बताई। उन अंग्रेज़ सज्जन को किसी समय सहकर्मी के रूप में अरविन्द घोष मिले थे—सिर्फ़ इतना ही नहीं, बीस वर्षों के अपने भारत-प्रवास में वे बड़े-बड़े व्यक्तियों के सम्पर्क में आए, जिनके बारे में (विवेकानन्द आदि) मैंने भारत विषयक अपनी पुस्तकों में लिखा है। लेकिन आश्चर्य की बात, भारत में रहते समय उन अंग्रेज़ ने इस दिशा में ज़रा-सा भी आग्रह नहीं प्रकट किया। अब वे कार्य-जीवन से अवकाश ले चुके हैं। उन्हें मेरी किताबें हाथ लगीं। उन्हें पढ़ते समय वे समझ सके कि कितने निकट रहकर भी वे क्या चीज़ नहीं देख सके—और यही बात उन्होंने मुझे पत्र में लिखी, भद्र और सरल हार्दिकता के साथ।

इसके बाद गांधी ने मेरे स्वास्थ्य के बारे में कुछ उपदेश दिए। मैं अपने कमरे को कृत्रिम उपायों से ज़रा ज़्यादा गरम रखता हूँ और हमेशा उस कमरे के दरवाज़े-खिड़कियाँ बन्द करके बैठा रहता हूँ, यह देखकर वे चिन्तित हुए। (कई दिन पहले मुझे मामूली इन्फ्लुएंजा हुआ था, अभी भी थोड़ा बुख़ार बना हुआ है।) उनके ख़याल से विलनवे की जलवायु मेरे लिए बहुत अहितकर है। (बेशक, यह वर्ष का सबसे बुरा समय गुज़र रहा है, वे यहाँ के प्रकाश की वह विचित्र महिमा देखे बिना ही लौट जाएँगे, जो किसी-किसी शाम को प्रकट होती है।) मुझे भारत आने को कहा, यह भरोसा भी दिलाया कि वहाँ मैं बहुत अच्छा अनुभव करूँगा। अतः मैंने उस काम की चर्चा की, जिसने मुझे यूरोप में बाँध रखा है, मैंने यूरोप में अपने कर्तव्य की बात बतलाई। अपने उस काम में आज मैं यूरोप में लगभग अकेला हूँ, साथ चलने अथवा सहायता करने वाला कोई नहीं है। क्योंकि पिछले महायुद्ध के चलते सभी फ्रांसीसियों और मेरे बीच एक भयानक ग़लतफ़हमी पैदा हो गई है।

तब गांधी ने मुझसे कहा, "तो फिर आप स्वीज़रलैंड में कहीं और चले जाइए, किसी और तरह से बचने का उपाय कीजिए—प्राकृतिक रूप से अपनी चिकित्सा कीजिए, प्रकाश और वायु का सेवन कीजिए।" गांधी ने डॉक्टरों के प्रति अपना विरोधी भाव बनाए रखा है, लेकिन 1918 के बाद मेरे ऊपर से कैसी आँधी गुज़र गई है, यह तो वे समझ भी न सकेंगे। इसी से उसे समझाने की कोशिश करके मैंने अपना और उनका समय नष्ट नहीं किया। दूसरा प्रसंग छेड़ दिया।

मैंने जानना चाहा कि सारे संसार में और यूरोप के विभिन्न देशों में, युवशक्तियों के विचार-चिन्तन में जो समताधिक्य है, उसके बारे में वे जानते हैं या नहीं। बात को मैंने उनसे ठीक तरह से कहने की कोशिश की। जैसे, जर्मन युवक आज पूरी तरह से एक आपेक्षिक राज्य में वर्तमान है—अत: वैसे देश से ही आइंस्टाइन के वक्तव्य जैसी एक चीज़ आ सकती है, इसमें आश्चर्य की कोई बात नहीं है, दूसरी ओर इन जर्मन युवकों की दृष्टि में फ्रांस का ऐसा रूप उभरता है, जहाँ राष्ट्र-नीति दृढ़तापूर्वक प्रतिष्ठित है, जिस देश की मिट्टी में संरक्षणशीलता ने सुदृढ़ आत्मविश्वास के साथ जड़ जमा रखी है। जर्मन युवशक्ति आज सब तरह के परिवर्तनों के लिए तैयार है—युद्ध और क्रान्ति से लेकर फ़ासिज़्म तक। वहाँ सब सम्भव है। फ्रांस के विरुद्ध उनमें एक भयानक विरक्ति का भाव है, फ्रांस को वे एक जड़ पिंड के समान समझते हैं, जैसे वह प्राचीन समय का तोप का एक गोला हो। यूरोप की आज जो यह तरल अवस्था है, वह कोई भी आकार ग्रहण कर सकती है। वर्तमान चीन की युवशक्ति का भी वही हाल है—वही द्रवीभूत स्थिति...आदि। गांधी चुपचाप सुनते रहे, सिर्फ़ बीच-बीच में कह उठते, "ठीक है, ठीक है।" अन्त में मैंने उनसे पूछा, "और भारत में क्या हो रहा है?"

गांधी : वहाँ भी वही हाल है, वैसी ही तरल स्थिति। लेकिन अपरिग्रह का जो आन्दोलन है, उसने युवशक्ति को मोटे तौर से एक नैतिक श्रृंखला में बाँध रखा है। बेशक, उसके कारण शायद वे अभी तक आत्मत्याग अथवा किसी अन्य वीरोचित कार्य में नहीं लग सके हैं—लेकिन वह कम-से-कम उन्हें व्यर्थ ही उछलकूद नहीं करने दे रहा।

रोलां : भारत में आप लोगों का उद्देश्य सबके सामने अत्यन्त स्पष्ट है। आप लोगों का एक सर्वसम्मत आदर्श भी है। लेकिन क्या नैतिक रूप से, क्या सांसारिक रूप से, जर्मनी अपने उद्देश्य को नहीं ढूँढ़ पा रहा—इसी कारण युवशक्ति स्कूल से निकलते ही एक शून्य के सम्मुख जा पड़ती है, वे एक बिलकुल बेकार स्थिति में हैं, जैसे नैतिकता की ओर से, वैसे ही सांसारिकता की ओर से। इसी से यूरोप का किसी महान प्रभाव की छाया में आना उपयुक्त होगा। यह दुख की बात है कि आप उस यूरोप के व्यक्तिगत सम्पर्क में नहीं आए। आप क्या जर्मनी में किसी को पहचानते हैं? आज वहाँ आत्मा की हज़ार-हज़ार शक्तियाँ बेकार होकर पड़ी हैं। लातीनी देशों में मोटे तौर से एक ढाँचा बना हुआ है, परिणामस्वरूप वह मनुष्य के मन को पकड़े रख सका है। वहाँ तो आज आपके प्रभाव की सफलता की बहुत ही कम सम्भावना जान पड़ती है।

गांधी ने अपने एक जर्मन मित्र (शिष्य?) की बात कही, जो भारत जाकर गांधी से मिलने पहुँचे थे। वे किसी जर्मन युव-आन्दोलन के एक प्रमुख नेता थे। उन्होंने कहा, जर्मन अगर उनके आश्रम में आवें तो वे आश्रम के नियम-क़ायदों

को बड़ी आसानी से मानकर चल सकते हैं, लेकिन अन्य यूरोपियनों के लिए यह बड़ा कठिन हो जाएगा। उन्होंने कहा, उनके पास समय नहीं है, नहीं तो वे जर्मनी घूम आना पसन्द करते।

जर्मनी में आज निराशा का जो भाव व्याप्त हो रहा है, उसके बारे में मैंने और बातें करनी चाहीं। देश अथवा युवशक्ति की जो माँग है, उसे साहित्य नहीं पूरा कर सकता। देश में जो लोग दुख उठाते और युद्ध करते हैं, बुद्धिजीवी लोग उनसे अलग-थलग रहते है। (मैं यह नहीं कहता कि जो दुख उठाते और युद्ध करते हैं, वे हमीं लोगों में अपना श्रेष्ठ समर्थक ढूँढ़ पाते हैं।) मैंने कहा कि एशिया के संगठन के मामले में यूरोप के विभिन्न देश जो भाग लेंगे, एशिया को उसके बारे में सावधान रहना होगा—मैंने इस बात के लिए दुख भी प्रकट किया कि भारत ने केवल इंग्लैंड के माध्यम से यूरोप को पहचाना है।

यह बात गांधी ने भी स्वीकार की। उन्होंने कहा कि इतने थोड़े समय में भी उन लोगों ने यूरोप महादेश को जितना भी देखा, उससे उनके सहयात्रियों की समझ में साफ़-साफ़ यह बात आ गई कि इंग्लैंड यूरोप से कितना भिन्न है।

छह बजते-न बजते बातचीत ख़त्म हो गई। कारण मैंने यह बतलाया था कि मैं गांधी की सायंकालीन प्रार्थना में शामिल होना चाहता हूँ। लेकिन फिर मुझे बाहर निकलकर बगीचा पार करना पड़ेगा, इस ख़याल से गांधी ने इच्छा प्रकट की कि प्रार्थना-सभा लिअनेत विला में उनके कमरे में न होकर अलगा विला में, मेरे बैठने के नीचेवाले कमरे में ही हो। अत: अपने साथ एक दल यूरोपीय तथा भारतीय शिष्यों और मित्रों को लेकर वे सात बजे फिर आ पहुँचे। सभी लोग ज़मीन पर बैठ गए (सोफ़ा पर सिर्फ़ मैं, मेरी बहन और मेरी बैठी)—गांधी किताबों की आलमारी का सहारा लेकर, अजोरेस द्वीप की मृण्मूर्तियों के नीचे, मीरा लगभग मेरे घुटनों के पास, बाक़ी लोग एक-दूसरे में गुँथे हुए, तरह-तरह के असबाबों के सहारे या उनके आसपास। रोशनी बुझा दी गई। एक मधुर गीत आरम्भ हुआ। इसके बाद गांधी लिअनेत विला में लौट गए, दूसरे लोग भी अपने-अपने रास्ते गए। मंगलवार को दो बजे मैंने जेनरल मॉरिस को इस आशय का एक तार भेजा कि गांधी तथा उनके दो सहयोगियों को एक रात के लिए अपने यहाँ ठहरा सकते हैं या नहीं? पिछले तीस घंटों से उनके उत्तर की प्रतीक्षा कर रहा हूँ—सन्देह होने लगा है कि शायद फ़ासिस्ट चौकसी के चलते अधिकारियों को मेरी बातों का पता चल गया है। अन्त में बुधवार को रात आठ बजे मॉरिस का उत्तर आया—उन्होंने कृतज्ञतापूर्वक स्वीकृति की सूचना दी है। (बाद में पता चला कि उन्होंने रोम के उच्चाधिकारियों से पूछताछ की कि गांधी का उनके यहाँ ठहरना वे लोग पसन्द करेंगे या नहीं, इसके चलते बाद में उन्हें किसी झंझट में तो न पड़ना पड़ेगा। सोफ़िया वेर्तोलिनी ने मुझे लिखा कि मॉरिस को बाक़ायदा भरोसे का जवाब मिला था।)

उसी शाम को गांधी के प्रधान सहकारी महादेव देसाई के साथ मेरी कुछ बातें हुईं—थोड़ी देर तक होने पर भी काफ़ी मधुर बातें हुईं। ये सज्जन व्यक्ति हैं, उम्र 35-40 वर्ष के बीच है, लम्बे हैं, शरीर की गठन अच्छी है, चेहरे पर बुद्धि की छाप है। मेरी बहन ने तो उनके साथ काफ़ी देर तक बातें कीं। मैं जानता हूँ कि पूरी तरह से गांधी का अनुगामी होने के लिए उन्होंने अपनी वकालत छोड़ दी और इस निश्चय के लिए बाद में कभी उन्हें कोई शिकायत नहीं हुई—गांधी के साथ रहने का उन्हें ऐसा ही आनन्द था। फिर मुझे मीरा से यह भी मालूम हुआ, और उन्होंने स्वयं भी यह कहा कि मेरी पुस्तकों अथवा विचारों ने उनको कितना प्रभावित किया है। मीरा का आश्रम में आना देसाई के लिए सौभाग्य की बात हुई, क्योंकि तब उन दोनों को आपस में मेरे बारे में बातें करने का मौक़ा मिला। मेरी पुस्तकों को मूल फ्रेंच में पढ़ने के लिए उन्होंने मीरा से फ्रेंच भी पढ़नी चाही। लेकिन गांधी को जब यह बात मालूम हुई तो उन्होंने दोनों को बुरी तरह फटकारा, कहा (और उनकी युक्ति का मैं भी क़ायल हूँ) कि यह ललित साहित्य पढ़ने का समय नहीं है—हाथ में जितना समय है, पूरी तरह से भारत के लिए ही उसका उपयोग करना होगा।

मगर इसी कारण देसाई ने फ्रेंच सीखना बन्द कर दिया हो, यह बात नहीं—क्योंकि वे मुझसे कह रहे हैं कि अंग्रेज़ी अनुवाद में मेरा वक्तव्य कहाँ कितना बदलता है, इतना समझने लायक फ्रेंच वे जानते हैं। मेरी लिखी 'ज्याँ क्रिस्तोफ़' और 'टॉल्सटॉय की जीवनी' मूल फ्रेंच में पढ़ना चाहते हैं। वे चाहते हैं कि मैं ये किताबें उन्हें दूँ। उनका ख़याल है कि भारत लौटने के कुछ ही दिनों के अन्दर वे गिरफ़्तार कर लिये जाएँगे—अत: जेल में उन्हें ये पुस्तकें पढ़ने का समय मिल सकेगा। हाव-भाव से (जैसे भारतीय अपनी भक्ति प्रकट करते हैं) और दृष्टिभंगी से कृतज्ञतापूर्वक उन्होंने मेरे प्रति श्रद्धा प्रकट की। मेरे साथ इस मुलाक़ात की आशा में ये और प्यारेलाल वर्षों से दिन गिनते रहे हैं—यह मुलाक़ात पहले दो बार होते-होते नहीं हो सकी थी। देसाई कह रहे हैं, इसी से ये सारी बातें उन्हें सपने-जैसी लग रही हैं। गांधी के साथ रहकर काम करते-करते सबकी हालत ख़राब हैं। गुरु के सो जाने के बाद भी देसाई और प्यारेलाल बहुत रात तक जागते रहते हैं। दिन-भर की बातचीत का ठीक-ठीक ब्योरा मन लगाकर तैयार करते हैं, आगे चलकर 'यंग इंडिया' में प्रकाशित करने के लिए इन सबका सम्पादन देसाई ही करते हैं।

जेनेवा की सभा बृहस्पतिवार, 10 सितम्बर को विक्टोरिया हॉल में हुई। गांधी और उनके सहकारियों के साथ मेरी बहन सबेरे ही वहाँ पहुँच गई थी, क्योंकि सभा का समय साढ़े बारह बजे निश्चित हुआ था। मीरा मेरे साथ रहीं। दोपहर में, भोजन के समय, हम लोगों ने मिलकर काफ़ी बातें कीं। (सुबह का सारा वक़्त मीरा ने कपड़े धोने में लगाया, बगीचे में उन्हें सूखने के लिए डाला, जाने के लिए सन्दूक-पेटी सजाई-सँभाली)।

मीरा मुझे हार्दिकता के साथ साबरमती आश्रम की बातें बताती रहीं। गांधी के चौगिर्द और जो लोग घिरे रहते हैं, उन्हीं की तरह उनमें भी एक छलकती श्रद्धा का भाव है। लेकिन मीरा ने कहा, कुसुम-कोमल यह मनुष्य ज़रूरत पड़ने पर वज्र-कठोर भी हो सकते हैं, ख़ासकर जिन्हें वे अपना समझते हैं, उनके प्रति तो और भी कठोर होते हैं। वे उनके हृदय को अत्यन्त प्रिय हैं, इसी से उन पर उनके दावे का भी अन्त नहीं है। वे उनको बड़ी कठोर शृंखला में रखते हैं। इसका प्रभाव केवल उनकी वाणी अथवा कर्म पर ही नहीं, उनके विचारों पर भी पड़ता है। और अगर उनके विचारों में कुछ हीनता दीख पड़ती है तो गांधी और भी निर्मम हो जाते हैं—उस हीनता की बात वे गांधी के सामने साफ़-साफ़ स्वीकार करें, इसकी भी ज़रूरत नहीं पड़ती, गांधी उनका चेहरा देखकर ही समझ जाते हैं और वे कुछ कहें, इसके पहले ही गांधी उनके हृदय से वह बात खींच निकाल लेते हैं। इसी से सब लोग उनसे डरते हैं, फिर भी वे उन्हें बेहद प्यार भी करते हैं। और जिस कठोर शृंखला में अपने आपको बाँधने के लिए वे उन्हें बाध्य करते हैं, अन्त में वह बहुत श्रद्धेय जान पड़ने लगती है। चूँकि इतनी तरह के लोग, इतने भिन्न-भिन्न परिवारों से आकर आश्रम में एकत्रित हुए हैं, अत: अनेक प्रकार की कठिनाइयाँ भी निश्चय ही सामने आती हैं। कलह और मान-अभिमान का अन्त नहीं रहता, जिसे अपनी स्वभावसिद्ध शान्त दृढ़ता के साथ केवल बापू ही शमित कर सकते हैं—फिर मेल-मिलाप करा देते हैं। बेशक, आश्रम के सभी लोग बड़े सज्जन हैं और वहाँ की साधारण आबोहवा अत्यन्त पवित्र है। गांधी के परिवार के बारे में मीरा बहुत उच्छ्‌वसित नहीं हो सकीं—चार पुत्रों में एक तो सरासर कुमार्ग-गामी है। एक दूसरा देवदास है, जो यहाँ आया है—यह लड़का मधुर स्वभाव का है, लेकिन बहुत हल्की प्रकृति का है, पिता के महान और गुरुत्वपूर्ण व्रत के बारे में उसकी कोई रुचि ही नहीं है। तीसरा लड़का अभी बहुत छोटा है, और चौथा (यह बड़ा है या मझला?) दक्षिण अफ्रीका के फ़ेनिक्स में पिता के ही आदर्श पर चलने का आन्तरिक प्रयत्न कर रहा है, लेकिन वह भी कुछ वैसा उल्लेखनीय नहीं है। गांधी की पत्नी साध्वी महिला हैं, वे आत्मत्याग स्वीकार करके पति के महान व्रत की अनुगामिनी हुई हैं, लेकिन उन्होंने कभी पति का विशेष समर्थन नहीं किया (फिर भी पिछले कुछ महीनों से ऐसा लग रहा है कि उन्होंने असहयोग आन्दोलन में सक्रिय रूप से भाग लेना आरम्भ कर दिया है, दो-तीन सभाओं में भाषण भी दिया है, जो उनके लिए कल्पनातीत बात है)। सबसे बड़ी बात, वे अन्त:पुर की गृहिणी हैं, इसी से आश्रम के विराट संघ-परिवार की आबोहवा में बहुत प्रसन्न नहीं रहतीं—क्योंकि आश्रम में सब कुछ घुला-मिला है, सब कुछ सभी के लिए है। (गांधी बेशक वहाँ दिन-रात महाराजा की तरह उपस्थित रहते हैं, लेकिन यह सब देखते फिरना वे पसन्द नहीं करते, बल्कि वे यह समझना चाहते हैं कि अकेले ही हैं। मीरा ने कई बार उनसे

पूछा है कि हमेशा की इस भीड़ में किस तरह वे एकाग्रता का समय पाते हैं। गांधी ने उत्तर दिया, एकाग्रता सीखने का यही तो श्रेष्ठ स्थान है, इन सैकड़ों लोगों के बीच ही एकाग्रता पर अधिकार करना होगा और वे पूरी तरह से ऐसा कर भी सके हैं।) इसी से गांधी की पत्नी असहाय की तरह अपने को रसोईघर में ही क़ैद रखती हैं, यह सोचकर प्रसन्न होती हैं कि कम-से-कम यहाँ उनका एकच्छत्र साम्राज्य है। आश्रम में विदेशियों का आना वे अच्छी नज़रों से नहीं देखतीं और आरम्भ में उनके चलते मीरा को काफ़ी परेशान होना पड़ा था। अपना खाना बनाने के लिए मीरा को जब उनके रसोईघर में जाना ही पड़ता था तो वे जान-बूझकर ऐसी ही तमाम चीज़ें आगे डाल देतीं, जिससे मीरा को बुरा लगे बिना न रहे—यह सब गांधी की पत्नी करती थीं, ताकि मीरा आश्रम छोड़कर भागने को लाचार हो जाएँ। अन्त में गांधी को हस्तक्षेप करना ही पड़ा! उन्होंने मीरा से कहा, "देखता हूँ, यह तो एकबारगी असह्य हो गया है। अपना भोजन तुम अपने कमरे में, दूसरे ढंग से बनाओ।" फिर भी मीरा ने गांधी की पत्नी के विरुद्ध अपने मन में कोई मैल नहीं रखा—मीरा कहती हैं, "उन पर नाराज़ होने का तो कोई उपाय ही नहीं है, क्योंकि वे बिलकुल बच्चे की तरह हैं। सुबह से शाम तक उनका मनोभाव बदलता ही रहता है, इसी से न होगा पहले सब कुछ छोड़-छाड़ देंगी, फिर जाने कौन इच्छा उन्हें धर दबाती है और उसके बाद सारा काम ख़ुद ही चलाना चाहती हैं—उसके बारे में सब को भाषण सुनाना चाहती हैं। जो मुँह में आता है, बोल देती हैं—लोग चुपचाप सुनते रहते हैं और उनका अभिमान अचानक जैसे जाग उठता है, वैसे ही अचानक ख़त्म भी हो जाता है। इस सबके बावजूद वे कम श्रद्धा की पात्री अथवा नारी के रूप में कम विचित्र नहीं हैं। और अब, जब वे मीरा का आन्तरिक और निरासक्त भाव समझ सकी हैं तो उनके साथ उन्होंने दोस्ती कर ली है। आश्रम में मीरा को सब तरह का काम करना पड़ा है, सबसे घृणित काम, यानी पाख़ाना साफ़ करने से, शुरू करके (और मीरा का कहना है कि यह कोई मामूली काम नहीं है)। गांधी हमेशा इसी काम से अपने शिष्यों की जाँच करते हैं और एक दिन प्यारेलाल को भी यह काम करना पड़ा था। मीरा के अन्दर गांधी एक आवेग-विह्वल भाव देखते हैं, इसी से उन पर कड़ी नज़र रखते हैं, उन्हें महीनों दूर-दूर, अकेली रहने को मजबूर करते हैं और एक-से-एक कठिन काम की ज़िम्मेदारी लेने को कहते हैं। मीरा को अक्सर अकेली ही भारत के विभिन्न गाँवों में, वहाँ के किसानों को सूत कातने और बुनने की अनेक प्रणालियाँ सिखाने के लिए जाना पड़ा है। अचरज की बात यह है कि यह उन्हें एक दिन के लिए भी, यहाँ तक कि एक घंटे के लिए भी, कभी ख़राब नहीं लगा, इससे उनका मन कभी उदास नहीं हुआ। एक दिन जो वह यह जान सकीं कि भारत उनका देश है, यह पहले से ही तय था। (बेशक हम लोग यह भी जानते हैं कि मीरा हमेशा इस बारे में अपने पुरखों का ज़िक्र करती हैं, ख़ासकर

उनके प्रपितामह ने रूस की एक जिप्सी स्त्री से विवाह किया था। इस अद्‌भुत जिप्सी जाति की धारणा है कि उनका आदि निवास भारतवर्ष था)।

भारतीय किसान के घर में—विशेषत: युक्त प्रान्त और बिहार में—मीरा को मानो अपना ही घर मिल गया है। उन लोगों की स्नेहपूर्ण प्रशंसा करते वह अघाती नहीं—उनकी सजन्नता आश्चर्यजनक है, उनके मन में एक असाधारण सम्मान-बोध है, मीरा को उन लोगों ने हमेशा अपनाया है, दूसरों के साथ उनके बारे में कोई भेद-विचार किए बिना उन्हें अपने ही परिवार का समझा है। और निरक्षर होने पर भी शायद उनके गीत बड़े काव्य-मधुर हैं, उन गीतों में युग-युग की प्रज्ञा संचित है। लेकिन मुसलमानों के बारे में मीरा इतनी उच्छ्‌वसित नहीं हैं—लोग चाहे जो कहें, लेकिन वे पूरी तरह से एक भिन्न जाति के हैं, यह अलगाव उनके चेहरे तक से ज़ाहिर होता है। बेशक गांधी की तरह उनके भी बहुत से मुसलमान मित्र हैं, लेकिन वहाँ की आबोहवा उतनी निश्चित, उतनी पवित्र नहीं है। मीरा फिर आश्रम के प्रसंग पर लौट आईं—उस आश्रम में सिर्फ़ मनुष्य ही नहीं रहते, सारे जंगल के निवासी भी वहाँ बे-रोक-टोक आते रहते हैं। और वे जब उसका चित्र अंकित कर रही थीं, मैं मानो कल्पना की आँखों से शकुन्तला का आश्रम देख रहा था—वहाँ किसी पशु-पक्षी अथवा कीट-पतंग को मारा नहीं जा सकता, वे निर्भय होकर जहाँ-तहाँ घूमते रहते हैं। मीरा की कोठरी से तो तरह-तरह के आकारवाली चींटियाँ हमेशा आती-जाती ही रहती हैं, वे उनके खाने में भी हिस्सा बँटाती हैं—इसके अलावा छिपकलियाँ हैं, बड़े-बड़े मकड़े हैं। साँप भी हैं, ज़्यादातर ज़हरीले, जहाँ-तहाँ घूमते-फिरते रहते हैं। जान पड़ता है, मानो मनुष्य और पशु में एक गुप्त समझौता हो गया है—पशुओं ने समझ लिया है कि मनुष्य उसका कुछ नुकसान न करेगा, इसी से वे भी मनुष्य की कोई हानि नहीं करते। फिर भी अनजाने किसी ज़हरीले साँप को कुचल देने की आशंका तो हर समय बनी ही रहती है और किसी अधीरता के क्षण में साँप भी घातक असन्तोष प्रकट कर सकते हैं। इसी से रात में चलते समय मीरा हाथ में लालटेन ले लेना नहीं भूलतीं। दरवाज़ा खोलते ही अक्सर उन्हें कोई भयंकर साँप सामने दीख पड़ा है—लेकिन उसने कभी उनका कुछ बिगाड़ा नहीं और कहा जा सकता है कि कोई दुर्घटना नहीं हो पाती। मैंने पूछा, प्रतिरोधक व्यवस्था के रूप में गांधी ने आश्रम के चिकित्सालय में साँप के ज़हर की कोई दवा रखी है या नहीं?—मीरा ने कहा, नहीं, यद्यपि वे अन्य आश्रमवासियों अथवा विदेशियों को ज़रूरत के मुताबिक उनका इस्तेमाल करने से रोकते नहीं। बेशक, वैसी हालत में उनकी व्यक्तिगत चिकित्सा-पद्धति होगी साँप-काटी जगह को थोड़ा और काट देना, चमड़े को चौकोर काटकर हटा देना और उस जगह विष-नाशक एक पदार्थ का लेप (वह देखने में ललछौंहा है, नाम मीरा को याद नहीं), उस पर थोड़ी मिट्टी का लेप और फिर पट्टी। लेकिन मीरा ने यह भी स्वीकार किया, कुछ

ख़ास जाति के साँपों (कहना व्यर्थ है, गेहुँअन जैसे) के काटने पर गांधी की यह दवा कारगर नहीं हो सकती—उन साँपों का ज़हर इतना घातक होता है कि दस मिनट के अन्दर मृत्यु निश्चित है। ऐसा तो नहीं लगा कि इसके ख़याल से मीरा को डर नहीं लगता, लेकिन गांधी के अन्य शिष्यों की तरह शायद वह भी कहती हैं, "ईश्वर की कृपा, वे ही रक्षा करेंगे। जो कुछ होता है, उसके माध्यम से उन्हीं की इच्छा पूरी होती है।"

पशु-पक्षियों के साथ जीवन-यापन के जो अन्य कई पक्ष हैं, उनकी चर्चा में हम लोगों ने ख़ासे कौतुक का अनुभव किया। उदाहरण के लिए, चिड़ियों का निर्भय यथेच्छ व्यवहार—वे हर वक़्त गांधी के (अथवा मीरा के) कन्धों पर बैठती हैं, कन्धे से उड़कर माथे पर जा बैठती हैं। चिड़ियाँ भी एक-से-एक सुन्दर हैं। मीरा सरल भाव से ये बातें कह गईं और मुझे सबसे अच्छा लगा उनका यह कहना कि जब से वे यूरोप लौट आई हैं, यहाँ के (विशेषत: बड़े-बड़े शहरों के) पशु-पक्षी-कीट-पतंगों की अनुपस्थिति से उनका मन जाने कैसा-कैसा करता रहता है; हमेशा एक तरह के ख़ालीपन का अनुभव होता रहता है। उनका ख़याल है कि किसी ज़माने में यूरोप में ऐसी महामारी की आँधी बही थी, जिसके चलते ऐसे लाखों प्राणियों का लोप हो गया, जिन्होंने किसी समय धरती को जीवन्त आनन्द से भरपूर कर रखा था। (मैं उनसे यह कहना भूल गया कि एक बार मेरे इस मकान की छत और दीवारों पर लाखों चींटियों ने डेरा डाल लिया था, घर को उन्होंने लगभग खा ही डाला था। आख़िर पिछले साल अगर घर की मरम्मत में हाथ न लगाता तो शायद माथे पर छत-धन्नियाँ आ गिरतीं। पता नहीं, इतनी तरह के अनगिनत प्राणियों की रेल-पेल में भी कैसे वहाँ के मकान ठीक बने रहते हैं!) जो हो, भारत लौटने के विचार से मीरा प्रसन्न हैं। इंग्लैंड लौट आने पर (जहाँ कुछ ही महीनों पहले उनकी माँ की मृत्यु हो चुकी थी, जो अकेली थीं और मीरा से बहुत दूर थीं) देश के प्रति उनके मन में कोई आसक्ति तो उत्पन्न हुई ही नहीं, बल्कि उन्हें बार-बार भयानक रूप से यह अनुभव होने लगा कि असल में यह स्वदेश उनके लिए कितना अधिक विदेश है। उन्हें बड़ा भय हुआ था कि शायद वे इंग्लैंड से टल न सकेंगी, शायद वहीं मृत्यु हो जाएगी। मैं फिर उन्हीं दिनों की बातों पर लौट आया कि कैसे उनसे मेरा पहला परिचय हुआ और मेरे माध्यम से उन्होंने गांधी को ढूँढ़ निकाला। उस स्मृति से मीरा के मन में मेरे लिए एक आश्चर्यजनक और गहरी कृतज्ञता है। अन्त में (जब मालूम हुआ कि गांधी लौट रहे हैं तो) मेरे कन्धे पर अपना माथा छुआकर और मेरी थोड़ी आपत्ति के बावजूद झुककर और आदरपूर्वक मेरे हाथों का चुम्बन करके उन्होंने विदा ली। (मैं जानता हूँ कि इस सम्मान का लक्ष्य मैं नहीं हूँ, मैं तो उस दैव का निमित्त मात्र हूँ, जिसने मेरे माध्यम से मीरा को उनके मार्ग पर गुरु का पता बताया)।

इधर जितनी देर हम लोग इस तरह बातें करते रहे, उधर जेनेवा में सभा हो रही थी। विक्टोरिया हॉल में लोगों का हुजूम जमा था। पहली क़तार की जगहों को जेनेवा के बड़े-बड़े सम्भ्रान्त परिवारों के दल ने (ये गांधी के विरोधी हैं), जेनेवा के पत्रकारों ने और राष्ट्र समूह की संस्थाओं ने पहले से ही घेर रखा था। बाक़ी जगहें उत्साही और समाजवादी श्रोताओं से भरी हुई थीं। दो विरोधी दल आमने-सामने थे। विरोधियों ने जी-जान से उनको फन्दे में डालने की कोशिश की, लेकिन गांधी अपनी स्वाभाविक सरलता और शान्ति को बनाए रखकर चुने-चुने प्रश्नों के उत्तर देते रहे—और उनके उत्तर इतने स्पष्ट और सुगम थे कि प्रश्नकर्ता भौचक्के होकर रह जाते थे। अत्यन्त उल्लेखनीय होने पर भी इस सभा का वृत्तान्त यहाँ बिलकुल नहीं दे रहा हूँ—सभा में मेरा जाना नहीं हो सका, रेडियो ने भी उसका प्रसारण नहीं किया, क्योंकि इस बार स्विस रेडियो ने उस भाषण को प्रसारित न करने का ही निश्चय किया था। पहले से ही सूचना दे दी गई थी कि लोजान की सभा के रेडियो प्रसारण को लेकर कुछ गड़बड़ी हो गई थी, अत: रेडियो, जेनेवा की इस सभा को प्रसारित नहीं करेगा। कहना व्यर्थ है कि यह निश्चय जेनेवा के उस अख़बार के अनुरोध से किया गया था। लेकिन स्विस का सम्भ्रान्त दल अगर यह समझता है कि इस तरह वह गांधी का ख़तरनाक मुँह बन्द कर सकेगा तो वह ग़लती पर है। यहाँ तक कि लोजान की घटना के बाद भी वे यह नहीं सोच सके कि जेनेवा की सभा में गांधी फिर अपनी शान्त स्पर्धा की वही बातें सुनाएँगे—और जिन हज़ारों आदमियों ने जेनेवा में उनकी बातें सुनीं, उन पर उनकी बातों का क्या प्रभाव पड़ेगा, यह भी उन लोगों ने नहीं सोचा। (जेनेवा में गांधी को बोलने की अनुमति देकर वे लोग निश्चय ही अफ़सोस से हाथ मल रहे होंगे)। अत: उन्होंने क्या कहा, इसकी पुनरावृत्ति की चेष्टा यहाँ न करूँगा, क्योंकि सभा का आयोजन करनेवाले 'शान्ति और स्वाधीनता कामी अन्तरराष्ट्रीय महिला संघ' ने गांधी के भाषण की बहुत सारी प्रतिलिपियाँ बँटवाने का सुविचारित निश्चय किया है। मैं भी एक प्रति का इन्तज़ाम करूँगा।

सभा के बारे में मेरी बहन ने जैसा समझा और मुझे बतलाया है, मैं सिर्फ़ वही कहता हूँ। पूँजीवाद और युद्धवाद के आज के जो दो ज्वलन्त प्रश्न हैं, गांधी ने सीधे उन्हीं दोनों के बारे में बातें शुरू कर दीं—उन्होंने यह भी कहा कि आज शस्त्र-सज्जित स्वीज़रलैंड में उसी युद्धवाद को सम्भ्रान्त समाज निरपेक्षता के नाम पर किसी तरह पवित्र बताकर चलाने की कोशिश कर रहा है। एक ओर उन्होंने कहा कि श्रमिकगण अपने अन्दर छिपी शक्ति के बारे में सचेत नहीं हैं, क्योंकि सचेत होकर अगर वे केवल एक बार उठ खड़े हों तो सारा संसार और उनका शोषण करनेवाले पूँजीवाद की सारी बुनियाद चूर-चूर हो जाए। दूसरी ओर उन्होंने कहा, सारा युद्धतंत्र और सारी सामरिक सेनाएँ निन्दनीय हैं—ख़ासकर उस देश के लिए तो वे और अधिक निन्दनीय हैं, जो अपने को निरपेक्ष के रूप में चलाना चाहता

है, दूसरे देश पर आक्रमण करने का जिसका विचार नहीं है। किसी-किसी ने ज़रा क्रोध के भाव से ही आपत्ति उठाई कि "यदि कोई विदेशी सेना स्वीज़रलैंड से होकर किसी अन्य देश पर आक्रमण करने को उद्यत हो तो क्या स्वीज़रलैंड के लिए यह उचित न होगा कि वह अपनी ही सेना से उस विदेशी सेना को रोक दे?" उत्तर में गांधी ने कहा, "अवश्य, उसको रोकना ही आपके लिए उचित होगा, लेकिन उसे रोकने की एकमात्र सच्ची पद्धति होगी, उस विदेशी सेना के सामने जनता की दीवार खड़ी कर देना—वह दीवार आप ही के असंख्य निरस्त्र स्त्री-पुरुष-शिशुओं की होगी। किसी सेना का साहस नहीं है कि वह उस सेना को लाँघ जाए। लेकिन फिर भी अगर वह सेना इस तरह का कांड एक बार कर बैठे तो फिर दूसरी बार उसे वैसा करने का साहस न होगा, क्योंकि तब सारे संसार का विवेक उसके विरोध में मस्तक तानकर खड़ा हो जाएगा—अत: आपका त्याग भी सार्थक होगा।"

बड़ी उपेक्षा से उन्होंने राष्ट्र समूह संस्था के बारे में भी कुछ कहा (ऐसे भाव से, मानो उनको पता ही न हो कि ऐसी कोई संस्था है)—उसके बदले वे सर्विस सिविल इंटरनेशनल की तरह की एक ऐसी संस्था चाहते हैं, जो सेरेजोल के आन्दोलन से भी अधिक व्यापक और अधिक सम्पूर्ण हो तथा जो सारे संसार के दुख-कष्टों पर नज़र रख सके।

उनको फन्दे में डालनेवाले जो प्रश्न थे, उनको सुनते ही सभा में कहीं-कहीं तालियाँ तो ज़रूर बजी थीं, लेकिन उनके शान्त और निश्चित उत्तरों से हर बार सभा में प्रसन्नता की लहर-सी दौड़ती रही। सभा में खुल्लमखुल्ला कोई झगड़ा न होने पर भी सम्भ्रान्त जन जब हॉल से बाहर जा रहे थे तो एक अप्रकट क्रोध से काँप रहे थे और कई लोगों को मैंने उस क्रोध के बारे में बातें करते सुना है। एक तरह से यह बड़ी प्रसन्नता की बात थी कि यह सभा गांधी के स्वीज़रलैंड छाड़ने से एक दिन पहले हुई थी। यदि वे और अधिक समय तक ठहरते तो हो सकता था कि उन्हें वहाँ से निकाल दिया जाता—और कुछ न भी होता तो किसी दूसरी सभा में बोलने की अनुमति उन्हें न मिलती। अगले दिन फ्रेंच भाषा के अख़बारों ने अंट-शंट बातें लिखीं। मँत्रो का एक अख़बार अब तक उनका (और मेरा भी) लिहाज़ करता आ रहा था, अब उसने साफ़-साफ़ लिखा कि अपने पाँच दिन के स्वीज़रलैंड भ्रमण में गांधी ने सबसे अच्छा काम यह किया कि वे स्वीज़रलैंड छोड़कर चले गए। कोई-कोई तो यह कहकर उनकी निन्दा करने लगा कि अनजाने अथवा जानकर (और क्यों नहीं?) वे स्वीज़रलैंड को निरस्त्र करके उसे नष्ट करने आए थे, ताकि उसकी असहाय जनता सहज ही कम्यूनिस्टों का शिकार बन सके। और इस झूठी बात के समर्थन के लिए तो तर्क उनके पास था ही—'वे बोलशेविक रोमां रोलां के यहाँ ठहरे थे।'

जितनी देर सभा हुई, गांधी उतनी ही देर जेनेवा में रहे। सभा समाप्त होते ही उन्होंने शहर छोड़ दिया। वे किसी से मिले-जुले नहीं। सिर्फ़ आलवेरतमा और

गुग्लिएल्मो फ़ेरेरो ने (ये जेनेवा विश्वविद्यालय में पढ़ाते हैं) जब उनसे मुलाक़ात का समय माँगा तो उन्होंने दोनों को विभिन्न समय और स्थान बता दिया—उन्होंने कहा, फ़ेरेरो उनसे रेल में, ग्लाँ और लोज़ान के बीच, मिल सकते हैं और आलवेरतमा के साथ भी ट्रेन में ही बात करेंगे, लोज़ान से मँत्रो के बीच। यह बात शायद फ़ेरेरो दम्पती को अच्छी नहीं लगी, वे लोग सम्मानित और प्रौढ़ वयस के हैं—लेकिन प्रिवा की चक्षुलज्जा के बावजूद गांधी उस ओर उदासीन रहे—जो मुँह में आया बोल गए। आख़िर निर्धारित स्थान और समय पर फ़ेरेरो दम्पती आए ही नहीं, कई दिन बाद मादाम फ़ेरेरो ने माफ़ी माँगते हुए मुझे लिखा कि उन्हें अब गांधी की स्वीकृति मिली, उसके पहले ही वे चले जा चुके थे। उधर आलवेरतमा व्यर्थ ही गांधी के लिए स्टेशन पर खड़े रहे, बाद में उन्होंने टेलीग्राम से विनयपूर्वक मुझे यह सूचना दी कि वे शाम को विलनवे आ रहे हैं, गांधी से उनके मिलने की स्वीकृति दिला दूँ। गांधी की ग़ैरहाज़िरी में, उनकी स्वीकृति लिये बिना ही, मैं तमा की बात पर राज़ी हो गया। इस सम्बन्ध में शायद यह कहना अवान्तर न होगा कि गांधी और मीरा ने मुझे क्या क़िस्सा बताया। लन्दन में जब तमा गांधी से मिलने गए तो गांधी ने उनसे पूछा, "स्वीज़रलैंड में आप रोमां रोलां के यहाँ जाते हैं न?" परेशान तमा ने कहा, "नहीं।" गांधी ने कहा, "यह तो अच्छी बात नहीं है, बिलकुल अच्छी बात नहीं है।" तमा को इस तरह लज्जित करने में उन्हें मज़ा आ रहा था, उन्होंने फिर कहा, "नहीं, नहीं, नहीं, मैं चाहता हूँ कि विलनवे में आप रोमां रोलां से मुलाक़ात करें।" (मुझे यह क़िस्सा सुनाते समय गांधी शरारत से मुस्कराते रहे। सच कहूँ तो मुझे ख़ुद यह पसन्द नहीं है कि तमा मुझसे मिलें।)

लौटते ही (यथानियम रेल के तीसरे दर्ज़े की सवारी करके), थोड़ा भी विश्राम किए बिना गांधी सीधे मेरे पास आ पहुँचे। अनन्तर पौने पाँच बजे से छह बजने के बाद तक हम लोग फिर बातें करते रहे।

उस समय मैंने उनसे कहा—लोजान में किसी प्रश्न के उत्तर में आपने जो कुछ कहा था, मैं उसी के बारे में सोच रहा था। सत्य ही ईश्वर है और इस सम्बन्ध में आपने और जो कुछ कहा-लिखा है, बचपन से ही आपकी सहजात प्रवृत्ति के साथ उसका मेल मिल गया है (सत्याग्रह अथवा अहिंसा आन्दोलन के बारे में यही बात नहीं कही जा सकती)। विवेक के बारे में मैंने भी परीक्षा की है। बचपन से ही मैंने अपने अन्दर इस बात का आविष्कार कर लिया था कि अपने प्रति सत बने रहने की आवश्यकता बहुत अधिक है, अगर मनुष्य ऐसा नहीं कर पाता तो सब नष्ट हो जाता है और उस नष्ट हुई नींव पर कुछ भी नहीं गढ़ा जा सकता। लेकिन एक सत्य है, जो अपने लिए है और एक दूसरा सत्य है, जो अन्य जनों के लिए है। मुफ़स्सिल के दम घोटनेवाले जिस छोटे-से शहर में मैं रहता था, वहाँ इस दूसरे सत्य को प्रकट करना मुझे असम्भव जान पड़ता था। चारों ओर के

अंकुश मानो गला टीपे दे रहे थे—परिवार का अंकुश, गिरजे का अंकुश, स्कूल का अंकुश, समाज का अंकुश। तब मेरी उम्र थोड़ी थी, शरीर भी दुर्बल था, इसी से बड़ा कष्ट होता था, लेकिन चूँकि और लोग उन्हें मानते थे, इसलिए मैं सोचता कि शायद मान लेना ही उचित है। धर्म के मामले में जिन दैवी घटनाओं की बात मुझे सीखनी पड़ती थी, उन पर विश्वास न कर सकने से मुझे कष्ट होता था। मैं देखता कि दूसरे विश्वास कर रहे हैं और वे झूठ बोलते हैं या अपने आपको धोखा दे रहे हैं, यह भी कल्पनातीत था। जब मेरी उम्र 14-15 साल की थी, पैरी में रहता था, मेरी हालत और ख़राब हो गई। उस समय मुझे प्रत्येक क्षण युद्ध करना पड़ता था—अपने जीवन से, परीक्षा से, स्कूल से। नितान्त बुद्धिग्राह्य विषयों में भी अपना सच्चा अभिमत प्रकट करना जाने कितनी बार असाध्य जान पड़ा। जैसे कि उच्च शिक्षा के क्रम में विश्वविद्यालय में उस समय एक प्रकार का नीतिगत तौर-तरीका चालू था, जिसे परीक्षा के समय मानने का दिखावा करना ही पड़ता था। दर्शनशास्त्र मुझे अच्छा लगता था, इच्छा थी कि मैं उसी का अध्ययन करूँगा, लेकिन बड़ा होकर जब मैंने सर्वोच्च शिक्षण-संस्था में प्रवेश किया तो मुझे उस इच्छा का त्याग करना पड़ा, क्योंकि मैंने देखा कि वहाँ मैं जो कुछ रचना आदि लिखूँगा, मुझे झूठ बोलना पड़ेगा, जो मेरे लिए सम्भव नहीं था। अन्त में जब मैं स्वाधीन होने लगा (जिस स्वाधीनता को मैं बहुत दुख भोगने के बाद अर्जित कर सका, दसेक वर्ष तक लगभग पूरी तरह से अकेला रहकर), मुझे एक और विपत्ति का सामना करना पड़ा, वह विपत्ति पहले की विपत्तियों से भी अधिक प्रचंड थी। मैंने देखा कि जो सत्य मुझे अपने निकट इतना अच्छा और आवश्यक जान पड़ता है, वही अनगिनत लोगों के लिए कितना हानिकर हो सकता है। और वही मेरी सबसे बड़ी मुश्किल हुई। बाद में देखा, टॉल्सटॉय के बारे में भी ऐसी ही बात हुई। जीवन-भर वे सत्य और प्रेम के दुतरफ़ा खिंचाव में पड़कर कष्ट पाते रहे—वे किसी तरह न जान सके कि उनसे कैसे अपने को अलग कर लें। अपनी भावप्रवणता में पड़कर, बीच राह में वे सत्य से छल करने को बाध्य हुए (विशेषत: अपने व्यक्तिगत जीवन में)। मेरी समस्या शिल्पी-जन-सुलभ समस्या थी—जिसे मैं सत्य समझता हूँ, कैसे उसे उन अन्य व्यक्तियों के सम्मुख सम्पूर्ण रूप से प्रकट कर सकूँगा, जो अपनी दुर्बलता के कारण, वीरों की तरह, उस सत्य को ग्रहण करने के लिए तैयार नहीं है और जो सत्य उन्हें आघात देता है, उन्हें पागल बना देता है? पुराने लोग बेशक इस समस्या से मुक्ति का उपाय जानते थे—उन्होंने वस्तुत: दीक्षित लोगों की एक अलग श्रेणी बना दी थी, एकमात्र वे दीक्षित जन ही सम्पूर्ण सत्य के आधार थे। लेकिन आज की गणतांत्रिक समाज-व्यवस्था में इस प्रकार का श्रेणी-विभाजन सम्भव नहीं है। अपने सत्य को मैंने कभी धोखा नहीं दिया—लेकिन वह सत्य संकटजनक भी हो सकता है, मेरी यह आशंका भी तब अंशत: कम हो गई, जब मुझे इस बात का पता

लगा कि जिसे हम अप्रिय सत्य कहते हैं, उसे या तो लोग समझते नहीं, या सुनते नहीं, यानी अलग-अलग लोग उसे अपनी मर्ज़ी के मुताबिक बना लेते हैं। लेकिन इस जानकारी से मैं प्रसन्न नहीं हुआ, क्योंकि जो वह अप्रिय सत्य बोलता है या सुनता है (यानी नहीं सुन रहा), दोनों ही के द्वारा सत्य को धोखा दिया जा रहा है, और यह बात आनन्दजनक नहीं है। अगर ऐसा भी हो कि सत्य ही ईश्वर है, तब भी मुझे लगता है कि सत्य का एक दूसरा बड़ा गुण बाक़ी रह जाता है—वह है आनन्द। और इस बात पर मैं थोड़ा ज़ोर दूँगा ही, क्योंकि आनन्दहीन किसी ईश्वर की कल्पना मैं नहीं कर सकता। चूँकि मैंने वीतोफ़ेन के दुखवाले पक्ष को सुन्दर बनाकर दिखलाया है, अत: लोगों ने मुझे दुख का सन्देश-प्रचारक मशहूर कर दिया है—और ऐसा करके उन्होंने मेरे विचारों को भी नहीं समझा और वीताफ़ेन को भी नहीं। दुख तो केवल एक मार्ग मात्र है, वह कभी लक्ष्य नहीं बन सकता—और वह मार्ग ऐसा है, जो लोगों के कन्धों पर जा चढ़ता है, उसे ढूँढ़ना नहीं पड़ता। सत्य मुझमें जो आनन्द-बोध नहीं जगा सका उसे मैंने सौन्दर्य में पाया है। और यही टॉल्सटॉय से मेरा विरोध है—इस स्वस्थ सौन्दर्य को मैं बहुत ज़रूरी मानता हूँ। सच्ची कला और स्वस्थ सौन्दर्य का सम्पर्क मैं देखता हूँ। सामंजस्य स्थापित करना ही सभी बड़ी कलाओं का लक्ष्य है : उससे शान्ति मिलती है, स्वास्थ्य मिलता है, मन को भार-साम्य मिलता है। इन सबकी अनुभूति वह जैसे इन्द्रियों के माध्यम से, वैसे ही मन के माध्यम से देता है। इन्द्रिय और मन, दोनों ही को आनन्द का अधिकार है। सौन्दर्य अनेक रूपों में प्रकट होता है—वह एक सुन्दर रेखा हो सकती है, श्रुतिमधुर शब्द, रंग, जाने कितना क्या-कुछ हो सकता है। सब कुछ के भीतर, गहराई में जो छिपा रहता है, वह है सामंजस्य-बोध, जिसकी सत्ता नैतिक है। आत्मा का जितना दुख है, वह उससे होकर एक बार निकल सके तो अद्‌भुत सुन्दर रूप धारण करता है। कला लाखों-लाख आदमियों का खाद्य है। ख़ासकर कुछ तरह की अनुभूतिशीलताएँ इतनी अधिक हैं कि (प्रकृति अथवा कला के) सौन्दर्य के बिना वे अपने आपको बहुत रिक्त समझने लगती हैं। वे सभी मार्ग अच्छे हैं, जो शान्ति और सामंजस्य के लक्ष्य की ओर जाते हैं। उनमें से किसी की ज़बान बन्द करना उचित नहीं है। बेशक, अगर इतनी अलग-अलग राहें एक साथ मिल सकें तब तो कोई बात ही नहीं, वह तो सबसे अच्छा होगा—और इतिहास में बार-बार ऐसा ही होता देखता हूँ, देशों के महान मुहूर्तों में सारी शक्ति किस तरह एक मुहाने पर आ मिलती है : धर्मग्रन्थ, कला की किताबें, विज्ञान की पुस्तकें, स्वप्नों के ग्रन्थ, सब, तमाम देशों की पहुँच में आ जाते हैं।

(यह चर्चा चलाने के मेरे दो उद्‌देश्य थे—एक ओर तो मैं उस विचार पर आक्रमण करना चाहता था, जो कहता है कि सब प्रकार की पीड़ाएँ ईश्वर को प्रिय हैं और जिस विचार को गांधी के नाम से प्रचारित किया जा रहा था, दूसरी ओर मैं

प्रेम और सौन्दर्य को उसके सच्चे अधिकार दिलाना चाहता था। मुझे ऐसा लगता है कि अधिकार हमेशा उन्हें दिया नहीं जाता। मैंने गांधी से यह भी कहना चाहा था कि स्वस्थ मनुष्य सब जगह इस सौन्दर्य के पक्ष में है।)

गांधी ने उत्तर दिया : सत्य की संज्ञा को मैं विश्वजनीन मानता हूँ। सत्य के अनेक रूप हो सकते हैं। सत्य के साथ जिस कला का सम्बन्ध नहीं है, वह कला ही नहीं है। कला को मैं सत्य से अलग करके न देखूगा—"कला, कला के लिए" मैं इस कथन का विरोधी हूँ। मेरा विश्वास है कला के सत्य को आधार लेना ही होगा। जो बात कला के नाम पर, सत्य के नाम पर असत्य का प्रचार करती है, वह चाहे जितनी मुख-रोचक हो, मैं उसका विरोध करूँगा। मेरा मत है कि कला आनन्द देगी और भली भी होगी, लेकिन उसी शर्त पर, जिसकी बात मैं पहले कह चुका हूँ। जब मैं कला में सत्य की बात कहता हूँ तो उसका यह अभिप्राय नहीं होता कि वह सत्य बाह्य पदार्थों का अविकल प्रतिबिम्ब होगा। जीवन्त पदार्थ ही चित्त को जीवन्त आनन्द दे सकता है। उसे चित्त को ऊँचा भी उठाना होगा। वह जो रस-सृष्टि न कर सकेगा, उसकी हमें ज़रूरत नहीं है। सत्य यदि आनन्द न दे सके तो समझना होगा, वह सत्य आपके अन्दर की वस्तु नहीं है।

बाद में उन्होंने एक हिन्दू धर्म-संगीत की बात बतलाई, जो सबेरे गाया जाता है। उन्होंने 'सच्चिदानन्द' इस गुह्य मंत्र की बात भी बतलाई। सत का अर्थ है सत्य, चित का अर्थ जीवन्त और वास्तविक ज्ञान (स्वच्छ दृष्टि-सम्पन्न शून्य ज्ञान नहीं) और आनन्द का अनिर्वचनीय प्रसन्नता। इस धारणा के अनुसार सत्य और आनन्द अविच्छिन्न है। "फिर भी सत्य के अनुसन्धान में पीड़ा स्वीकार करनी चाहिए—जानना चाहिए कि कितनी हताशा के बीच से गुज़रना होगा, कितनी क्लांति, कितने दुख-कष्टों के बीच से गुज़रना होगा। लेकिन सब होने के बावजूद उससे आनन्द तो आप पाते ही हैं। हमारे पुराणों में रिषानन्द (?) की कथा मिलती है, जिनमें सत्य मूर्त हुआ था—उनका यंत्रणामय जीवन वस्तुतः शाश्वत आनन्द का जीवन था।"

उन्होंने एक फ़ारसी उपाख्यान की बात भी कही, जिसमें प्रेमपात्री शीरीं सत्य की प्रतिनिधि है। उस तक पहुँचने के लिए उसके प्रेमी को एक पूरा पहाड़ काटने में लगना पड़ा—लेकिन चूँकि प्रेमी का हथियार ज़्यादा काम का नहीं था, अतः उसको इस काम में बरस के बाद बरस बिताने पड़े। लेकिन इसके लिए उसे कोई शिकायत नहीं थी, उसे अपने प्रयास में ही आनन्द था। वह जानता था कि अन्ततः वह शीरीं तक पहुँचकर रहेगा।

रोलां : यह मैं समझता हूँ, मानता भी हूँ। लेकिन मैं आपसे सिर्फ़ सत्यान्वेषकों की कठिनाइयों की बात ही नहीं कह रहा था—मैं एक और तरह की यंत्रणा की बात सोच रहा था, दायित्व-बोध की यंत्रणा की बात। जो विचारक अपने लिए सत्य से भयभीत नहीं होते, हो सकता है कि वह सत्य दूसरे को भयभीत कर सके,

यह सोचकर उन्हें शंकित होना ही पड़ता है। कोपर्निकस से लेकर अनेक विचारक योद्धाओं ने जो बड़े-बड़े वैज्ञानिक आविष्कार किए हैं, उन्होंने कितने लाख लोगों को झकझोरा है, इसका कोई ठिकाना नहीं है। सत्य सदा ही आगे बढ़ता जा रहा है, सबके लिए उसके पीछे चलना सम्भव नहीं है—उसके पीछे दौड़ते हुए कितने लोगों का दम फूल जाता है, उन्हें बहुत तरह के मानसिक कष्ट होते हैं। अधिकांश लोगों के लिए सत्य के इस परिवर्तनशील रूप को ग्रहण करना बड़ा कठिन होता है। मैं अपनी नहीं, उन्हीं लोगों की यंत्रणा की बात कह रहा था।

गांधी : फिर भी वहाँ भी एक गोपन आनन्द तो मिलता ही है, क्योंकि उसकी ज़रूरत जो है। जो लोग ऐसी यंत्रणाओं से होकर गुज़रे हैं, उन तमाम लेखकों (कालिदास?) को कहते सुनता हूँ कि सत्यान्वेषकों का हृदय एक ही साथ कुसुम-कोमल और वज्र-कठोर होता है।

तब मैंने उन्हें गेटे के दो उद्धरण पढ़कर सुनाए, जो उनके मत से मेल खाएँगे : “उपकारी मिथ्या की अपेक्षा मैं हानिकर सत्य को पसन्द करूँगा। सत्य जिस यंत्रणा को जन्म देता है, उसका शमन भी करता है” (काव्य-संग्रह)। “हानिकर जान पड़ने पर भी सत्य अन्त में लाभदायक होता है, क्योंकि वह जो हानि करता है, वह केवल सामयिक होती है और वह सत्य अन्य सत्यों की राह दिखलाता है, जो हमेशा और क्रमश: लाभदायक होने को बाध्य होते हैं।” (मादाम द स्टाइन को लिखित, 1787)। पुन: गेटे का ही उद्धरण : “नीतिगत समस्त विधि-विधान एक ही वस्तु से जा मिलाते हैं और वह है सत्य।” (वी. मूलर को लिखित, 1819)।

गांधी सिर हिलाते-हिलाते सुनते रहे, चेहरे पर ख़ासा सन्तोष का भाव था।

रोलां : मैं भी उनसे सहमत हूँ—मैं सिर्फ़ यही कह रहा था कि बात ज़रा मुश्किल लगती है।

गांधी : मुश्किल है, इसी से तो उसमें आनन्द मिलता है।

(मीरा और देसाई हँसते रहे, कहना चाहते थे कि 'बापू' इस तरह आनन्द पाना चाहते हैं। गांधी भी हँसे और कहने लगे कि अपने बारे में वे दूसरों का मत मान लेते हैं—अर्थात एक ही साथ वे भेड़ की तरह कोमल हो सकते हैं—भारतीय रीति से गाय की तरह—वैसे ही बाघ की तरह कठोर भी हो सकते हैं।)

रोलां : हमेशा ही अनेक व्यक्तियों को आत्मबलि देनी पड़ती है। मैं नेता पर आक्षेप नहीं कर रहा, आक्षेप कर रहा हूँ उन दुर्बलों पर, जो उनका अनुसरण करते हैं।

इसके बाद हम लोग इस विषय पर बातें करने लगे कि सत्य के साथ कला का क्या सम्बन्ध है और कला में सत्य के कितने बहुमुखी प्रतिफलन हो सकते हैं। मैंने कहा, कला को जनसाधारण के दरवाज़े पर पहुँचना चाहिए। मैं फिर गिरजा के प्रसंग पर लौटा। मैंने कहा, उस युग का यूरोप भारतीय विचारों के बहुत निकट था। इसे गांधी ने भी स्वीकार किया। मैंने कहा, “इस समय तो वैज्ञानिक ही सत्य को

सबसे अच्छी तरह प्रकाशित कर रहे हैं आज के महान कवि वे ही हैं।" मैंने ज्योतिष शास्त्र के आधुनिक आविष्कारों की चर्चा की है। मैंने बतलाया कि उन आविष्कारों की कृपा से हम लोगों ने पृथ्वी का आवरण भेदकर जाने कितने विश्व-ब्रह्मांडों का दर्शन किया है, जो छायापथ के उस पार, शून्य में, वर्तमान हैं।

पचास साल पहले, अपने यौवन-काल में, मैंने जड़वाद को, अपनी विजय को विज्ञान की विजय के साथ मिलाते देखा था। आज देखता हूँ कि उसी विज्ञान ने जड़ में शक्ति का आविष्कार करके उसे एक अध्यात्म-रीति के अन्तर्गत ला दिया है। इतने उत्थान-पतन के बावजूद हम एक महान युग में आ रहे हैं। शरीर को स्वस्थ और मन को दृढ़ रखकर इस युग में जो रह सकेगा, वही सुखी है।

गांधी ने हामी भरी। उनकी आँखें चमक उठीं। विज्ञान की इस महत्ता का एक दूसरा रुख़ भी है, पागल कर देनेवाले कितने ही घातक हथियार हैं, मृत्यु की कितनी मशीनें, दम घोंटनेवाली गैसें वग़ैरह, उनके बारे में भी बातें हुईं।

गांधी : (विश्वासपूर्वक) ये सब ख़ुद ही अपनी हत्या कर लेंगे। यदि ऐसी लड़ाई शुरू ही हुई, प्रतिरोधहीन ऐसा ध्वंस हो ही गया तो इतनी बड़ी भूल का सामना करके मनुष्य ख़ुद ही पीछे लौटना शुरू करेगा। मनुष्य का यह स्वभाव नहीं है कि वह केवल शून्य में युद्ध करता चला जाएगा अथवा बिलकुल प्रतिरोध किए बिना ही आगे बढ़ेगा। यदि कोई देश वीर की तरह हिंसा को सह लेने के लिए तैयार हो जाए, हिंसा से हिंसा का उत्तर न दे तो वह अपने विरोधी को एक बहुत बड़ी शिक्षा दे सकेगा—लेकिन इसके लिए एक ऐसा विश्वास होना चाहिए, जो सम्पूर्ण रूप से अडिग हो।

रोलां : अच्छाई हो या बुराई, किसी को भी अधूरा रखना उचित नहीं है।

गांधी ने उस विश्वास की चर्चा की, जो क्रिस्टोफ़र कोलम्बस में था। अगर कोलम्बस में वह विश्वास न होता तो वह अमेरिका का आविष्कार न कर सकते।

एक घंटे बाद अलगाविला के नीचे बैठक में शाम की प्रार्थना सभा बैठी। हम लोगों के साथ रहते हुए यही उनकी अन्तिम प्रार्थना थी। अँधेरे में गाना-वाना होने के बाद गांधी ने वहाँ एकत्रित सब लोगों को बतलाया कि उन्हीं के अनुरोध से मैं वीतोफ़ेन के संगीत का एक अंश बजाने के लिए ऊपर जा रहा हूँ लेकिन ऊपर का कमरा छोटा है, इसलिए सिर्फ़ वे (और मीरा तथा तेरी बहन भी) मेरे साथ जाएँगे, और लोग नीचे ही बैठे रहेंगे। ऐसा ही किया गया। मैंने पाँचवीं सिम्फ़नी का आन्दान्ते अंश बजाया—गांधी ने ख़ास तौर से चाहा था कि मैं जो बजाऊँ, वह वीतोफ़ेन का ही हो, क्योंकि वे जानते थे कि मीरा और मेरे बीच परिचय का सूत्र वीतोफ़ेन ही है और इसी कारण एक अर्थ में मीरा के साथ उनका परिचय भी वीतोफ़ेन के जरिए ही प्यारेलाल—वीतोफ़ेन के गहरे प्रेमी जान पड़े (यद्यपि उन लोगों ने पहले वीतोफ़ेन का संगीत सिर्फ़ ग्रामोफ़ोन पर ही सुना था, बेशक मेरी पुस्तकों में भी वीतोफ़ेन के बारे

में पढ़ा था)। बजाना ख़त्म हो जाने पर मैं गांधी के पास सोफ़े पर जा बैठा, उसके बाद थोड़े शब्दों में मैंने उन्हें चित्त के सन्धान और विजय का वह वक्तव्य समझाने की कोशिश की, जिसके बारे में पहले मैं किताब से पढ़कर उन्हें सुना चुका था। मीरा बहुत अभिभूत थीं, क्योंकि यूरोप छोड़ने के बाद से उन्हें वीतोफ़ेन को सुनने का ऐसा अवसर नहीं मिला था। (गांधी से जब हम लोगों ने उनकी राय पूछी तो वे ज़रा हँसे—एक ही साथ शरारत-भरी और स्पष्टवादी की हँसी, फिर बोले, "आप सभी जब अच्छा कह रहे हैं तो निश्चय ही अच्छा है।")

बाद में गांधी के अनुरोध से फिर मैं पियानो के पास जा बैठा, 'अर्फ़ेउस' ऑपेरा से भूगर्भ के नन्दन कानन वाला दृश्य बजाया—ऑर्केस्ट्रा का प्रथम भाग और बाँसुरी का अंश। मूल स्वर को फिर से बजा सकूँ, इसका मौक़ा ही नहीं मिला। प्रिवा ठीक समय पर गांधी को अंग्रेज़ी कॉलेज (चिलन) में ले जाने के लिए आ पहुँचे—वहाँ आध घंटे का भाषण देने के लिए गांधी तैयार हो गए हैं। सीढ़ी से ऊपर आते समय प्रिवा ने नीचे आलवेर तमा को देखा, लिहाज़ा वे उन्हें भी ऊपर लेते आए। गांधी जब आधे घंटे के बाद वापस आए (अंग्रेज़ छात्रों के साथ उनकी चर्चा ख़ासी अच्छी रही, वे बुद्धिमानों की तरह उनसे एक के बाद एक प्रश्न पूछते रहे), तो विलनवे बालिका विद्यालय की कुछ छात्राएँ उन्हें सहगान सुनाने आईं (रात को नौ बजे)—लिअनेत विला की खिड़की के नीचे वे क़तार बाँधकर खड़ी हो गईं। उन लोगों ने गांधी को स्विस चरवाहों का गीत सुनाया और हमारे मुग्ध भारतीयों को ऐसा जान पड़ा, मानो वे गायिकाएँ भी चरवाहों की कन्याएँ हैं। (हम लोगों ने उनका भ्रम नहीं तोड़ा, गायिकाओं को भी नहीं बतलाया कि उन्होंने उन लोगों को क्या समझा—वे तो जानतीं नहीं कि भारत में कृष्ण को चरवाहे के रूप में माना जाता है।)

जो भी हो, उस दिन प्यारेलाल के साथ मेरी बहुत बातें हुईं। इस एकाग्र युवक को बाहर से देखने पर यह नहीं जाना जा सकता कि भीतर वह दुख से धड़कता कैसा हृदय ढोए चल रहा है। (उदास भाव से उन्होंने ख़ुद ही कहा, "मैं लोगों को आकर्षित करना नहीं जानता, बल्कि अपने से दूर ठेल देता हूँ," ये आसानी से मुँह भी नहीं खोलते।) लेकिन विलनवे से जेनेवा जाने के समय, रेल के डब्बे में, मेरी बहन इनके साथ अकेली पड़ गई और मेरी बहन की उपस्थिति ने इस युवक के मन में इतना साहस जुटा दिया कि वे कृतज्ञतापूर्वक अपनी सारी जीवन-गाथा उसे सुना गए। इस समय भी वैसी ही बात हुई, जी खोलकर हम लोगों से सब कुछ कहने लगे। शैशव से उनके एक चाचा ने स्नेहपूर्वक उनका लालन-पालन किया—लेकिन भविष्य की सारी चिन्ताओं और नौकरी-चाकरी के तमाम संयोगों को त्याग करके उन्होंने गांधी का अनुसरण किया तो उन चाचा का हृदय टूट गया—मगर प्यारेलाल भी क्या करते, उन्होंने भी तो शरीर और मन से अपने को गांधी के मार्ग पर उत्सर्ग कर दिया था। (सुनने में आया कि बहुत बरसों के विछोह के बाद आख़िर चाचा

उन्हें समझ सके।) प्यारेलाल ने मुझसे यह भी कहा (मेरी बहन अनुवाद करती जा रही थीं) कि उन पर मेरी रचनाओं का क्या प्रभाव पड़ा था। सबसे पहले मेरी पुस्तक 'टॉलस्टॉय का जीवन' (जिसकी कुछ बातों ने उन्हें इच्छित मार्ग का निश्चित सन्धान दिया था) पढ़ते-पढ़ते मानो उनकी आँखों में प्रकाश की वर्षा होने लगी। उसके बाद उन्होंने 'जाँ क्रिस्तोफ़' और फिर 'वीतोफ़ेन' पढ़ा। गांधी के ये तरुण शिष्य कला के कितने अनुरागी हैं, यह देखकर मुझे आश्चर्य हुआ, इसी से तो आज इन लोगों ने कला के आस्वादन का सारा लोभ इस तरह त्याग दिया है, इन लोगों का यह त्याग भी उतना ही सुन्दर लगता है। लेकिन कला के प्रति उनके अनुराग की आग आज भी वैसी ही जल रही है। मेरे अनुरोध से मीरा ने मेरी आलमारी से कई किताबें निकाली हैं, जिन्हें मैं इन तरुणों को उपहार में देना चाहता हूँ—प्यारेलाल के लिए अपने 'गेते और वीतोफ़ेन' का अंग्रेज़ी अनुवाद और देवदास के लिए 'टॉलस्टॉय का जीवन' का अंग्रेज़ी अनुवाद। मीरा को दे रहा हूँ अपना 'वीतोफ़ेन : सृजन समृद्ध युग' का बड़ा फ्रेंच संस्करण। ताकाता को (जो प्यारेलाल के साथ मेरी बातचीत के दरम्यान मौजूद थे) 'गेते और वीतोफ़ेन' का नया फ्रेंच संस्करण दे रहा हूँ।

शुक्रवार 11 दिसम्बर इन लोगों के जाने का दिन है। सबेरे-सबेरे यानी नौ बजे के बाद ही गांधी मेरे पास आ गए—अनेक विषयों पर, अन्तिम बार हम लोगों की एक और गहरी तथा स्नेहपूर्ण बातचीत हुई।

पहले ही इटली की बात निकली। गांधी ने स्कार्पा को इस आशय का तार दिया है कि वे सांस्कृतिक संस्था में इसी शर्त पर भाषण देना स्वीकार करेंगे कि चाहे जिस विषय पर, चाहे जो भी वे बोलना चाहेंगे, उसकी उन्हें स्वाधीनता होगी। दूसरी ओर, कुछ ही घंटों बाद जेन्तिले (जो सभा की अध्यक्षता करने वाले थे) का टेलीग्राम आ पहुँचा—उन्होंने क्षमा-याचनापूर्वक सूचित किया है कि जिन दो दिनों तक गांधी ने रोम में रहने का निश्चय किया है, दुर्भाग्यवश उन्हीं दो दिनों के लिए उन्हें बाहर जाना पड़ रहा है। मतलब यह कि उन लोगों ने समझ लिया है कि गांधी को फ़ासिज़्म के लक्ष्य-साधन के काम में लगाना मुश्किल होगा, उनका वक्तव्य उन लोगों के लिए लाभदायक न होकर हानिकर ही हो सकता है।

अन्त में मैंने गांधी को बतलाया कि फ़ासिज़्म ने बड़े-बड़े विश्वविद्यालयों के अध्यापकों तक को अपना ताबेदार बनाया है और किस तरह उनमें से बारह अत्यन्त प्रतिष्ठित वैज्ञानिकों ने लिखित रूप से वह अधीनता स्वीकार करने से इनकार किया है। मैंने वैटिकन की बात भी कही, जिसने ईसाई धर्मगुरुओं के योग्य कुछ शर्तों के साथ वह अधीनता स्वीकार कर ली है।

इसके बाद मेरी बहन ने ऑक्सफ़ोर्ड के बारे में बातें कीं—वे इस जगह को अच्छी तरह जानती हैं, पसन्द भी करती हैं। गांधी ने भी अपने ऑक्सफ़ोर्ड भ्रमण के बारे में दो-चार धारणाओं की बात कही। वहाँ के 'भद्र युवकगण' संरक्षणशील

और उदार चित्तवाले हैं, गांधी के संग्राम के लिए वे सहायक होंगे। गांधी कहते हैं, ऑक्सफ़ोर्ड विश्वविद्यालय का यह सौन्दर्य, वहाँ की अद्‌भुत भवन-अट्टालिकाएँ और प्रचुर शिल्प-संग्रह—ये सब उन्हें फीके लगते हैं, जब उन्हें स्मरण आता है कि सारी दुनिया का शोषण करके ही वहाँ इतना ऐश्वर्य-सम्भार शोभित हो रहा है।

लंकाशायर में तन्तु-शिल्पियों के साथ भेंट करके गांधी को बड़ी प्रसन्नता हुई है। वे उन्हें बहुत बुद्धिमान जान पड़े हैं। "वे एक अद्‌भुत निरासक्त भाव से बातें करते हैं। चूँकि मेरी असहयोग नीति उनके ध्वंस का कारण है, अत: वे मुझे अपना शत्रु समझ सकते थे। लेकिन मैंने उनको समझाया कि उनके ध्वंस का असली कारण भारत की बहिष्कार-नीति नहीं है, उसके मूल में संसार व्यापी अन्य कारण हैं। अपनी बातें ख़त्म करके लौटते समय हमने मित्रों की तरह एक-दूसरे से विदा ली। अधिकारियों ने भी बहुत अच्छा व्यवहार किया—सब जगह ख़ासी मित्रता का भाव था।"

"लन्दन में मिस लेस्टर ने मुझे कुछ बस्तियाँ दिखलाईं, जहाँ ग़रीब लोग रहते हैं। लेकिन वे ग़रीब तो मुझे ख़ासे धनी जान पड़े—किसी-किसी के सरो-सामान का दाम पचास पाउंड (!!) है, किसी-किसी के घर में पियानो तक है।" (ब्रिटेन के लिए मिस लेस्टर का प्रेम बड़ा उत्कट है, इसी से सन्देह होता है कि उन्होंने जान-बूझकर वास्तविक दरिद्रता का रूप गांधी को नहीं दिखलाया। इसी तरह शिकागो में एक बार शान्ति-स्वाधीनता चाहनेवाले नारी संघ के अमेरिकनों ने जान-बूझकर संघ की विदेशी सदस्याओं को विस्थापित इलाक़े नहीं दिखलाए थे—सिर्फ़ इतना ही नहीं, मादाम जूव और मादाम द्यूशेन वग़ैरह कई विदेशी सदस्याएँ जब छिपकर ख़ुद ही उन इलाक़ों की तलाश में निकलीं तो इससे अमेरिकन सदस्याओं ने बाक़ायदे आहत होने का भाव प्रकट किया।)

इस बस्ती के विवरण ने मुझे थोड़ा चकित किया (यद्यपि मैं उसकी चर्चा नहीं करना चाहता), लेकिन उसके साथ तुलना करके मैंने पैरी के वास्तविक दुख-दारिद्र्य का चित्र प्रस्तुत किया। इस प्रसंग में मैंने एक दातव्य संस्था का ज़िक्र किया, जो उन परिवारों की सहायता में लगा था, जहाँ बच्चों की संख्या अधिक थी। इस सम्बन्ध में मैंने कई भयानक सत्यों का दृष्टान्त दिया। कई साल पहले एक प्रोटेस्टेंट छात्र लगभग छ: महीनों तक अकुशल श्रमिकों के साथ रहा था, मैंने उसकी जाँच-पड़ताल के नतीजे भी बताए। मैंने उन्हें यह दिखलाया कि दरिद्रता का निम्नतम स्तर यहाँ भी कितना निम्न है—मुझे तो नहीं लगता कि भारत की हालत इससे भी बुरी हो सकती है।

गांधी ने कहा : वेल्स देश में भी श्रमिकों की हालत बहुत ख़राब है—वे देख आए हैं।

तब मैंने अमेरिका के प्रसंग में कहा, वहाँ अमेरिकन श्रमिकों और विदेश से आए असहाय विस्थापित श्रमिकों के बीच किस तरह दो विभिन्न विचारों के दृष्टान्त

मिलते हैं—जिसके परिणामस्वरूप इन दोनों दलों में तनातनी पैदा हो गई है। ऐसी तनातनी यूरोप में भी है—कुशल और अकुशल दोनों ही श्रमिकों में। मैंने कहा, यूरोप तो मेरे ख़याल से सुख-सुविधा-सपन्न एक श्रमिक-श्रेणी के गठन की ओर ही बढ़ रहा है, जिस श्रेणी के गठन के बाद भी दरिद्र श्रमिक तो रह ही जाएँगे, जिनसे घृणित और कठिन काम कराए जाएँगे। इन मज़दूरों को विदेशियों में से चुन-चुनकर लिया जाएगा, ख़ासकर एशिया और अफ्रीका के पराजित देशों से—और वे धीरे-धीरे एक दास-श्रेणी के बन जाएँगे। रोमन साम्राज्य में ठीक ऐसा ही हुआ था—रोम के जन साधारण सारी दुनिया के लोगों से अपने काम-धन्धे करा लेते थे, युद्ध छिड़ने पर अपनी रक्षा के लिए भी वे बाहरी लोगों को ही लड़ाई के मैदान में भेजते थे, जो उनकी ओर से अपने प्राण दे सकें। तथाकथित 'सर्व यूरोप' की धारणा के बारे में भी मैंने अपनी कठोर सम्मति दी।

मनात के क्रान्तिकारी मज़दूर संघ ने जो प्रश्न भेजे थे, जब मैंने गांधी से उनका उत्तर देने का अनुरोध किया। गांधी उत्तर देने लगे (इसका पूरा विवरण मेरी और प्यारेलाल ने लिख लिया)।

पहला प्रश्न : हम लोग इस बात में आप से सहमत हैं कि पराधीन देश को अपने विजेता के चंगुल से छुटकारा पाने के लिए अपने सब श्रेणी के लोगों को सामयिक रूप से संगठित करना ही पड़ता है, ताकि एक राष्ट्रीय प्रतिपक्ष तैयार हो सके। लेकिन बहुत-सी घटनाएँ जल्दी-जल्दी घट गईं, देश के बुर्जुआ और कैपिटलिस्ट अपने को मज़बूत बनाते रहे। और पारसियों को दिए गए आपके अच्छे-अच्छे उपदेशों (23 मार्च, 1921) के बावजूद देश की पूँजी कुछ गिने-चुने लोगों के हाथों में अटकी हुई है—उसे तो आप रोक नहीं सके। ब्रिटिश अत्याचारियों के साथ लड़ाई ख़त्म होने पर भारतीय अत्याचारियों के साथ अनिवार्य रूप से लड़ाई शुरू होगी। क्या तब भी आप मज़दूरों से कहेंगे कि मालिकों के स्वार्थ को 'अपने हृदयों में धारण करें?'

गांधी : भारतीय और यूरोपीय कैपिटलिस्टों में मैं कोई भेदभाव नहीं करता। मिल-मालिकों और मज़दूरों में जो झगड़ा है, उसके बारे में मैंने लिखा है, लेकिन वह हमारे राष्ट्रीय संग्राम से अलग ही चीज़ है। मानता हूँ कि मैं ऐसा नहीं समझता कि पूँजी और श्रम के बीच तनातनी रहेगी ही। कठिन चाहे जितना हो, लेकिन मैं मानता हूँ कि इन दोनों का मेल कराया जा सकता है। लेकिन अगर यह प्रमाणित किया जा सके कि किसी ख़ास शिल्प के मामले में ऐसा मेल नितान्त असम्भव है, तब मैं बिना किसी दुविधा के श्रमशक्ति को (अर्थात परिचालित श्रमशक्ति को) इतनी दूर हटा दूँगा, जिससे या तो पूँजीवाद स्वत: नष्ट हो जाएगा अथवा पूँजीवाद की समस्त क्षमता श्रमशक्ति के हाथों में आ जाएगी। उस दिशा में, जैसे अन्यान्य दिशाओं में भी, सत्याग्रह पूँजीवाद को इस तरह दबाएगा कि जब उसका ध्वंस निश्चित हो जाएगा तो वह ध्वंस वह स्वयं ही करेगा। राष्ट्रीय संग्राम के साथ सम्पर्क

रखकर भी यदि वह सचमुच देश का विरोधाचरण करेगा तो मैं किसी तरह उस पूँजीवाद की स्वार्थ-रक्षा न करूँगा। लेकिन अगर वैसी ज़रूरत न पड़े तो मैं धनिकों के साथ कलह नहीं करना चाहता—उससे हमारी वर्तमान समस्या ख़्वाहमख़्वाह और कठिन हो जाएगी।

दूसरा प्रश्न : हमारे पाश्चात्य यूरोप के देशों के साथ आपने इस समय फिर सम्पर्क स्थापित किया है। इंग्लैंड में मज़दूरों के साथ (बल्कि बेकारों के साथ) मिले-जुले हैं—कैपिटलिज़्म का संकट आज उन्हें निगले जा रहा है। विदेशी शासन के ख़िलाफ़ एका करके उठ खड़े होने की जो ज़रूरत आज आपको है, उसी ज़रूरत का अनुभव वे नहीं करते। इस संकटपूर्ण समय में जब एक बार आपने पाश्चात्य मज़दूरों के साथ सम्पर्क स्थापित किया है, तब क्या श्रेणी युद्ध में लगे रहने के लिए आप उनकी निन्दा कर सकेंगे?

गांधी : मैंने जो कुछ देखा है, उससे इस निर्णय पर पहुँचा हूँ कि प्रश्न यदि इंग्लैंड से ही सम्बन्धित है तो वहाँ के बेकारों को पूँजीपतियों के ख़िलाफ़ ज़्यादा शिकवा-शिकायत होना उचित नहीं है। मेरा यह दृढ़ विश्वास है कि पूँजीपति अगर किसी दिन अपने संचय की अन्तिम सीमा पर पहुँच जाए और तब स्वयं ही श्रमिक होकर अगर वह अपना धन-रत्न अन्य श्रमिकों को बाँटने बैठ जाए तो उसके इस त्याग से श्रमिकों को कोई लाभ न होगा। ऐसे अवसर के लिए जो सच्चा समाधान है—और जो इंग्लैंड के दुख-दारिद्र्य के लिए भी समान रूप से लागू होगा—वह है समग्र जीवन को नए सिरे से गढ़ना। चूँकि सारे संसार के वाणिज्य को आज अमेरिका, जापान, इटली और अन्यान्य देश इंग्लैंड के साथ बाँट लेते हैं, अत: बहुत चालू अंग्रेज़ी शिल्प-संस्थाओं में भी केवल अंग्रेज़ों की पूँजी को ही कारगर ढंग से लगाने का कोई उपाय नहीं है। ऐसी स्थिति में बेकारों का जो पहला कर्तव्य है, वह है नए सिरे से अपने जीवन का मान निरूपित करना। दूसरे, कुटीर-शिल्प जैसी चीज़ों की ओर उन्हें ध्यान देना होगा अथवा खेती-बारी की ओर लौटना होगा। इस तरह के नए प्रयत्नों में पूँजीपतियों का कोई हिस्सा ही नहीं है। पूँजीपति बेकारों के किसी काम न आ सकेगा—चाहे वह दाता के रूप में लोगों के कल्याण-कार्य में लगे अथवा अपनी पूँजी को दूसरे देशों में लगाए।

रोलां : आर्थिक संकट के बीच भी इंग्लैंड ने एक प्रकार की संकीर्ण मनोवृत्ति आज भी मज़े में बना रखी है। उसके दृष्टान्त से सारे यूरोप को कोई शिक्षा ही नहीं मिली। बल्कि इंग्लैंड अपने बेकारों के प्रति जो व्यवहार करता है, यूरोप महादेश की बुर्जुआ श्रेणी उससे पीड़ित और क्षुब्ध है। जर्मनी में बेकारों को 'भीख देने' का सवाल तक नहीं उठता, वहाँ बिना क़ीमत दिए उनका शोषण होता है। शोषकगण जिन कर्मचारियों को (जो बुद्धिजीवी युवक हैं) ज़रूरी नहीं समझते, उनकी ओर उन लोगों की नज़र ही नहीं है—अगर वे खाए-बिना मरते हैं तो मरें। युद्ध के बाद

से सारे यूरोप में, विशेषत: जर्मन-भाषी देशों में, मनुष्य के जीवन के बारे में एक आत्यन्तिक उपेक्षा का भाव है। शान्ति के समझौते पर हस्ताक्षर होने के बाद से आज तक जर्मनी और आस्ट्रिया में हज़ारों, शायद लाखों लोग दरिद्रता, अनाहार अथवा अल्पाहार से चुपचाप मर गए होंगे। गहन संकट के इस शीत में भी इन दिनों जर्मनी में एक भी सप्ताह ऐसा नहीं बीतता, जब निराशा से, दुख-दरिद्रता से अथवा काम न मिलने के कारण बहुत से लोग आत्महत्या नहीं करते। कम वेतन के शोषण से निष्ठुर और कुछ नहीं है। देश के लोग अगर कम वेतन पर राज़ी न होंगे तो विदेशी श्रमिक हाथ से निकल जाएँगे। यूरोप महादेश और इंग्लैंड की स्थिति एक-जैसी नहीं है। फ्रांस के बुर्जुआ अख़बार श्रमतंत्र के हीन दृष्टान्त के विरुद्ध खार खाए हुए हैं, क्योंकि वह दृष्टान्त दुनिया से कहता है कि बेकारों को 'भीख' दो।

गांधी : (पहले सिलसिले पर आकर) यदि सचमुच ऐसी स्थिति आ जाए कि पूँजीवादी लोग, लोगों के दुख-कष्ट से लाभ उठाने लगें, बहुत अधिक वेतन देने की क्षमता होने पर भी श्रम-शक्ति की सुलभता देखकर मज़दूरों को यथासम्भव कम मज़दूरी दें, तब तो श्रमिकों की समस्या का समाधान मुट्ठी में ही रहेगा। श्रमिकों की यूनियन अगर तगड़ी हो तो वह मालिकों से अपनी शर्तें मनवाकर रहेगी। उन्हें सिर्फ़ इतना ही कहने की ज़रूरत है कि अपनी शर्तों के अलावा वे किसी दूसरी शर्त पर काम करने को तैयार नहीं हैं। और वे अगर सचमच इस तरह मज़बूत और संघबद्ध रहकर विदेशी श्रमिकों की आमद बन्द कर सकें, तब तो हार मान लेने के सिवा मालिकों के लिए दूसरा उपाय न रहेगा।

रोलां : यानी, आप यह कह रहे हैं कि यदि सचमुच श्रमिकों की वैसी मज़बूत यूनियन हो तो वे मालिकों से पंजा मिला सकते हैं। इसे मैं भी मानता हूँ। लेकिन मनुष्य-चरित्र की दुर्बलता का पक्ष भी तो है—असल में मज़दूर उस तरह की यूनियन नहीं बना सकते, क्योंकि कूटनीतिक पूँजीवादीगण हमेशा उनके बीच भेदभाव के बीज बोते रहते हैं, लालच देकर वे हड़ताल-विरोधी मज़दूरों को ख़रीद लेते हैं। तब विवेकशील और साहसी मज़दूर अल्पसंख्यक हो जाते हैं, वे स्थिति समझ जाते हैं और स्वभावत: दूसरों को यूनियन बनाने के लिए मजबूर करते हैं। इसको विवेकशील मज़दूरों की तानाशाही कहते हैं—अत्याचार के नागपाश में बँधे सभी मज़दूरों की स्वार्थ-रक्षा के लिए वे कमर बाँधकर खड़े हो जाते हैं।

गांधी : मैं इसका घोर विरोधी हूँ; क्योंकि इसका मतलब होगा कि श्रम, पूँजी को छीन लेना चाहता है और लक्ष्य तक पहुँचने के लिए इस तरह पूँजी को छीन लेना सही रास्ता नहीं है। श्रम को यदि आप बुरे दृष्टान्त से लुभाएँगे तो वह कभी अपनी आत्मशक्ति की उपलब्धि न कर सकेगा। थोड़े से मज़दूरों को लेकर ही मैंने भारत में काम शुरू किया था। अहमदाबाद के एक कपड़ा-मिल की श्रमिक

यूनियन में प्रबल मतभेद था, लेकिन मैं लोहे की तरह कड़ा बना रहा—किसी तरह का उपद्रव न होने पाए, इसके लिए नियम-क़ायदा बनाकर मैंने श्रमिकों को उससे बाँध रखा। परिणाम यह हुआ कि आज उस यूनियन में छाछठ हज़ार श्रमिक हैं, जिनमें से अधिकांश निरक्षर हैं, लेकिन वे समझते हैं कि उनका भाग्य और उनकी सुरक्षा स्वयं उन्हीं के हाथ है। मैंने उनके मन में ऐसा कोई विश्वास नहीं जगाना चाहा कि वे असहाय अथवा पराश्रित हैं—बल्कि मैंने उन्हें यह सिखलाया है कि सच्चे पूँजीपति वे ही हैं, क्योंकि पूँजी तो ताँबे के कुछ सिक्के नहीं हैं, असल में वह श्रम की ही शक्ति है और उनकी उस पूँजी का अन्त नहीं है। शायद यह समय विशृंखला का है, ऐसा लगता है कि श्रम को पूँजी के द्वारा शोषित होने का ख़तरा है। फिर भी मैं तो उन्हें श्रम की महिमा का सन्देश ही देता रहूँगा। ज़रूरत पड़ने पर साल-हा-साल सुशृंखला के निर्माण के लिए प्रतीक्षा करता रहूँगा। लेकिन हिंसा की नींव पर टिकी किसी तानाशाही की बात भी मैं मन में न लाऊँगा। हिंसा से परिचालित इस तरह का श्रम-आन्दोलन हमने बम्बई में देखा है और वहाँ श्रम पराजित हुआ है। लेकिन अगर उन श्रमिकों ने मेरी बात मानी होती तो उन्होंने अपने मालिकों को वश में कर लिया होता। नहीं तो श्रम स्वयं ही अपने को नष्ट कर लेगा। बम्बई में अभी से उसका ऐसा भयप्रद लक्षण दीख रहा है। लेकिन बम्बई में भी अभी तक श्रम मरने-मारने को उद्यत नहीं हुआ है—अहमदाबाद में हमने अहिंसा का जो दृष्टान्त स्थापित किया है, उसने उनको रोक रखा है। बम्बई में थोड़े से कम्यूनिस्ट हैं, जो अपने स्वार्थ के लिए मज़दूरों का उपयोग करते हैं—लेकिन आज भी वे अपने उद्देश्य-साधन में सफल नहीं हो सके हैं, कम-से-कम जब मैंने भारत छोड़ा था तब तक तो सफल नहीं हो सके थे। उसके बाद क्या हुआ, क्या नहीं हुआ, यह मैं ठीक-ठीक नहीं जानता। श्रम को मुझे जो एकमात्र शिक्षा देनी है, वह यह है कि ज़रूरी नहीं है कि किसी ख़ास कल-कारख़ाने में श्रमिकों को नियुक्त रहना पड़ेगा—अहमदाबाद में हमने श्रमिकों को सिखाया है कि किस तरह कल-कारख़ानों से पूरी तरह स्वतंत्र हुआ जा सकता है। जो उन्हें मिलना चाहिए, वह यदि वे नहीं पाते तो वे सूत कातकर, पत्थर तोड़कर सुखी हों—भले ही वह सुख चाहे जितना मामूली हो। कुशल श्रमिक, अकुशल श्रमिकों को उपेक्षा की दृष्टि से न देखें। असम्मान के साथ ज़्यादा तनख़ाह पाकर कारख़ाने में काम करने की अपेक्षा, कम आयवाले किसी स्वतंत्र काम में लग जाना कहीं अच्छा है। जब अतिरिक्त श्रमशक्ति का अभाव है तो श्रमिकों को स्वाधीन होना होगा, अपनी शर्तों पर मालिक को राज़ी करने में समर्थ बनना पड़ेगा। जो श्रमिक हड़ताल के विरोधी हैं, उनका मुक़ाबला होने पर इस बात का ध्यान रखना पड़ेगा कि विदेशी श्रम की आमद न हो। इस तरह सभी क्षेत्रों में श्रम की अपनी एक निजी परिवर्तन-प्रणाली है—हिंसा का संकट मोल लेकर मैं उसे नष्ट नहीं करना चाहता।

मैंने गांधी के साथ इस बहस को व्यर्थ ही आगे नहीं बढ़ाया, सिर्फ़ अहिंसा के प्रकार के बारे में उनसे एक प्रश्न पूछना चाहा—"अन्याय अथवा निष्ठुर आचरण करने के समय मनुष्य कभी-कभी विकार-ग्रस्त अथवा रुग्ण मानसिक स्थिति में रहता है। सभी समाजों में ऐसे मनुष्य रहते हैं, जो दूसरों को ख़राब करते हैं और जिनकी सेवा-शुश्रूषा करने की ज़रूरत होती है। इस तरह के पागल या अस्वस्थ लोगों के साथ अहिंसक कार्यकर्ता क्या बर्ताव करेंगे—वे इन लोगों के हाथ से समाज को तो बचाना चाहेंगे न? किन्तु यहाँ हिंसा का सहारा लिये बिना वे कैसे आगे बढ़ेंगे?"

गांधी : उन्हें मैं सँभाले रखूँगा। और उसे मैं हिंसा भी न कहूँगा। मेरा भाई पागल हो जाएगा तो मैं उसे लोहे की ज़ंजीर में बाँध दूँगा, जिससे वह उपद्रव न कर सके; लेकिन उसे प्रति हिंसा का प्रयोग न करूँगा, क्योंकि मेरा यह इरादा नहीं रहेगा। साथ ही मेरा भाई भी यह न समझेगा कि उसके प्रति हिंसा का प्रयोग हो रहा है बल्कि जब उसका माथा ठीक हो जाएगा तो उसको इस तरह बाँध रखने के लिए वह मेरा कृतज्ञ ही होगा। विकृत मस्तिष्क की अवस्था में वह मुझे चाहे जितना सताए, मैं उसका ख़याल न करूँगा, क्योंकि उस समय उसके प्रति मेरा आचरण शुद्ध प्रेम का होगा। मेरे उस आचरण में स्वार्थसिद्धि की कोई इच्छा न होगी, उस आचरण में अपने भाई से आत्मरक्षा करने तक का ख़याल न होगा। मैं यह भी जानता हूँ कि मैं पहले से यह सावधानी भी न बरत सकूँगा कि जब मैं उसके हाथ बाँधने लगूँ तो वह मुझे मार न बैठे—उसके दोनों हाथ मैं सिर्फ़ इसलिए बाँधूँगा कि वह फिर स्वस्थ हो सके। उसके हाथ मैं अपनी रक्षा करने के लिए नहीं बाँध रहा—यदि उससे मार खाकर मैं उसकी रक्षा कर सकूँ तो मार ही खाऊँगा। आपने जिनका ज़िक्र किया, उन आधे-पागलों के साथ भी मैं ठीक ऐसा ही व्यवहार करूँगा। मैं उन्हें सेवा-शुश्रूषा के लिए अस्पताल में भेजूँगा, जेलर की कड़ी नज़र के नीचे न रखूगा। उनको चंगा करने के लिए मैं ऐसे चिकित्सक के पास जाऊँगा, जो इस तरह की बीमारियों का इलाज जानते हैं। यह सब लेकिन सिर्फ़ बाहरी लक्षणों की चिकित्सा है—मैं और गहराई में जाऊँगा। मैं व्याधि के मूल कारणों को दूर करने की कोशिश करूँगा। वर्तमान समाज ही इस तरह के पापों को जन्म देता है—मेरी राय में इसका असल कारण है लाभ की आशा की यह घुड़दौड़, यह प्रतियोगिता, ज़बर्दस्ती सब को समान बनाना (फ़र्क़ मिटा देना)। अत: मैं समाज को नए सिरे से गढ़ूँगा। अप्रत्यक्ष और विशेष कारणों की जाँच का भार विशेषज्ञों को दूँगा। और उसके बाद देखा जाएगा कि विकारग्रस्त मन के इस पाप का ही नहीं, बल्कि और सब तरह के पापों का भी क्या इलाज किया जा सकता है।

अफेनवाक से एरिक श्राम नामक एक जर्मन पादरी-शिक्षक ने गांधी के लिए मेरे पास कुछ प्रश्न भेजे थे—अब मैंने उन प्रश्नों को गांधी के सामने रखा—

पहला प्रश्न : आप ईश्वर किसको कहेंगे? वे क्या कोई आध्यात्मिक व्यक्ति हैं अथवा कोई शक्ति हैं, जो संसार का परिचालन करते हैं?

गांधी का उत्तर : ईश्वर व्यक्ति नहीं हैं। वे ऐसी एकमात्र रीति हैं, जो अपरिवर्तनीय है। यहाँ रीति और रीतिकार दोनों एक ही हैं। रीति कहने से हम लोग आम तौर पर किताबों में लिखी रीति समझते हैं; लेकिन यहाँ मैं जिस रीति की बात कह रहा हूँ, वह जीवन्त रीति है और वही ईश्वर है। इस रीति में परिवर्तन नहीं होता, यह शाश्वत है। ईश्वर इस तरह के कोई व्यक्ति नहीं हैं, जो स्थिति देखकर अपने को बदल लें। वे एक शाश्वत रीति हैं इसी से मैं कहता हूँ सत्य ही ईश्वर है।

दूसरा प्रश्न : ईसाइयों के बारे में आपकी क्या धारणा है?

गांधी ने इसका उत्तर लोजान में दिया था, वही बात उन्होंने दुहरा दी—ईसाई धर्म अच्छा है, लेकिन ईसाई बुरे हैं।

तीसरा प्रश्न : गांधी क्या किसी ऐसी विश्वजनीन मानवता की संस्था में सहयोग देना स्वीकार करेंगे, जिसके मत से यह विश्व-ब्रह्मांड एक विराट गुह्य विषय है और उसमें व्यवहार करने के लिए हम सब को अपने-अपने अन्तर का ही निर्देश सुनना होगा?

गांधी का उत्तर : किसी-किसी विशेष संस्था में सहयोग देने के लिए लोग अक्सर मुझसे अनुरोध करते हैं। हर बार मैं 'ना' कहता हूँ। क्योंकि अक्सर मैंने ऐसा देखा है कि इस तरह की संस्थाओं के लोग या तो सरल-साधारण भले ढंग के व्यक्ति होते हैं या फिर पाखंडी होते हैं, जो बाहर से बहुत श्रद्धाजनक भाव बनाए रखकर भीतर-ही-भीतर अपनी स्वार्थसिद्धि के चक्कर में रहते हैं। लन्दन में ऐसी ही एक संस्था है, नाम है 'अखिल विश्व अहिंसा प्रतिष्ठान', जिसे एक धर्म-पुरोहित दम्पती चलाते हैं। मेरे सामने की इस मेज़ पर जितनी अहिंसा है, उससे अधिक अहिंसा मैंने उन लोगों में नहीं देखी। वे लोग सिर्फ़ अपनी जीविका कमाने के लिए ही उस संस्था में काम करते हैं। उस संस्था के साथ अपना नाम जुड़वाने के लिए मैं राज़ी नहीं हुआ। यहाँ तक कि वे जो नन्हा-सा अख़बार निकालते हैं, उसमें भी मैंने अपना नाम नहीं छपने दिया। मैंने उनसे कहा कि जीविकार्जन के लिए वे कोई दूसरा उपाय तलाश करें। इस प्रश्न का (यानी श्राम के प्रश्न का) मतलब अगर यह हो कि प्रश्नकर्ता ऐसी किसी संस्था के संस्थापक हों और वे जानना चाहते हों कि उसके साथ मैं अपना नाम जोड़ने दूँगा या नहीं, तो मेरा उत्तर होगा—नहीं।

बातचीत ख़त्म होने पर मैक्स केटेल नाम के जेनेवा के एक पत्रकार फ़ोटोग्राफर आए। इन्होंने पहले भी विलनवे में गांधी और मीरा के कई बड़े सुन्दर और स्वाभाविक फ़ोटो खींचे थे (चलते हुए गांधी और मीरा अथवा बगीचे में)। उस दिन की, मेरे घर की छोटी सभा में उन्हें दो फ़ोटो खींचने की अनुमति दी गई (उनके खींचे फ़ोटो बाद में जब धोए गए तो उनमें से एक में मेरे तीन हाथ हो गए थे—दो तो मेरे ख़ुद

के और एक मेरी का, जो मेरे पीछे होने के कारण ढक गई थी, मेरी के उस हाथ में घड़ी थी, वह दीख पड़ती है। लेकिन गांधी की जो घड़ी उनकी वेश-भूषा में विशेष महत्त्व रखती है, वह नहीं दीख पड़ती—क्योंकि भारत में जब वे नंगे बदन रहते हैं तो वह घड़ी भी धोती की तरह उनकी पोशाक का ही एक हिस्सा होती है। यहाँ वे अपने बड़े कोट के अन्दर, अपने हाथ में घड़ी को छिपाए रखते हैं, वे एक क्षण के लिए उसे हाथ से अलग नहीं करते, भले आदमी को ग़ज़ब का समय-बोध है, घड़ी के मुताबिक, एक-एक सेकेंड का हिसाब रखकर सारे काम करते हैं)।

अन्तिम बार होने के कारण इस बार हम लोगों ने हमेशा से अधिक स्नेहपूर्ण ढंग से विदा ली। बाहर उस वक़्त ख़ासी ठंडक थी, आसमान साफ़ था, और स्टेशन तक पहुँचाए बिना मैं अपने अतिथियों को यहीं से भला कैसे विदा दे सकता था। पन्द्रह दिनों में यही पहली बार घर से बाहर निकला।

औरतें मोटर से गईं, उन्हीं के साथ सन्दूक-पिटारियाँ भी। गांधी हमेशा की तरह पैदल ही चले। रास्ते में, बड़ी सड़क और बायरन वीथि के मोड़ पर ज़रा देर के लिए रुके—रेलवे लाइन के ऊपर ही, मानो शून्य में झूलती हुई-सी पेय-पदार्थों (मद्यजातीय नहीं) की एक छोटी-सी दुकान थी, दुकानदार भी एक छोटा-सा आदमी था, हाथ-पैर कुछ विकृत थे, उसी के अनुरोध से गांधी उसकी दुकान में गए। विलनवे स्टेशन के प्लेटफार्म पर हम लोगों के चारों ओर भीड़ की रेल-पेल थी—कौतूहल से भरी जनता की भीड़, जो अभद्र बिलकुल नहीं थी। एक वृद्धा ने गांधी का हाथ पकड़कर उनसे दो-एक बातें कीं—किसी ने किसी की बात नहीं समझी, दोनों ने सिर्फ़ आँखों से तरह-तरह के इशारे किए। गांधी का सिर हमेशा खुला रहता है, उनकी पतली टाँगें भी दीख रही थीं—लेकिन उनका बड़ा-सा कोट चोंगे की तरह बदन से जकड़ा हुआ था। बर्फीले पहाड़ की चोटी पर सूर्य के अन्तिम प्रकाश ने अन्तिम बार उनका अभिवादन किया। ट्रेन आई, तीसरे दर्ज़े का एक डब्बा पहले से ही भारतीयों तथा अन्य लोगों के लिए सुरक्षित था (क्योंकि मिलान तक, शायद रोम तक भी, उनके साथ कुछ प्रेमीजन जा रहे थे—सपत्नीक एदमँ प्रिवा, मिस लेस्टर, लुइजेत गीइयेस, ग्राज की एक आस्ट्रियन महिला। मौक़ा मिलते ही ये महिला सब को अपनी एक किताब खोलकर दिखाती हैं, जिसमें कई साल पहले गांधी ने कुछ प्रशंसासूचक शब्द लिख दिए थे। कहना व्यर्थ है कि साथ में अंग्रेज़ी और स्विस पुलिस भी जा रही है, जो इस भयंकर मनुष्य को एक क्षण के लिए भी आँखों की ओट नहीं होने देना चाहती—जब तक वे यूरोप में हैं, पुलिसवाले उनके साथ-साथ रहेंगे, लेकिन गांधी ने भी उनके साथ एक दोस्ताना मज़ाक़ का सिलसिला बना रखा है, और वे लोग इनका कर भी क्या लेंगे, जब कि गांधी सारी बातें सब को सुनाकर कहते हैं और कहना चाहते भी हैं—उनमें दुराव-छिपाव नहीं है। अत: सब लोग सारी बातें सुन रहे हैं, इससे वे ख़ुश हैं...)।

अपने डब्बे की सीढ़ियों पर आनन्दपूर्वक अपनी बगुले-जैसी दोनों टाँगें रखने के पहले गांधी एक बार फिर मेरे गले मिले और मैंने भी अन्तिम बार छोटे-छोटे और नुकीले केशों से भरे उनके मुड़े हुए माथे पर अपना गाल सटा दिया। उसके बाद मैं स्नेह के साथ मीरा तथा औरों के गले मिला। ट्रेन जब चलने लगी और जब तक वह आँखों से ओझल नहीं हो गई, मीरा खिड़की से झुककर और हाथ हिला-हिलाकर विदाई जताती रहीं। फिर मैं डॉ. नीहान्स की मोटर से विला लौट आया।

पहले मादाम प्रिवा की (रोम से) और फिर मीरा की (ब्रिन्दिसी से) चिट्ठी आई (चिट्ठियाँ बड़ी सावधानी से लिखी गई थीं कि कहीं फ़ासिस्ट सरकार कुछ सन्देह न कर बैठे, फिर स्वीज़रलैंड से लौटते हुए मिस लेस्टर ने और साफ़ तौर से पत्र लिखा। उन पत्रों के ज़रिये मुझे यह ख़बर मिली—

मिलान में एक विशाल भीड़ गांधी की प्रतीक्षा कर रही थी। उसने उनका ज़ोरदार स्वागत किया। ऐसा जान पड़ता है कि फ़ासिस्ट भीड़ से यह जनता बहुत अलग है—फ़ासिस्ट भी बेशक सतर्क होकर सब कुछ देख रहे थे। इटली-भ्रमण के लिए प्रथम श्रेणी का एक डब्बा गांधी के लिए अलग कर दिया गया था, और गांधी अपना नियम तोड़कर (क्यों?) उसमें बैठे। रोम में भी उत्सुक और सद्भावपूर्ण भीड़ थी। जेनरल मॉरिस अपनी गाड़ी पर गांधी, मीरा और देसाई को मन्ते मारियो के अपने विला में ले गए—और लोग होटल में ठहरे। गांधी और अन्य भारतीय जेनरल मॉरिस के आतिथ्य से मुग्ध थे और साधारणत: उन सभी को (सब भारतीयों की तरह) ऐसा लगा कि इटली में मानो वे अपने ही घर में हैं। विवाह-सूत्र से मॉरिस की आत्मीया और मेरी मित्र सोफ़िया बर्तोलिनी ने मुझे उस शाम का वर्णन लिख भेजा, जो गांधी ने उनके घर बिताई थी। उनका घर शान्त है, पाइन वृक्षों की छाया से स्निग्ध है और ज़रा ऊँचाई पर बना हुआ है, जिसकी वजह से सामने बहुत दूर तक देखा जा सकता है, दूर पर आकाश से लगी साबिने पर्वत श्रेणी की तरंग-माला है। (वहाँ गए चालीस बरस बीत जाने पर भी जैसे मैं साफ़-साफ़ अपनी आँखों के सामने देख रहा हूँ।) वह सांध्य प्रार्थना का समय था, रोशनी बुझा दी गई थी—सामने, फ़ायर प्लेस में, लकड़ी की आग जल रही थी। अप्रत्याशित रूप से एक युवती राजकुमारी भी आ गई थीं—जैसा सब जगह हुआ है, उसी तरह वहाँ भी गांधी के बारे में सब के मन में एक गहरी और जीवन्त धारणा की सृष्टि हुई है। गांधी बड़े ख़ुश थे, उस दिन उनकी आँखों में शरारत भरी हुई थी। मुसोलिनी ने गांधी से मिलने की इच्छा प्रकट की थी और चूँकि वह इच्छा एकतरफ़ा नहीं थी (पवित्र होने पर भी मनुष्य-गांधी

के अन्दर एक दानव है—कौतूहल का दानव। बेशक, यह कोई अस्वाभाविक बात नहीं है, क्योंकि भीतर-ही-भीतर उस दानव को मैं भी पालता हूँ अथवा वही मुझे पालता है। लेकिन मैं उसका प्रतिरोध भी करता हूँ—इस ख़ास मौक़े पर गांधी ने भी अपने उस कौतूहल दानव का प्रतिरोध किया, यही मैंने चाहा था), गांधी मुसोलिनी के यहाँ गए—उनके साथ मीरा, देसाई और जेनरल मॉरिस भी गए। सुना कि मुसोलिनी गांधी का स्वागत करने के लिए सज्जनतापूर्वक कमरे के बीच तक चले आए और उन्होंने उनसे और मीरा से बैठने का अनुरोध किया— लेकिन देसाई और बूढ़े जेनलर को खड़ा रख दिया। बाद में जेनरल ने बताया कि मुसोलिनी का यह आचरण अपना महत्त्व प्रकट करने के लिए था। लगभग बीस मिनट तक उन लोगों ने बातें कीं—बातें किस विषय पर हुईं, यह मैं नहीं जानता। लेकिन इस सम्बन्ध में मुझे सन्देह नहीं है कि गांधी शान्त दृढ़ता के साथ अपने 'अप्रिय' सत्य कह गए होंगे और शायद मुसोलिनी भी ईर्ष्यालु की तरह उन बातों पर स्वीकृति-सूचक सिर हिलाते रहे होंगे। मैं जो जानता हूँ, वह इतना ही है कि मिस लेस्टर ने मज़ाक़ करते हुए मुझे लिखा कि बाद में गांधी जब उनसे मुसोलिनी की आँखों का वर्णन कर रहे थे तो शरारत से उनकी ख़ुद की आँखें जगमगा रही थीं। गांधी ने कहा, "मुसोलिनी की आँखें बिल्ली की तरह थीं, हर वक़्त इधर-उधर घूमती रहती थीं।" मिस लेस्टर ने जानना चाहा, "किस तरह?" तो गांधी ने हँसते-हँसते बताया, "इस तरह घूमती हैं" (आँखों को ऊपर से नीचे की ओर घुमाकर), "नहीं, इस तरह घूमती हैं" (मुश्किल से दाहिनी से बाईं तरफ़ घुमाकर), "हाँ, हाँ, ठीक इसी तरह" (दूसरी तरह वाले को ही ठीक बतलाकर—यानी मुसोलिनी की अशान्त दृष्टि सदा दाहिनी ओर से बाईं ओर को घूमती रहती है, सब पर नज़र रखती है)। गांधी ने बाद में कहा, "मोटे तौर से वह आदमी बहुत दयालु नहीं जान पड़ता—लेकिन मैं यह भी कहूँगा कि मेरे साथ उन्होंने ख़ासा अच्छा व्यवहार किया और जब मैंने उन्हें बतलाया कि पोप मुझसे मुलाक़ात न कर सकेंगे तो मैंने उनमें शैतान-सुलभ सन्तोष का एक भाव देखा।"

पोप से मुलाक़ात न होने पर भी गांधी ने एकदम से उनके दरवाज़े पर जाकर धक्का मारा। वे वैटिकन जा पहुँचे, टूरिस्ट बनकर घूम-फिरकर सब देखा-भाला, जो उनके लिए ज़रा अस्वाभाविक है (कम-से-कम उन्हें देखकर मुझे ऐसा ही ख़याल हुआ। रोम में उन्होंने क्या किया, इसे मैं अपनी आँखों न देख सका इसका दुख हो रहा है—छुट्टियों में जिस तरह छात्र घूमने जाते हैं, निश्चय ही उन्होंने भी वहाँ कुछ वैसा ही व्यवहार किया होगा)। घूम-फिरकर अच्छी तरह से आर्ट गैलरी देख रहे थे और क्रॉस पर चढ़े ईसा का एक चित्र देखकर ऐसे अभिभूत हो गए कि, कहते हैं, उनकी आँखों से आँसू निकल पड़े—बाद में यह बात उन्होंने ख़ुद भी स्वीकार की। मादाम मान्तेसोरी के दो विद्यालय भी उन्होंने देखे—मगर

एक यह काम उन्होंने अच्छा नहीं किया कि फ़ासिस्ट पार्टी के नए कर्म-सचिव, स्ताराचे से मिलने गए। ठीक जैसा मैंने सोचा था, रोम में गांधी की उपस्थिति से फ़ासिस्टों ने अपना काम साधा। मुसोलिनी के यहाँ जाने या फ़ासिस्ट संस्थाओं को देखने पर ही अख़बारवाले ज़्यादा ज़ोर देते हैं—ख़ास करके उनकी एक तसवीर (अवश्य ही धोखा देकर खींची गई) किसी अख़बार में छपी, जिसमें वे खड़े-खड़े फ़ासिस्ट युवकों का एक जुलूस देख रहे थे। असल में शायद वे किसी जुलूस के सामने पड़ गए थे, इसी से अलस कौतूहल से देखते रहे थे—बात बस इतनी भर थी। यह सच है कि इटली के अख़बारों ने बड़ा अच्छा व्यवहार किया था, फिर भी उन्होंने भी बड़ी सावधानी के साथ उनके नाम के सिलसिले में एक बार भी 'अहिंसा' शब्द का व्यवहार नहीं किया था, उनके वक्तव्यों को भी उन्होंने एकबारगी दबा दिया था। उन्होंने उनके नाम पर ऐसी बातें भी प्रचारित की थीं कि उन्होंने अनेक बहानों से इंग्लैंड को धमकाना चाहा है। पोर्ट सैयद में पहुँचते ही गांधी ने इन बातों पर आपत्ति करते हुए तार भेजा था। फ़ासिज़्म-विरोधी लोग बहुत विचलित हो गए थे—कुछ लोगों ने मेरी राय जानने के लिए मुझे पत्र भी लिखे थे। और पैरी के इतालीय अख़बार 'लिबेर्ता' ने तो गांधी-मुसोलिनी भेंट का वर्णन एक ही कड़वे वाक्य में ख़त्म कर दिया था, अन्त में उसने एक शब्द जोड़ दिया था—'नवीन?'

लेकिन नवीनता का प्रश्न यहाँ बिलकुल नहीं है। गांधी को भलीभाँति जानने के कारण मुझे विश्वास है कि उनकी आँख में धूल झोंकना असम्भव है। राजनीति की कोई कारसाज़ी उनकी आँखों से नहीं बच पाती, लेकिन उसे वे शान्त और श्लेषपूर्ण उपेक्षा के भाव से देखते हैं—कुछ भी क्यों न हो, उनकी शान्त स्थिति में परिवर्तन नहीं होता। जब मैंने उनको रोम की ओर जाते देखा, मेरे मन में ज़रा-सी भी दुर्भावना नहीं हुई। कोई भी उनसे अपना मतलब नहीं निकाल सकता, निकाल सकेगा भी नहीं। लेकिन सवाल तो सिर्फ़ उन्हीं का नहीं है। सवाल उन अभागे इतालियनों का है, जिनका वे जुलूस देखने गए। और यह बात मैंने उन्हें साफ़ तौर से बता दी थी—शायद मुझे और साफ़ करके कहना चाहिए था। इस बारे में जब हम दोनों ने एक-दूसरे को अपनी-अपनी राय जताई तो अन्त में उन्होंने मुझसे कहा, "अच्छा तो आप ही तय कीजिए कि मुझे क्या करना चाहिए।" उस समय मुझे उनसे कहना चाहिए था, "तब आप वहाँ नहीं जाएँगे। मातेओत्ति तथा आमेन्दोला के घातकों के हाथ से आप कभी हाथ न मिलाएँगे।" मेरी मुश्किल यह है कि मैं जिनका सम्मान करता हूँ, उनके स्वाधीनता-बोध के प्रति भी प्रबल श्रद्धा रखता हूँ। इस सवाल पर अपनी स्पष्ट सम्मति देकर कर्तव्य का भार मैंने उन्हीं पर छोड़ दिया—उस कर्तव्य को उन्हें न सौंपकर मुझे अपने ही कन्धे पर रखना चाहिए था। उनके 'कौतूहल का दानव' कितना बड़ा है, यह बात मैं उस समय न समझ सका था।

और जो अप्रीतिकर बातें हुई हैं, समय पाकर लोग उन्हें भूल जाएँगे—गांधी अपनी स्वाभाविक पद्धति से, काम करते-करते उन्हें धो बहाएँगे।

—जेनरल मॉरिस ने मुझे तार द्वारा सूचना दी है कि सोमवार, 14 दिसम्बर को गांधी रोम से ब्रिन्दिसी के लिए रवाना हो गए हैं और वे अपने साथ प्रिवा दम्पती को भारत ले जा रहे हैं।

—गांधी से मेरी बातचीत के सिलसिले में और कई बातें छूट गई हैं। आख़िरी दिन सबेरे हमने बहुत से विषयों पर बातें की थीं। और दिनों की अपेक्षा उस दिन की बातचीत को गांधी ने विशेष रूप से सजीव बना दिया था।

उन दिन मैंने जो बातें छेड़ी थीं, उनमें अस्पृश्यता की बात भी थी। गांधी का ख़याल है कि यह रीति मूलत: अहिंसा का ही एक विकृत प्रयोग थी। अत्यन्त निन्दित कामों के लिए जिन स्त्री-पुरुषों पर अभियोग लगाया जाता, उन्हें मृत्यु-दंड न देकर इसी तरह समाज से बाहर निकाल दिया जाता था। लेकिन बाद की सामाजिक हीन-जाति की भावना ऐसी रही कि यह दंड अन्तत: मृत्युदंड से भी अमानुषिक हो गया। (और इसके साथ मैं पश्चिम की उस निष्ठुर पाखंडी नीति की तुलना करूँगा, जो आजन्म कारावास के माध्यम से मनुष्य को मरण-पर्यन्त अकेलेपन में डाल देती है, उन्हें पागल तक बना डालती है।)

कहते हैं, अछूतों से भी नीची एक श्रेणी है, जिनसे सम्बन्ध रखना भी कलंक की बात मानी जाती है। 'अदर्शनीय' लोग भी हैं, (यद्यपि यह कहने-भर की बात है) जिनको देखना तक मना है। इनकी तादाद ज़्यादा नहीं है, सारे भारत में दो-तीन सौ होंगे। स्वभावत: गांधी और उनके दल ने इस अमानुषिक अन्याय के विरुद्ध बड़ा संघर्ष किया है और किसी हद तक उन्हें सफलता भी मिली है। लेकिन सिर्फ़ अत्याचारियों के विरुद्ध ही नहीं, कभी-कभी उन्हें उनके विरुद्ध भी लड़ना पड़ा है, जिन पर अत्याचार किया गया है, जो मुर्दों की तरह अपनी अपमानजनक स्थिति को स्वीकार करके निश्चेष्ट बने रहते हैं। इन अछूतों को समझाने में गांधी को कितनी परेशानियाँ झेलनी पड़ी हैं—वे लोग उनके सामने से भाग खड़े हुए हैं, छिप गए हैं, कोई-कोई लोटकर रास्ते में लोटपोट होता रहा है। उसने औंधा लेटकर मुँह ज़मीन में छिपा लिया। दाँतों में तिनका दबा लिया, ये सारी बातें गांधी ने बतलाई थीं। उधर, मुक्ति-प्राप्त अछूतों ने, भारत के भावी संविधान में जो अपने लिए एक अलग श्रेणी की माँग की है, गांधी उससे सहमत नहीं हैं। उनका ख़याल है कि इस तथाकथित सुविधा के माध्यम से केवल प्राचीन कलंक को ही प्रकारान्तर से जिलाए रखा जाएगा। वे सभी भारतीयों के लिए एक-जैसे अधिकार चाहते हैं, सभी जातियों अथवा जाति-हीनों के भेदभाव के बिना।

गांधी से मैंने रामकृष्ण मिशन के बारे में भी पूछा था। रामकृष्ण को वे व्यक्तिगत रूप से नहीं जान सके लेकिन वे उन पर श्रद्धा रखते हैं। पहली बार अफ्रीका से भारत

लौटकर उन्होंने विवेकानन्द का पता लगाया और उनके आश्रम में गए—लेकिन विवेकानन्द वहाँ नहीं थे, अत: फिर उनसे मुलाक़ात नहीं हो सकी। उन्होंने कहा, रामकृष्ण मिशन अत्यन्त श्रद्धा के योग्य है और उन्होंने हमेशा उसे अपने लक्ष्य का सहयोगी पाया है, लेकिन सीमाबद्ध कतिपय सामाजिक कल्याण-कार्यों में वह विधि-निषेध की संकीर्णता में पड़ा हुआ है। जैसे, रोगियों की सेवा-सुश्रूषा और अस्पताल, जो मिशन का एक प्रधान कार्य है और जिसके द्वारा उसने भारत का बहुत उपकार किया है। लेकिन मिशन, रामकृष्ण के चित्त की उदारता को बरक़रार नहीं रख सका, ख़ासकर सामाजिक और राजनीतिक कार्यों के प्रति मिशन में बहुत अधिक संकोच का भाव है—उनसे वह भरसक दूर ही रहना चाहता है।

—फ्रेंच भाषा के एक स्विस धार्मिक अख़बार ('ल समर वोदोआ', 19 दिसम्बर) में कुछ बातें देखने को मिलीं, जो लेज़ाँ के अन्तरराष्ट्रीय स्वास्थ्यावास के बारे में हम लोगों की बातचीत के विवरण में छूट गई थीं। एक आदमी ने जानना चाहा था कि बीमारी के बारे में उनकी क्या धारणा है। गांधी ने कहा—

"बीमारी के बारे में लोग बहुत शोर-शराबा करते हैं। जीवन जब यों ही अनेक संकटों से भरा हुआ है तो साहस के साथ बीमारी के संकट का भी सामना करना चाहिए। बीमार होने पर जो करना उचित है, वह यह कि कम-से-कम चिकित्सा की जाए। ढेर-के-ढेर स्वास्थ्यावास तैयार किए जाएँ? नहीं। दुनिया-भर के करोड़पतियों का करोड़ों रुपया लेकर भी इतने स्वास्थ्यावास नहीं बनाए जा सकते कि उनमें नाना शारीरिक व्याधियों से पीड़ित संसार के सभी बीमारों की सेवा-सुश्रूषा हो सके। और अन्तत: जो लोग सेवा-सुश्रूषा के लिए स्वास्थ्यावासों में जा सकते हैं, उन्हें उन लाखों व्यक्तियों के बारे में सोचना चाहिए, जो वहाँ नहीं जा सकते। और यह सोचकर उन्हें भी चिकित्सा की वे सुविधाएँ न लेनी चाहिए, जो दूसरों की पहुँच के बाहर हैं। बीमारियों से लड़ने के लिए ज़रूरी है स्वास्थ्य के कुछ प्राथमिक नियमों को मानकर चलना। यह सभी लोग कर सकते हैं। सारी दुनिया में स्वस्थ और सीधे-सादे जीवन-यापन के कुछ सरलतम आदर्शों का प्रचार होना आवश्यक है। कोई-न-कोई बीमारी तो हमेशा रहेगी ही और थोड़ा शारीरिक कष्ट सहना मनुष्य के लिए असाध्य भी नहीं है। सिर्फ़ जिस बीमारी को उसे किसी तरह बढ़ावा न देना चाहिए, वह है मन की बीमारी।" उन्होंने यह भी कहा कि मन यदि पूरी तरह मज़बूत हो तो वह शरीर की सारी ग्लानि दूर कर सकता है। इन ग्लानियों को बहुत बढ़ा-चढ़ाकर देखना भी ठीक नहीं है, उनके बारे में व्यर्थ चिन्ता करना भी अनुचित है। मन पवित्र रहे तो शरीर भी ठीक रहता है—तीस बरस से अधिक समय तक उन्होंने स्वयं ही इसकी परीक्षा करके देख लिया है।

उन्होंने शारीरिक श्रम की बात भी चलाई, कहा—मनुष्य जो भोजन अपने श्रम के द्वारा अर्जित नहीं करता, वह चोरी की वस्तु है।

—अन्त में, पैरी के 'रेवोल्युसिअँ प्रलेतारियेन' ने (मोनात, लूज़ँ आदि की क्रान्तिकारी ट्रेड यूनियन पत्रिका) अपने दिसम्बर के अंक में पैरी की मैजिक सिटी की सभा और उसमें उठे 23 प्रश्नों के उत्तर में गांधी के वक्तव्यों का एक निरपेक्ष सारांश प्रकाशित किया है—सारांश दे गेराँ ने लिखा है। लेखक का कथन है, "प्रश्नोत्तर की उस लम्बी अवधि में एक क्षण के लिए भी गांधी ने घबराहट के चिह्न नहीं प्रकट किए, जैसे कि दुनिया भरके चाहे जितने प्रश्न उनसे किए जाएँ, उनका सब कुछ जाना-बूझा है। उनके चेहरे पर भावों का कोई परिवर्तन नहीं होता, हमेशा शान्त बने रहते हैं, तर्क-संगत बातें करते हैं, बोलने की क्षमता उनमें नेताओं-जैसी है। उनमें सावधानी भी है, ग्रामीणों-जैसी सूक्ष्म विचक्षणता भी—ऐसा कोई प्रश्न नहीं है, जिसका उत्तर उनका जाना हुआ न हो।"

और चूँकि ये क्रान्तिकारी 'यूमानिते' के (पैरी के कम्यूनिस्टों का मुखपत्र) युद्ध-देहि कम्यूनिस्टों से अधिक बुद्धिमान हैं, अत: उन्होंने गांधी की निपुणता के बारे में अपनी कोई राय ज़ाहिर नहीं की, बल्कि यही देखते बैठे रहे कि गांधी कर्म की चरम परीक्षा में किस तरह उत्तीर्ण होते हैं।

रास्ते से मीरा की जो चिट्ठियाँ मुझे मिल रही हैं—पहली ब्रिन्दिसी से, दूसरी समुद्र में 'पिल्सना' जहाज़ से लिखी—उनसे मुझे पता चला है कि रूस-सम्बन्धी मेरे विचारों ने गांधी को सोच में डाल दिया है। रोम के मेरे मित्र जेनरल मॉरिस; सोफ़िया बर्तोलिनी, टॉल्सटॉय की नतिनी (जिन्होंने अभी हाल ही 'करियेरे देल्ला सेरा' समाचार-पत्र के भूतपूर्व संचालक के पुत्र आलवेर्तिनी से विवाह किया है)—ये लोग भी यही सोच रहे हैं। इन लोगों ने गांधी से पूछा था कि मेरा मत क्या है? भारतीयों में से हर-एक ने मेरे मत की भिन्न-भिन्न व्याख्या की थी। इसी कारण गांधी ने मीरा से मुझे पत्र लिखने को कहा—ताकि मेरा ठीक-ठीक मत क्या है, यह मैं लिखकर मीरा को सूचित करूँ।

जाने के दिन सबेरे मैंने गांधी को एक उपहार दिया—उन्होंने मज़ाक़ से शिकायत की थी, "आप तो सब को उपहार देते चलते हैं, सिर्फ़ मुझे ही कुछ नहीं मिला।" तब मैंने उनसे कहा—"आपको देने लायक़ मेरे पास क्या है? आप तो कुछ रखते ही नहीं। कोई क़ीमती उपहार या तो आप लेंगे ही नहीं, नहीं तो अपने काम के लिए उसको बेच देंगे।" (ठीक इसी तरह वे मेरे पास एक स्वर्ण पदक रख गए, जिस पर ब्रासेल्स की विश्वावास नाम की संस्था के संचालक अत्ले ने गांधी का नाम तक खुदवा दिया था।)—मैंने उन्हें सोवियत रूस में बनी एक सुन्दर डिबिया दी। डिबिया रंगीन लाइ की थी, जिसमें पेड़-पौधों की छाया में बैठा, बाँसुरी बजानेवाला एक चरवाहा चित्रित था। उन्होंने घुमा-फिराकर उसे ख़ूब अच्छी तरह देखा, फिर

बोले, "लेकिन इसको लेकर मैं करूँगा क्या?" तब किसी ने कहा, "क्यों, जुकाम होने पर इसमें गोलियाँ रखिएगा।" इस पर गांधी ने जवाब दिया, "अरे बाप रे, तब तो इसी समय से सारी ज़िन्दगी मुझको इसी उपाय में लगा रहना पड़ेगा कि किस तरह मुझे जुकाम हो।"

28 दिसम्बर को वे बम्बई पहुँच रहे हैं।

1932

4 जनवरी

बम्बई में गांधी गिरफ़्तार हो गए। उन्हें पूना जेल में ले जाया गया है। हम लोगों को मीरा का टेलीग्राम मिला है (सोमवार 4 जनवरी, सबेरे)—

"बम्बई, 4।1, 10-25 मिनट। सरकार ने शान्ति की सारी चेष्टाएँ निष्फल कर दीं। आज सबेरे गांधी गिरफ़्तार। पूना में स्थानान्तरित। वे प्रसन्न हैं। स्वास्थ्य ठीक है। वल्लभभाई (पटेल) भी गिरफ़्तार। सब ठीक-ठाक। प्यार—मीरा।"

'दि इंडियन न्यूज़' से (लन्दन से प्रकाशित होनेवाला पत्र, जिसे भारत से सहानुभूति रखनेवाले यूरोपियन प्रकाशित करते हैं और जिसके लेखकों में बर्ट्रेंड रसेल, फ़ेनर ब्रोकवे, लॉरेंस हुसमैन और हैराल्ड लास्की के साथ मैं भी हूँ) मैंने अनुरोध किया कि वे गांधी की गिरफ़्तारी के विरुद्ध अन्तरराष्ट्रीय आन्दोलन करने में आगेवान बनें। जिस अमानुषिक अन्याय के साथ वायसराय ने दिल्ली के समझौते की अवहेलना की है और राष्ट्रीय कांग्रेस को ग़ैरक़ानूनी घोषित किया है, मैंने अख़बार को उसका प्रतिवाद करने को भी कहा।

11 सितम्बर को जहाज़ से उतरने के बाद ही, मार्सेई में गांधी के साथ अपनी पहली मुलाक़ात का विस्तृत विवरण मेरी बहन ने लिखकर तैयार कर लिया है। उस विवरण का कुछ अंश मैं यहाँ उद्धृत कर रहा हूँ, जो मेरे पहले के वर्णन का पूरक होगा—

"गांधी अपनी चारपाई पर बैठे हैं, (स्नानघर के पास, द्वितीय श्रेणी की अपनी केबिन में), एक सफ़ेद कम्बल से उनका शरीर ढका हुआ है—दोनों पैर घुटने से मुड़े हैं। बीच-बीच में एक दुबला-सा पैर बाहर निकलता दीखता है, फिर बिछावन की चादर में छिप जाता है। दोनों हाथ भी पतले हैं, लेकिन बहुत सूक्ष्म हैं—यानी स्थूल बिलकुल नहीं हैं, ठंडे भी हैं। दोनों बाहुएँ लगभग मांसहीन हैं। शरीर का रंग साफ़ ही कहा जा सकता है। गोल सिर के केश छँटे हुए हैं, सिर्फ़ थोड़े से कच्चे-

पक्के केश सिर के ठीक बीचोबीच हैं। नाक लम्बी और नीचे की ओर मोटी है, वह मूँछों से ढके ओठ के ऊपरी हिस्से तक आ गई हैं—दाँत थोड़े हैं (सामने का हिस्सा तो बाक़ायदा ख़ाली है और लोगों के चेहरों की ओर देखकर हँसते समय वे हमेशा वह ख़ालीपन दिखलाते रहते हैं), धातु के फ्रेमवाले चश्मे के अन्दर आँखें बड़ी सजीव हैं, चेहरा न वैसा आकर्षित करनेवाला, उतनी घृणा पैदा करनेवाला है लेकिन मैं जल्दी ही समझूँगी कि इनमें से किसी से कुछ आता-जाता नहीं—असल में वे जैसे हैं, वैसे ही अच्छे हैं : उनका यह बाहर का रूप देखने में ही हम लोगों का समय लग गया।

"किस नाम से उनको पुकारूँ, यह समझ न सकी तो पूछ बैठी—"मैं क्या आपको बापू कहकर पुकार सकती हूँ? बेशक, अब मैं वैसी बच्ची तो नहीं हूँ, लेकिन...?" तब बड़ी मीठी हँसी हँसकर उन्होंने मुझे कलेजे के पास खींच लिया—हाथ दुबला होने पर भी काफ़ी मज़बूत है—कुछ क्षणों तक वे मेरे सिर को अपने कलेजे से लगाए रहे। मैं बहुत अभिभूत हो गई थी।

"(मार्सेई में छात्रों के सामने भाषण देते समय) वे अनायास मेज़ पर चढ़कर एक बेंत की कुर्सी पर बैठ गए। उसके बाद गम्भीर, स्पष्ट स्वर में उन्होंने बोलना शुरू किया—पहले जैसा सुना था, आवाज़ वैसी क्षीण बिलकुल नहीं थी, क्योंकि सारी बातें साफ़ सुन पड़ती थीं। लेकिन यह बात समझ में आती है कि अपनी शक्ति का अपव्यय न करना उन्होंने सीखा है।

"प्रिवा ने देवदास (गांधी के पुत्र) से जानना चाहा कि आश्रम में उनके और अन्य युवकों के प्रति गांधी के व्यवहार में कुछ तारतम्य है या नहीं। देवदास ने बतलाया कि "वे हम सभी को अपने निज के लड़कों की तरह समझते हैं।" "गांधी क्या उनके विरुद्ध कभी सत्याग्रह करते हैं?" देवदास ने थोड़ी देर तक सोचा, फिर उन्हें ख़याल आया, "हाँ, एक बार। मैं झूठ बोला था। उन्होंने पूछा, 'क्यों?' तो मैंने कहा, मुझे आपसे डर लगता है। यह सुनकर उन्होंने अपने गाल पर ज़ोर से एक थप्पड़ मारा। उन्होंने मुझे सज़ा नहीं देनी चाही, इसलिए अपने को सज़ा दी।"

लिअनेत विला में रहते समय गांधी के खाने-पीने के बारे में दो-चार बातें—

1. सबेरे छह या सात बजे—एक बड़े गिलास में बकरी का गरम-गरम दूध (कभी-कभी तो उबाल दिया हुआ) और (उससे कुछ पहले) चार सन्तरों का रस।
2. सबेरे दस बजे—शहद और नींबू मिश्रित अथवा दालचीनी की बुकनी मिश्रित गरम पानी।
3. दिन में बारह-एक बजे—अंगूर का एक गुच्छा (कभी और ज़्यादा), एक बड़े गिलास में बकरी का उबाला हुआ दूध और खजूर (तीस से चालीस अदद)।

4. शाम को छः-सात बजे—नमक मिली और छोटी-छोटी कटी हुई कई प्लेट सागसब्जी, विशेषत: गाजर और पत्तेवाली सेलेरी (यह गांधी को ज़्यादा पसन्द है), शलगम (कई अदद), कच्चा टमाटर। उसके बाद, कटे हुए दो बड़े-बड़े सेब।

बादाम-क्रीम और शहद की शीशी मीरा हमेशा अपने साथ रखती हैं। (इसके अलावा वे अखरोट का छिलका भी तोड़ती हैं—गांधी अखरोट खाना बहुत पसन्द करते हैं।)

यहाँ ख़ास तौर पर ध्यान देने की बात यह है कि वे भात, रोटी या गेहूँ से बनी और कोई चीज़ नहीं खाते। (यह उनको अनुकूल भी पड़ता है—वे कोष्ठबद्धता से कभी परेशान नहीं होते।)

1 जनवरी को गांधी का एक पत्र मिला। वह 'पिल्सना' जहाज़ से 20 दिसम्बर को, यानी उनके मिस्र पहुँचने से कुछ पहले लिखा गया था। पत्र पढ़कर सन्देह हुआ कि शायद इटली में फ़ासिस्टों ने उन्हें ख़ूब घेर रखा था और जिन मित्रों के हाथों मैंने उन्हें सौंपा था, शायद विपत्ति के समय उन्होंने भी उनकी पूरी देखभाल नहीं की।

"प्रिय बन्धु और भाई, आप क्या कृपापूर्वक टॉल्सटॉय की कन्या (असल में नतिनी—रोम में इनके साथ गांधी का परिचय हुआ था) को पत्र लिखकर बोलशेविज़्म के बारे में उनका कौतूहल शान्त करेंगे? सपत्नीक जेनरल मॉरिस ने हम सब के साथ असाधारण सद्व्यवहार किया—उनके घर में प्रवेश करने के बाद से हम लोगों को ऐसा जान पड़ा, मानो हम उन्हीं के परिवार के आदमी हैं। मुसोलिनी मुझे पहेली-जैसे लगे। उन्होंने ऐसे अनेक सुधार किए हैं, जिन्होंने मुझे आकृष्ट किया—ऐसा जान पड़ा कि किसानों के लिए तो उन्होंने बहुत कुछ किया है। बेशक उनके लोहे के हाथों का परिचय सब जगह मिलता है। लेकिन चूँकि सारे पाश्चात्य समाज के मूल में शक्ति अथवा हिंसा है, मुझे लगता है कि मुसोलिनी के सुधारों पर निरपेक्ष दृष्टि से विचार करना उचित है। ग़रीबों के बारे में वे चिन्तित रहते हैं, अतिशय शहरीकरण में उन्हें आपत्ति है, पूँजी और श्रम के सहयोग की गाँठ जोड़ने के लिए वे प्रयत्नशील हैं—इनमें से हर-एक बात शायद हम लोगों का ध्यान खींचे बिना नहीं रह सकती। इस सम्बन्ध में यदि आप मुझे थोड़ी जानकारी दे सकें तो कृतज्ञ होऊँगा। मुझे जिस बात का असली भय है, वह यह कि कहीं ये सुधार ज़बर्दस्ती तो नहीं लादे गए—लेकिन यह सत्य तो गणतांत्रिक सभी संस्थाओं पर लागू होते हैं। यद्यपि बाहर से मुसोलिनी का रूप बड़ा दुर्दम्य है, लेकिन भीतर

से वे अपने देशवासियों की सेवा करना चाहते हैं, इसी बात ने मुझे विस्मित किया है। यहाँ तक कि उनकी मेज़ पर लदे भाषणों में भी अपने देशवासियों के लिए हार्दिकता का एक भाव और प्रेम की आग छिपी रहती है। मुझे यह भी लगता है कि इटली के साधारण लोग मुसोलिनी का लौह शासन ही पसन्द करते हैं। मैं यह नहीं चाहता कि पत्र पाते ही आप उत्तर लिखने बैठ जाइए—कृपया इसके लिए यथेष्ट समय लीजिए। कहना व्यर्थ है कि इस बारे में अभी मैं कोई वक्तव्य नहीं देना चाहता—अभी तो मैं आपसे सिर्फ़ ये सवाल पूछ रहा हूँ क्योंकि इस बारे में मेरी अपेक्षा आपकी जानकारी बहुत अधिक है।—अब दूसरी बात। आप अगर जाड़ों में आ सकें, यानी जनवरी और मार्च के बीच, तो हमारे यहाँ की जलवायु के चलते आपको परेशान न होना पड़ेगा, बल्कि सम्भवत: उससे आपके स्वास्थ्य में सुधार ही हो। आप निश्चय ही प्लेन से आ सकते हैं, यद्यपि मैं समुद्र-यात्रा की सलाह दूँगा। यदि यह प्रस्ताव आपको पसन्द आए तो आपके विचारार्थ बाद में एक भ्रमण-सूची तैयार करके भेजी जाएगी।

गहरी प्रीति-सहित,

आप लोगों का
एम.के. गांधी"

20/12/31

गांधी की गिरफ़्तारी से पहले, मीरा को मैंने जो पहला पत्र लिखा, उसमें रूस के बारे में अपना स्पष्ट अभिमत लिख दिया था।

जब गांधी की गिरफ़्तारी की ख़बर आई तो मैं इटली और फ़ासिज़्म के बारे में गांधी को पत्र लिखना शुरू कर चुका था। तब मुझे ऐसा लगा कि इस समय परिस्थिति ऐसी भयंकर है कि भारत की समस्या को छोड़कर और किसी विषय पर विचार करने का समय यह नहीं है, इसी से पत्र को समाप्त किए बिना ही छोड़ दिया। 7 जनवरी को गांधी के नाम एक छोटा-सा पत्र भेजा—पत्र की दो नक़लें करने को भी लाचार हुआ—एक मैंने मीरा को भेजा, दूसरा साबरमती में एदमँ प्रिवा को। उस पत्र में मैंने भारतीय लक्ष्य की सफलता के लिए गांधी को हम सब की शुभेच्छा और सक्रिय सहयोग का आश्वासन दिया, क्योंकि भारत की समस्या आज सारे संसार की समस्या है। पत्र के अन्त में मैंने यह भी जोड़ दिया कि इटली में वे बहुत थोड़े समय रहे—सब मिलाकर चार दिन, जिनमें से दो दिन तो ट्रेन में ही बीते। इसलिए इतने-से समय में आज के इटली को समझना अथवा

उस पर विचार करना उनके लिए सम्भव न था। हमारे रोम-निवासी जिन बन्धुओं ने उन्हें आश्रय दिया था, उन्होंने ही यदि ये सब बातें उनको बतलाई हैं तो यह मेरे लिए बड़े दुख की बात होगी, क्योंकि पिछली गर्मियों में जब लुगानो में उनके साथ मेरी बातें हुई थीं। (जो एक निरपेक्ष स्थान है), उस समय तो मैंने उन्हें बिलकुल दूसरे ही ढंग की बातें करते सुना था—उस समय मैंने फ़ासिज़्म और मुसोलिनी के बारे में उनमें एक भयंकर विरोधी और कड़वा भाव ही देखा था। वे ही लोग आज अगर रोम में दूसरे सुर में बातें कर रहे हैं तो मैं यही समझूँगा कि वे जो कुछ कह रहे हैं, वह लाचार होकर, डरकर कह रहे हैं। फ़ासिस्ट इटली के बारे में, विशेषत: गांधी के द्वारा उठाए गए प्रश्नों के सम्बन्ध में मैंने तथ्यबहुल जो लेख संगृहीत किए हैं, गांधी चाहें तो उन्हें मैं उनके पास भेज सकता हूँ—यह जानने की भी ज़रूरत है कि जेल के अधिकारी उन लेखों को उनके पास पहुँचाना स्वीकार करेंगे या नहीं।

पैरी में 'लिबेर्ता' को (विदेश में फ़ासिज़्म-विरोधी इतालियनों का मुख-पत्र) लिखा कि अगर सम्भव हो तो इन लेखों का अंग्रेज़ी अनुवाद मुझे भेजें—और अगर यह सम्भव न हो तो मुझे यही सूचना दें कि वह कहाँ मिल सकेगा।

जनवरी 1932

भारत में आजकल फ़ौजी क़ानून लागू हैं। फिर भी, आज 25 जनवरी तक हमें अपने भारतीय मित्रों से गांधी के हाल-चाल मिलते जा रहे हैं (पहले महादेव देसाई से, फिर उनके गिरफ़्तार हो जाने पर उनके अन्य सहकर्मियों से)।...

मुझसे, भारत के बारे में यूरोपीय जनमत को जाग्रत करने का अनुरोध किया सेलर एडिसन नामक एक अंग्रेज़ ने (कहाँ गई वेल्स और बर्नार्ड शॉ की आवाज़? हाय, ई.डी. मॉरेल की मृत्यु ने एक ऐसे शून्य की सृष्टि कर दी है, जिसकी पूर्ति नहीं हो सकती)। मैंने उन्हें लिखा, "आज जो लाखों लोग वर्तमान समाज को असह्य समझकर उसको बदल डालने के लिए दृढ़संकल्प हैं—या तो वे उसे बदल डालेंगे या मर-खप जाएँगे—भारत में सत्याग्रह की परीक्षा, उनके लिए अन्तिम सुयोग ले आई है। केवल इस परीक्षा से ही, हिंसा के बिना मनुष्य-समाज का परिवर्तन हो सकता है। यह परीक्षा यदि व्यर्थ हो जाएगी, इसे अगर किसी दिन ब्रिटिश साम्राज्य की हिंसा नष्ट कर देगी तो मानवता के इतिहास में हिंसा के सिवा और कोई समाधान ही न रहेगा, और उस समय एकमात्र ब्रिटिश साम्राज्य ही उस हिंसा का पथ निर्धारित कर देगा। या तो गांधी, नहीं तो लेनिन—चाहे जो हो, सामाजिक न्याय को तो विजयी बनाना ही होगा। इसी से भारत का दृष्टान्त हम लोगों की आँखों में और करुण दीख पड़ता है। और इसी कारण सामाजिक सामंजस्य जिनका स्वप्न

है, जो ईसा की शान्तिवाणी के प्रेमी हैं, आज उन सभी को जी-जान से भारत की सहायता करने की ज़रूरत है। क्योंकि यदि सत्याग्रहवाला भारत युद्ध में भूलुंठित हुआ तो वह इस अन्तिम आघात से स्वयं क्रूसबिद्ध ईसा की ही मृत्यु होगी—और तब वह ईसा इस बार पुनरुज्जीवित न हो सकेंगे। तब क्या आज एक ग़ैर-ईसाई को इस तरह ईसाइयों का आह्वान करना पड़ेगा (यद्यपि मैं ईसाई होकर जन्मा हूँ। लेकिन मन से अब मैं ईसाई नहीं हूँ)?

4 फ़रवरी, 1932

रोम से अचानक हेलविग आ पहुँचे हैं—कह रहे हैं, सिर्फ़ मुझसे मिलने के लिए आए हैं।...उन्होंने गांधी के रोम-भ्रमण का यह विवरण दिया है—

सबसे पहली बात यह कि मैं जो आगा-पीछा सोचे बिना, टेलीग्राम देकर जेनरल मॉरिस से यह प्रस्ताव कर बैठा कि वे रोम में गांधी को अपने यहाँ टिकाना स्वीकार कर लें, उससे मॉरिस किंकर्तव्यविमूढ़ हो गए। वह टेलीग्राम भी एक जासूस ने लाकर उन्हें दिया था। इटली में गांधी अवांछित व्यक्ति होंगे या नहीं, वे यह भी नहीं जानते थे। (मॉरिस को पता नहीं था कि गांधी को चक्कर में डालने के लिए सरकार ही उन्हें न्योता देकर बुला रही है, और ख़ास करके इसी कारण मैं मॉरिस की शरण में गया था।) जो भी हो, मैंने उस भले आदमी को ऐसी भारी परेशानी में डाल दिया, जिसकी मैं कल्पना भी न कर सका था। तब वे हेलविग की सलाह लेने दौड़े—किया क्या जाए? हेलविग ने कहा, मॉरिस अपने अधिकारी की सलाह लें। मॉरिस ने वैसा ही किया। अधिकारी ने 'असली अधिकारी' से बातचीत करने के बाद अगले दिन उन्हें जवाब दिया। अगले दिन सबेरे राष्ट्र-परिषद की ज़रूरी बैठक हुई और 'असली अधिकारी' राज़ी हुए। इसी से मेरे टेलीग्राम का जवाब आने में तीस घंटों की देर हो गई।

गांधी मिलान पहुँचे रात को, तीसरे दर्जे के डिब्बे में। स्टेशन मास्टर उनको नमस्कार करने आए। उन्होंने कहा कि, इटली में वे जब तक रहेंगे, सरकारी मेहमान रहेंगे। उनके उपयोग के लिए एक प्रथम श्रेणी का डिब्बा दिया गया—-अथवा तृतीय श्रेणी का एक डिब्बा, अगर वही उन्हें पसन्द हो। गांधी ने प्रथम श्रेणीवाला ही लिया 'क्योंकि ख़र्च की ज़िम्मेदारी उनकी नहीं थी।' (बेशक, यह व्याख्या हेलविग की ही है, क्योंकि यही उन्हें स्वाभाविक जान पड़ा। असल में गांधी के लिए कोई चारा न था, लेकिन उन्होंने हम लोगों से कहा था, इन मामलों में वे कोई आपत्ति न उठाएँगे, क्योंकि इसमें उनको कुछ कहना नहीं है—इटली की सरकार अगर इतने ही से ख़ुश होगी तो हो, यह सवाल कुछ वैसा अहम नहीं है।) उन्हें सिर्फ़ एक बहुत

सुन्दर डिब्बा ही नहीं दिया गया (यह साधारण प्रथम श्रेणी का डिब्बा बिलकुल ही नहीं था), सारी ट्रेन ही असाधारण थी—यह अन्य एक्सप्रेसों से बीस मिनट पहले रोम पहुँच गई। मॉरिस और हेलविग साधारण समय-सूची के अनुसार ही उन्हें लेने के लिए स्टेशन आए, इसी से वे देर से पहुँचे। फ़ासिस्ट शृगालों ने यही चाहा भी था, ताकि गांधी उन लोगों के क़ब्ज़े से निकल जाएँ। गाड़ी रुकते ही गांधी ने देखा, सीढ़ी के पास दो महिलाएँ खड़ी हैं—उन्होंने कहा कि वे गांधी को लेने आई हैं। कोई सज्जन गांधी को अपने महल में ठहराना चाहते हैं, उन्होंने इन दोनों महिलाओं की मार्फ़त सन्देश भेजा है कि गांधी उनका आतिथ्य स्वीकार करें—इसी से वे महिलाएँ गांधी को वहाँ ले जाने के लिए गाड़ी ले आई हैं। महल के मालिक कोई और नहीं, स्कार्पा के ही एक मित्र हैं—और स्कार्पा भारत में इटली के राजदूत हैं और गांधी को इस तरह इटली बुलाने की योजना के पीछे केवल उन्हीं का हाथ है। इधर उस समय तक मॉरिस का कहीं पता ही नहीं था। गांधी की जगह कोई और होता तो अब तक उन महिलाओं का आग्रहपूर्ण निमंत्रण स्वीकार कर लेता। लेकिन ये बूढ़े तो कम सयाने नहीं हैं, इसके अलावा मैंने भी उन्हें पहले ही सावधान कर दिया था—वे राज़ी नहीं हुए। अपने कमरे के कोने में गठरी बने बैठे रहे—बोले, रोमां रोलां के मित्र जेनरल मॉरिस के यहाँ उनके ठहरने की बात है और जब तक मॉरिस नहीं आते, वे गाड़ी से न उतरेंगे। स्टेशन के अधिकारी भी कम परेशान नहीं हुए, क्योंकि वे गाड़ी को किसी दूसरी लाइन पर भी नहीं हटा पा रहे थे, परिणामस्वरूप दूसरी गाड़ियों को भी रोकना पड़ रहा था।

अन्त में हेलविग के साथ मॉरिस आ पहुँचे। उन्होंने अपनी गाड़ी में गांधी, मीरा और अंग्रेज़ पुलिस कर्मचारी को बैठाया—पीछे-पीछे एक दूसरी गाड़ी से हेलविग और अन्य भारतीय चले। दोनों गाड़ियों के बीच जो फ़ासला था, वह पुलिसवालों से भरा हुआ था। मन्ते मारियो के नीचे पहुँचने पर ही हेलविग की गाड़ी पहली गाड़ी के ठीक पीछे जा सकी और पहाड़ पर चढ़ने के समय, मोड़ लेते हुए, हेलविग ने देखा कि उनकी गाड़ी के पीछे पंक्तिबद्ध चार-पाँच और गाड़ियाँ हैं। हेलविग इन पत्रकारों और अन्य लोगों की भीड़ से अपने मित्र के मकान की रक्षा करने का उपाय सोचने लगे—दोनों गाड़ियों के बीच की दूरी धीरे-धीरे कम करते हुए और दूसरी गाड़ियों से बचते हुए वे मॉरिस की गाड़ी के ठीक पीछे आ पहुँचे। मॉरिस का विला सदर रास्ते पर नहीं है, वहाँ जाने के लिए एक ऐसे रास्ते से गुज़रना पड़ता है, जहाँ साथ-साथ दो गाड़ियाँ नहीं चल सकतीं। उस रास्ते में पहले मॉरिस की गाड़ी घुसी और उसके बाद हेलविग की गाड़ी। रास्ते में घुसते ही हेलविग ने अपनी गाड़ी रोक दी। अब उस रास्ते में दूसरी गाड़ियों के घुसने की जगह ही न रही। पीछेवाले लोग शोर-गुल करने लगे, लेकिन हेलविग टस-से-मस न हुए। तब पुलिसवाले वहाँ दौड़ आए, वे भी शोर मचाने लगे—अब हेलविग ने फिर आगे

बढ़ना शुरू किया, लेकिन इस तरह उन्होंने मॉरिस को काफ़ी आगे निकल जाने का मौक़ा दे दिया था। जब वे पहुँचे तो उन्होंने देखा कि पुलिसवाले भी घर में घुस गए हैं। एक पुलिसवाला टेलीफ़ोन के पास आ खड़ा हुआ। दूसरा बैठक में प्रवेश करने की राह में जा डटा—नतीजा यह हुआ कि गांधी जब तक रहे, विचार-विमर्श का एक भी शब्द पुलिसवालों से छिपा न रहा। किसी वक़्त बगीचे में गांधी ने हेलविग को ज़रा आड़ में बुलाया और ख़ासी ऊँची आवाज़ में (गांधी को इतनी ऊँची आवाज़ में बोलते हेलविग ने पहली बार सुना था) कहा, "अब आप मुझे सब कुछ बता दीजिए, कुछ छिपाइएगा मत।" हेलविग मुँह खोलने ही वाले थे कि थोड़ी ही दूर पर, गांधी के पीछे, उन्होंने मादाम मॉरिस को देखा—वे घबराई हुई-सी उनको सावधान रहने का इशारा कर रही थीं। अतः मुँह खोलना उनके लिए असम्भव हो गया, बात बदलकर वे गांधी को सामने का प्राकृतिक दृश्य दिखाते हुए बोले, "देखिए तो, कितना सुन्दर आकाश है, प्रकृति कैसी अद्‌भुत है—यह सब आज भी, अभी भी, हम लोगों का है। इसे अगर किसी दिन हमें खोने को लाचार होना पड़े तो वह कितने बड़े दुख की बात होगी...।"

जेनरल बूढ़े हैं, हृदय-रोग से तकलीफ़ में रहते हैं, उनकी पत्नी का स्वास्थ्य भी अच्छा नहीं रहता, इसी से उन्हें उसके प्रति सावधान रहना पड़ता है। कहीं वे कुछ ऐसा न कर बैठें, जिससे उनकी पत्नी की हालत ख़राब हो जाए, या उनको भारी धक्का लगे या उनके सिर पर 'असली अधिकारी' का वज्र टूट पड़े इस डर से जेनरल हमेशा सकते में पड़े रहते हैं। फलतः मुँह बन्द रहता है। इसी से गांधी जितने दिन उनके साथ रहे, उन्होंने एक भी बात नहीं सुनी, वे सुन ही नहीं सके।

गांधी ने रोम में जो छत्तीस घंटे बिताए, हेलविग ने उसका पूरा-पूरा विवरण मुझे सुनाया। गांधी की पहली इच्छा वैटीकन के दर्शन की थी (और मेरा ख़याल है, वैटीकन के स्वामी के दर्शन की भी, जिन्होंने उन्हें दर्शन देने की कोई चेष्टा ही नहीं की)। वैटीकन म्यूज़ियम के क्यूरेटर के साथ पहले से बन्दोबस्त करके तीसरे पहर वहाँ जाने का निश्चय हुआ। साथ ही स्कार्पा ने भी ख़बर दे रखी थी कि वे गांधी को कोई मन्तेसोरी विद्यालय दिखाने ले जाएँगे, फिर वहाँ से वे लोग काउंटेस कार्नेवाली के यहाँ जाएँगे, उसके बाद (जहाँ तक मेरा ख़याल है) मुसोलिनी के यहाँ। गांधी करते भी क्या, कौतूहल अवश्य ही हुआ होगा, लिहाज़ा राज़ी हो गए होंगे। हेलविग पहले उन्हें सिस्टाइन चैपेल दिखाने ले गए—उसकी धनुषाकृति छत, उस पर माइकेल एंजेलो के भित्ति-चित्र, बट्टिचेली के चित्र आदि। गांधी हँसते जा रहे थे, सिर हिला रहे थे, यद्यपि उसने उनको बिलकुल अभिभूत नहीं बना दिया था। उन्हें कौतूहल हुआ तब, जब उन्होंने सुना कि युग-युग से पोप का निर्वाचन इसी कक्ष में होता आया है। वापस आते समय चौदहवीं या पन्द्रहवीं शती के एक क्रॉसबिद्ध ईसा के चित्र पर उनकी नज़र पड़ी। चित्र कठोर और दृढ़ साँचे से तैयार किया गया था।

केवल यही एक चीज़ थी, जिसने उन्हें अभिभूत किया। मूर्ति-गृह में वे साक्रेटीज़ के सामने खड़े हुए, पहचान भी गए। लेकिन फिर सिलेन की एक मूर्ति दिखाकर बोले, "साक्रेटीज़!" (और उन्होंने ग़लती भी नहीं की थी)। नील नद और उसकी उत्पत्ति से सम्बन्धित मूर्तियाँ भी उन्हें अच्छी लगीं और शायद लाओकूनो की मूर्ति (ग्रीक पुराणों में वर्णित एक व्यक्ति, जिसे साँप ने कुचलकर मार डाला था) भी पसन्द आई। (हेलविग ने बेशक अन्तिम मूर्ति के बारे में कुछ नहीं कहा, लेकिन देसाई ने इस सम्बन्ध में 'यंग इंडिया' में लिखते हुए इस मूर्ति का उल्लेख किया था, कुछ हास्यास्पद बातें भी लिखी थीं। इन बेचारे भारतीयों को जो सब विवरण सुनाए गए थे, उन्हें उन लोगों ने मिला-जुलाकर एक कर दिया—जैसे, देसाई ने सारी मूर्तियों को एक ग्रीक शिल्पी और उसके दो पुत्रों की कृति बताया है!)

उसके बाद हेलविग उन्हें जानिक्यूल (रोम का पहाड़) पर ले गए, वहाँ से रोम के सूर्यास्त का अद्‌भुत सौन्दर्य दिखलाया। उसके बाद उस दिन गांधी और जहाँ भी गए, हेलविग उनके साथ नहीं रहे। लेकिन वे जानते थे कि उस दिन काउंटेस कार्नेवाली के घर नामीगिरामी फ़ासिस्ट पत्रकार आ रहे हैं, जिनमें एक थे रोम के प्रसिद्ध अख़बार 'ज्योर्नाले दितालिया' के संचालक। ये सज्जन अंग्रेज़ी का एक भी शब्द न जानते थे, अत: गांधी जो कुछ कहते, उसका एक अक्षर समझना उनके वश की बात न थी, फिर भी अगले दिन के अख़बार में उन्होंने गांधी के साथ अपनी मुलाक़ात का विस्तृत विवरण प्रकाशित कराया था। उस विवरण में गांधी का जो मनोभाव चित्रित था, वह पूरी तरह से फ़ासिस्ट था (यहाँ तक कि हिंसा को भी तर्कसंगत बनाने का उनका प्रयत्न था)। लेख से तर्क-वितर्क की आँधी उठ खड़ी हुई। इसी कारण बहुत से लोग गांधी से नाराज़ भी हो गए। गांधी को बेशक उस लेख के बारे में, लौटते हुए जहाज़ पर मालूम हुआ, शायद मिस्र में और वहाँ से उन्होंने टेलीग्राम करके उसका प्रतिवाद किया था। लेकिन पत्रकार ने अपनी मुलाक़ात का विवरण बरक़रार रखा।

अगर मैं ग़लती नहीं करता (ठीक कितने बजे गांधी मिलने गए, इसके बारे में कुछ ग़लती हो सकती है) तो गांधी उसके बाद ही मुसोलिनी से मिलने गए—साथ थे मीरा, मॉरिस और देसाई। मुसोलिनी उनका स्वागत करने के लिए आगे बढ़े और उन्हें तथा मीरा को बैठने को कहा, लेकिन बूढ़े जेनरल और देसाई को उन्होंने खड़ा रखा। उन्होंने ऐसा भाव प्रकट किया, मानो इस बात पर उनकी नज़र ही नहीं पड़ी। एक बार गांधी ने (मुझे ऐसा जान पड़ता है) जेनरल मॉरिस की ओर इशारा किया, तब मुसोलिनी ने चकित होकर देखा और निर्लिप्त भाव से कहा, "जानता हूँ, जानता हूँ...।" हेलविग के मत से मुसोलिनी हमेशा बड़े सतर्क रहते हैं—सारे सवाल वे अकेले ही करते गए, अपनी ओर से कुछ कहने के लिए उन्होंने मुँह तक नहीं खोला।

दूसरे दिन सबेरे-सबेरे गांधी को 'बालिल्ला' ले जाने के लिए स्कार्पा आ पहुँचे—वहाँ बारह-तेरह साल के किशोरों ने गांधी के सम्मान में बन्दूक की आवाज़ें कीं। (गांधी हमेशा से छोटे-छोटे बच्चों को प्यार करते हैं, अत: इस बात को शायद उन्होंने हँसी-ठट्ठा ही समझा।) फिर पार्टी के अधिकारियों के साथ एक बैठक हुई, जिसमें फ़ासिस्ट नेता स्ताराचे मध्यमणि की तरह उपस्थित थे। बातचीत शुरू हुई भारत की घटनाओं के बारे में। इन सज्जनों ने मीठी हँसी के साथ भारतीयों के लिए अहिंसा की उपयोगिता स्वीकार की, लेकिन स्वभावत: यूरोप के लिए उसका प्रयोग बिल्कुल अलग बात है।

इस दिन के घटनाक्रम का ठीक वर्णन करना मुश्किल है—जहाँ-तहाँ ग़लती हो सकती है। मैं सिर्फ़ इतना जानता हूँ कि इन लोगों ने गांधी को कुछ समाज-सेवी आदर्श संस्थाओं में घुमा-फिराकर दिखाया (दरिद्रों और बूढ़ों के लिए अस्पताल आदि), वे उन्हें शिल्प-प्रशिक्षण संस्था में भी ले गए और उन्हें झाँसा भी कम नहीं दिया—क्योंकि यद्यपि गांधी ने इनको इस तरह की हज़ारों-हज़ार संस्थाओं में से एक समझा, लेकिन हेलविग की राय में असल में ये बिंधी हुई नीलमणियाँ थीं।

जिनसे पीछा नहीं छुड़ाया जा सकता था वे स्कार्पा अपने माननीय भारतीय अतिथियों को एक बार फिर पूर्वोक्त काउंटेस कार्नेवाली के यहाँ खींच ले गए और हेलविग का कहना है कि इस बार वे भद्र महिला अपनी स्त्री जाति-सुलभ निर्बुद्धिता और घमंड का परिचय देकर रहीं। शायद युवती राजकुमारी मेरी ने मॉरिस के यहाँ गांधी से भेंट करना चाहा, इस घोषणा के परिणामस्वरूप एक बार फिर झटपट काउंटेस की इस सभा की बैठक हो गई। राजकुमारी की उम्र उन्नीस होने पर भी अक्ल उनमें पन्द्रह बरस की थी—गांधी को अपने देश का कोई स्मृतिचिह्न देने का एक मर्मस्पर्शी और आन्तरिक आग्रह उनमें जाग उठा। उस उपहार के लिए वे चुन-चुनकर एक तरह का फल ले आईं, जिसे इटली की भाषा में 'भारत का गूलर' कहा जाता है और जो कैक्टस की तरह काँटों से भरा था तथा जिसके साथ इस नाम के भारतीय फल का कोई सरोकार नहीं था। वे लाल फीते से बँधी एक ख़ूबसूरत पिटारी में उन फलों को ले आईं, जो ऊँट की कर्कश-कठोर जीभ के ही लायक था। हेलविग का कहना है कि वह एक आश्चर्यजनक तमाशा था, जब बड़े क़ायदे से पिटारी को खोलकर गांधी अपनी शरारत-भरी शान्ति के साथ फलों को घुमा-फिराकर देखने लगे।

हेलविग ने गांधी से सम्बन्धित जो अन्तिम स्मृति मन में जुगा रखी है और उनके मत से जो स्मृति सबसे महत्त्वपूर्ण है, वह अन्तिम संध्या की है—स्टेशन पर, गाड़ी छूटने के समय की। गाड़ी छूटने के दस-एक मिनट पहले गांधी अपने डिब्बे में जाकर खिड़की पर बैठ गए। उनकी खिड़की के पास सैकड़ों आदमियों की भीड़ जमा थी। उन्हीं में हेलविग भी थे, इसलिए वे उन लोगों की सारी बातचीत

साफ़-साफ़ सुन रहे थे। भीड़ चूँकि लातीनी लोगों की थी, उनकी बातचीत में संयम की गंध तक नहीं थी—सब लोग गांधी की बदसूरती के बारे में छींटाकशी कर रहे थे—एक से दूसरे मुँह इतालवी शब्द 'ब्रुत्तो' सुना जा रहा था, जिसका अर्थ होता है घिनौना। भीड़ के लोग एक-एक करके आगे आ रहे थे और गांधी की ओर हाथ बढ़ा रहे थे। गांधी भी अपनी ज़ोरदार और उन्मुक्त हँसी के साथ उन लोगों से हाथ मिलाते जा रहे थे। उनकी हँसी की वह दीप्ति धीरे-धीरे अपना काम करने लगी थी, एक-एक करके भीड़ के लोग मुग्ध हुए जा रहे थे। अन्त में उन्होंने हर-एक का मन जीत लिया। यह सब दस मिनट के अन्दर हो गया, उनसे किसी को एक शब्द बोलने की भी ज़रूरत न पड़ी। गांधी में जनता को वश में करने की कैसी शक्ति है, इस घटना से हेलविग को उसका परिचय मिला।

स्कार्पा पहले कोलम्बो में इटली के राजदूत पद पर चुने गए, वहाँ से राजदूत पद पर ही वे बम्बई आए। इस धन्धे के लिए जिन गुणों अथवा जानकारी की ज़रूरत थी, वह उनमें नहीं थी। फिर भी भारत में आकर वे स्वार्थवश अपने को गांधी के आन्दोलन का बहुत बड़ा समर्थक दिखाने का ढोंग करने लगे, ताकि अंग्रेज़ों के चले जाने पर भारत के वाणिज्य-व्यवसाय का उत्तराधिकार इटली को प्राप्त हो सके।

3 मार्च, 1932

भारत भ्रमण समाप्त करके प्रिवा और उनकी पत्नी हम लोगों से मिलने आईं। धूप और समुद्री हवा से उनकी चमड़ी ताँबे के रंग की हो गई थी। दो महीनों तक ख़ानाबदोशों की तरह भारत में चक्कर काटते हुए उन लोगों ने जो कुछ देखा या सुना था, वह सब उन्होंने सुनाना शुरू किया। इन लोगों के बम्बई पहुँचने के आठ-दस दिनों के अन्दर ही गांधी गिरफ़्तार हो गए—इसी से इन लोगों के लिए अधिक कुछ कर सकने का समय वे नहीं पा सके। उन्होंने अपने टेढ़े-मेढ़े अक्षरों में सिर्फ़ दो पंक्तियाँ लिख दीं। ये पंक्तियाँ उन लोगों को सम्बोधित थीं, जो भारत में कांग्रेस के पक्ष में थे और उनसे कहा गया था कि वे प्रिवा दम्पती का सादर स्वागत करें। लेकिन ये मामूली पंक्तियाँ जादू की तरह असरदार साबित हुईं—क्योंकि जहाँ भी ये गए, उन पंक्तियों के चलते, इनके लिए सारे दरवाज़े खुल गए, ये सब तरह की सभाओं में शामिल हो सके। और सबसे आश्चर्य की बात तो यह है कि उन थोड़ी-सी पंक्तियों ने ब्रिटिश सरकार और उसकी पुलिस के निकट भी सम्मान पाया। उन्होंने जो जाँच-पड़ताल की, उसका निष्कर्ष, बड़ा स्पष्ट था और उसे इन लोगों ने नि:संकोच भाव से वायसराय लार्ड विलिंगडन को जता देने में भी आगा-पीछा नहीं किया। नई दिल्ली में विलिंगडन ने इन लोगों से काफ़ी देर तक बातचीत की

और इनका यह वक्तव्य सुनकर उन्होंने आसमान की ओर दोनों हाथ उठा दिए कि हिन्दू-मुसलमान-पारसी के भेदभाव के बिना भारत के 95 प्रतिशत लोग पूरी तरह से गांधी के साथ हैं। और इस समय वायसराय की हिंसा-नीति के जो सबसे बड़े विरोधी हैं, वे मध्यम पन्थी हैं—कल तक ये ही लोग इंग्लैंड का समर्थन कर रहे थे। लार्ड विलिंगडन प्रिवा दम्पती के मन पर एक छाप छोड़ सके हैं और वह छाप किसी दुर्बल मनुष्य की नहीं है, यद्यपि लोग उसे दुर्बल ही कहते हैं (मैंने भी कहा है)—उलटे उन्हें ऐसा लगा है कि यह आदमी एक ज़िद्दी गधा है। उनका श्रेणीगत परिचय देते हुए प्रिवा ने कहा, "एक बूढ़ा शिकारी है"—उसे इसलिए वहाँ बैठा दिया गया है कि पैसे कमा सके और अपनी बिगड़ी हुई क़िस्मत बना सके। गँवई-गाँव के सम्भ्रान्त अंग्रेज़ में जो संस्कार होने चाहिए, वे सब उनमें हैं—वे गांधी से घृणा करते हैं, उन्हें कुचक्री और धोखेबाज़ समझते हैं। उनको इस बात में सन्देह नहीं है कि वे गांधी और उनके शिष्यों को जड़-मूल से नष्ट कर सकेंगे, कम-से-कम वे ऐसा ही समझना चाहते हैं। लेकिन बुद्धू जानकर जिसे वे कुछ समझना ही नहीं चाहते, उसी ने उनके स्वराष्ट्र मंत्री इमर्सन को भय से कँपा रखा है। इमर्सन बुद्धिमान हैं, समझते हैं कि कितनी बड़ी भूल हो चुकी है—उस भूल को सुधारने के लिए उनके अथक प्रयत्नों का अन्त नहीं है। गांधी के कांग्रेस दल को ही जो ये भारतीय राजनीति की एकमात्र शक्ति के रूप में जानते हैं, उसे मानने में इन लोगों को आपत्ति नहीं है—लेकिन इसीलिए उसे स्वीकार तो नहीं किया जा सकता अथवा उसके हाथों में क्षमता नहीं दी जा सकती। ऐसा करना इंग्लैंड के भारतीय मित्रपक्ष (जैसे पोष्य पुत्र राजे-रजवाड़े) को धोखा देना होगा। लेकिन मालवीय की तरह इमर्सन भी भलीभाँति जानते हैं कि वह समय निकट है, जब गांधी ही भारत के सच्चे भाग्य-विधाता होंगे। प्रिवा दम्पती जहाँ कहीं गए, पुलिस उनके पीछे लगी रही—नई दिल्ली में उनके बारे में एक पूरी फ़ाइल तक थी। बेशक, ऐसा भी हुआ है कि पुलिस ने कभी-कभी उनसे क्षमा भी माँगी है। इस तरह का कर्तव्य-पालन करते हुए ही उन्हें अपना पेट पालना पड़ता है, उन्होंने इशारतन यह भी बताया है। दूसरी ओर, असहाय जनता पर जो अमानुषिक लाठी चार्ज होता है—हाथ घुमाकर जो लाठी वे सीधे जनता के सिर पर मारते हैं और जिसे वह, जब तक सम्भव होता है, सहती रहती है, यानी जब तक वह शक्तिहीन होकर ज़मीन पर गिर नहीं जाती—उस लाठी चार्ज के बारे में भी प्रिवा दम्पती ने कहा कि प्राय: सभी क्षेत्रों में इस तरह के पाशविक अत्याचार में अंग्रेज़ पुलिस ही लिप्त होती है (जनता के शरीरों पर पीतल की मूठवाली लाठियों के गिरने की भयंकर और बहरा करनेवाली आवाज़ मानो प्रिवा दम्पती के कानों में अब तक गूँज रही है)। भारतीय पुलिस लाठी उठाकर सिर्फ़ मारने का बहाना करती है और सिर्फ़ भागनेवाले कायरों को ही मारती है लेकिन जो लोग वीरों की तरह शान्तिपूर्वक सिर उठाकर प्रतिरोध करते हैं, उन्हें

भारतीय पुलिस नहीं छूती। इससे अनुमान किया जा सकता है कि जिस भारतीय सेना को ब्रिटेनवाले घूस देकर क़ब्ज़े में लाना चाहते हैं, वे ही अचानक एक दिन विद्रोह कर सकते हैं। प्रिवा दम्पती ने यह भी कहा कि जिस देश में अख़बारों पर प्रतिबन्ध लगा हुआ है, उस देश में भी अनजाने ही लोगों को बड़ी जल्दी किसी भी घटना की ख़बर लग जाती है—जैसे कि वे जिस किसी ख़ास शहर में गए, आधे घंटे के अन्दर वहाँ यह बात फैल गई। शहर के बीचोंबीच, गुप्तचरों से घिरे रहकर भी, वे लोग उन गुप्त सभा-समितियों में भाग ले सके, जिन्हें प्रदेश कांग्रेस के नेताओं ने पुलिस की नाक के नीचे आयोजित किया था।—शान्तिनिकेतन में वे लोग रवीन्द्रनाथ से मिलने गए। रवीन्द्रनाथ अपनी सहन-शक्ति की सीमा पर पहुँच गए हैं। अब उनसे सहा नहीं जा रहा। अब किसी संयम से उनको कुछ लेना-देना नहीं है। उनका विद्रोह अपनी प्रचंडता में गांधीवादियों को भी पीछे छोड़ गया है, अब वे अंग्रेज़ नागरिक होकर नहीं रहना चाहते—उन्होंने प्रिवा से अनुरोध किया है कि उन्हें तत्काल स्विस नागरिकता देने की व्यवस्था की जाए—बेलूड़ के रामकृष्ण आश्रम में प्रिवा दम्पती वृद्ध शिवानन्द से मिले—अब वे हिल-डुल नहीं सकते अक्सर बातें भी नहीं करते लेकिन प्रिवा दम्पती से स्वाधीनता आन्दोलन की अनेक अच्छी ख़बरें सुनकर उनका चेहरा चमक उठा था। इनके ज़रिये उन्होंने मुझे नमस्कार भेजा है—भारत में सब जगह लोग मुझे जानते हैं, मुझसे प्रेम करते हैं। आश्चर्य की बात यह है कि गांधी के बारे में मेरे लेखन की लोग वैसी चर्चा नहीं करते, रामकृष्ण के बारे में मेरी रचना की ही चर्चा ज़्यादा होती है।

गांधी के इटली-भ्रमण के बारे में भी प्रिवा ने सूचनाएँ दीं—देमेत्रियो हेलविग का कथन इससे भी प्रमाणित हुआ। यह सच है कि शैतानी षड्यंत्र के कारण ही गांधी की ट्रेन पूर्व निश्चित समय से 40 मिनट पहले रोम पहुँची थी। और उन्हीं 40 मिनटों में शैतानों ने उनको अपनी मोटर पर बैठाकर समुद्र किनारे के एक विला में ले जाने की बहुत चेष्टा की थी—और अगर वे ऐसा कर पाते तो फ़ासिस्टों की मनमोहिनी बातों के चक्कर में पड़े बिना गांधी का छुटकारा नहीं था। यह भी सच है कि गांधी के साथ तमाम मुलाक़ातों का झूठा विवरण फ़ासिस्ट अख़बारों ने छापा था। जहाँ कहीं उन्होंने अहिंसा की चर्चा की थी, वहाँ उन लोगों ने जान-बूझकर 'अ' अक्षर को काटकर हटा दिया था। गांधी जब अलेग्जेन्ड्रिया पहुँचे तो उनसे मिलने के लिए एक अंग्रेज़ मंत्री और सर सैमुएल होर के एक प्रतिनिधि जहाज़ पर पहुँचे। उन लोगों ने गांधी से पूछा कि इटली में उनके द्वारा जो हिंसात्मक बातें कही गई बताई जाती हैं, वे सच हैं या नहीं। और गांधी के तीव्र प्रतिवाद के बाद भी, उसी फ़ासिस्ट विवरण के बहाने अंग्रेज़ों ने भारत में नए अत्याचार शुरू कर दिए। दुर्भाग्यवश (और प्रिवा ने दुखपूर्वक यह बात मीरा तथा देसाई से कही भी) एक दिन सबेरे प्रिवा की नज़र बचाकर गांधी अपने सहयोगियों के साथ छिपकर बाहर निकल गए। बाद

में स्कार्फा के जाल में पड़कर उन लोगों को कई क्लेशकर स्थानों में जाना पड़ा (जैसे बालिल्ला के अख़बार के दफ़्तर में), और उस समय मौक़ा पाकर फ़ासिस्ट अख़बारों के फ़ोटोग्राफरों ने उन लोगों की तसवीरें भी खींचीं। ये बातें उन लोगों ने प्रिवा से एकदम छिपा लीं। हाँ, इसमें कोई सन्देह नहीं कि गांधी और उनके संगियों ने इस घटना को कोई महत्त्व नहीं देना चाहा—लेकिन इस बात को प्रिवा को छिपाकर उन लोगों ने भूल की (उन लोगों ने समझ लिया था कि जानकारी होने पर प्रिवा उन लोगों को झिड़की देंगे)। प्रिवा ने कहा कि जेनरल मॉरिस के मन्ते मारियोवाले विला में गांधी से मिलने जाते समय ऐसा लगता था, जैसे किसी फ़ौजी छावनी में प्रवेश करना पड़ रहा हो—चारों ओर हथियारबन्द सेना घिरी रहती थी। गांधी ने पोप से मिलने के लिए स्वयं उनसे अनुरोध किया। पोप ने यह कहकर उस अनुरोध को अस्वीकार कर दिया कि रविवार को वे किसी से मुलाक़ात नहीं किया करते और शनिवार की शाम को उन्हें दूसरे काम हैं। स्वभावत: गांधी दुखी हुए, लेकिन अपने मन का यह भाव उन्होंने प्रकट नहीं किया। पोप उनसे मिलने को राज़ी हो जाएँगे, पता नहीं, यह भरोसा उन्हें किसने दिला दिया था और पोप की एक झलक पाने की उम्मीद से ही वे रोम गए थे। तो फिर भीतर-ही-भीतर हुआ क्या था? सुनते हैं कि जो कैथोलिक प्रतिनिधि गोल-मेज़ सम्मेलन में शरीक हुए थे, उन्होंने वैटिकन को ख़बर दी थी कि गांधी ने भारत में मिशनरियों के विरुद्ध कुछ कहा है, अत: पोप का उनसे न मिलना ही उचित होगा। इस बात से जिन्हें सबसे ज़्यादा ख़ुशी हुई, वे थे मुसोलिनी। गांधी से जब उनकी मुलाक़ात हुई तो उन्होंने गांधी को कोई प्रश्न पूछने का मौक़ा ही नहीं दिया, उलटे वे ही लगातार एक के बाद दूसरा सवाल पूछते गए, भारत की व्यावसायिक परिस्थिति के बारे में उनसे जानकारी लेते रहे। अंग्रेज़ों के चले जाने पर भारत के व्यावसायिक क्षेत्र के शून्य स्थान को भरने के लिए इतालीय लोग व्यग्र हैं, यह तो स्पष्ट ही है। इतालियनों ने यह मान लिया है कि गांधी का आन्दोलन सफल होगा और परिणामस्वरूप अंग्रेज़ भारत छोड़ेंगे। रवीन्द्रनाथ की तरह गांधी भी इटली को देखकर बहुत मुग्ध हुए। इटली बहुत कुछ उन्हें अपने ही देश की तरह लगती रही। गांधी ने कहा, रोम से ब्रिन्दिसी तक के रास्ते में उन्होंने जो प्राकृतिक दृश्य और घर-मकान देखे, उन्होंने उनको भारत की याद दिला दी। और सचमुच वह सादृश्य कितना है, इसे प्रिवा दम्पती अब अपनी आँखों देख आए हैं।

मई, 1932

(भारत से लौटने के बाद प्रिवा से जो बातचीत हुई उसके बाद का अंश)। (छिटफुट स्मृति का संकलन)।

श्रीमती गांधी—ये देवी देखने में छोटी हैं, काफ़ी छोटी, एकदम नन्ही-सी। तसवीर देखकर उनके अंग-प्रत्यंगों के बारे में कोई ठीक धारणा नहीं बनती। लोग उनको जितनी बूढ़ी कहते हैं, उतनी वे हैं नहीं। स्वभाव बड़ा मधुर है, एकदम बच्चों-जैसा। हर वक़्त उनका मन जाने कहाँ अटका रहता है, हमेशा इधर से उधर घूमती रहती हैं। हित-मित्र और दूसरे लोग हमेशा उनका अदब मानकर नहीं चलते (बेशक गांधी इसके अपवाद हैं। वे अपनी स्त्री के प्रति हमेशा भला और मधुर व्यवहार करते हैं—लेकिन गांधी तो सदा व्यस्त ही रहते हैं।) जो लोग उनके प्रति किसी प्रकार की दया दिखलाते हैं, वे उनके पास जाकर शरण लेती हैं। जैसे, एक रात अचानक वे प्रिवा दम्पती के कमरे में घुस आईं और नालिश करती-सी बोलीं, "समझ में नहीं आता, कहाँ जाऊँ? सारे कमरे तो भरे हुए हैं।" इसके बाद वे सिकुड़-सिमटकर कोने में बैठ गईं और छोटे बच्चे की तरह, तुरन्त ही, दो-एक घंटे के लिए सो गईं। नींद खुली तो अचरज में पड़ गईं, विनम्रतापूर्वक प्रिवा दम्पती को धन्यवाद दिया, फिर चुपचाप बाहर निकल गईं। गांधी जब गिरफ़्तार हुए, उनके पैरों पर लोट पड़ीं। यह सोचकर कि उनको कितने कष्ट दिए हैं, उन्होंने क्षमा माँगी।

गांधी का जो बड़ा लड़का बिगड़ गया है, उसकी उम्र चालीस से पचास के बीच होगी—सिर पर सफ़ेद केश हैं, अच्छा-ख़ासा सुदर्शन चेहरा है। मैंने सोचा था, वह एक बुर्जुआ विद्रोही की तरह पिता के मत-विश्वासों के ख़िलाफ़ जा पड़ा है—लेकिन ऐसा नहीं है। लड़का ढुलमुल स्वभाव का है, अच्छे या बुरे किसी रास्ते पर दृढ़ता के साथ नहीं चल सकता, एक काम करते-करते दूसरा शुरू कर देता है, किसी में मन नहीं टिका पाता। औरतों के पीछे लगा रहता है, उनको जैसे निगल जाना चाहता है, क़र्ज़ लेता रहता है, एक टुकड़ा रोटी माँगने में भी उसे संकोच नहीं है। बदमाश बिलकुल नहीं है, सिर्फ़ कमज़ोर मन का है। परिवार के सभी लोग और गांधी के हित-मित्र उसके साथ बड़ा कठोर व्यवहार करते हैं, उसे घृणा की दृष्टि से देखते हैं। सिर्फ़ गांधी का व्यवहार अच्छा है, वे लड़के की खोज-ख़बर लेते रहते हैं, पूछते हैं कि उसने खाना खाया है या नहीं। प्रिवा ने उनके लड़के के साथ स्नेहपूर्वक बातें करते देखा है—गांधी की उस बातचीत में लड़के के प्रति तनिक भी विद्वेष का भाव नहीं था। बाक़ी दोनों लड़के पिता के बड़े भक्त हैं—दूसरा दक्षिण अफ़्रीका में है। सबसे छोटे देवदास को हम लोगों ने विलनवे में देखा था, वह (कौन उसे देखकर ऐसा कहेगा?) बहुत बड़ा वक्ता है, भारत की जन-सभाओं में जो लोग ख़ूब भाषण देते फिरते हैं, उन्हीं में से एक है।

मीरा जितनी कट्टर हैं, सबके सामने वे उतना ही अपना महत्त्व भी ज़ाहिर करती फिरती हैं—गांधी को वे लगातार किसी अति की ओर ढकेल रही हैं। अपनी अहिंसा में भी, भीतर-ही-भीतर वे हिंसा से प्रेरित हैं। उनके गुरु ने यदि अहिंसा को न अपनाकर हिंसा का मार्ग चुना होता तो मीरा की उस अन्तर्निहित हिंसा का रूप,

न जाने और कितना बढ़ता। मीरा केवल उसी गुरु को मानती और उस पर श्रद्धा रखती हैं (दूसरा व्यक्ति जिस पर उनकी श्रद्धा है शायद मैं हूँ)। प्रिवा कह रहे थे, बम्बई में पुलिस जब गांधी को गिरफ़्तार करने के लिए आई तो क्रोध से मानो मीरा की दोनों आँखें जल उठीं, पुलिसवालों के प्रति अपमानजनक शब्दों का व्यवहार करने में भी वे न चूकीं। गांधी के प्रधान सहकारी और दाहिने हाथ महादेव देसाई के साथ उनका झगड़ा लगा ही रहता है। ये सज्जन बड़े विद्वान, ब्राह्मण और स्वाभिमानी हैं—इसी से मीरा जब मालकिन की तरह उन पर हुक्म चलाने लगती हैं तो स्वभावत: वे नाराज़ हो जाते हैं। मीरा उनसे कहती हैं, "यह कीजिए, वह कीजिए।" वे कहते हैं—'नहीं करूँगा' 'करना पड़ेगा।' 'हर्गिज नहीं करूँगा' इसके बाद धड़ाम से दरवाज़ा बन्द करते हुए वे बाहर निकल जाते हैं। ज़रा देर बाद ही लौट आते हैं और अपने क्रोध के लिए अफ़सोस करते हैं। (उन लोगों के ऐसे कलह के दृश्य प्रिवा ने जहाज़-यात्रा के दौरान ही देखे थे।) लेकिन मीरा किसी तरह का पश्चाताप न करेंगी—वे अहंकारी की तरह माथा ताने ही रहेंगी अपनी दृढ़ता बनाए रखेंगी। उनका अभिमान चूर करना सिर्फ़ गांधी ही जानते हैं। वे मीरा को पहचानते हैं, इसी से उनके प्रति बहुत कठोर भी होते हैं, बेशक अपने स्वाभाविक ढंग से। एक दिन तो प्रिवा की आँखों के सामने ही गांधी ने मीरा को झाड़ दिया—बेशक वे चिल्लाए भी नहीं। गम्भीर स्वर में, ठीक किसी बुढ़िया दादी की तरह, गांधी ने ताना मारते हुए मीरा को डाँटा—मीरा बाद में रो-रोकर लोट-पोट होती रहीं। प्रिवा दम्पती जब उनको दिलासा देने लगे तो मीरा ने कहा, "नहीं, उन्होंने ठीक ही कहा है—मैं इसी के लायक़ थी।" (इसी तरह की एक घटना हुई मीरा की संस्कृत की पढ़ाई के बारे में—गांधी ने उनको संस्कृत पढ़ने का आदेश दिया। लेकिन मीरा ने तरह-तरह के बहाने बनाकर पढ़ने की उपेक्षा की। असल में, पढ़ने-लिखने का मीरा का स्वभाव ही नहीं है, पुस्तकों के लिए उनमें कोई उत्साह नहीं है। इसी से किसी तरह की आशंका किए बिना गांधी ने उनके मन को उस ओर खींचने की कोशिश की थी। यद्यपि वे देसाई और प्यारेलाल को किताबों की ओर ज़्यादा ध्यान देने से रोकते ही हैं, क्योंकि ये दोनों स्वभावत: पुस्तकों के प्रति अधिक आकृष्ट हैं, साहित्य और कला सम्बन्धी पुस्तकें पाते ही पढ़ने बैठ जाते हैं। गांधी ने चाहा था कि इसके बदले ये लोग सक्रिय कार्यकर्ता बनें।)

बुढ़िया दादी की तरह आदेश देनेवाले गांधी के उस कंठस्वर का परिचय प्रिवा को और जगह भी मिला। बम्बई में एक बार उन्होंने उनको हिलते-डुलते बाँस के एक मंच पर चढ़कर भाषण देते देखा—इधर-उधर लगभग छ: लाउडस्पीकर लगे हुए थे। इतनी ऊँचाई पर दूर से वे ज़रा-से दीख रहे थे। पैर मोड़कर बैठे हुए थे, न हाथ हिलाते थे, न पैर, केवल अपना ज़रूरी वक्तव्य दीर्घ जप-माला की तरह धड़ाधड़ घंटे-दो घंटे तक तेज़ी से चलाए जा रहे थे—आवाज़ में कहीं

ज़रा-सा भी चढ़ाव-उतार नहीं था। और विशाल जनता चूँ तक किए बिना उनकी बात सुन रही थी। ऐसा लगता था, जैसे जन-समुद्र की लहरें उनके पैरों पर पछाड़ खा रही हों—भीड़ का एक हिस्सा औरतों के लिए अलग कर दिया गया था, ताकि उन्मत्त जनता के सम्पर्क से वे ज़रा दूर रह सकें। एक बार ऐसा हुआ कि कई सौ गांधी विरोधी अछूत विरोध-प्रदर्शन के लिए बम्बई आ पहुँचे। घुड़दौड़ के मैदान के एक किनारे ज्यों ही वे दीख पड़े, औरतों के लिए अलग जगह का बेड़ा हिल उठा, साथ ही आभास मिलते ही कांग्रेस सेवादल वालों ने चुपचाप चार-पाँच लाइनों में उस जगह को घेर लिया—सभी कम उम्र के युवक थे, उन लोगों ने एक-दूसरे का हाथ पकड़ रखा था। एक भी शब्द बोले बिना वे श्रोताओं की भीड़ में घुस गए, श्रोताओं को घेरकर उन्होंने एक घेरा बना लिया। कुछ ही मिनटों में, बिना किसी तरह की आवाज़ किए, सेवादल ने विद्रोहियों को हटा दिया : सब ख़त्म हो गया। बम्बई में पार्टी की ऐसी सुव्यवस्था की प्रशंसा करनी ही पड़ती है—एक ही साल में व्यवस्था की इतनी उन्नति देखकर पार्टी के सदस्य भी विस्मित हो गए।

गिरफ़्तारी के पहले के अन्तिम कई दिनों में गांधी का मनोभाव बड़ा शान्त था। जिस दिन बहुत बुरी ख़बरें आतीं, आसपास के सब लोग चंचल हो जाते, उस दिन भी गांधी के ओठों पर हँसी बनी ही रहती—तब भी वे प्रिवा वग़ैरह की खोज-ख़बर लेते रहे, जिन जगहों में उन लोगों को घूम आने को कहा था, उन जगहों में वे जा सके कि नहीं, यह पूछते। केवल उसी समय वे चिन्तामग्न हो जाते, जब वायसराय का पत्र आता और उन्हें उसका उत्तर देना होता। उससे पहले या बाद वे एक मिनट के भी लिए उद्विग्न न होते। वायसराय का दूसरा उत्तर मिलने के बाद ही स्पष्ट हो गया था कि अब गांधी गिरफ़्तार होंगे और उसके लिए सब लोग तैयार भी होने लगे। गांधी ने साथ ले जाने लायक़ सामान सहेज-सँभाल लिया, शिष्यों और मित्रों का दल बारी-बारी से रात को पहरा देने लगा—वे ध्यान रखते थे कि पुलिस कब आती है। एक रात निर्विघ्न कट गई क्योंकि पुलिस ने ग़लती से ऐसा समझा था कि गांधी बम्बई से अहमदाबाद के रास्ते में कहीं हैं। वे वहीं उनकी प्रतीक्षा कर रहे थे। दूसरी रात को प्रिवा दम्पती सो गए थे। अचानक दरवाज़े पर ज़ोर से धक्का मारने की आवाज़ सुनकर जाग गए—पुलिस आई है। गांधी मकान की छत पर सोते हैं, पुलिसवाले जल्दीबाज़ी में ऊपर चढ़ गए और उन्होंने गांधी को ढूंढ़ निकाला—उनके चारों ओर मित्रगण थे। पुलिस-अधिकारी ने उन्हें तैयार होने के लिए आध घंटे का समय दिया। (उस दिन, रात बारह बजे तक उनका मौन-दिवस था। पुलिस आफ़िसर ने उनकी घड़ी पर उँगली रखकर बतलाया कि कब उनको चलना होगा।) दरवाज़े पर कड़ा पहरा था, उनके सहयोगी बहुत विचलित हो गए थे, वे गांधी के चरणों में साष्टांग प्रणाम की मुद्रा में थे। गांधी की पत्नी रो रही थीं,

मीरा भी शोकाकुल थीं (थोड़ी देर बाद बेशक वे कठोर बनकर पुलिसवालों का अपमान करने को उद्यत हो गई थीं), सब लोग हिन्दू प्रणाली से गांधी की पग-धूलि ले रहे थे। प्रसन्न केवल गांधी थे, शोकावेग रोकने के लिए उनके पैरों पर साष्टांग झुके हुए अपने शिष्य-शिष्याओं की पीठ पर वे ज़ोर-ज़ोर से थप्पड़ मार रहे थे (बेशक, यह वर्णन प्रिवा का है—असल में शायद गांधी के इस आचरण का कुछ दूसरा अर्थ था, जिसे भारतीय लोग अच्छी तरह समझ सकते हैं। थप्पड़ लेकिन मित्र-जैसा बिलकुल नहीं था, किसान-जैसा भरपूर थप्पड़ था, जिसने ख़ास तौर से मीरा को ज़मीन सुँघा दी। गांधी हँसे ही जा रहे थे—प्रिवा वग़ैरह कुछ दूर पर थे, उन पर नज़र पड़ते ही वे और लोगों को ठेलकर उनके पास आ गए, हँसते-हँसते ही उन्होंने उन लोगों की ओर हाथ बढ़ाया, जैसे उनका अभिप्राय हो कि, "चलिए, आप लोग भी मौजूद हैं। देख लिया न सब कुछ? और भी बहुत कुछ देखेंगे...।" जो सबसे अधिक रो रहा था (अप्रत्याशित रूप से) वह एक नामी अंग्रेज़ी अख़बार का संवाददाता था (जिसे मार्सेई में मादलेन के सामने एक बार गांधी ने खदेड़कर डाँटा था, मादलेन को बेशक उस छोकरे की आन्तरिक विनम्रता का परिचय पहले ही मिल चुका था। प्रिवा कहते हैं, तब से वह छोकरा तरह-तरह से गांधी की पार्टी की सेवा करता रहा है—वायसराय का उत्तर गांधी के पास पहुँचने से 24 घंटे पहले ही उसने गांधी को उस उत्तर का अभिप्राय बता दिया था)। गांधी को मोटर से ले जाया गया, आगे-पीछे पुलिस चली। उस समय प्रिवा खिड़की से झुककर बम्बई की एक बड़ी और लम्बी सड़क की ओर देख रहे थे। तारों-भरी रात थी, बर्फ़-जैसी ठंडी (दिन की तीखी धूप के मुक़ाबले रात की इस बर्फ़-जैसी ठंडक पर प्रिवा ने ख़ास ज़ोर दिया), आसपास के सब मकानों में अँधेरा था। अचानक (आँधी की धूल की तरह कैसे असाधारण और रहस्यमय गति से ख़बरें फैलती हैं, यह इसका उदाहरण है) सब मकानों के ऊपर-नीचे की बत्तियाँ जल उठीं, सारी खिड़कियाँ खुल गईं, राष्ट्रीय झंडे फहराने लगे, रास्ते के एक छोर से दूसरे छोर तक असंख्य हाथों के जंगल झूमने लगे, जाने कितने लोगों के कितने सिर दीख पड़े, सब लोग एक स्वर से पुकार उठे, "जय, गांधीजी की जय!"

(प्रिवा ने कहा, उन लोगों के पहुँचने के आरम्भिक कई दिनों तक दिन-रात सड़क पर और मकान के सामने लोगों की भीड़ लगातार चीख़-पुकार करती रहती थी—जैसे प्रार्थना के जप की तरह अथवा स्रोत के अनर्गल शब्द की तरह, लेकिन वह शब्द तीखा था, उसका अभ्यस्त होना कष्टकर था। यहाँ तक कि बिलकुल अन्दर के कमरों में भी उस आवाज़ से छुटकारा नहीं था, विचार का प्रत्येक मुहूर्त उससे भरा हुआ था, सारी बातचीत के बीच का शून्य गूँजता रहता था। एक के बाद दूसरा शब्द होता ही जा रहा है, लाखों-लाख शब्द। बाहर से आकर जो कोई भीतर प्रवेश करेगा, पहले तो वह चिल्लाकर नमस्कार करेगा और फिर रास्ते से

लोग उसका जवाब देंगे—ठीक गीत की प्रथम पंक्ति पर बार-बार लौट आने की तरह, किसी तरह कभी इसमें फ़र्क़ नहीं पड़ता।)

किसी विक्षोभ के प्रदर्शन के लिए अथवा किसी सरकारी अन्याय या किसी की गिरफ़्तारी की ख़बर के विरोध में एक दिन का बीच देकर बम्बई के सब दुकान-पाट बन्द हो जाते हैं। प्रिवा यह सोचकर परेशान होते हैं कि ऐसे देश के लोग किस तरह वाणिज्य-व्यवसाय कर सकते हैं।

आश्रम की ओर यात्रा : गांधी की गिरफ़्तारी के साथ ही महादेव देसाई के नेतृत्व में शिष्य-शिष्याओं का छोटा-सा दल अहमदाबाद चला आया। प्रिवा वग़ैरह भी साथ रहे। ठंडी रात में उस दिन पुलिस की प्रतीक्षा करते हुए प्रिवा के गले में दर्द हो गया था, बुख़ार भी—पसीने के ज़रिये बुख़ार उतारने के लिए डॉक्टर ने काफ़ी मात्रा में एस्पिरिन खाने को कहा। रात में रेल के तीसरे दर्ज़े में यात्रा करते हुए इस निर्देश का कैसे पालन करें, यह सोचकर प्रिवा परेशान हो रहे थे। लेकिन डॉक्टर ने उनसे कहा, "इससे क्या? पसीना आने पर आप डिब्बे में ही कपड़े बदल लीजिएगा—अभी तक आपको भारतीय तौर-तरीक़ों की जानकारी नहीं हुई है?" (लोग वहाँ सब के सामने कपड़े-लत्ते उतारते हैं, स्नान करते हैं।) तीसरे दर्ज़े में उस रात की यात्रा बड़ी तकलीफ़देह रही। (फिर भी प्रिवा दम्पती मक्खन के खिलौने नहीं हैं, ब्रिन्दिसी से वे लोग बम्बई तक गांधी के साथ जहाज़ के डेक पर यात्रा करके पहुँचे थे।) भारत के लोग धक्कम-धुक्की के अभ्यस्त होते हैं, गर्भ के भ्रूण की तरह वे लोग घुटनों को मोड़कर और उसे ठोड़ी के नीचे लाकर सो सकते हैं। कमरे की सँकरी ख़ाली जगह में देसाई सो गए थे—ख़ासी ठंडी रात थी। यात्रा भी जैसे ख़त्म होने को न आती थी—आख़िर सबेरे अहमदाबाद पहुँचे। स्टेशन से आश्रम तक के रास्ते के बारे में प्रिवा को सबसे पहली जो बात याद है, वह बेतहाशा धूल की है। जगह-जगह दो-एक बन्दर थे, जिन्हें दूर से देखकर कुत्ते का भ्रम होता था। शिकायत के स्वर में चीख़-पुकार करते हुए वे बन्दर रास्ते के पेड़ों पर उछल-उछलकर चढ़ रहे थे। इसके बाद प्रिवा ने आश्रम का वर्णन किया, जहाँ विशेष आदर करके उन दोनों को एक कमरा दिया गया था। बेशक उसे देने से पहले गांधी ने एकान्त में उनसे बहुत-सी क़समें ले ली थीं कि प्रिवा यह न करेंगे, वह न करेंगे और जितने दिन ईव के साथ वे प्रभु के इस घिरे हुए बगीचे में रहेंगे, उतने दिन निषिद्ध वृक्ष के फल में दाँत न गड़ाएँगे। बेशक उसी बगीचे में सेब के चार-चार बीज बोने में प्रभु ने आगा-पीछा नहीं किया था।...ख़ास आदर-यत्न पाने पर भी (स्वीज़रलैंड में उन लोगों की ज़िन्दगी किसी अर्थ में आराम की ज़िन्दगी नहीं है) प्रिवा को लगा कि आश्रम की हालत और अधिक अच्छी हो सकती थी। बिस्तर के ठीक ऊपर ही बड़ी-बड़ी छिपकलियाँ थीं, जो अपनी गोल-गोल आँखों से टकटकी लगाकर तुम्हारी ओर देखती रहती थीं—और मकड़ों का तो ख़ैर ज़िक्र

ही क्या किया जाए! बिल्लियाँ मर्ज़ी के मुताबिक कमरे में घूमती रहती थीं और चूँकि कमरे का दरवाज़ा ठीक तरह से बन्द नहीं होता, एक रात एक बड़ा-सा बन्दर दरवाज़ा ठेलकर अन्दर घुस आया और पेटी-बक्सों को उलटने-पुलटने लगा। भाग्य से उस समय साँप कम निकलते थे—क्योंकि साँप भी आश्रम के अभ्यस्त अतिथि हैं—लेकिन जो बात सचमुच हद है (यद्यपि उसका उल्लेख किया जा सकता है), वह है पाख़ाने का बन्दोबस्त। (उसका वर्णन सुनकर सचमुच मैं शर्म से लाल हो उठा, क्योंकि मुझे मालूम है कि गांधी पाख़ाने की कितनी क़ीमत आँकते हैं। किसी के यहाँ आमंत्रित होने पर सबसे पहले वे उसी जगह का मुआयना करते हैं और निस्संकोच उसकी आलोचना भी करते हैं। विशेषत: रवीन्द्रनाथ के घर के पाख़ाने की तो उन्होंने बेहद निन्दा की थी। कवि का वह पाख़ाना तब क्या चीज़ थी, कौन जाने! कवि किस सिंहासन पर बैठते हैं?)—जो हो, आश्रम का पाख़ाना बगीचे के एक कोने में था, यह कहना ही व्यर्थ है—उसका दरवाज़ा अच्छी तरह बन्द नहीं होता सिटकिनी नहीं है। पाख़ाना माने कीड़ों के खाए हुए कई तख़्ते, उनके ऊपर पाँव पड़े कि करकराहट की आवाज़ हुई, जैसे अभी-अभी टूट गिरेंगे और वे तख़्ते दो तरह के बर्तनों के ऊपर शून्य में झुलाए हुए हैं। एक बर्तन सामने के काम के लिए है, दूसरा पीछे के काम के लिए—इतना इन्तज़ाम इसलिए है कि ये बेशक़ीमत चीज़ें मिलकर एकाकार न हो जाएँ। इस बाज़ीगरी में सफलता पाने के लिए किसी को भी विलक्षण कला की आवश्यकता पड़ेगी—प्रिवा तो एक बार भी उसमें सफलता नहीं प्राप्त कर सके। काम ख़त्म हो जाने पर, पेटू रावले जिसका वर्णन साफ़ होने के उपाय के रूप में करते हैं, कहना व्यर्थ है, आश्रम के पाख़ाने में वह कहीं नहीं है, किसी जगह काग़ज़ का चिह्न तक नहीं है। शायद गन्दगी की वजह से, अथवा चुनी हुई चीज़ों की पवित्रता की रक्षा के लिए ही, काग़ज़ का व्यवहार निषिद्ध है। लेकिन यह दैनिक क्रिया ख़त्म करके निकलने के बाद लोग पास ही एक बार स्नान कर लेते हैं। और चूँकि सम्मानित अतिथि की सेवा के लिए मीरा प्रतिदिन आश्रम के एक सम्मानित अध्यापक को पानी गरम कर रखने के लिए भेजती थीं, प्रिवा वग़ैरह के लिए पाख़ाने की ओर यह यात्रा दिन में एकाधिक बार करने का सचमुच कोई उपाय नहीं था। नहीं, नहीं, किसी तरह नहीं, आश्रम हमारा पीछे का भाग नहीं देखेगा...यह पाख़ाना उन लोगों के लिए है, जो कोष्ठबद्धता से कष्ट पाते हैं। (गांधी को कोष्ठबद्धता का यह कष्ट है और इस बात को वे चीख़कर दुनिया को जताए बिना भी नहीं रहते। हम लोग यह भी जानते हैं कि इस पाख़ाने में बैठे-बैठे अनेक ऊँची या गहरी प्रेरणाएँ उनके मन में आई हैं।)...कला के छोटे बच्चे के (यहाँ मैं अपनी ही बात कहता हूँ) अश्रद्धाजनक भाव से पाठक क्षुब्ध न हों। गांधी भी ख़ुद ही मन-ही-मन हँसते नहीं, इसके बारे में मुझे उतना निश्चय नहीं है (लेकिन जो नहीं हँसती, वे मीरा हैं)...और एक बार जब मैंने आश्रम के हिलते-डोलते पाख़ाने

का प्रसंग उठाया ही है तो उस अपमानजनक क्लेश की बात भी कह ही डालूँ। (लेकिन इस बार मैं मज़ाक़ बिलकुल नहीं कर रहा) जिसमें भारत के अनेक स्थानों में जेल के रक्षक अपने क़ैदियों को डाल देते हैं। इन क़ैदियों में अक्सर बड़े सम्भ्रान्त और विशिष्ट लोग होते हैं। रोज़ सबेरे, निश्चित समय पर, जेल के रक्षक क़ैदियों को एक ख़ास जगह पर ले जाकर क़तार में खड़ा कर देते हैं और पेट ख़ाली करने का हुक्म देते हैं। क़ैदियों से ऐसा हो सके या न हो सके, दिन के 24 घंटों में इस काम के लिए उनको यही समय मिलता है।

17 अप्रैल, 1932

भारत से लौटते हुए एदमँ प्रिवा लन्दन में रुके और भारत-भ्रमण के बारे में वहाँ उन्होंने अनेक भाषण दिए।—उन्होंने लॉयड जॉर्ज से भी मुलाक़ात की, जिनकी बुद्धि-विवेचना और तेजस्विता के प्राचुर्य से वे विस्मित हुए।

लॉयड जॉर्ज की आवाज़ बड़ी मीठी और गहरी है, लेकिन उस आवाज़ से बातें उतनी न करके उन्होंने सुना ही अधिक। उन्होंने गांधी के प्रति अपनी हार्दिक श्रद्धा प्रकट की, बोले, "गांधी सीधे आदमी हैं, विनयी और तीक्ष्ण बुद्धिवाले हैं। वे जो कर रहे हैं, ठीक ही कर रहे हैं। अगर सरकार मेरी होती तो उनके साथ सहज ही मेरी पटरी बैठ जाती—ऐसा चरित्रवाला विपक्षी मिले तो उसके साथ उलझने में भी सुख मिलता है। हाय, अगर आयरलैंड में उनके-जैसा आदमी दीख पड़ता।... मैं उनके चरित्र के नैतिक गुणों की बात नहीं करता...(जैसे जॉर्ज का कथन—उसे तो मैं नगण्य मानता हूँ।)—लेकिन वे सचमुच एक गुणी और सज्जन कूटनीतिज्ञ हैं। सरकार मेरे हाथों में होती तो मैं बाल्डविन को उनके पास भेजता। वे दोनों किसी नतीजे पर पहुँच सकते।" वायसराय लॉर्ड विलिंगडन की बात चली तो लॉयड जॉर्ज ने प्रिवा से पूछा, "आप लोग उनके साथ कितनी देर तक थे?"—"पौन घंटा।" ...(अत्यन्त शान्त स्वर में) "उतनी देर में क्या आप लोग समझ नहीं सके कि दिमाग नाम की कोई चीज़ उसके पास है ही नहीं?"—इसके बाद ही जॉर्ज ने गम्भीर होकर कहा, "बेशक उनके साथ मेरा सम्बन्ध मित्रता का ही है।"—अन्तिम दिन की शाम को, फ्रांस और स्वीज़रलैंड से लेकर ब्रिन्दिसी तक जितने पुलिस आफ़िसर गांधी के साथ थे, प्रिवा ने लन्दन में उनके साथ डिनर खाया। उन सभी ने गांधी के बारे में सन्देहजनक बातें कहीं, उन्हें बूढ़ा बच्चा (ओल्ड ब्वॉय) कहकर सम्बोधित किया। उन लोगों से गांधी को जो सेवा-सहायता मिली थी (सभी गांधी के सेवक बन गए थे), उसके प्रति कृतज्ञता प्रकट करने के लिए गांधी ने उन सब को एक-एक घड़ी भेंट की थी—उस भेंट को स्वीकार करने की अनुमति उन लोगों ने उच्चाधिकारियों

से माँगी थी। तब उनसे कहा गया कि घड़ियाँ वे ले सकते हैं, लेकिन इसके लिए लिखित अनुमति उन्हें न माँगनी चाहिए। गांधी जिस जेल में क़ैद हैं, उसकी मार्फ़त अंग्रेज़ पुलिस अधिकारी उस उपहार को यहाँ मँगा लेंगे। लेकिन ये पुलिस आफ़िसर प्रकट रूप से गांधी को धन्यवाद न दे सकने के कारण बड़ी परेशानी में हैं। उनका ख़याल है कि गांधी के प्रति अविनय दिखलाने के लिए उनको बाध्य किया जा रहा है। इसी से उन लोगों ने प्रिवा से अनुरोध किया कि यह बात वे गांधी तक पहुँचा दें। उन लोगों ने प्रिवा के कान में चुपके-चुपके यहाँ तक कहा कि "हम लोग जल्दी ही 'ओल्ड ब्वॉय' को फिर यहाँ देख पाएँगे, वे एक दूसरे गोल-मेज़ सम्मेलन के लिए आएँगे...।"

अगस्त का अन्त, 1932

सोफ़िया की बहन मादाम क्लेमाँत मारेनि अपने बड़े लड़के के साथ कई दिनों के लिए लूगानो आई हैं। ठहरी हैं पार्क होटल में। गांधी की रोम-यात्रा के बारे में जो छोटी-मोटी बातें मुझे अभी तक मालूम नहीं थीं, इस अवसर पर मादाम मारेनि से वे भी मालूम हो गईं।—मैं व्यर्थ ही घबरा गया था, दरअसल मैंने जो गांधी को उनके यहाँ भेजा था, उसके चलते जेनरल मॉरिस को वैसी परेशानी में नहीं पड़ना पड़ा। सावधानी बरतकर वे पहले इसके बारे में युद्ध-मंत्री की सलाह माँग बैठे, युद्ध-मंत्री ने मुसोलिनी की राय चाही। मुसोलिनी को इसमें कोई आपत्ति न दीख पड़ी और उन्होंने मेरे बारे में कहा, "वे एक बहुत बड़े लेखक हैं और उनके प्रति मेरे मन में कोई विरोधी भाव नहीं है।" सारी बातों से सम्भवत: वे सन्तुष्ट ही हुए थे। राजदूत स्कार्पा ने (युक्ति-संगत कारणों से ही गांधी जिनसे बचकर रहना चाहते थे) मादाम मारेनि से यहाँ तक कहा था कि गांधी के ठहरने के मामले में मैंने अपनी इच्छा से जो उद्योग किया, इससे वे लोग ख़ुश ही हुए हैं, क्योंकि वे लोग समझ नहीं पा रहे थे कि गांधी के रोम आने पर उनके साथ ठीक किस प्रकार का व्यवहार करना उचित होगा—दूसरी ओर हेलविग की ही पुनरावृत्ति करती हुई मादाम मारेनि ने मुझे बतलाया कि गांधी को रोम के जनसाधारण के बीच देखकर उन्हें कैसी प्रसन्नता हुई थी और वे कितनी अभिभूत हो गई थीं—गांधी को पाकर जनता में जो उत्साह फैल गया था, वह जितना गहरा था, उतना ही हार्दिक था। गांधी को उन लोगों ने समझना चाहा था और वे समझ भी सके थे। गांधी जिस दिन रोम से चले गए, उस दिन स्टेशन पर भीड़ के बीच मादाम मारेनि भी थीं, उन्होंने अपने कानों से सुना था कि लोग गांधी के साथ असीसी के सन्त फ्रांसिस की तुलना कर रहे थे। गांधी के बारे में लोग ऐसी बातें कर रहे थे—"एक दैवी घटना है, ईसा मसीह नया शरीर लेकर आए हैं।"

सितम्बर, 1932

गांधी की बात हमेशा याद आती है, ऐसा लगता है कि इस बार वे मरने की तैयारी कर रहे हैं (भारत से जो ख़बरें मिल रही हैं, उनमें इसी बीच उनकी हालत चिन्ताजनक बताई जा रही है। कई दिनों से उनका उपवास चल रहा है, फिर भी वे अपना राजनैतिक काम-धाम बन्द नहीं करना चाहते)। यूरोप के 'आदर्शवादियों' ने इस बारे में उपेक्षा दिखाकर अपनी निर्बुद्धिता का परिचय दिया है, वे समझ नहीं रहे कि अहिंसा के इस अन्तिम वीर की पराजय और मृत्यु का, संसार के भविष्य के लिए, यहाँ तक कि उनके अपने आदर्शों के भविष्य के लिए भी, क्या अर्थ होगा। उनमें से कोई कुछ न बोलेगा, गांधी के युद्ध में ज़रा-सी सहायता करने के लिए यूरोप में कोई आगे न बढ़ेगा। और बालखिल्य क्वेकरों का दल सिर्फ़ 24 घंटों का अनशन करने के अलावा और किसी उचित कार्य-प्रणाली की बात सोच भी नहीं सका। लन्दन में एकमात्र जो व्यक्ति जी-जान से जुटा हुआ है वे हैं सी.एफ़. एंड्रूज़ और ब्रिटिश सरकार सिर्फ़ उन्हीं की बात सुनने को राज़ी भी है। मिसेज़ कज़िंस नाम की एक अंग्रेज़ थियोसोफ़िस्ट लगभग बीस बरसों से भारत में रह रही हैं—वे छः अक्टूबर को (तब तक बहुत देरी हो जाएगी) जेनेवा में भारत के लिए एक अन्तरराष्ट्रीय दिवस मनाने का आयोजन कर रही हैं। उसमें कोई प्रसिद्ध फ्रांसीसी भाग नहीं ले रहा—उनमें से किसी ने अस्वस्थता का बहाना बनाया है, किसी ने स्वार्थी की तरह इन बातों में सिर न खपाने को ही श्रेयस्कर समझा है। आयोजकों को अल्बर्ट श्वाइट्ज़र का भरोसा था, लेकिन उन्होंने भी ख़बर दी है कि वे न आ सकेंगे (बेशक, उन पर काम का बेहद बोझ है और मेरी ही तरह उनकी तन्दुरुस्ती भी तुनुक है)। इसी से आयोजकगण मेरी शरण में आए हैं कि मैं व्यक्तिगत अनुरोध के साथ श्वाइट्ज़र को पत्र लिखूँ। मैंने उन्हें लिखा (20 सितम्बर)—

> "...प्रश्न गांधी का नहीं है, भारत का भी नहीं है। लेकिन गांधी ने जिस आदर्श को अपने में मूर्त किया है और जिसकी विजय अथवा पराजय पर, आगामी एक शती अथवा उससे भी अधिक समय तक यूरोप का भाग्य निर्भर करेगा, प्रश्न उस अहिंसा का है। कई वर्षों से मैं संसार के (विशेषत: एशिया और रूस के) समाजवादी आन्दोलन के साथ घनिष्ठ रूप से जुड़ा हुआ हूँ, इसी से जानता हूँ कि भारतीय सत्याग्रह सब जगह किस तरह के क्रोध अथवा आशा-भरोसे का उद्रेक करता है। मैं जानता हूँ कि एक यहूदी विचारकर्ता के द्वारा अनुप्रेरित एक समूचा देश यह जो वीरतापूर्ण और धैर्ययुक्त परीक्षा दे रहा है, इतने दिनों से संचित विराट हिंसा-शक्ति को पराजित करने का एकमात्र एक ऐसा बाँध है, जिसका जोड़ नहीं है। क्योंकि एकमात्र उसी कारगर

हथियार में घृणाविरहित सामाजिक रूपान्तर-साधन की अथवा उससे भी अच्छा एक आकस्मिक परिवर्तन करने की शक्ति है, जो जितनी ज़रूरी है, उतनी ही भयंकर भी है। गांधी न रहेंगे तो हिंसा की बाढ़ में सारा संसार डूब जाएगा और उस समय उस बाढ़ की ओर देखकर सबसे पहले मैं ही चिल्ला उठूँगा—'भाग जाओ, दुनिया को डुबा दो।' क्योंकि आज के समाज की जो स्थिति है, उसे जैसे भी हो झाड़ू मारकर दूर करना होगा और वह दूर होकर रहेगा..."

मैंने उनसे यह अनुरोध भी किया कि अगर वे किसी भी तरह न आ सकें तो कम-से-कम "उस मनुष्य के प्रति एक सन्देश ही भेज दें, जो अपनी मृत्यु के साथ हमारे क्षत-विक्षत समय की शान्तिकामी अन्तिम आशा को भी ले जाएगा।"

लेकिन उत्तर में अल्बर्ट श्वाइट्ज़र ने गुंस्वाक से मुझे लिखा (24 सितम्बर)—

"प्रिय मित्र, आपके पत्र ने मुझे गहराई से विचलित किया है और अपने स्वास्थ्य की वर्तमान स्थिति में भी आपने जो कष्ट उठाकर पत्र लिखा है, उससे भी मैं कम विचलित नहीं हुआ।...संसार के भविष्य की कैसी दुश्चिन्ता का बोझ मैं ढो रहा हूँ, यह आप जानते हैं। मैं जो कष्ट पाता हूँ, वह सारा-का-सारा भाषा के माध्यम से प्रकट भी नहीं कर पाता... लेकिन जेनेवा जाना मेरे लिए बिलकुल असम्भव है...मैं इस समय अपनी सीमा के अन्तिम छोर पर हूँ और चूँकि शीघ्र ही मुझे अफ्रीका लौटना होगा, अत: अपने ही काम में पूरी तरह मन लगाने के सिवा मेरे पास दूसरा उपाय नहीं है। मैं जो पुस्तक लिख रहा हूँ, उसे यदि मैं आगामी कुछ सप्ताहों में समाप्त न कर सका तो फिर शायद उसे कभी समाप्त न कर सकूँगा, क्योंकि एक बार लाँवारेने लौट जाने पर वहाँ के काम का दबाव मुझ पर आ पड़ेगा। इसी से इन जाड़ों में मैंने न डोलने का निश्चय किया है। चूँकि अन्य सभी सभाओं के निमंत्रण मैंने अस्वीकार कर दिए हैं, अत: अगर इस बार उस नियम को भंग कर दूँ तो मैं लोगों की बहुत अधिक निन्दा का पात्र बनूँगा। जीवन के सम्मान का जो आदर्श है—केवल उसे ही रूप देना मेरा कर्तव्य है, यह मैं इतने निश्चित रूप से जानता हूँ कि मैं सब कुछ के ऊपर उसी काम को स्थान देता हूँ। मेरा विश्वास है; मरने के पहले मैं यह काम पूरा कर सकूँगा। अपने इस आदर्श में मैं एक नवीन अध्यात्म-चेतना का बीज देखता हूँ, इसी से हमेशा भय बना रहता है कि कहीं उसको रूप देने के पहले ही मैं मर न जाऊँ।...विश्वास मानिए, सम्भव होता

तो मैं आपके अनुरोध की रक्षा अवश्य करता—कोई सन्देश मैं नहीं भेज रहा, क्योंकि यह न समझ सकने के कारण कि सम्मेलन का रुख़ कैसा रहेगा, मैं यह निश्चय नहीं कर पा रहा कि क्या लिखूँ। मैं दुनिया से इतना अलग रहता हूँ कि ऐसा लगता है, हफ़्तों से मैं मौन हूँ और मुझे उसकी ज़रूरत भी है। चाहता हूँ कि अफ्रीका में डेरा डालने के पहले एक बार और आपसे भेंट हो सके—आपकी याद अक्सर आती है...

आन्तरिक श्रद्धा-सहित

अल्बर्ट श्वाइट्ज़र।"

(कितने दुख की बात है, जैसे श्वाइट्ज़र के लिए, वैसे ही गांधी के लिए भी। श्वाइट्ज़र का विश्वास तो गांधी में ही मूर्त हुआ है, 'जीवन के सम्मान' का उनका जो आदर्श है, उसे भी अपने कर्म के माध्यम से गांधी ने ही सजीव बनाया है...)

सौभाग्यवश 26 की शाम को मुझे लन्दन से एंड्रूज़ का यह तार मिला—"जय ईश्वर, महात्मा की जीवन-रक्षा हो गई—एंड्रूज।" तब तो अहिंसा की विजय हो गई! हम लोगों ने भी गांधी को टेलीग्राम भेजा (27 को सबेरे)—"आपकी महान आत्मिक विजय से हम आनन्दित हुए।"

(फिर भी इतनी देर लगी! भारत से जो ख़बरें मिल रही थीं, वे बहुत चिन्ताजनक थीं और अंग्रेज़ मंत्रियों की मस्ती ऐसी कि वे एक घंटा पहले भी अपना जवाब नहीं दे सके। इस बारे में ध्यान देने से पहले वे मज़े में वीक-एंड का विश्राम लिये बिना नहीं रह सके। अगर कभी इंग्लैंड पर आक्रमण करने की मेरी इच्छा होगी तो मैं शनिवार को दोपहर में करूँगा। उस समय सभी सरकारी अधिकारी मैदान की हवा खाने गए होंगे, लौटेंगे सोमवार को।)

1 अक्तूबर को शुरू से आख़िर तक गांधी के हाथों का लिखा यह पत्र मिला। (लिफ़ाफ़े पर तारीख़ थी 16 सितम्बर, 1932—संध्या 6 बजे।)—

"प्रिय मित्र और भाई, जीवन में इतना प्रचंड निर्णय लेने के पहले आप को सूचित करना चाहता हूँ कि मैंने आपके और आपकी उन्नतमना तथा विनयशीला बहन के साथ जो कई दिन बिताए थे, वे मेरे लिए बड़े क़ीमती हैं। महादेव देसाई साथ हैं, आप लोगों को हम अक्सर याद करते हैं।

"बहुत सोच-विचार कर जो निर्णय कर रहा हूँ, न जाने आप उसके बारे में क्या सोचेंगे। मैं केवल इतना ही कह सकता हूँ कि विवेक का आदेश मानकर ही मैंने यह निश्चय किया है...।"

(13 सितम्बर को ही गांधी ने रैमज़े मैकडॉनल्ड को सूचित कर दिया कि 20 सितम्बर से वे आमरण अनशन करेंगे—यदि उनके उद्देश्य की जीत हुई, तभी वे अनशन तोड़ेंगे। इसी से बीच का यह सप्ताह वे मित्रों के साथ एकान्त में बिताना चाहते हैं—उनसे विदा लेने के लिए।)

मिसेज़ कज़िंस और सी.एफ़. एंड्रूज़ के उद्योग से भारत के सम्बन्ध में जेनेवा में 6 अक्तूबर को जो अन्तरराष्ट्रीय दिवस मनाया जानेवाला है, उसके लिए मैंने निम्नांकित सन्देश भेजा—पढ़ेंगी मेरी बहन—

"भारत के ईसा मसीह। भारत का संग्राम केवल एक बहुत बड़े देश का ही संग्राम नहीं है, जो देश मानवता की महाभूमि है, जो हमारी यूरोपीय भाषाओं और विचारों का एक साधारण उत्स है, जहाँ हमारी भी युग-युगान्तों की वे जड़ें हैं, जिनकी कृपा से आज की यूरोपीय सभ्यता के शक्तिमान वृक्ष ने आकाश में मस्तक उठाया है। उसकी नियति में, उसके जागरण में, उसकी स्वाधीनता की कामना में हम लोगों का जो आग्रह है, वह केवल आत्मीयता के कारण नहीं है। आज कितने ही देश न्यायोचित विद्रोह के आवेग से काँपते हुए, माथा उठाकर जाग खड़े हुए हैं, अपनी नियति की पतवार वे अपने हाथों में लेना चाहते हैं, वे अपना अधिकार अर्जित करना चाहते हैं। सारे संसार में जहाँ जितनी भी जातियाँ क़ब्रों की मुद्रित सुषुप्ति में थीं, आज उन पर होकर जाने कौन हवा बही जा रही है, पुकार आती है—'लाजारस, जागो।'

"लेकिन यदि अन्यान्य देशों की अपेक्षा, मेरी दृष्टि में, भारत का यह जागरण अद्वितीय जान पड़ता है, जिसके लिए समस्त राजनैतिक आवेगों अथवा युक्तियों से अलग उसके लक्ष्य को हम अपना ही और यहाँ तक कि समस्त मानव जाति का लक्ष्य समझते हैं तो इसका कारण उसका वह अभीष्ट उतना नहीं है (जो एक महान देश का स्वाधिकार अर्जन का, अनेक जातियों के भारतीयों के एक सम्मिलित राष्ट्र-स्थापन का है)। इसका कारण है वह मार्ग, जिसे अपने अभीष्ट साधन के लिए उसने अपनाया है और कर्मक्षेत्र में उसकी चेतना और व्रत का वह भाव और उस व्रत के लिए उसने जिस पवित्र व्यक्ति को अवतरित किया है—अहिंसा का महात्मा, सत्याग्रह का ऋषि और वीर गांधी।

"संसार के एक निकृष्ट युग में उसका आविर्भाव हुआ है। वे ऐसे समय में आए हैं, जब, जिस थोड़ी-सी नीति ने पाश्चात्य सभ्यता को बनाए रखा था, वह भी नष्ट हो चुकी है। यूरोप के पाँव आज डगमगा रहे हैं, पाशविक हिंसा की चिर-आचरित वृत्ति को आज

उसने आत्म-समर्पण कर दिया है, उन्नत विज्ञान के द्वारा आविष्कृत मारणास्त्रों से वह ध्वंसोन्मुख हो रहा है। आज जब चार वर्षों का एक भयंकर युद्ध अभी-अभी समाप्त हुआ है और आनेवाले कल में एक नहीं, दस सम्मिलित युद्धों की सम्भावना है जिसके परिणामस्वरूप एक भी निरपेक्ष राष्ट्र टिका न रह सकेगा—इन दो भयावह सत्यों के बीच भारत के वे दुर्बल शरीरवाले ऋषि आ पहुँचे हैं, बैठ गए हैं दूसरे बुद्ध की तरह। वे मानो सर्वव्यापी मानवता का ग्रास करने वाले लोहित समुद्र की दो धाराओं के बीच के संकीर्ण स्थान में खड़े हैं। वे अकेले हैं, ग्रहण न करने की अपनी नीति पर वे आमरण दृढ़ और प्रशान्त हैं—पाशविक शक्ति को उन्होंने अपना सम्मान करने के लिए बाध्य किया है। इस वृद्ध के आमरण अनशन की प्रतिज्ञा के सामने दृप्ततम साम्राज्य ने भी भय से घुटने टेक दिए हैं—अनेक वर्षों का युद्ध जो विजय नहीं प्राप्त कर सका, वह केवल अनशन से अर्जित हो गई है। क्योंकि सशस्त्र हाथ जिस विजय को पहचानता है, वह मृत्यु को बुला लाती है, साथ ही वह ऐसे पाप का बीज बोता है, जिसको धोया नहीं जा सकता। यह पहला मौक़ा है, जब यूरोप के सामने दृष्टान्त प्रस्तुत किया है उन नए सेंट टामस ने, जिनका एकमात्र विश्वास केवल अर्जन में है और जिस गौरवपूर्ण दृष्टान्त का नाम स्वयं गांधी ने रखा है—'आत्मत्याग की तलवार।' यह पहला मौक़ा है, जब गांधी ने अपनी उस जययुक्त अभिज्ञता का परिणाम सबके सामने रखा है, जिस अभिज्ञता की परिकल्पना की घोषणा वे सन 1920 से करते आ रहे थे। उन्होंने अपने जीवन में बहुत कुछ प्राचीन ऋषियों के प्रयोग ही किए हैं। जब उन्होंने अहिंसा की नीति का आविष्कार किया, उन्होंने कहा कि हज़ारों उन्मुक्त हिंसा-शक्तियों के बीच भी ऋषियों ने न्यूटन से भी अधिक प्रतिभा का परिचय दिया था, वे वेलिंगटन से भी बड़े योद्धा थे। किसी समय अस्त्रों से परिचय होने के कारण ही उन्होंने उसकी व्यर्थता समझी थी—इसी से हारी-थकी धरती को उन्होंने गतिमुखर अहिंसा का वज्र-गम्भीर सन्देश सुनाया था। उस सन्देश का आशय था—चित्त की सम्पूर्णता में विवेकदीप्त जो दुख पाया जाता है, वह स्वयं शैतान की भी शक्ति का प्रतिरोध कर सकता है। गांधी कहते हैं, इस मूल विश्वास की नीति से सम्पन्न होकर जो आगे बढ़ता है, उसके सामने समूचे साम्राज्य के अन्याय की शक्ति भी हार मानेगी। वह अपने सम्मान की, अपने धर्म की, स्वयं अपनी और अपने देश की आत्मा की, अपनी स्वाधीनता की

रक्षा कर सकेगा—और उसके बाद या तो उसके द्वारा साम्राज्य का पतन होगा, नहीं तो पुनरुज्जीवन।

"प्रमाण उन्होंने इसी बीच दे दिया है—वह प्रमाण किसी राष्ट्र-विशेष के पक्ष अथवा विपक्ष में नहीं है। आज यूरोप के सभी राष्ट्रों पर ग़लती और अन्याय का समान बोझ है। मानवता की मुक्ति का ऐसा प्रमाण पहले ईसा ने भी दिया था—किन्तु मुक्ति पाने के लिए मुक्ति की इच्छा होनी चाहिए। दुनिया क्या मुक्ति पाना चाहती है? इतने दिनों तक सर्वनाश की बाढ़ को जिन अन्तिम बाँधों ने रोक रखा था, वे भी टूट जाएँगे—ऐसे संकट की घड़ी में क्या मुक्ति पाने की कामना संसार में उत्पन्न हो सकेगी? जैसा चल रहा है, वैसा ही चलता रहेगा—कहीं यह धोखा वह अपने को न दे। इस समय जागना ही होगा। अन्याय को क़ायम रखने के लिए ही जिसका अस्तित्व है उस पाप-दुष्ट समाज को बदलना ही होगा। सामने केवल दो ही रास्ते खुले हैं, दोनों ही नए समाज की नींव डालना चाहते हैं—एक रास्ता हिंसा का है, दूसरा अहिंसा का। दोनों ही क्रान्तिकारी हैं—अब चुनाव की ज़िम्मेदारी आपकी है।"

अक्तूबर, 1932

गांधी का पत्र, 30 सितम्बर को लिखित यानी अनशन तोड़ने के चार दिन बाद—

"प्रिय मित्र, आपका प्रीतिपूर्ण संवाद मिला। परीक्षा के समय आप बराबर मेरे मन में मौजूद रहे। इस महान नाटक के प्रत्येक क्षण में मुझे ईश्वर की असीम कृपा का परिचय मिला। मेरी प्रीति स्वीकार करें।"

बापू

"ज्यों ही मैंने यह पत्र ख़त्म किया, मुझे मीरा का पत्र मिला है। उनका समय निरानन्द उद्वेग में बीता है। लेकिन उन्होंने काँटों की सेज चुन ली है और उसी पर वीर की तरह सोई हुई हैं।"

एम.के.जी.

मैंने गांधी को लिखा (22 अक्तूबर)—

"मेरे श्रद्धेय और प्रिय मित्र, 16 और 30 सितम्बर के आपके दो मधुर पत्र हम लोगों को मिले हैं। परीक्षा की उन घड़ियों में आपने हम लोगों को स्मरण किया, यह जानकर हम कृतज्ञ हुए हैं। उन दिनों मन-ही-मन

हम लोग भी आपके पास थे—यह तो कहना ही न होगा कि हमारे मन चिन्ता से बहुत अधिक भरे हुए थे। लेकिन मैं जानता था कि आपने जो किया है, वह ठीक है। मैं जानता था कि आपका त्याग केवल महान ही नहीं है, वह उचित और न्यायपूर्ण भी है, उसकी ज़रूरत भी थी। अपने देशवासियों के ऐसे समय में आपका यही कर्तव्य था। अछूतों की समस्या सबसे बड़ी है—उसके सिवा किसी दूसरी समस्या के लिए इतनी प्रचंड शक्ति की ज़रूरत न पड़ती। भारत की मर्यादा, उसकी नैतिक एकता (जो सामाजिक और राजनैतिक एकताओं की सार-वस्तु है), यहाँ तक कि जीवन-धारण का उसका अधिकार भी आज सुधार के उस संग्राम के साथ ओतप्रोत है, जिसके माध्यम से मृत अतीत की सामाजिक प्रथाओं की बलियाँ फिर समाज में लौट सकती हैं—और एक दिन जो बहिष्कृत हए थे, उनका यह लौटना उन्हीं के लाखों-लाख भाइयों के हृदयों में होगा। यह उद्‌देश्य विजयी हो, इसी प्रतीक्षा में आज सारा मानव-समाज लगा हुआ है। 'जो महान परीक्षा' आप कर रहे हैं, उसका परिणाम जानने के लिए संसार के मनुष्य आज उत्सुक हैं। परिणाम क्या होगा, इसे पहले से जान लेना किसी के लिए सम्भव नहीं है, आपके लिए भी नहीं। ठीक विज्ञान की तरह जब तक यह परीक्षा अपने निजी सत्य की सुदृढ़ नीति से परिचालित होगी, तब तक हम लोग विश्वासपूर्वक केवल प्रतीक्षा ही कर सकते हैं। लेकिन इसका परिणाम निर्भर होगा, संसार की नियति पर और इस बात पर कि उस संसार की कर्म-धारा किस मार्ग पर परिचालित होती है। केवल इस परीक्षा अथवा सत्याग्रह की सफलता ही हिंसा के कराल स्रोत से मनुष्य-समाज की रक्षा कर सकेगी। हम प्रार्थना करें। सच्ची प्रार्थना वही है, जो आप करते हैं—काम करते हुए।"

दिसम्बर, 1932

अछूतों के लिए मन्दिरों के दरवाज़े खुलवाने के हेतु गांधी फिर अनशन करने की बात कर रहे हैं। इसी से मैंने उनको तार द्वारा सूचित किया कि यदि उन्होंने एक ऐसी गौण समस्या के लिए पिछले अक्तूबर के अपने वीरतापूर्वक कार्य की पुनरावृत्ति की तो यूरोपीय जनमत इस बार उनका विरोधी हो सकता है।

दिसम्बर, 1932

प्रोफ़ेसर पी. किरुचिन (श्वेत रूस अकादमी के) ने मुझे गांधी के बारे में लिखा (गांधी के बारे में उन्होंने पढ़ा-सुना है, मेरी पुस्तकों से भी उनका परिचय है—जानते हैं कि मैं एक "गांधी-भक्त हूँ, जिन गांधी ने एक नए धर्म का प्रवर्तन करना चाहा है, जो भारतीय जनता की आँखों में धूल झोंक रहे हैं," इसी से उन्होंने जानना चाहा है कि गांधी के साथ मेरा वर्तमान सम्पर्क क्या है)। मैंने उनको यह उत्तर भेजा (27 दिसम्बर)—

> "गांधी के बारे में मेरे क्या विचार हैं, यह आप जानते हैं। जब से मैंने उन्हें व्यक्तिगत रूप से जानने का सुयोग पाया है, सन 1930 के दिसम्बर में, स्वीज़रलैंड भ्रमण के लिए आकर, जब वे पाँच दिन मेरे यहाँ ठहरे थे, तब से मैंने अपने मत में कोई संशोधन करने की ज़रूरत नहीं समझी। उनके विरुद्ध उनके विरोधी लोग चाहे जो भी कहें, मनुष्य के रूप में उनका चरित्र सबके मन में श्रद्धा जगाकर रहेगा। विश्वास के प्रति उनकी बाध्यता और हार्दिकता तमाम सन्देहों से परे है। अपने प्रति शायद वे ग़लती कर सकते हैं, लेकिन जान-बूझकर वे दूसरे को धोखा नहीं दे सकते। उनके बारे में विचार प्रकट करते समय इस चरम सत्य को हमेशा याद रखना चाहिए कि परिवर्तन की धारा के अनुसार वे पल-पल परिवर्तित होते रहते हैं। उनमें ऐसा कुछ नहीं है, जो बद्धमूल हो गया हो या हमेशा के लिए रुक गया हो। कुछ विषयों में उनकी जानकारी कम हो सकती है, और इसे स्वीकार कर लेने को वे हमेशा राज़ी रहते हैं, अपने को सुधार लेने अथवा अपने ज्ञान को पूर्ण कर लेने के लिए वे सदा प्रस्तुत रहते हैं लेकिन ऐसा वे किताबें पढ़कर उतना नहीं करते, जितना अपने अनुभव-सिद्ध सत्य के द्वारा करते हैं। अपने को शिक्षित करने अथवा अपने काम के लिए वे सदा इसी रीति का अनुसरण करते हैं—समाज का सीधा परीक्षण-निरीक्षण करना, एक ही अभिज्ञता की पुनरावृत्ति करना, पग-पग पर विचार करना और पग-पग पर अपनी परिधि को कुछ और विस्तृत करना। ज़ाहिर है कि ऐसे परीक्षण-निरीक्षण के परिणामस्वरूप उनका चित्त परिवर्तित और परिमार्जित होगा ही। दृष्टान्त के रूप में मैं इस बात का उल्लेख करूँगा कि 'ईश्वर सत्य है', उनका यह आदर्शगत मंत्र पिछले चार-पाँच वर्षों में रूपान्तरित होकर 'सत्य ही ईश्वर है' बन गया है और इसे आज वे अपना

नीति-वाक्य मानते हैं। एक ही मंत्र का यह रद्दोबदल बहुत अधिक गुह्य और ऊपरी तौर से देखने पर अत्यन्त निगूढ़ जान पड़ने पर भी यह तो कहना ही पड़ेगा कि यह रूपान्तर बड़े गहरे अर्थ से भरा है, क्योंकि इससे अभिज्ञता के द्वारा नियंत्रित सत्य की समस्त उपलब्धियों का मूल्यांकन सम्भव होता है। इसके अलावा, यदि आपने उनकी आत्मकथा में मेरी भूमिका पढ़ी होगी तो आप देखेंगे कि गांधी स्वयं ही अपनी अभिज्ञताओं के आपेक्षिक और क्षणस्थायी चारित्रिक गुणों की बात बार-बार कहते हैं, "मेरी अभिज्ञता सामान्यतम अर्थों में भी सम्पूर्ण है, ऐसा दावा मैं किसी तरह नहीं कर सकता। ज्ञानी अपने ज्ञान का जो दावा कर सकते हैं, वही दावा मैं अपनी अभिज्ञता के बारे में कर सकता हूँ—उससे तनिक भी ज़्यादा नहीं।" अपने अत्यन्त सूक्ष्म और यथार्थ विश्लेषण के बाद भी वे अपने निर्णय को कभी अन्तिम न कहेंगे, बल्कि नई-नई सम्भावनाओं के लिए वे सदा अपने मन का दरवाज़ा खुला रखते हैं...

"...उनके साथ बातें करके मुझे ऐसा ही लगा है। वे विनयी और दृढ़ हैं, सामाजिक कार्यों के बारे में किसी भी अनुमान को हमेशा बड़े मनोयोग से जाँचकर देखते हैं और उपलब्ध सत्य के आधार पर एक के बाद दूसरा परीक्षण करते चलते हैं—लेकिन वे दूसरी तरह के परीक्षणों अथवा अन्य अभिज्ञताओं को प्राप्त करने के लिए भी सदा तैयार रहते हैं और जाँचकर उनको देख लेने के बाद, ज़रूरत होने पर, उसी के आलोक में अपनी कर्म-पद्धति बदलने को भी राज़ी रहते हैं। वे अपने जीवन को कभी सजा-सँवार नहीं सके, लेकिन अगर वे दस बरस और बचे रहे तो सामाजिक क्षेत्र में उन्हें बहुत बड़े-बड़े काम करते देखा जाएगा—मेरी तो यही धारणा है। तब तक ब्रिटिश पूँजीवाद और साम्राजवाद के विरुद्ध उनका युद्ध समाप्त हो चुकेगा और भारतीय पूँजीपतियों और साम्राज्यवादियों के ख़िलाफ़ एक नए युद्ध में वे अपने देश की जनता को खड़ा करेंगे। उस समय इस तरह का परिवर्तन जिन्हें अप्रत्याशित जान पड़ेगा, उन्होंने गांधी को समझने की चेष्टा नहीं की है। इंग्लैंड के ख़िलाफ़ भारत का सम्मिलित मोर्चा क़ायम रहे, इसके लिए उनका वर्तमान रणकौशल उद्योगशील है—फिर भी, यह सत्य होने के बावजूद, वे भविष्य में भारत के धनी सम्प्रदाय को किस दृष्टि से देखेंगे, इसका भी स्पष्ट आभास उन्होंने इसी बीच दे दिया है, धमकी देने से भी वे नहीं चूके (यहाँ तक कि लन्दन के गोल-मेज़ सम्मेलन में भी नहीं)।

"सन 1922 में मैंने गांधी के बारे में जो पुस्तक लिखी थी, समय मिला तो उसको पूरा कर लूँगा। अभी तो वह अधूरी है। इन दस बरसों में गांधी की अभिज्ञता का क्षेत्र बहुत बढ़ा है और आज भी मैं उनको (जैसा वे स्वयं भी समझते हैं) उनके लक्ष्य के बीचोंबीच पहुँचा समझता हूँ। अगर उनकी निज की भाषा में कहा जाए तो वे हैं 'सत्य के एक विनम्र (और ज़िद्दी) शोधार्थी', वे कभी पथ-भ्रष्ट नहीं होते। आपको अपनी आन्तरिक शुभकामना भेजता हूँ।"

दिसम्बर, 1932

जान पड़ता है कि भारत में ब्रिटिश सरकार की शैतानी ऐसी है कि वह गांधी को फिर एक नए अनशन के लिए मजबूर करेगी—अछूतों की भयंकर और बड़ी समस्या के कारण वे यह व्रत लेंगे। लेकिन इस बार उनकी मृत्यु निश्चित है। उनका स्वास्थ्य बहुत गिर गया है, इस नई परीक्षा के बीच से गुज़रने की शक्ति उनमें न रहेगी।

1933

जनवरी 1933

अपने विलनवे-भ्रमण की वर्षगाँठ के अवसर पर, मेरी बहन को, गांधी का पत्र—

यरवडा केन्द्रीय कारागार
6 जनवरी, 1933

"प्रिय मादलेन, आपका छोटा-सा पत्र पाकर बड़ा प्रसन्न हुआ—इसने मुझे आप सबसे मिलने के उज्ज्वल दिनों की याद दिला दी। आप लोगों के यहाँ जैसे मैं बिलकुल अपने लोगों से जा मिला था। अनशन के समय जो कुछ हुआ, वह यदि जादू की तरह जान पड़े—और वह जादू ही तो था—तो समझिएगा, वह केवल ईश्वर की लीला थी। मैं उसके हाथ में एक तुच्छ निमित्त मात्र था। मुझे एक क्षण के लिए भी ऐसा नहीं लगा कि मैंने स्वयं कोई विशेष काम किया है। सीधी बात यह कि वैसा करना मेरे लिए असम्भव था—लेकिन जब मैं यह कहता हूँ कि मेरे ईश्वर ने ही मेरे माध्यम से काम किया है तो यह एकदम शाब्दिक अर्थों में सच है। लेकिन आपके बड़े भाई ने देवदास को जो टेलीग्राम भेजा, उससे यह धारणा हुई कि यूरोप में मेरे इस दूसरे अनशन के संकल्प को लोग ठीक तरह से समझ नहीं सके। इससे मुझे आश्चर्य नहीं हुआ। इस तरह सोचने की बात शुरू से आख़िर तक एकदम नई है—फिर भी मुझे लगता है कि सत्य के अनुसन्धान में जो लोग दृढ़तापूर्वक अग्रसर हुए हैं, उनकी गवेषणा का एकमात्र युक्तिसंगत और अनिवार्य परिणाम यही होगा। अनशन के बिना प्रार्थना नहीं हो सकती और जो अनशन प्रार्थना का अविच्छेद्य अंग नहीं है, उससे किसी का भला नहीं होता, वह शरीर पर अत्याचार है। अत: सच्चा अनशन एक तीव्र आध्यात्मिक प्रचेष्टा है, एक आध्यात्मिक संग्राम है। वह एक ही साथ प्रायश्चित्त और व्यक्तिगत शुद्धि का उपाय है। इस प्रकार का

अनशन एक नीरव और अदृश्य शक्ति को जन्म देता है, जो एकबारगी मर्म तक जाकर समग्र मानव-समाज को स्पर्श कर सकती है—बेशक, यदि उसकी प्रचुरता और पवित्रता वैसी ही यथेष्ट हो। अत्यन्त अल्प परिधि में होने पर भी मैंने उसकी अन्तर्भेदिनी और अदृश्य क्षमता का परिचय पाया है, लेकिन मैंने जो कुछ देखा है, उसी से समझ लिया है कि उसका माहात्म्य कितना है, मैंने उसे एक प्रबल शक्ति के रूप में जाना है। ऐसी स्थिति में मैंने अस्पृश्यता-विरोधी आन्दोलन का जो निर्णय लिया, उसे टाला नहीं जा सकता था। यदि मैं सन्देह में झूलता रहता तो जैसे अपने प्रति, वैसे ही अपने साथी केलप्पन और हरिजनों के काम के प्रति विश्वासघात करता। फ़िलहाल बेशक अनशन के प्रस्ताव को अनिश्चित रूप से स्थगित रखा गया है। हो सकता है कि अब भी मेरा मनोभाव अस्पष्ट रह गया हो—उसका स्पष्ट होना बहुत सहज नहीं है। फिर भी यह कहने में मुझे दुविधा नहीं है कि समय आने पर लोग समझेंगे कि मेरा यह निर्णय निर्भ्रान्त था—कम-से-कम मेरे लिए तो वह ईश्वर की पुकार थी, जिसको सुनने के सिवा दूसरा उपाय नहीं था। यदि आप और किसी व्याख्या की आवश्यकता का अनुभव करें तो कृपया नि:संकोच लिखें।—आपके भाई को मैं क्या कहकर सम्बोधित करूँ, इसके बारे में मैंने बहुत सोचा है। आपसे उनकी चर्चा करते हुए यदि 'मिस्टर रोलां' या 'आपके भाई' कहना पड़े तो यह बड़ा रूखा और आडम्बरपूर्ण लगता है। उन्हें सिर्फ़ 'भाई' कहना भी ज़्यादती हो जाएगी, इससे हम दोनों के ठीक सम्बन्ध का भी पता न चलेगा। मेरे मन में जो दो शब्द आते हैं, वे हैं 'ऋषि' और 'मुनि'। दोनों शब्दों का अर्थ लगभग एक ही है, यद्यपि हू-ब-हू एक नहीं है। अत: यदि उनकी और आपकी राय हो तो अब से मैं उनको 'ऋषि' कहूँगा। आशा है, जब आपको यह पत्र मिलेगा, वे पूरी तरह शारीरिक कुशलता से होंगे। उनका स्वास्थ्य सम्पूर्णत: सुधर जाए, ऐसी आशा करना शायद सम्भव नहीं है—कोई ऐसी इच्छा प्रकट करे, यह भी वे नहीं चाहते। क्योंकि तब उसका मतलब यह होगा कि शारीरिक स्वास्थ्य के लिए उन्हें ऐतिहासिक गवेषणा में कम ध्यान देना पड़ेगा—और ऋषि के लिए इतिहास भी अध्यात्म ही के अन्तर्गत है, नहीं तो वे ऋषि, ऋषि नहीं हैं। कृपया 'ऋषि' से कहिएगा कि कई महीने मैंने पहली बार रामकृष्ण और विवेकानन्द के बारे में लिखी उनकी रचनाएँ पढ़ीं। पढ़कर बड़ा आनन्द आया और भारत के प्रति उनका प्रेम कितना गहरा है इसे मैं और अधिक अच्छी तरह समझ सका।"

अप्रैल 1933

29 अप्रैल को गांधी ने घोषणा की है कि आठ दिनों के अन्दर वे अछूतों के लिए तीन सप्ताहों का अनशन करेंगे। (ऐसा जान पड़ता है कि अनशन का लक्ष्य ब्रिटिश सरकार उतनी नहीं है, जितना ब्राह्मण वर्ग है, जो अछूतों को हिन्दू समाज में लौटा लाने के प्रस्ताव का घोर विरोध कर रहा है।)—कई महीने पहले फिर से अनशन व्रत करने की अनुपयोगिता के बारे में मैंने लिखा था जिसके उत्तर में गांधी ने जैसे औरों की ज़बानी वैसे ही ख़ुद भी अपनी ज़िद और मिठास के साथ अपनी युक्तियाँ मुझे सूचित की थीं। फिर भी अक्तूबर से पहले यह घटना होगी, ऐसी आशा किसी ने नहीं की थी। आशा थी कि इतने दिनों में ब्रिटिश सरकार और ब्राह्मणों के मनोभाव में परिवर्तन हो जाएगा। वह आशा तो जाती रही—अब इस संकटपूर्ण घटना को होने देने के सिवा दूसरा रास्ता नहीं दीखता। लेकिन भारत में इसका परिणाम बड़ा भयानक हो सकता है—जितना भयानक हम लोग सोच रहे हैं, शायद उससे भी अधिक।

मई 1933

अछूत समस्या के चलते गांधी ने 8 मई को 21 दिन का अपना अनशन आरम्भ किया (यानी दूसरी बार)। 9 मई को ब्रिटिश सरकार ने बिना शर्त उनको रिहा कर दिया—कहीं उनकी मृत्यु की ज़िम्मेदारी उस पर न आ पड़े, इसी से पहले से ही यह सतर्कता बरती गई। इसके उत्तर में गांधी ने भी सौजन्य के साथ कांग्रेस-अध्यक्ष को आदेश दिया कि छः सप्ताह के लिए क़ानून-भंग आन्दोलन स्थगित कर दिया जाए।

जून 1933

मादाम मार्शा ने मुझे एक पत्र दिखलाया। पत्र उन्हें रोम से काउंटेस हेट्टी आन्तोनिनी ने लिखा है। काउंटेस मुझसे दो भारतीय संगीतज्ञों का (जिनमें से एक बम्बई की म्यूज़िक अकादमी के संचालक ओंकार नाथ ठाकुर हैं) परिचय कराना चाहती हैं। ये संगीतज्ञ जब भारत से आ रहे थे तो गांधी ने इनसे कहा था, "यूरोप में तुम लोग दो आदमियों से मिलना, एक मुसोलिनी और दूसरे रोमां रोलां। मुसोलिनी को सभी जानते हैं, राह के ज़रा-से बच्चे ने भी उनकी बाबत सुना है। और संस्कृति से आलोकित व्यक्ति मात्र रोमां रोलां को पहचानेगा।" संगीतज्ञों ने यह बात मुसोलिनी से कही, एकाधिक बार उन्हें संगीत भी सुनाया—कहते हैं कि गाना सुनकर मुसोलिनी भी तृप्त हुए। लेकिन मुसोलिनी के साथ इस तुलनात्मक उल्लेख से मेरा हृदय फूल

नहीं उठा, मैंने उन लोगों से मिलना स्वीकार नहीं किया। मेरे पास बेशुमार काम है, छुट्टी पर निकलने से पहले 'आम् आँशाँते' पुस्तक भी समाप्त करनी होगी...।

जून 1933

गांधी के अनशन के बारहवें दिन (उन्होंने 21 दिनों का अनशन निरापद रूप से समाप्त कर लिया है) महादेव देसाई ने मुझे लिखा कि गांधी को मेरा पत्र मिला है और उससे उन्हें बहुत प्रसन्नता हुई है। उन्हें अधिक प्रसन्नता इस कारण हुई कि भारत में इस बार सभी शुभाकांक्षियों ने उनके अनशन का समर्थन किया (रवीन्द्रनाथ ने भी)। मैंने भी बहुत समर्थन किया हो, ऐसा तो नहीं लेकिन मैं जानता हूँ कि गांधी से तर्क करना व्यर्थ है। यह उनके लिए राजनैतिक कर्म का (अथवा प्रतिवाद का) अंग उतना नहीं है, जितना आत्मशुद्धि और ईश्वर से मिलन का मार्ग। वहाँ की ख़बरों से जो कुछ समझ पाता हूँ, परीक्षा कठोर ही हुई थी। गांधी ज़ाहिरा अपनी निराशा का भाव कभी प्रकट नहीं करते—लेकिन जब उन्होंने देखा कि उनके और उनके शिष्यों के (जो डेढ़ साल से क़ैद में हैं) आत्मत्याग का कोई लाभ नहीं हो रहा तो मन-ही-मन वे दुखी ज़रूर हुए। मेरा ख़याल है, यह बात वे अपने ईश्वर से कहे बिना नहीं रह सके, "यदि मैंने ग़लती की हो या अब मेरी ज़रूरत न रही हो तो मुझे वापस बुला लो।" क्योंकि 21 दिनों के बाद अनशन भंग करने पर, उन्होंने पहले-पहल जो बातें कहीं, उनमें यह बात भी थी, "ईश्वर ने यदि मुझे अपने पास वापस नहीं बुला लिया तो इसका कारण यह है कि युद्ध जारी रखने के लिए वे अब भी मेरी ज़रूरत समझते हैं और उस युद्ध में मैं फिर और ज़ोरों से लगने जा रहा हूँ।"

1934

अप्रैल 1934

भारत से अभी-अभी एक अमेरिकन लौटे हैं, जो गांधी से मिलकर आए हैं। उनके ज़रिये गांधी ने मेरी बहन को सूचना भेजी है कि वे अपने बारे में मेरे मनोभाव की बात अक्सर सोचते हैं, वह मनोभाव बदला है या नहीं, यह सोचकर वे शंकित भी हैं।...फादर सेरेजोल शीघ्र ही भारत जा रहे हैं, इसी से मैंने उनके हाथ गांधी को यह पत्र भेजा (4 अप्रैल)—

> "परम प्रिय मित्र, अभी-अभी भारत से लौटे एक अमेरिकन मित्र से यह जानकर मैं दुखी हुआ कि आपके प्रति मेरे मनोभाव बदल गए हैं, यह सोचकर आप शंकित हैं। यह ज़रा भी सच नहीं है—आप पर मेरी श्रद्धा है, प्रीति है, आपके प्रति मेरी मैत्री वैसी ही हार्दिक है...
>
> "इतना कहने के बाद मुझे यह भी अवश्य जोड़ देना चाहिए (और यह मैंने विलनवे में ही आपको बता दिया था) कि यूरोप में आज जिस प्रकार के कर्म की आवश्यकता है, उसके बारे में किसी-किसी बात में आपके साथ मेरा मतभेद है।
>
> "सत्याग्रह की जो महान परीक्षा आपने की है, और जिसका फलाफल आज भी अनिश्चित है, आशा करता हूँ कि भारत में उसके विजयी होने की सम्भावना बहुत अधिक है। लेकिन वर्तमान यूरोप में उसके सफल होने की ज़रा-सी भी आशा नहीं है।
>
> "आज का यूरोप जिस सांघातिक विपत्ति का सामना कर रहा है, उसकी तुलना पिछली कई शतियों में नहीं है। पैसा तथा बुर्जुआ और सामरिक प्रतिक्रिया का एक अन्तरराष्ट्रीय साम्राज्यवाद (फ़ासिज़्म जिसका एक अस्त्र है) अपनी ताक़त की सारी संगठित तैयारियों के साथ यूरोप का गला घोटने का उपाय कर रहा है, वह आगामी अनेक शतियों के लिए इस महादेश की उस राजनैतिक स्वाधीनता

को मार डालना चाहता है, जिसे यूरोप ने कई शतियों की वीरतापूर्ण अक्लांत चेष्टा द्वारा अर्जित किया है। केवल जर्मनी और इटली ने ही प्रतिक्रियावादियों के हाथों आत्म-समर्पण नहीं किया—हंगरी, पोलैंड और सारे बाल्कन देश भी उसके वशीभूत हो गए हैं। तोप के गोलों से ऑस्ट्रिया के सब श्रमिक-मज़दूरों को मिट्टी में मिला दिया गया है। यहाँ तक कि फ्रांस और इंग्लैंड भी फ़ासिस्ट प्लेग के चंगुल में हैं; और पैरी में बलपूर्वक शासन की क्षमता हाथ में लेने की भयानक सामरिक तैयारियाँ चल रही हैं।

"इसके विरुद्ध विराट बाधा बनकर खड़ा है एकमात्र सोवियत रूस—उसने भार लिया है प्रतिरक्षा का, नई समाज-व्यवस्था क़ायम करने का, जो समाज अधिक न्यायपूर्ण और विवेकयुक्त होगा तथा जिसकी पतवार मुक्त और शिक्षित श्रमिक सँभालेंगे।

"लेकिन इसके बारे में सन्देह की गुंजाइश नहीं है कि यूरोप अगर किसी तरह एक बार फ़ासिस्ट हो जा सके तो साथ-ही-साथ वह जापान और यथासम्भव अमेरिका की साम्राज्यवादी शक्तियों के साथ संघबद्ध हो जाएगा—उनका लक्ष्य होगा सोवियत रूस को ध्वंस करना, क्योंकि सोवियत रूस का अस्तित्व ही इन शक्तियों के लिए शाश्वत भय का कारण है, जिन शक्तियों के बचे रहने का एकमात्र उपाय श्रम का अन्यायपूर्ण शोषण है।

"यूरोप में हम लोग जो अब भी स्वाधीनचेता हैं, सब तरह के फ़ासिज़्म और साम्राज्यवाद के पुराने दुश्मन हैं, उनका प्रधानतम कर्तव्य है उसी सोवियत रूस की प्रतिरक्षा के लिए आगे बढ़ना, क्योंकि एकमात्र उसी को घेरकर सामाजिक संगठन की समस्त आशाओं की अनिवार्य नींव दीख पड़ी है।

"वह प्रतिरक्षा सम्भव कैसे होगी? सत्याग्रह के द्वारा? कर्म को ग्रहण न करके अथवा हिंसा का वर्जन करके? इस तरह के तौर-तरीक़ों और कौशल के लिए यूरोप की जनता का मन बिलकुल ही तैयार नहीं हुआ है। यह सच है कि दो-एक देशों में जहाँ-तहाँ 'विवेकी-विरोधियों' के छोटे-छोटे केन्द्र हैं। लेकिन वहाँ भी विवेक का व्यक्ति-स्वातंत्र्य चाहे जिस सम्मिलित कर्म में अक्सर सहमति नहीं देना चाहता। बहुत प्रयत्न करके किसी-किसी ने किसी 'सर्विस सिविल इंटरनेशनल' की तरह के किसी आन्दोलन में उन्हें एकत्रित करना चाहा है (जैसा पियरे सेरेजोल ने किया है), लेकिन अभी तक इस तरह के प्रयत्न बहुत कम हैं, कहा जा सकता है कि नहीं ही हैं। 'विरोधीगण' व्यक्तिगत रूप

से, आत्मत्याग के द्वारा अपनी-अपनी आत्मा को मुक्त कर सकते हैं, लेकिन दूसरों की आत्मा अथवा जीवन को लेकर सर खपाने की फ़ुर्सत उन्हें नहीं है। हो सकता है कि बहुत शतियों के बाद उनका यह आत्मत्याग सफल हो, ज्योतिर्मय बनकर वे भविष्य की आँखों में सजीव हों—जैसा ईसाई धर्म के पहले दौर के शहीदों के बारे में हुआ था। लेकिन उन लोगों का वह त्याग, आज की संकटपूर्ण घड़ियों की अनिवार्य नियति में ज़रा-सा भी अदल-बदल नहीं कर पाता, जिस नियति के परिणामस्वरूप परस्पर विरोधी दो संसार एक-दूसरे के सामने ताल ठोंक रहे हैं—एक ओर अन्तरराष्ट्रीय प्रतिक्रिया की सेवा में फ़ासिस्ट तानाशाही है, दूसरी ओर है प्रोलेटेरियन क्रान्ति। इन दोनों में से किसी एक का पक्ष लेने के सिवा दूसरा रास्ता नहीं है।

"मैंने भी पक्ष चुन लिया है। शोषकों के कराल ग्रास से मुक्त जो श्रमशक्ति है, जिसने अपनी दुनिया गढ़ने की ज़िम्मेदारी अपने हाथों में ली है, मैं उसी के पक्ष में हूँ। इस बात में मुझे तिलमात्र सन्देह नहीं है कि आप भी उसी पक्ष में हैं। अपने बारे में मैं इतना ही कहता हूँ कि हिंसा का आश्रय मैं कभी न लूँगा—न किसी पर आक्रमण करने के लिए, न अपनी रक्षा करने के लिए (कम-से-कम मेरी आन्तरिक इच्छा ऐसी ही है—अगर मैं इसका पालन न कर सकूँ तो वह मेरी दुर्बलता का परिचायक होगा और बाद में मैं उस दुर्बलता की लानत-मलामत करूँगा)। लेकिन यदि आत्मरक्षा के लिए कोई हिंसा का अवलम्बन करे, यदि अहिंसा पर उसका विश्वास न रहे अथवा अहिंसा के समस्त आदर्श और तत्सम्बन्धी अन्यान्य 'दैवी' वस्तुओं पर यदि वह आस्था न रख सके तो मैं उसकी निन्दा न करूँगा। जो ईश्वर अथवा अनन्त का विश्वासी है, उसके लिए आत्मत्याग करना सहज है, बड़ा सहज। लेकिन यूरोप के दो-तिहाई लोगों ने सब ईश्वरों या सब अनन्तों में विश्वास खो दिया है (और उनमें गण्यमान्य व्यक्ति भी बहुतेरे हैं)। एकमात्र जो भाव उन्हें आज भी उत्साहित कर सकता है, वह है मनुष्य की एकता—विकल उच्छ्वास से वे आशा लगाए हुए हैं कि आज के अन्याय के विरुद्ध उन्होंने जो संग्राम आरम्भ किया है, वह एक दिन उनके भाइयों और उनकी सन्तानों को मुक्त कर सकेगा; उनकी आशा है कि अपनी मृत्यु द्वारा वे एक ऐसी दुनिया की नींव डाल जाएँगे, जो आज की दुनिया से अच्छी नहीं होगी। ऐसा विश्वास कर पाना भी कोई साधारण बात नहीं है। यह चाहा जा सकता है कि वे अपने इस विश्वास को काम में लावें। लेकिन जो विश्वास उनमें है ही नहीं,

उसे वे काम में कैसे लगा सकते हैं, और उनसे ऐसा चाहा भी नहीं जा सकता। जो सत्य है और जो कर्तव्य है, वह है साहस के साथ, निर्लिप्तता के साथ अपने प्रति सत रहना, वह है अपने विचार और कर्म में समन्वय करना। गहरे कर्तव्य-बोध से प्रेरित होकर ही वियना के श्रमिकगण तथाकथित ईसाई फ़ासिस्टों की बम-वर्षा के विरुद्ध, प्राण देकर भी अपने विश्वास को बचाने के लिए डट गए हैं। आज सोवियत रूस का जो कर्तव्य है, जो कर्तव्य उसी सामाजिक आदर्श के विश्वासी यूरोप के अन्य लोगों का भी है, उसी ने उन्हें प्राण देकर भी उस आदर्श की रक्षा करने के लिए विवश किया है—उनके पास जो भी अस्त्र क्यों न हों, उन्हें उन्हीं से काम लेना होगा। जो अहिंसक हैं, वे अहिंसा का अस्त्र लें—दूसरे सशस्त्र युद्ध का मार्ग अपनावें। निष्क्रिय रहने से किसी तरह क़ाम न चलेगा। पाप को ग्रहण करना अथवा असहाय की तरह उसका अभ्यस्त बन जाना, यह न आपके लिए सम्भव है, न मेरे लिए। आप युद्ध करते हैं सत्याग्रह के द्वारा, प्रोलेटेरियन क्रान्ति का दूसरा अस्त्र है। लेकिन युद्ध एक ही है, यद्यपि उसके कर्मक्षेत्र दो हैं। अपने क्षेत्र में (भले ही वर्तमान समय में वह ध्वंसावशेष से ही भरा हो!) आप सुखी हैं। पियरे सेरेजोल आपको यह बात बताएँगे।

"मेरा जो काम है (वही मेरा एकमात्र व्रत है), वह है इन विभिन्न मार्गियों के बीच श्रद्धा का एक बन्धन तैयार करना, जो एक ही लक्ष्य को सामने रखकर अनलस युद्ध करते जा रहे हैं।"

'आपको भ्रातृत्वपूर्ण श्रद्धा और प्रेम का अभिवादन अर्पित करता हूँ। दूर होकर भी मैं आपके निकट हूँ।'

रोमां रोलां

जुलाई, 1934

मीरा को मैंने अपनी बहन के यहाँ देखा। वे अचानक भारत से आ पहुँची हैं। (भारत छोड़ने के समय टेलीग्राम से उन्होंने अपने आने की सूचना दे दी थी।) उन्होंने कहा, अचानक यह निश्चय उनके दिमाग़ में 'आलोकदीप्त प्रेरणा' की तरह आया, जैसे उन्होंने अन्तर के स्वर का आदेश सुना हो। गांधी ने उनको रोकने की कोई कोशिश नहीं की, आने दिया। मीरा चाहती हैं कि वे इंग्लैंड निवासियों के सामने भारतीयों की यथार्थ स्थिति का चित्र प्रस्तुत करें। इस सम्बन्ध में वे लन्दन और लंकाशायर

में श्रमिकों की एक सभा में भाषण दे रही हैं। गांधी ने मीरा को उनके पास अपने प्रतिनिधि के रूप में नहीं, अगुआ के रूप में भेजा है। यहाँ तक कि अपनी कन्या के रूप में, जिस कन्या ने उनको सबसे अधिक अच्छी तरह समझा है और जो उनकी विचारधारा की व्याख्या करना जानती हैं। एक रात को गांधी ने मीरा के साथ जो अन्तिम विचार-विमर्श किया, उसे मीरा ने लिख रखा है और मुझे पढ़ सुनाया। उसे सुनकर मैंने समझा कि इंग्लैंड के साथ किसी समझौते के लिए गांधी अब भी राज़ी हैं, लेकिन भारतीय स्वतंत्रता की भित्ति पर ही। वे कहते हैं, "मैं भारत का सेवक नहीं, सत्य का सेवक हूँ।" इसकी सम्भावना कम है कि लोग उन्हें समझ सकेंगे। आज ब्रिटेन का हाव-भाव है उनको प्रश्रय न देने का और वह भी बड़े अपमानजनक ढंग से। वायसराय ने हम लोगों की एक परिचित महिला मित्र से उनके बारे में कहा था (महिला की अनुमति से यहाँ उसका उल्लेख कर रहा हूँ) कि पता लगाकर वे इस निर्णय पर पहुँचे हैं कि गांधी के चरित्र और राजनैतिक कार्यों में हार्दिकता का अभाव है। यह जानकर गांधी ने सम्मानपूर्वक उन्हें एक पत्र लिखा—बतलाया कि उनके ये विचार जानकर गांधी क्षुब्ध हुए हैं, गांधी ने अनुरोध किया कि वे बतलाएँ कि उन्होंने क्यों ऐसी बात कही है। वायसराय ने गांधी के उस पत्र का उत्तर तक नहीं दिया, सिर्फ़ अपने सेक्रेटरी के द्वारा पत्र का प्राप्ति-स्वीकार भिजवा दिया—लेकिन उनमें कैफ़ियत का एक शब्द भी नहीं था। ब्रिटेन इस चक्कर में है कि कैसे कांग्रेस से गांधी को अलग कर दिया जाए और एक बार ऐसा कर सकने पर वह सिर्फ़ कांग्रेस से ही बातचीत करेगा। गांधी को इस समय जो कौशल दिखाना चाहिए, वह यह कि वे कांग्रेस के साथ और घनिष्ठ रूप से सम्पृक्त हो जाएँ—वे जो कुछ कहेंगे, कांग्रेस के नाम पर ही कहेंगे और कांग्रेस के अनुमोदन से कहेंगे। ऐसा वे करना चाहेंगे, यह नहीं जान पड़ता। अपने अन्तर के 'नीरव स्वर' के आदेश से अकेले-अकेले निर्णय लेने का उन्हें बहुत अभ्यास है।—सामयिक रूप से काम से अलग होने का जो वचन उन्होंने दिया था, उसकी मीयाद कुछ हफ़्तों में ख़त्म हो रही है। स्वास्थ्य सम्बन्धी कारणों से उन्हें पूर्व निश्चित समय से पहले ही जेल से छोड़ दिया गया, इसी से, सज्जनता के नाते गांधी ने स्वयं ही घोषणा की कि वे उस समय तक सब तरह के राजनैतिक कार्यों से अलग रहेंगे। लेकिन समय बीतते ही वे फिर स्वाधीन हो जाएँगे—और डर इस बात का है कि अपने प्रथम राजनैतिक कार्य के साथ ही उन्हें फिर गिरफ़्तार कर लिया जाएगा। फिर जेल जाने की उनकी कोई इच्छा नहीं है, इस बार वे इस बात को बिलकुल नहीं छिपा रहे। लेकिन अपनी बेचैनी प्रकट किए बिना भी वे न रह सकेंगे और एक बार मुँह खोलते ही, सबसे पहले वे अपने सहयोगी नेहरू, पटेल आदि के छुटकारे की माँग करेंगे। इन लोगों के बिना कांग्रेस नेता-विहीन बनकर पड़ी रहेगी। बात करने का अधिकार उनका रहेगा, यह वादा अंग्रेज़ सरकार से गांधी ले लेना चाहते हैं। सरकार चुप्पी

लगाए हुए है—इसका भी कोई उपाय नहीं है कि गांधी जाकर प्रादेशिक राज्यपालों से मुलाक़ात कर सकें। ऊपरवालों को यही आदेश है कि उनकी उपेक्षा की जाए, समझ लिया जाए कि वे हैं ही नहीं। ऐसी अद्‌भुत बात ब्रिटिशों के लिए ही सम्भव है। अंग्रेज़ भद्रपुरुष ('ओल्ड जेंटिलमैन') नंगे पैर चलनेवाले इस आदमी को नहीं पहचानते—इसके अलावा, इस आदमी के साथ तो उनका परिचय भी किसी ने नहीं कराया है। आज विवेकानन्द की तरह का कोई आदमी होता तो इसका उत्तर दे सकता—अपने प्रतिशोधपरायण व्यंग्य के साथ।

4 अक्तूबर, 1934

एलेन मनास्तिए के साथ पियेर सेरेजोल आए हैं। 22 तारीख़ को वे फिर भारत जा रहे हैं। इस बार वे वहाँ के पीड़ितों की सहायता के लिए सेवक-दल का गठन करना चाहते हैं। अपने प्रथम भारत-भ्रमण की दो महीनों की अवधि में उन्होंने समस्या को स्वयं जिस रूप में देखा है और उसे समझने की चेष्टा की है, उसके बारे में बातें करने लगे।...

सेरेजोल ने गांधी के धैर्य की आश्चर्यजनक स्थिरता की बात कही। लगातार हज़ारों प्रश्नों का उत्तर देने में भी गांधी कभी आपत्ति नहीं करते, यहाँ तक कि उनकी निन्दा करते हुए भी कुछ लोग जो तमाम सवाल करते हैं, उनसे भी कभी गांधी को ज़रा-सी भी क्लान्ति नहीं होती। वे कभी न कहेंगे कि "अब नहीं।" उनके चारों ओर एक आश्चर्यजनक स्वाधीन भाव की जो एक आबोहवा मौजूद रहती है, उसकी बात भी सेरेजोल ने कही। वे अपने निन्दकों को कैसे अविश्वसनीय भाव से अपने विरुद्ध सब कुछ कहने की छूट दे देते हैं, बीच में एक भी बात कहकर कभी उन्हें रोकने की कोशिश नहीं करते और उनकी बातों को ऐसे स्नहेपूर्ण मनोयोग से सुनते हैं कि अन्त में वही उनके विरोधियों का मन जीतकर रहता है। अपने निन्दकों के प्रति इसके अलावा और कोई रुख़ रखने पर ऐसा नतीजा किसी तरह न होता। उन्हीं निन्दकों में से एक ने सेरेजोल से कहा, "मैं चाहे जितनी कोशिश क्यों न करूँ, वे अपनी रक्षा ज़रूर कर लेंगे। वे एक बहुत बड़े अजगर के समान हैं, अपना मुँह उन्होंने हाँ—करके फैला रखा है—उसी 'हाँ' में सारे कुछ को जा पड़ना होगा।"

सेरेजोल ने उनकी अटूट प्राणशक्ति की भी प्रशंसा की। देखने में दुबले-पतले होने पर भी ये वृद्ध नंगे पैरों इतनी तेज़ी से चलते हैं कि सेरेजोल और उनके साथियों के जैसे, स्वीज़रलैंड के दुर्गम पहाड़ी रास्तों पर चलने की आदत वाले भी उनका साथ नहीं दे पाते, पिछड़ जाते हैं। किसानों के साथ बात करने में भी गांधी कितनी जल्दी अपने को उनके साथ मिला देते हैं, इस बात ने भी सेरेजोल को विस्मित

किया—छोटी मेज़ पर दोनों पैर मोड़कर वे बैठ जाते हैं और किसानों के साथ बातचीत शुरू कर देते हैं। उनके छोटे-से भाषण के पहले हमेशा एक प्रार्थना-संगीत गाया जाता है—वेद का कोई मंत्र वग़ैरह, जो उनको और दूसरों को घेरकर एक धर्मभावापन्न अन्तरंगता की सृष्टि करता है। "गांधी अकेले-अकेले प्रार्थना करने कभी नहीं बैठते, ईश्वर के साथ अकेले जुड़ने की उनकी चेष्टा कभी नहीं होती।" उनकी प्रार्थना में हमेशा धर्मग्रन्थ से पढ़ा या गाया गया अंश होता है, एक स्तवमाला होती है—बहुत कुछ कैथोलिकों के समान। और उसके सामने विश्वासी स्विस प्रोटेस्टेंटों का यह दल (सेरेजोल, एदमाँ प्रिवा) स्वभावतः थोड़ी परेशानी में पड़ जाता है। सेरेजोल अथवा प्रिवा गांधी से कहते हैं, "कभी आप यह सोचकर आशंकित नहीं होते कि इस तरह की प्रार्थना से धर्मभाव एक यांत्रिकता में परिणत हो सकता है?" गांधी उत्तर देते हैं, "हो तो हो!" मुझे लगता है कि वे यह भी कहना चाहते हैं, "चित्त के पास यदि कोई ऐसा पात्र रखा जा सके, जिसमें वह अपना सारा उत्तम धन सुरक्षित कर सके तो देखा जाएगा कि वह उत्तम धन चित्त से निकल आएगा, और उससे वह पात्र भर जाएगा।"

नवम्बर, 1934

भारत लौटती हुई मीरा विलनवे होकर गईं...उनके हाथ गांधी के लिए यह पत्र भेजा (8 नवम्बर, 1934)

> "...मीरा आपको बताएँगी कि वे हम लोगों को पश्चिम की कैसी करुण घड़ियों में छोड़कर जा रही हैं। एक और बड़ी लड़ाई शुरू होने ही वाली है, इस उद्वेग से सारे यूरोप का चित्त चंचल है—उस लड़ाई में बहुत वर्षों से संचित उन्माद की बाढ़ के बह जाने की सम्भावना है। मानवता अथवा औचित्य की बात सुनाना उस समय कठिन हो जाएगा। इस ज्वराक्रान्त यूरोप के चरम पहरे की घड़ियों में आप मुझे एक आवेदन करने दीजिए।—आज हिंसा जितने विविध आकार ले रही है, उनमें सबसे भयानक है उस समाज-व्यवस्था का रूप, जिसने धन दैत्य को ही अपना सर्वस्व जाना है। धन की क्षमता हमेशा बहुत अधिक रही है, लेकिन पिछली आधी शती से, विशेषतः पिछले महायुद्ध के बाद से उसका और अधिक तथा भयंकर प्रसार हुआ है—आज बड़े-बड़े शिल्पों से (भारी शिल्प, अस्त्रशस्त्र, रासायनिक पदार्थ) और उस औपनिवेशिक साम्राज्यवाद से उसका घनिष्ठ सम्बन्ध है, जो आज संसार के सभी देशों को निगलने के लिए उद्यत है; राजनीति

का संचालन भी आज उसी के अधिकार में है (राष्ट्र-समूह उसके हाथों के अस्त्र के सिवा और क्या है?) और उसकी क्षमता ऐसी सांघातिक है कि जो उसका व्यवहार करते हैं, वे अपना मानसिक सन्तुलन बनाए नहीं रख सकते—परिणामतः वह धन आज सारे संसार को ध्वंस की ओर ठेले लिये जा रहा है। शिल्प क्षेत्र का विराट पूँजीवाद अपना सहारा देकर युद्ध को प्रेरित करता है, वह सोचने लगता है कि कितने उपायों से मनुष्य की हत्या की जा सकती है : अस्त्रों के द्वारा, अनेक विष-जातीय पदार्थों के द्वारा (विषैली गैस, अफ़ीम तथा उसके मिश्रण से तैयार अन्य अनेक द्रव्य, जो एक-दूसरे से अधिक घातक हैं, हिरोइन आदि)। दुर्भाग्य यह है कि बिना कुछ समझे-बूझे मध्यवित्त के लोग भी अन्धों की तरह इस ख़ूनी जोड़-तोड़ में अपना सिर खपा रहे हैं। केवल कृषक-मज़दूर ही विद्रोही हो रहे हैं, वे अपने को संगठित करना चाहते हैं, ताकि श्रम पर प्रतिष्ठित एक अधिक स्वस्थ और अधिक न्यायपूर्ण नई समाज-व्यवस्था जन्म-ग्रहण कर सके। अहिंसावादी लोग हिंसा के इस भाव को समझ नहीं पा रहे हैं, इसकी निन्दा कर रहे हैं, लेकिन उन्हें इसको समझने का प्रयत्न करना चाहिए। जो अन्यायपूर्ण ख़ूनी समाज-व्यवस्था इस हिंसा को जन्म देती है, हिंसा के उस उत्स को ढूँढ़कर उन्हें उसी से युद्ध करना होगा। उसी समाज-व्यवस्था ने आज किसान-मज़दूरों को इस हालत में ला खड़ा किया है, जहाँ या तो क्रान्ति, नहीं तो मृत्यु के अलावा उनकी और कोई गति नहीं है। ऐसे जमाव में, जब कोई पक्ष लिये बिना किसी के लिए कोई उपाय नहीं है, आपको भी अपनी आवाज़ सुनानी ही पड़ेगी—उसकी बहुत अधिक आवश्यकता है। उसकी आवश्यकता इसलिए है कि आपके विचारों की भ्रान्तिपूर्ण प्रस्तुति के चलते उसके और संसार के लाखों श्रमिकों के बीच एक ग़लतफ़हमी पैदा हो गई है। स्वार्थ के कारण बहुत से लोग उस ग़लतफ़हमी को और शानदार बना देना चाहते हैं।—आप ही की तरह मैं भी जीवन-भर तमाम विरुद्ध शक्तियों के बीच एक सामंजस्य ढूँढ़ता रहा हूँ। एक समय ऐसा आया, जब यह सामंजस्य बिना बाधा के विभिन्न उदारपन्थी ऊँच-नीच अथवा पारस्परिक सम्बन्ध रखनेवाली सामाजिक श्रेणियों में फल-फूल सकता था—आज वैसा नहीं हो सकता। संवैधानिक अर्थों में जो 'उदारपन्थी' हैं, आज वे भी उद्विग्न हैं—बहुत समय तक अपने को जिलाए रखने के लिए वे भी मिथ्या का आश्रय ले रहे हैं। आज सिर्फ़ हिंसा और धन-सम्पत्ति की बेलगाम अराजकता दीख पड़ती है (अनेक प्रकार से

कैपिटलिज़्म और फ़ासिज़्म हाथ में हाथ मिलाकर चल रहे हैं)। यदि किसी दिन नई समाज-व्यवस्था बन सकी, जो श्रम के सम्मान और संघबद्ध श्रमिकों और सम्प्रदायों के अन्यान्य सेवकों की एकता पर प्रतिष्ठित होगी, तो वही हमारी मुक्ति का एकमात्र उपाय होगी। और उसी लक्ष्य को सामने रखकर हमें काम करते जाना होगा। मैं जानता हूँ कि आप भी ऐसा ही सोचते हैं—इसके बारे में मुझे सन्देह नहीं है। लेकिन इसे आप ऊँची आवाज़ में कहिए। प्रश्न केवल भारत की मुक्ति का नहीं, सारे संसार की मुक्ति का है। आज जब आपने अपनी स्वाधीनता वापस पा ली है तो सारे संसार के मनुष्यों का आलिंगन करने के लिए आगे बढ़िए न...!"

दिसम्बर, 1934

गांधी को लिखा गया मेरा पत्र मीरा ने उन्हें पढ़ सुनाया। गांधी ने ध्यान से सब सुना, मुझे धन्यवाद दिया। उनका ख़याल है कि इसका उत्तर खुली चिट्ठी के रूप में देना अच्छा रहेगा, जो मेरे पत्र के सहित एक साथ प्रकाशित होगा।

इसके बाद भारत की ख़बर मिली है कि अहमदाबाद की कपड़ा-मिलों के बड़े-बड़े मालिकों ने (लोगों का कहना है कि वे गांधी के मित्र हैं) ज़बर्दस्ती अपने मज़दूरों का वेतन घटाना चाहा, परिणामत: मज़दूरों ने हड़ताल करने का निश्चय किया। गांधी ने मज़दूरों का पक्ष लिया।

1935

अप्रैल, 1935

सुभाषचन्द्र बसु मिलने आए। ये कलकत्ते के भूतपूर्व मेयर और कांग्रेस के समाजवादी वामपन्थियों के एक नेता हैं। छ:-आठ साल जेलों में रहे हैं। इस समय स्वास्थ्य-लाभ के लिए यूरोप में हैं। अभी इनके लिए कार्यक्षम रूप से भारत लौटना सम्भव नहीं है। इनकी उम्र अभी कम ही है, चेहरे पर ख़ासी गम्भीरता और चिन्ता की छाप है, लगभग हर वक़्त भौंहें सिकोड़े रहते हैं। प्रखर बुद्धिवाले हैं—इसका परिचय इनके सद्य: प्रकाशित ग्रन्थ से भी मिलता है, जो इन्होंने विगत दशक के भारतीय राजनैतिक इतिहास के बारे में लिखा है। इस पुस्तक में व्यक्तियों और घटनाओं के विवरण में इनकी जो विश्लेषिणी दृष्टि है, वह वास्तविक कूटनीतिज्ञों जैसी है और ऐसे स्थलों पर इन्होंने निरपेक्ष बने रहने का भी विलक्षण प्रयास किया है—यद्यपि स्पष्टत: यह भी बतला दिया है कि कहाँ औरों से उनका मत मेल नहीं खाता। मेरे सामने इन्होंने यह स्पष्ट करने की चेष्टा की कि इनके विचार से गांधी का राजनैतिक नेतृत्व आज किस तरह एक निर्जीव स्थिति में आ पहुँचा है और अगर भारत आगे बढ़ना चाहता है, अपनी स्वाधीनता अर्जित करना चाहता है तो उसे आज उस नेतृत्व से हटना ही पड़ेगा। इनके ख़याल से अहिंसक प्रतिरोध पूरी तरह असफल हो गया है। वह सफल हो सकता था, अगर उसके चलते भारत की जन-शासन-व्यवस्था पूरी तरह ठप्प हो जाती। कहा गया था कि अंग्रेज़ी वस्तुओं का पूर्ण बहिष्कार किया जाएगा, लेकिन वैसा किया नहीं जा सका। गांधी ने जिस भी आन्दोलन के संचालन का भार लिया, उसके अन्त तक जाना उन्होंने कभी स्वीकार नहीं किया। उनके शिष्यगण किसी प्रकार के बल का आश्रय ले सकें, इसका अधिकार उन्होंने एक बार भी उन्हें नहीं दिया। सार्वजनीन प्रतिरोध की नीति को सफल बनाने के लिए, किसी-न-किसी तरह का एकनायकत्व आवश्यक हो जाता है, लेकिन गांधी ने ऐसा बिलकुल नहीं होने देना चाहा, परिणाम यह हुआ कि इस सम्बन्ध में जो सचमुच आग्रहान्वित थे वे भी, और जो शुरू से आगा-पीछा कर रहे थे वे भी, घबराकर पीछे हट गए, विशेषत: जब

उन्हें डराने की एक से ज़्यादा घटनाएँ हो चुकी थीं। भारतीय दुकानदार तो अंग्रेज़ी वस्तुओं के बहिष्कार की बात पर राज़ी ही नहीं हुए। दूसरी ओर, अंग्रेज़ बहुत समय से यह सोचकर परेशान हो रहे थे कि किस उपाय से इस प्रतिरोध आन्दोलन को दबाया जाए, अन्त में उन्होंने उसकी पेंदी में छेद करने की उपयुक्त पद्धति ढूँढ़ निकाली। कई साल पहले तक वे हज़ारों-हज़ार भारतीयों को जेलों में भर देते थे (जेलों में जगह न रह जाती थी, जान पड़ता था कि क़ैदियों का अन्त ही नहीं हैं), अब वे ऐसा नहीं करते। इधर कुछ दिनों से वे सिर्फ़ उन भारतीयों—नेताओं को ही गिरफ़्तार करते हैं, जो भारतीय विद्रोह की आत्मा के समान हैं—जैसे जवाहरलाल नेहरू या सुभाषचन्द्र बसु वग़ैरह को। और छोटे-से-छोटे आन्दोलन को भी वे दमन से शान्त करते हैं। गांधीवादियों का अप्रतिरोध उन्हें शान्त रखता है—वे जानते हैं, उधर से उन्हें कोई ख़तरा नहीं है। यहाँ तक कि अंग्रेज़ी पार्लामेंट के सोशलिस्ट नेता वेजवुड बेन, जो भारतीय स्वाधीनता के प्रश्न से काफ़ी सहानुभूति रखते हैं, उन्होंने भी हाल ही में राधाकृष्णन से कहा था, "जो भी हो, हम लोग ख़्वाहमख़्वाह भला भारत छोड़कर चले क्यों आएँगे, जबकि स्पष्टत: भारतीय हम लोगों को हटाने में असमर्थ हैं?" आतंकवादी अथवा टेररिस्टों के कामों का समर्थन तो सुभाष बसु ने नहीं किया, फिर भी उन्होंने कहा कि केवल ये क्रान्तिकारी ही भारत में अंग्रेज़ों को संकटापन्न कर सके हैं। बंगाल में यद्यपि उनकी संख्या बहुत अधिक नहीं है, और अन्यान्य कारणों से भी उनकी शक्ति सीमित है, फिर भी उनके कामों का परिणाम कुछ कम गहरा नहीं हुआ। यहाँ तक कि जब सुभाष बसु जेल में थे, कुछ अंग्रेज़ अधिकारियों ने भी खुले दिल से यह बात स्वीकार की थी। उनका ख़याल है कि क्रान्तिकारियों की कार्यवाहियाँ अगर सारे देश में फैल सकतीं तो वे जल्दी ही अंग्रेज़ों को ठंडा कर देतीं। लेकिन राजनैतिक पद्धति के रूप में वे क्रान्तिवाद को बहुत अच्छा नहीं मानते, यह भी उन्होंने बताया—वे सुपरिकल्पित प्रतिरोध के ही पक्ष में हैं, और ज़रूरत पड़ने पर हिंसा को भी स्वीकार करने को तैयार हैं, युद्ध में वे उसका व्यवहार करने को भी राज़ी हैं। सभी पार्टियों में गांधी की लोकप्रियता बहुत अधिक है लेकिन वे उसका उपयोग नहीं करते। राष्ट्रीय चेतना की सृष्टि में भी, समाज की विभिन्न श्रेणियों में निकट सम्बन्ध जोड़ने के पीछे गांधी के पन्द्रह वर्षों का योग असामान्य है—लेकिन सत परिवेश में उनका पालन-पोषण हुआ है. अत: उनका स्वभाव ही ऐसा है कि वह कभी परस्पर विरोधी दो अतियों के बीच और कभी विभिन्न पार्टियों के बीच सिर्फ़ किसी तरह का समझौता ढूँढ़ता रहता है। इसी से उनको आन्तरिकता के साथ जहाँ अछूतोद्धार में लगते देखा जाता है, वहीं जातिभेद प्रथा का पक्ष लेते भी। मज़दूरों की बात वे सोचते तो हैं, लेकिन यह नहीं चाहते कि मालिकों के ख़िलाफ़ वे संगठित हों। अब यद्यपि वे मशीनीकरण के विरोध में मुँह खोलकर कुछ कहते नहीं, लेकिन समाज-सुधार के

उद्योगों को वे अपने द्वारा अनुमोदित कुटीर शिल्प (चरखा) की उन्नति के लिए ग्रामाभिमुख कर रहे हैं। इससे लाभ तो बहुत थोड़ा होगा—लेकिन इसके चलते अत्यन्त प्रयोजनीय सर्वांगीण शिल्पोन्नयन का जो महान आन्दोलन है उसकी राह रुक जाएगी। सब तरह की अग्रगति के लिए वे एक बड़ी बाधा हैं, वे हमेशा लगाम खींचे रहते हैं। देश के लिए अपने स्वाधीनता संग्राम में भी उन्होंने इस बात पर नज़र रखी है कि कहीं आर्थिक प्रश्नों पर ज़्यादा ज़ोर न दिया जाए, यद्यपि एक श्रेणी के साथ दूसरी श्रेणी का जितना भेदभाव है वह अर्थनैतिक कारणों से ही है। सुभाष बसु का मत है कि सोशलिस्ट पार्टी अगर सचमुच जनता पर अपना प्रभाव फैलाना चाहती है तो उसे इसी बात पर ज़ोर देना चाहिए। उसे जनता को सिखाने-समझाने की ज़िम्मेदारी लेनी होगी, उनके तमाम श्रेणीगत दावों को समर्थन करना होगा—किसानों को ज़मीन का वचन देना होगा। गाँव-गाँव में समाजवादी प्रचार-कार्य चलाना होगा और गाँवों के द्वारा ही फ़ौजों तक भी बात पहुँचा देनी होगी—और चूँकि भारतीय फ़ौजों के लिए गाँवों से ही लोग लिये जाते हैं, अत: जिस वातावरण में वे बढ़े-पनपे हैं, वहाँ काम न शुरू करने से उनकी मनोवृत्ति को बदलना भी सम्भव न होगा। लेकिन भारत बहुत समय तक सशस्त्र युद्ध में ग्रेट ब्रिटेन का मुक़ाबला न कर सकेगा, अपने देश की इस वर्तमान भयानक असमर्थता की बात सुभाष बसु ने मान ली। बड़े सरल भाव से वे यह आशा भी रखते हैं कि अगर यूरोप में लड़ाई छिड़ जाए और इंग्लैंड पर कोई विदेशी शक्ति अधिकार कर ले तो उस समय वह शक्ति भारत की स्वाधीनता के लिए उसकी सहायता कर सकती है। जब मैंने यह बतलाया कि अन्यान्य बहुत से कारणों से उस तरह की कोई इच्छा हम लोगों के मन में नहीं है तो वे थोड़े निराश हुए! (हाय रे भोले बालक!)

...तो वे शायद ख़ासकर मेरा मतामत जानने के लिए ही आए थे (भारत मेरे मत की कितनी क़ीमत आँकता है, यह तो मैं निश्चित रूप से जानता ही हूँ)। वे यह भी जानना चाहते थे कि ज़रूरत पड़ने पर अगर भारत की स्वतंत्रता के लिए वे लोग हिंसात्मक युद्ध में उतर पड़ें तो मैं उनका समर्थन करूँगा या नहीं। मैं कहीं प्रकट रूप से उन लोगों से सम्बन्ध न तोड़ लूँ, इस बारे में वे व्यग्र जान पड़े। पता नहीं, मेरे किन फ्रांसीसी मित्रों ने ज़ोरदार शब्दों में सुभाष बसु को बताया है (सम्भवत: उन लोगों ने अच्छे भाव से ही ऐसा किया हो, लेकिन मेरी ओर से बात करने का उन्हें कोई अधिकार नहीं है) कि भारत यदि किसी दिन गांधी के मार्ग से हट गया तो भारत के प्रति मेरा सारा उत्साह मिट जाएगा। मैंने इससे ठीक उलटी बात उनसे कही। मैंने दूसरे की सहायता से (क्योंकि सभाष बसु केवल अंग्रेज़ी ही बोलते और समझते हैं) अनुवाद के ज़रिये, विप्लव, हिंसा और अहिंसा के बारे में बातें करते हुए उनको अपना वह मनोभाव समझाने की चेष्टा की, जिसे मैं आज

ग्रहण करने को बाध्य हुआ हूँ और जिसकी व्याख्या मैंने अपनी नई पुस्तक 'युद्ध के पन्द्रह वर्ष' में की है। गांधी की महान आत्मा के प्रति सम्मान (और इस बारे में सुभाष बसु मेरे साथ सहमत हैं) तथा स्नेह प्रकट करने के बाद भी मैं यह कहूँगा कि मैं उनकी नीति के साथ किसी तरह अपने को जुड़ा हुआ नहीं समझना चाहता—वह नीति मेरी दृष्टि में एक महान परीक्षा के सिवा और कुछ नहीं है। अगर अपर्याप्त और नकारात्मक परिणाम के बावजूद वे उस नीति से हठपूर्वक चिपके रहें अथवा यदि वे पूँजी और श्रम के अनिवार्य संघर्ष में बिना शर्त और स्वेच्छा से श्रम का पक्ष न लें तो भले ही मुझे उनके विरोध में जाना पड़े, मैं तो श्रम का ही पक्ष लूँगा, इस बात को मैंने कभी भी छिपाया नहीं।

गांधी के साथ विचार-विमर्श करने अथवा तर्क से उनको समझाकर अपने पक्ष में ले आने के लिए सुभाष बसु बहुत उत्सुक हों, ऐसा मुझे नहीं लगा (इस मामले में उनका मनोभाव गांधी के अन्यान्य राजनैतिक विरोधियों के समान ही है)। (गांधी के इन दिनों के लेखन अथवा उनकी आलोचनाओं में यदि समाज-चेतना का कोई उल्लेखनीय परिवर्तन दीख भी पड़े तो गांधी के विरोधी, उपेक्षा के भाव से, उसे देखकर भी नहीं देखना चाहते—और उन लोगों की उस उपेक्षा का यह भाव मैं पहली बार देख रहा हूँ, ऐसा भी नहीं है। बड़े दुख की बात है कि भारत में एक भी ऐसा व्यक्ति नहीं है, जो मेरी तरह हो अथवा जिसका नैतिक चरित्र मेरे-जैसा हो। गांधी को मैं सामाजिक क्रान्ति में खींच ला सकूँगा, यह आशा मैं किसी तरह न छोड़ता, बेशक अहिंसा को अलग करके नहीं, क्योंकि अहिंसा को वे न छोड़ सकेंगे। यद्यपि सुभाष बसु जैसे व्यक्ति भी स्वीकार करेंगे कि यदि वे गांधी को अपने बीच पा सकें, तो यह उनकी बहुत बड़ी सफलता होगी, लेकिन मुझे ऐसा नहीं लगता कि गांधी को अपने बीच पाने की उन लोगों में कोई ख़ास व्यग्रता है। क्योंकि ऐसा होने पर वे लोग गांधी के सामने सदा अपने को 'छोटा' समझेंगे। शायद जवाहरलाल नेहरू के साथ भी ऐसी ही बात है—विचारों की दिशा में वे बहुत दूर चले गए हैं, एकदम कम्युनिज़्म के दरवाज़े तक, बेशक यदि इसी बीच वे उस स्थिति का अतिक्रमण न कर गए हों। लेकिन गांधी के प्रति उनकी पुत्रोचित श्रद्धा बहुलांश में उन्हें शर्मीला बनाती है, उनके कार्यों में अनिश्चय उत्पन्न करती है।)

सुभाष बसु को देखकर ऐसा लगा कि कम्युनिज़्म के पास-पड़ोस में वे भी पहुँचे हैं। लेकिन इस बारे में वे कोई बात सुनना ही नहीं चाहते। शायद उनके इस विरोधी भाव के पीछे कोई व्यक्तिगत कारण मौजूद हो, शायद भारत की कम्यूनिस्ट पार्टी के वर्तमान प्रतिनिधियों को देखकर ही उनमें यह भाव उत्पन्न हुआ हो। क्योंकि उन्होंने स्पष्ट ही कहा कि सोवियत रूस यदि भारत को स्वाधीन होने में सहायता करे तो उन्हें कोई आपत्ति नहीं दीखती। और सोवियत रूस के बारे में उनका मुख्य

अभियोग यह है कि एक राष्ट्रीय राजनीति के निर्माण के लिए आज वह विश्व-विप्लव का आग्रह खो रहा है।

अप्रैल, 1935

सन 1934 के सितम्बर में बम्बई के कांग्रेस अधिवेशन में गांधी ने जो भाषण दिया था, उसे 'यूरोप' पत्रिका ने अपने 15 मार्च के अंक में प्रकाशित किया है। भाषण में गांधी ने समाजवाद को अस्वीकार कर दिया। उनके इस मनोभाव से मैं स्तंभित हो गया और यह बात मैंने अपनी बहन से कही। मेरी बहन भी मेरी ही तरह दुखी हुईं और इसके बारे में उन्होंने प्यारेलाल को पत्र लिखा, साथ ही यह अनुरोध किया कि वे इस पत्र को पढ़कर गांधी को सुना दें। यद्यपि गांधी उस समय कुटीर उद्योग की उन्नति के प्रयत्न में भारत के गाँव-गाँव में घूम रहे थे, फिर भी उनका उत्तर फ़ौरन आया—

> "प्रिय मादलेन, प्यारेलाल को लिखा आपका पत्र मैंने अभी-अभी पढ़ा। ईश्वर की कृपा से इस समय मेरा मौन व्रत है, इसी से मैं पत्र का उत्तर तत्काल दे पा रहा हूँ। हाँ, ऋषि के पहलेवाले लम्बे पत्र के जवाब में मेरा एक पूरा उत्तर बाक़ी है। लेकिन डर मुझे इस 'पूरा' विशेषण से ही है। उनके उस पत्र के प्रति उचित न्याय कर सके, ऐसा उत्तर सोचकर लिखने का समय मेरे पास नहीं है। यह प्रयत्न मैं अपने मौन के इन्हीं दिनों में करूँगा। आपका प्रश्न सरल है। यहाँ की उस दल की कार्य-सूची में समाजवाद की जो व्याख्या की जाती है, मुझे आपत्ति है उस समाजवाद के प्रति। समाजवाद के तत्त्व या दर्शन के विरुद्ध कहने को मेरे पास कुछ नहीं हो सकता। यहाँ समाजवाद की जो कार्य-सूची है, उसका अर्जन हिंसा के बिना सम्भव नहीं है। यहाँ के समाजवादी हर तरह की परिस्थिति में हिंसा का प्रयोग करने को राज़ी हैं। यदि उन्हें मालूम हो कि हथियार के ज़रिये उन्हें सत्ता मिल सकेगी तो वे खुल्लमखुल्ला हथियार उठा लेंगे। उस कार्य-सूची में ऐसी छोटी-मोटी अनेक बातें हैं, जिनकी चर्चा न भी करूँ तो क्या। यहाँ मैंने जो कुछ कहा, उससे आपके प्रश्न का उत्तर दिया जा सका या नहीं, यह नहीं जानता—यदि न दिया जा सका हो तो स्पष्टतः मुझे लिखिए कि आपका प्रश्न क्या है। आप दोनों को प्रीति-सम्भाषण।"

वर्धा, 28 3.35

बापू

(यह पत्र पाने के पहले ही मैं अपनी छप रही पुस्तक 'विप्लव के माध्यम से शान्ति' नामक पुस्तक के 74वें पृष्ठ की पाद-टिप्पणी लिखकर ख़त्म कर चुका था। उसमें देखा जा सकता है कि समाजवाद के विरुद्ध गांधी की आपत्ति के गहरे कारण क्या हैं, इसका मैंने ठीक ही अनुमान किया है—लेकिन यदि वे उस विरुद्ध भाव से अपने को मुक्त न कर सके तो वही इनके राजनैतिक कार्यों की व्यर्थता का कारण बन जाएगा—उस पाद-टिप्पणी में मैंने यह चेतावनी भी दी है।)

अप्रैल, 1935

सुभाषचन्द्र बसु ने मेरे साथ हाल ही में हुई अपनी बातचीत का एक विवरण लिखा है। वे उसे प्रकाशित कराना चाहते हैं। विवरण मुझे भेज रहे हैं। विवरण ठीक ही है—हाँ, इतना है कि उसमें उन्होंने अपने प्रश्नों को ही अधिक प्रधानता दी है, मेरे उत्तर इतने सरल कर दिए गए हैं कि वे न-कुछ-से रह गए हैं। लेकिन जिस बातचीत में दो पक्षों का कोई भी एक-दूसरे की भाषा नहीं जानता और तीसरे व्यक्ति के अनुवाद पर निर्भर रहता है, उसमें इस तरह की असुविधा अनिवार्य है। ऐसी बातचीत में प्रत्यक्षता की धार भोथरी हो ही जाएगी।

सिर्फ़ दो जगह मैंने अपने मत का संशोधन किया (27 अप्रैल के पत्र द्वारा)—

1. आपने लिखा है कि अगर कभी भारत में गांधी और आधुनिक युव सम्प्रदाय ('दि यंगर जेनरेशन') के बीच विच्छेद हो जाए तो मैं युवकों का पक्ष लूँगा। लेकिन यह बात मैंने ठीक इसी रूप में नहीं कही थी। मेरा सवाल दो कालों के लोगों के बीच अथवा दो राजनैतिक पार्टियों के बीच चुनाव के बारे में बिलकुल नहीं है (और यहाँ भी आपके विवरण ने उन्हें कोई स्पष्ट संज्ञा नहीं दी—उन्हें क्या कहा जाएगा—युवक या समाजवादी, या कम्यूनिस्ट, या निर्दलीय, या रेडिकल वग़ैरह?)! नहीं, मेरा सवाल और बड़ा है, उसका सम्बन्ध है श्रमशक्ति से। मैंने सीधे-सीधे यह कहा था, "दुर्भाग्यवश यदि किसी दिन ऐसी परिस्थिति उत्पन्न हो जाए, जिसके परिणामस्वरूप गांधी (या कोई दूसरी पार्टी) श्रमिक-मज़दूरों के स्वार्थ के विरुद्ध जाएँ, उनके समाजवादी आन्दोलन के आवश्यक परिवर्तनों का विरोध करें, अथवा उस समय यदि गांधी (अथवा कोई दूसरी पार्टी) उनके प्रति उदासीन होकर उनसे दूर हट जाएँ तो उसके बाद भी हमेशा मैं श्रमशक्ति के ही पक्ष में ही रहूँगा, उनके संग्राम और उनके प्रयत्नों के साथ रहूँगा, क्योंकि सच्चा न्याय उन्हीं की ओर है और मानव-समाज की आवश्यक अग्रगति की न्यायसंगत रीति भी उन्हीं के पक्ष में है।"

2. आपने लिखा है, 'अहिंसा के बारे में मेरा मनोभाव' कैसा होना चाहिए, इसके बारे में दस (या पन्द्रह) वर्ष 'मानसिक उद्वेग' में बिताने के बाद मैंने उस सम्बन्ध में अन्तिम निर्णय किया। अपने अन्तर के साथ यह जो मेरा युद्ध था, वस्तुत: उसका कारण ज़्यादा व्यापक तथा जटिल था। युद्ध समाप्त होने के बाद से मैं अपनी सारी सामाजिक विचारधारा, यहाँ तक कि अपनी सारी ध्यान-धारणा के आमूल पुनरीक्षण में लग गया। अहिंसा का प्रश्न मेरे अन्तर के उसी विराट वितर्क का एक अंश मात्र था और मैंने एकबारगी अहिंसा का 'विरोधी' होने का निर्णय भी नहीं लिया। मैं जिस निर्णय पर पहुँचा, वह यह था कि "अहिंसा के लिए सभी सामाजिक कार्यों का केन्द्र-बिन्दु होना सम्भव नहीं है।" अहिंसा अनेक मार्गों में से एक है, अनेक प्रस्तावों में से एक है और आज भी उसकी परीक्षा चल रही है। 'हम सभी के विचार-केन्द्र में एकमात्र जो लक्ष्य रहना चाहिए, वह है : और भी मानवीय तथा और भी न्यायपूर्ण एक समाज-व्यवस्था को प्रतिष्ठा'—और उसकी प्रतिष्ठा करने के लिए पहले उस लक्ष्य को ज़ोरदार ढंग से प्रस्तुत करना चाहिए। क्योंकि प्राचीन समाज-व्यवस्था आज निश्चित रूप से ख़ारिज हो गई है, फिर भी उस ख़ारिज समाज का कोई हिंसात्मक अंश कहीं हमारे लक्ष्य को ढक न सके, इसके लिए पहले कमर बाँधकर लड़ना होगा। पुरानी स्थिति के मूल में था सामाजिक अन्याय, पूँजीवादी शोषण और उसके उत्स से निकला हुआ सामाजिक साम्राज्यवाद—उसके मूल में था संसार के तीन-चौथाई (या शायद नौ-दशमांश) लोगों पर अत्याचार। जो ऐसी जघन्य अवस्था है, जो मानो एक अचल पाप है, आज सारी शक्ति लेकर उसके विरुद्ध जूझना ही हम लोगों का सबसे बड़ा कर्तव्य है और यह हमें बिना किसी की कोई अपेक्षा किए ही करना चाहिए (क्योंकि वह जो अचल राज-चक्रवर्ती पाप है, वह तो किसी की अपेक्षा करता नहीं, उसका ध्वंस न करने पर, वह सारे मानव-समाज का ही ध्वंस कर देगा)। अत: उसके विरुद्ध तो आज ही जुट जाना है, हिंसा और अहिंसा के सभी सम्भव अस्त्रों को लेकर, जिससे यथाशीघ्र और बिलकुल निश्चित रूप से लक्ष्य तक पहुँचा जा सके। मैं तो किसी अस्त्र का व्यवहार वर्जित नहीं मानता लेकिन शर्त यह है कि उस अस्त्र को ऐसे योद्धा के हाथ में होना चाहिए जो सत हो, साहसी और नि:स्वार्थ हो। जिस सामाजिक पाप और जिस प्राचीन व्यवस्था ने मनुष्य को क्रीतदास बना रखा है, जो मनुष्य का ख़ून चूस रही है; उसके विरुद्ध सार्वजनीन युद्ध में मैं हिंसा और अहिंसा की समस्त विप्लवी शक्तियों को एकत्र करके पास खींच सकूँ, इसी को

पिछले कई वर्षों से मैंने अपना यथार्थ कर्तव्य मान रखा है। सन 1932 के अगस्त में आम्सटर्डम में 'फ़ासिज़्म और युद्ध-विरोधी समस्त पार्टियों की विश्व-कांग्रेस' का जो अधिवेशन हुआ था, उसमें भी (और उस कांग्रेस की अनेक स्थायी समितियों में भी) मेरी यही भूमिका रही। अहिंसा के भीतर जो एक प्रचंड विप्लवी शक्ति निहित है, और 'जिससे काम लिया जा सकता है' यही नहीं, जिससे काम लेना उचित है। (नौकरी करने से इनकार करना, अस्त्र-शस्त्र अथवा रासायनिक पदार्थों के कारख़ानों में साधारण हड़ताल, परिवहन कर्मचारियों की हड़ताल आदि), आज भी मेरा ऐसा ही विश्वास है। सुपरिचालित अहिंसा और शृंखलाबद्ध विप्लवी हिंसा के द्विविध अस्त्रों का एक-दूसरे का सहयोगी बनकर एक साथ चलना आवश्यक है—वे अपने-अपने विशिष्ट रण-कौशल को बनाए रखेंगे, केवल पारस्परिक प्रचेष्टाओं का तालमेल बैठाकर उन्हें एक शत्रु से जूझने के लिए संयुक्त करेंगे—उस शत्रु से, जो केवल उन्हीं का शत्रु नहीं है, वह सारे मनुष्य-समाज का शत्रु है और वह शत्रु है युद्ध, वह शत्रु है फ़ासिज़्म, वह शत्रु है सामरिक और औद्योगिक क्षेत्र का पूँजीवाद, साम्राज्यवाद, सामाजिक अन्याय आदि।"

(सुभाष बसु को मैंने अपने दो निबन्ध-संग्रहों की सूचना दी, जिनमें मैंने अपने इन विचारों की विस्तृत व्याख्या की है। फिर मैंने उसमें पुनश्च जोड़ा—

"यह कहना व्यर्थ है कि गांधी के प्रति मेरी स्नेहपूर्ण श्रद्धा ज्यों-की-त्यों बनी है—बाद में अगर कभी उन्हें सार्वजनिक सेवा से विरत होता देखने का दुर्भाग्य भी मुझे प्राप्त होगा, तब भी उनके प्रति मेरी श्रद्धा मिटेगी नहीं। मेरा कर्तव्य मुझे उसी सामाजिक कर्म-क्षेत्र में प्रवेश करने का आदेश देता है—सच कहूँ तो उस क्षेत्र में मैं बहुत वर्षों पहले ही विपुल उत्साह में प्रवेश कर चुका हूँ।")